冯天瑜，1942 年生，湖北红安人。武汉大学人文社会科学资深教授，教育部社会科学委员会历史学学部委员。从事中国文化史及湖北地方史志研究。

《冯天瑜文存》卷次

中华元典精神

中国文化生成史（上册）

中国文化生成史（下册）

江河万古流——中华文明巡礼

人文论衡

明清文化史散论

中国文化近代转型管窥

月华集

辛亥首义史（上册）

辛亥首义史（下册）

张之洞评传

《劝学篇》《劝学篇书后》注评

“封建”考论

解构专制——明末清初“新民本”思想研究

新语探源——中西日文化互动与近代汉字术语生成

“千岁丸”上海行——日本人1862年的中国观察

中国思想家论智力　上古神话纵横谈

晚清经世实学

中国学术流变（上册）

中国学术流变（下册）

冯氏所著，除文存二十卷外，另有《中华文化史》（与何晓明、周积明合撰）、《日本对外扩张的文化渊源》（与任放合撰）、《东亚同文书院中国调查之研究》（与刘柏林、李少军等合撰）、《国际视野下的大武汉图像》（与陈勇编著）等，又主编《中华文化辞典》，编“冯氏三藏”（《冯氏藏墨》《冯氏藏札》《冯氏藏币》）。

冯天瑜文存

『千岁丸』上海行

——日本人1862年的中国观察

长江出版传媒
湖北人民出版社

图书在版编目(CIP)数据

"千岁丸"上海行:日本人1862年的中国观察/冯天瑜著.
武汉:湖北人民出版社,2015.9
ISBN 978-7-216-08699-8
Ⅰ.千… Ⅱ.冯… Ⅲ.上海市—地方史—史料—1862 Ⅳ.K295.1
中国版本图书馆CIP数据核字(2015)第202163号

项目负责:姚德海　王建怀　左泽荣
常务编辑:左泽荣　尚晓梅
责任编辑:刘天闻
封面设计:汪　汉
责任校对:范承勇
责任印制:王铁兵

出版发行: 湖北人民出版社	**地址:**武汉市雄楚大道268号
印刷:湖北新华印务有限公司	**邮编:**430070
开本:700毫米×1000毫米 1/16	**印张:**25.25
字数:409千字	**插页:**6
版次:2017年7月第1版	**印次:**2017年7月第1次印刷
书号:ISBN 978-7-216-08699-8	**定价:**108.00元

本社网址:http://www.hbpp.com.cn
本社旗舰店:http://hbrmcbs.tmall.com
读者服务部电话:027-87679656
投诉举报电话:027-87679757
(图书如出现印装质量问题,由本社负责调换)

ISBN 978-7-216-08699-8

本书撰于1998—2000年讲学日本期间，初由商务印书馆2001年出版，今次收入“文存”，略作修订。

本书取法王国维二重证据之治学路径。陈寅恪概括王氏治学方法时说：“其（王国维——引者）学术内容及治学方法，殆可举三目以概括之者。一曰取地下之实物与纸上之遗文互相释证……二曰取异族之故书与吾国之旧籍互相补正……三曰取外来之观念，与固有之材料互相参证……吾国他日文史考据之学，范围纵广，途径纵多，恐亦无以远出三类之外。”（陈寅恪：《王静安先生遗书序》，《金明馆丛稿二编》第219页，上海古籍出版社1980年版。）本书对此三目皆有采取。

目录

序　曲 / 1

第一章　日本幕末“开国”与遣使上海 / 4

一、“四只蒸汽船，惊醒太平梦” / 4

二、“开国”的力度与主要方向 / 11

三、日本幕末的“对清策论” / 19

四、以上海为渡航清朝的首选目的地 / 24

五、四次遣使上海 / 28

第二章　“千岁丸”——锁国二百年后使清第一船 / 32

一、宽永以降不平衡的中日交通 / 32

二、幕末打开对清交通的努力·“千岁丸”选购 / 34

三、“千岁丸”的使命 / 36

四、“千岁丸”乘员及其上海纪行文 / 39

五、高杉晋作与五代友厚 / 46

第三章　初识上海 / 59

一、长崎启程，千里风涛东海航 / 59

二、无炮的吴淞炮台·壁垒森严的上海城垣 / 63

三、中外船舶林立的巨港 / 67

四、华洋二界比照 / 74

五、“战败条约”笼罩下的屈辱 / 82

六、官府的排场与内囊空腐 / 88

七、围观文化 / 91

第四章 “太平战事”与“清洋会剿” / 94

一、幕末日本对太平天国的关注 / 94

二、炮声隆隆，满目兵戎 / 100

三、搜集太平战事文献 / 104

四、着眼曾、李，了解清朝军政格局变迁 / 106

五、淮军阵营探查 / 112

六、从“华洋会防”到“华洋会剿” / 118

七、“清、倭、英、法共剿”的传说——再析“围观文化” / 126

八、洋兵跋扈·藩士质疑清方借洋自保策 / 128

九、侧面探询太平天国情状 / 133

十、“太平天国否定论”及其对近代日本的影响 / 140

第五章 色彩斑斓的社会风貌 / 145

一、难民潮涌 / 145

二、鸦片泛滥 / 151

三、洋教传播 / 157

四、洋学译介 / 161

五、青楼遍布 / 170

六、民风：淳厚与刁滑 / 173

第六章 日清贸易的新拓展 / 176

一、从“居贸易”到“出贸易” / 176

二、长崎会所商人及所携日本出口商品 / 181

三、《道台府应接书》·上海当局对幕府商贸诉求的反应 / 184

四、藩士们的市场调查及购买蒸汽船的尝试 / 187

五、运回日本的货物及此行贸易收支 / 190

第七章 东亚文化圈内的协奏与变奏 / 193

一、东亚文化圈内涵 / 193

二、笔语 / 198

三、书画弈棋交往·古董鉴赏买卖·诗文酬唱应和 / 202

四、认同与离异 / 207
五、友谊与摩擦 / 211
六、日本武士与中国儒生比较 / 218

结语　“千岁丸”上海行的历史定位 / 226
一、开 17 世纪 30 年代以来日本人踏访中国之先河 / 226
二、近代日本人中国观转折的起点 / 227

“千岁丸”乘员上海纪行文选辑 / 235
纳富介次郎：上海杂记 / 235
日比野辉宽：赘肬录 / 252
没鼻笔语 / 296
名仓予何人：海外日录 / 316
高杉晋作：游清五录 / 333

后　记 / 355

附录甲　书评 / 357
茅家琦：颇有奥义
——评冯天瑜著《“千岁丸”上海行——日本人一八六二年的中国观察》/ 357
谢贵安：从边缘看中心
——评《“千岁丸”上海行——日本人一八六二年的中国观察》/ 362

附录乙
（一）东亚同文书院中国调查报告的整理与研究 / 367
（二）《东亚同文书院中国调查篇目总汇》解说 / 376

序　曲

公元1862年6月2日（清同治元年，日本文久二年五月五日）[①]，上海吴淞口，阴霾笼罩，细雨霏霏，从西南方远处，不时传来闷雷似的炮声。在水天浩茫的扬子江[②]出海口，一艘西洋式三桅船鼓帆驶入黄浦江。

与十余年来常常穿梭于此的只挂一国旗帜的西洋船舶不同，这艘帆船高悬三种旗帜：前樯是荷兰三色旗，中樯是英国米字旗，这都是当地人较为熟悉的，而后樯飘扬的白底红玉旗，即使吴淞口一带久历海事者也未曾见过，只有曾经渡航日本长崎的商人才知道，那叫“日章旗”，是日本船舶的标志。[③]

在万舸云集、洋舟翩至的上海港，这艘三桅帆船无论就吨位还是就形制而言，都不起眼，但它的到来却引起中外人士的关注——

它刚刚在黄浦江靠港，一家英国人办的英文版《奴-斯·卡伊那·海拉尔德》报便派记者登舟采访，获悉此船名“千岁丸”，是江户幕府[④]自17世纪初叶形成锁国体制后，第一次派往中国的使节团乘坐的船只。该

---

① 以下，正文用阿拉伯数字记公历年、月、日，括号内以中国数字记中国和日本年号及农历月、日。一般在日本的活动记日本年号，在中国的活动记清朝年号。

② 长江在江苏仪征、扬州一带古称“扬子江”（因扬子津及扬子县得名），近代外国人通称长江为扬子江，中国人也沿用此说。

③ 日章旗又称“日之丸”，曾是日本船只使用的一种旗帜，1854年（安政元年），江户幕府规定，以其作为“总船印”（识别日本所有船只的标志），自此，日本船舶皆悬日章旗。明治维新后，日章旗作日本帝国国旗用，但并未经过法定程序。1945年8月日本战败投降，联合国占领军一度禁止悬挂日章旗，但以后日本仍以之作国旗用。1999年8月，日本国会正式通过议案，将“日之丸”法定为日本国国旗，同时将《君之代》法定为日本国国歌。

④ 幕府：军队出征，使用帐幕，所以中国古代将军署称“幕府”。日本仿此，把12—19世纪武家制度下掌握国家实权的征夷大将军的府署称“幕府”，先后出现过镰仓幕府（1192—1333）、室町幕府（1338—1573）、江户幕府（1603—1867）。室町幕府因将军姓足利，又称足利幕府；江户幕府因将军姓德川，又称德川幕府。

报随后发表新闻稿称，坐“千岁丸”访沪的日本武士正演绎一个“传奇物语”（传奇故事），也许预示着日本排外主义国策转变的希望。[①]

“千岁丸”在上海引人注目的又一表现是，日本人乘员登岸伊始，每至一处，即围观者如堵。造成此等轰动局面，除因日本武士发髻、服装特异，又腰佩双刀，颇令沪上民众讶异外，更重要的是，围绕日本人的来访，上海坊间正流传着耸人听闻的消息，这些消息与上海紧张的军事形势密切相关。[②]

“千岁丸”抵沪的1862年夏季，中国，尤其是上海，恰值多事之秋——太平天国与清朝间的战争已持续12年，长江三角洲一带是双方拉锯地段，太平军第二次围攻上海，申城内外，战云密布；英法等西方国家经过第二次鸦片战争，已由惩膺清朝改变为扶助清朝，以获取更大的殖民主义利益，清军与英法军联手对太平军作战的“中外会防”、“中外会剿”在这一年正式展开，中心地点便在上海；作为《南京条约》规定的对外通商五口之一的上海，因特定的区位优势，经20年开埠，早已超过广州，成为位居中国第一位的外贸港口，而且是东亚最繁盛、最西洋化的大都市，上海正演绎着东西方文化冲突与融会的悲喜剧，决定晚清社会命运的重大事件在这里展开……

英国人奚安门（Henry Shearman）1850年8月（道光三十年七月）在上海创办的英文周报《北华捷报》（*North China Herald*，又名《北华先驱周报》或《先锋报》）于1863年初发表社论，评议刚刚过去的1862年说：

> 这显然是中国政治史上十分重要的一年，倘若对此一一叙述，那要写成多卷本的书。[③]

一周后，该报又载文指出，1862年，全中国军事、政治、外交、经济、文化的焦点在上海，或与上海密不可分。上海已成为中国最活跃的政治、外交、经

① 详见本书第二章结尾。

② 详见本书第三章第七节、第四章第七节。

③《北华捷报》1863年1月3日。当时英国人站在广州位置上，称上海及长江流域为“北华”、“华北”、“北方”。

济、文化舞台。[1]

1862年对于日本来说，也是一个不平静的年份：年初发生“坂下门外之变”，幕府执政的老中安藤信正被水户藩士刺伤，标志着攘夷倒幕之风的炽盛；紧接着，大将军德川家茂与孝明天皇的妹妹和宫举行婚仪，时称“和宫下嫁”，这一政治联姻是“公武合体”以平息“倒幕”风潮的不成功尝试；而西南雄藩崛起之势有增无减，长州藩主毛利氏建议改革幕政，又奏请“攘夷”，萨摩藩主监护岛津久光率藩兵入京都……与此同时，幕府开设的研习洋学的蕃书调所改称洋书调所，幕府派出留学生赴欧洲……总之，这是日本“开国”初期一个充满变数的时段，危机与希望并存。

在疑云密布的东亚海陆交界处，日本幕府官船“千岁丸”带着怎样的使命，于1862年这个“中国政治史上十分重要的一年”，来到中国军事、政治、外交、经济、文化的“焦点”上海？使团的幕府官员（“幕吏”）及随行的诸藩武士（“藩士”），在上海获得了哪些见闻，引发了怎样的思考？这些见闻与思考对日本的幕末维新乃至以后的明治维新起到怎样的作用？在中日两国社会向近代转型的关键时刻，“千岁丸”上海行透露出怎样的信息？

随着本书的徐徐展开，笔者愿与读者诸君共同探究这些问题。

① 《北华捷报》1863年1月10日。

第一章 日本幕末“开国”与遣使上海

拍枕海潮来，勿再闭关眠；
日本桥头水，直接龙动天。

——黄遵宪《近世爱国志士歌》

一、“四只蒸汽船，惊醒太平梦”

世界历史从中世纪过渡到近代，一大转折便是从分散走向整体，其重要表现和结局是世界统一市场的建立，以及与之相伴随的各个封闭的国度壁垒森严的门户被打破。

在中世纪，以自给自足的自然经济为基础的诸国度，各自分散在孤立的环境中，为了防范外来的军事、政治、经济、文化上的干扰，这些国度不惜“自我幽闭”。如中国的明、清两朝多次下令“禁海”：1381 年（明洪武十四年），明廷严禁民人造三桅以上大船下海外贸，1402 年（明建文四年），永乐皇帝登基诏书重申海禁，翌年（明永乐元年），下令将民间海船“悉改为平头船”，使其无法远航；[1]1645 年（清顺治二年），为防范郑成功（1624—1662）从台湾发兵闽浙，取代明廷统治中国的清廷“诏徙沿海居民严海禁”[2]，1661 年（顺治十八年）又颁布“迁界令”，禁止一切船舶出海。1683 年（康熙二十二年）郑成功的孙子郑克塽（1670—1707）降清，翌年，清廷废“迁界令”，颁“展海令”，海禁松动，但对外贸易限制在澳门、漳州、宁波、云台山等口岸，

---

① 永乐皇帝朱棣（1360—1424）是著名的“郑和下西洋”（1405—1433）的有力支持者。他在发动“宣威海外”的皇家远航的同时，又是民间航海的严厉禁止者。而且，作为帝王某些政治、军事意图产物的“郑和下西洋”，一旦失去倡导者的支撑，也就戛然中断，无以为继，与几十年后为寻求市场而启动的欧洲人哥伦布、达·伽马、麦哲伦等的世界性远航的一发不可收，形成鲜明对比。

② 王之春：《国朝柔远记》卷一。

乾隆年间更限制在广州一口。雍正年间较康熙年间进一步放宽海外贸易，却又下令禁止民人私自出洋和久居国外。

与明清时代的中国相比，日本江户时代的“海禁”更为严峻。早在江户时代以前的丰臣秀吉时期（16世纪后期）即开始禁教。德川幕府二代将军以降，为了控制大名、治理民众，竭力垄断贸易，制止西方人带来的天主教不断扩大的影响，于1613年（庆长十八年）发布天主教全国禁止令，驱逐天主教传教士，镇压日本信徒；1616年（元和二年）将外贸口岸限定在平户、长崎；1633年（宽永十年）强化始于1604年（庆长四年）的“丝割符制”，限制从明朝输入白丝，以防日本白银过量外流；同年宣布，除官派“奉书船”外，严禁一切日本船只出航海外，曾经在一代将军德川家康（1543—1616）时期颇为兴盛的朱印船贸易中止。这便进入史称的“锁国”时期。其实，当时的日本并未使用“锁国”一词，倡导这一政策的新井白石（1657—1725）的用语是“异船御禁止”（禁止外国船往来），近藤守重（1771—1829）的用语是“海禁”（禁止日本人渡航海外和走私贸易），幕府屡次下达的禁海命令，也没有“锁国令”名目。“锁国”一词首见于文献，是17世纪来日的德意志人恩格尔贝特·肯贝尔（Kämpfer Engalbert，1651—1716）所著《日本志》所附论文，题目为《关于采取目前这种方式封锁日本帝国，不准国民同一切外国贸易发生关系之当否的探讨》，长崎兰学者志筑忠雄于1801年将其译成日文，题为《锁国论》，“锁国”一词始用于此。至19世纪中后叶，当人们意识到幕府采取的闭关政策是发展的桎梏以后，便普遍用“锁国政策”一词概括17世纪中叶至19世纪中叶的幕府对外方略。①

1633年至1639年（宽永十年至十六年），幕府五次颁布限制外国船来航、禁止日本船出海的政令（史称“锁国令”），不许日本人同外国人接触，禁止建造大型船舶，日本船不得出海渡航，不准在海外的日本人归国，潜回者处以极刑，除中国、荷兰可在长崎保持有限通商关系（1641年令荷兰商馆从九州西边的平户迁至长崎的出岛），朝鲜可在对马岛进行小型近海贸易外，断绝

---

① 参见信夫清三郎编，天津社会科学院日本问题研究所译《日本外交史》序论，商务印书馆1980年版。

同其他国家的商贸关系。[①] 此后，幕府仅依靠荷兰和中国驻长崎商馆向主管外贸事务的长崎奉行提供的报告书（“风说书”）了解外部世界形势。由担任汉语翻译的唐通事询问入长崎港的唐船船头（货主）后写成的报告书，称“唐风说书”[②]，亦称“清商口单”；由担任荷兰语翻译的荷兰通事询问入长崎港的荷兰商人后写成的报告书，称“和兰风说书”，亦称“阿兰陀风说书”；另外，由担任翻译的通事根据其他外国商人口述译成或摘译外国报纸新闻的报告书称“别段风说书”。这些“风说书”仅供幕府内部阅读，对民众是保密的。不过，幕末“风说书”经翻译者、传递者透露，在各藩国和民间扩散开来，成为各界人士了解域外情状的一大消息来源。日本“开国”以后，“阿兰陀风说书”由荷兰东印度群岛（今印尼）荷兰总督府的机关志 *Javasche Courant* 取代。1862年（文久二年）起又发行一种十余页的新闻书，名《官版巴达维亚新闻》，用木板印刷，此为日本最早的新闻印刷品。

德川幕府自17世纪30年代实行“锁国”以来，虽在八代将军德川宗吉（1684—1751）执政的享保（1716—1735）、元文（1736—1740）年间对外域文化有所弛禁，但锁国体制一直延续到19世纪中叶。锁国两百余年间，日本社会相对平稳，经济较为繁荣，以朱子学为官学的富有日本特色的前近代文化（日本称“近世文化”）臻于成熟。与此前的战国时期相比，德川时期可谓国泰民安的“太平盛世”。然而，正当日本人闭门做着“太平梦”的时候，遥远的欧洲发生着影响全世界的大变革——14世纪至15世纪初萌于南欧的资本主义，到17—18世纪（德川幕府前中期）在西欧有了长足进展，特别是18世纪60年代起，英国实现工业革命，法、美等国紧随其后，资本主义拥有了空前巨大的物质力量。而资本主义从降世的第一天起，便急欲扩大市场，寻求殖民地和经商领地，非洲、美洲、西亚、南亚和澳大利亚，到18世纪中叶已相继入其势力范围。唯有东亚，一因距欧洲遥远，又因这里早已建立强大的中古专制国家，由帆船和前膛枪炮武装的南欧早期殖民势力（以西班牙、葡萄牙为代

① ［日］大熊真：《幕末期东亚外交》，乾元社昭和十九年十月初版，第16～17页；［日］大庭脩：《江户时代日中秘话》，徐世虹译，中华书局1997年版，第3页。

② 江户时代的日本人称中国人为“唐人”，称中国为“唐国”，称中国船为“唐船”。其原因有二：一是日本对唐朝有深刻印象，故以“唐”指代中国；二是郑成功由不屈从清朝的明人意识出发，称自己是唐王（朱聿键）属下的唐人，这一称谓对江户时代的日本人颇有影响。后说参见大庭脩：《江户时代日中秘话》，第17页。

表），尚不足以击破明清王朝和德川幕府坚拒外人的国门。工业革命后，被蒸汽机（1769年瓦特发明）装备起来的欧美国家，再度将触角伸向东亚，以富于扩张性的国际政治系统撞击中国、日本等东亚国家封闭孤立的“华夷体系”。这一轮新的“东亚叩关”，发端于18世纪末叶和19世纪初叶。

1787年，当东印度公司在中国寻求新的通商口岸失败后，英国政府派加茨喀特（Charles Cathcart）中校为使臣赴中国，翌年6月加茨喀特途中病亡，使团被迫返航。1793年，英国以给乾隆皇帝（1711—1799）祝寿为名，派英国驻孟加拉总督马戛尔尼（Macartney，1737—1806）勋爵率团访华，在承德避暑山庄觐见乾隆，提出通商、交换使节要求，乾隆认为这些要求“越例干渎，断不准行”[①]，使团败兴而归。23年后，1816年（嘉庆二十一年）英国又派阿美士德（Amherst，1773—1857）男爵率使团访华，在圆明园受到嘉庆皇帝（1760—1820）接见，阿美士德因称病拒行三跪九叩礼，被遣送出京回国，英方的通商、建交要求再度遭到拒绝。[②]

位居远东航线末端的日本，被欧美国家视作赢得远东巨大权益的前哨，自1764年至1850年，西方国家数十次叩击日本门户，其中英国19次，俄国17次，但均未奏效。日本幕府仍坚守锁国政策，1825年（文政八年）还下达“异国船击退令”，严令沿海诸大名发现外国船靠近海岸，坚决将其击退。1839年8月（天保十年七月），“和兰风说书”首先报告清朝没收英商鸦片的消息，此后，“和兰风说书”、“唐风说书”陆续报道鸦片战争经过，其说虽或有讹误，但英国舰队以猛烈炮击使清国惨败是确实信息，这一情报迅速经长崎奉行呈递到在江户的幕府决策者手中。幕府对于泱泱大国清朝被英吉利的大炮轰开国门深感震撼，主政的首席老中[③]水野忠邦（1794—1851）致函佐渡奉行[④]川路圣谟（1801—1868），议及新近在清国发生的事变：

此次来舶人称：清国严禁鸦片通商不当，引起英国人不满，派军舰

① 《大清高宗纯皇帝实录》第1卷，第435页。

② 马戛尔尼使团、阿美士德使团访问清朝的情况，参见叶笃义译《英使谒见乾隆纪实》；又参见［法］佩雷菲特著，王国卿等译《停滞的帝国——两个世界的撞击》，三联书店1993年版。

③ 老中，德川幕府直属将军的总理政务的长官，共四名，以“笔头”为首席老中。

④ 奉行，原意“奉命执行”，为武家职名，分掌某一方面或某一地区政务，此处指市政（如佐渡地区市政）的最高行政官员。

40余艘到宁波府发动战争，现已占领宁波县之一部。此虽他国之事，但亦应为我国之戒也。[1]

水野对鸦片战争是非曲直的判断，显然受到“和兰风说书”的影响，不尽公允，但是，鸦片战争的前车之鉴，使日本幕府感到必须调整固有的锁国政策，却是一个积极结果。幕府于1842年8月29日（天保十三年七月二十四日）下令撤销“异国船击退令”，改行“薪水给与令”（向外国船提供燃料、饮水、粮食后令其离开），并对遇难外国船给予救助，这恰与《中英江宁条约》（通称《南京条约》）签署同一天，中日两国不约而同地被迫修改锁国政策。1844年（弘化元年），荷兰国王致函幕府大将军，希望日本接受清国教训，速开国门。次年幕府复函，对荷兰的开国劝告予以拒绝。[2]之后，迫使日本改变锁国体制的，是美国军舰的叩关。

美国1783年独立，即以工商业立国。1848年，美国从墨西哥夺得加利福尼亚，拥有了太平洋海岸线，随即企图横渡太平洋与中国开展贸易，以取代从大西洋绕好望角，经印度洋，穿马六甲海峡到中国的传统航线，而日本正处在这条太平洋航线上，是为刚出现的蒸汽机船补给煤炭、淡水、食品的恰当中继站。曾于1854年随第二次培理舰队访日的中国商人罗森，在所撰《日本日记》中开宗明义指出：

合众国（美国——引者）金山（旧金山——引者）名驾拉宽（加利福尼亚——引者），近今人多往彼贸易。洋西面辽阔，欲设火船而石煤不足。必于日本中步之区，添买煤炭，能设火船，便于来往。[3]

美国自19世纪初叶便期望就捕鲸船队在北海道箱馆（今称函馆）等处靠港问题同日本洽商，曾多次试探，均吃闭门羹，后派东印度舰队司令、海军准将比得尔（James Biddle，1783—1848）于1846年率舰访日，仍被幕府拒绝。美国总统菲尔莫尔（M.Fillmore）遂决定派遣东印度舰队司令、海军准将马

① ［日］加藤祐三：《黒船前后の世界》，岩波书店1986年版，第283页。
② 《通航一览续辑》第2卷，第526页。
③ 罗森：《日本日记》，“走向世界”丛书，岳麓书社1985年版，第31页。

休·培理（M.C.Perry，1794—1858）携重兵出使日本。培理在美国—墨西哥战争（1846—1848）时担任舰队司令，在海战中首先使用蒸汽战舰，被誉为“蒸汽军舰之父”。他早想远征东亚，为美国向亚洲扩张势力探路。日本之航正遂其愿。

1852 年（嘉永五年），长崎的荷兰商馆馆长向江户幕府传递美国船将赴日本的消息，继水野忠邦任首席老中的阿部正弘（1819—1857）未予重视，认为是“例行恫吓”。1853 年 4 月（嘉永六年三月），培理率舰队抵达香港，随之去上海，组成由旗舰“萨斯奎汉纳号”等四艘船舰编成的舰队，其中 2450 吨、装炮 16 门的“萨斯奎汉纳号”及 1692 吨的“密西西比号”是蒸汽机驱逐舰，其余两艘“朴利茅斯号”（989 吨）、“萨拉托加号”（882 吨）为武装帆船。舰队 7 月 8 号抵达德川幕府的咽喉——江户湾（今东京湾）浦贺，要求日本“大君”（指幕府将军）接受美国总统的国书。这些冒着浓烟的巨大舰只，周身油漆成黑色，被日本人称为“黑船”。黑船航行到能眺望品川、川崎、神奈川街市的海滨，在江户以至京都引起一片惶恐——

> 一犬吠实，万犬传虚。四舰五百兵之美国人，至江户市则传为十舰五千兵。及至京都，更盛传军舰百艘，士兵十万。人人皆回顾弘安之役（指 1281 年，即弘安四年，元军攻袭九州北部的战役——引者）而不暇，喧喧扰扰，浮说百出，人心纷乱，恰如鼎沸。①

幕府命令浦贺两奉行户田氏荣、井户弘道在久里浜（横须贺）从率军登陆的培理手中接受国书。国书要求美日通商，日本为美船提供煤炭、饮水、食料，对美国漂流者给予保护，日本向美国开放一港或数港，美国无意干涉日本内政和宗教信仰。国书以强硬态度，要求幕府满足其要求，否则美国将诉诸武力。培理舰队在江户湾停泊 9 天后离开，经琉球返航上海。临行前，培理声言，翌年他将率一支更大的舰队，前来讨取幕府的回音。首席老中阿部正弘等不敢撄其锋，倾向同美国议约。

1854 年 2 月 11 日（嘉永七年一月十四日），培理率领 7 艘军舰（后增至 9

---

① 竹越与三郎 1891 年著《新日本史》，转自森谷秀亮《明治时代》，讲谈社 1975 年版，第 35 页。

艘）组成的舰队，再次出现在江户湾。日美间经四轮会谈，以美方提出的条约案为基础，于3月31日签署《日本国美利坚合众国和亲条约》，通称《日美和亲条约》，共有正文12条、附录13条，主要内容：一是江户湾的下田（横滨东南）立即开港，北海道的箱馆（今称函馆）翌年三月开港；二是优待漂流民；三是领事驻留。沿此例，1854年10月，英日间签署“和亲条约”，长崎、箱馆对英开港；1855年2月7日，俄日间签署“和亲条约”，划分北部边界，下田、箱馆、长崎对俄开港；1856年1月30日，荷日间签署“和亲条约”，长崎、下田、箱馆对荷开港，荷兰人可自由出入长崎出岛，并获得领事裁判权。1858年（安政五年），美国、荷兰、俄国、英国、法国又与日本先后签署“修好通商条约”，共称《安政五国条约》。至此，日本已门户洞开，二百余年锁国体制彻底崩解。

19世纪50年代中后期，日本民间流行一首狂歌（诙谐短歌），译为汉文是：

四杯上喜选，终夜难入眠；四只蒸汽船，惊醒太平梦。

日本幕末的长崎出岛

这里的“上喜选”，是日本名茶，在日语中与“蒸汽船”同音。说的是，喝了四杯上喜选，难以入睡；而来自美国的四只蒸汽船（指培理来航，实为两艘蒸汽船、两艘帆船），打破了日本多年的“锁国太平梦”。从此，日本进入急剧变革时代。19世纪70年代出任清朝驻日公使馆参赞的黄遵宪（1848—1905），作诗描述日本从“锁国”到“开国”的转变：

> 拍枕海潮来，勿再闭关眠；日本桥（东京地名——引者）头水，直接龙动（伦敦——引者）天。[①]

在西方列强的武力胁迫下，日本终于脱离闭关锁国的故辙，逐步汇入世界近代化大潮之中，东京日本桥下的隅田川支流，与伦敦泰晤士河联系到一起了。

二、“开国”的力度与主要方向

日本与中国的锁国体制，都是被挟工业革命威势的西方资本主义国家强行打破的。以首次订立开放门户条约的时间而言，中国先于日本12年（中英《南京条约》1842年8月29日签署，日美《神奈川条约》1854年2月11日签署）。但在被迫开放门户以后，日本“开国”的力度和主动性，明显高于中国。而且，有趣的是，与中国人充满对撞开广州门户的英国人义律（Charles

幕末长崎港

① 黄遵宪：《近世爱国志士歌》，《人境庐诗草》卷三。

Elliot，1801—1875）的愤慨有别，日本人对于1853年打开其门户的美国东印度舰队司令培理并不一定怀抱憎恨，一些人还把培理看作日本文明开化的“恩人”。在培理率舰队登陆的浦贺湾，日本人建立培理公园，园内设纪念馆，竖纪念碑，上撰伊藤博文手书“北米合众国水师提督培理上陆纪念碑”。这意味着日本对“开国”的正面肯认，即使国门是不体面地被外国人猛烈撞开的。

孙中山（1866—1925）青年时代即发现中日间开国后近代化速度的差异，他于1894年6月上书李鸿章，指出——

> 试观日本一国，与西人通商后于我，仿效西方亦后于我，其维新之政为日几何，而今日成效已大有可观。①

对日中现代化作比较研究的日本学者依田憙家，将日中现代化速度不同的原因归结为如下几点：

> 一、日本的传统文化形态比较适合于吸收外来文化，日本的人与人之间的合作关系也比较有利于产生近代的社会关系；
>
> 二、日本自17世纪末已出现限制儒学有效范围的倾向，而中国则迟迟不能摆脱儒学的羁绊；
>
> 三、日本在17世纪末就形成作为近代国家之前提的统一的国内市场（以大阪为中心，辐射各藩的统一市场），而中国则直到第一次世界大战结束以后才形成统一的国内市场；
>
> 四、日本以血统制和世袭制为基础的政治形态导致统治阶级内部出现分裂，下层武士对现行统治秩序存在强烈否定态度，而中国以科举制为基础的政治形态较易使统治阶级整体保持对传统体制的认同，不易使社会发生变革；
>
> 五、日本较早脱离官督商办的经济阶段，形成民间资本主义，而中国则长期坚持官办传统，难以形成民间资本；
>
> 六、日本从江户时代就普及了初等教育，其识字率不亚于同期欧洲

① 《孙中山全集》第1卷，中华书局1981年版，第15页。

国家，这对以后的近代化进程产生了有利影响；①

七、19世纪中叶欧美对东亚的压力主要对着中国，而且一再对中国施行武力侵略（如两次鸦片战争），对日本的压力较弱，这也是日本现代化非常有利的条件。②

笔者基本赞同这一分析。以“中心—边缘”理论观察，中国作为东亚文化圈的中心，其文化具有原生性和稳定性，对西洋文化来袭反应迟钝，实现近代转型较为缓慢；而日本作为东亚文化圈的边缘，其文化是次生的和易变的，对西洋文化来袭的反应敏锐，实现近代转型较为快速。明治维新且不论，即以幕末而言，朝廷、幕府、藩国和民间，虽然有过“锁国攘夷”与“和亲开国”间的政策对立，发生“开国”与“攘夷”、“佐幕”与“倒幕”的激烈冲突，但就总体而言，由于日本社会的前述特点，其对西方冲击反应的迅捷，非同时中国可比。阿部正弘主持的1853—1856年（嘉永六年至安政三年）间的“安政改革”，解除大船禁造令，创建造船业；委托荷兰人制造蒸汽机船，派人到长崎向荷兰人学习航海术；设立讲武所，编制洋枪队，奖励练兵；创设洋学所（1855），1856年更名为蕃书调所（1862年又改称洋书调所），讲授洋学，培养洋学人才。1855年（安政二年），越高藩兰学者桥本左内（1834—1859）撰《西洋事情书》，介绍西方社会及文化。继阿部正弘执政的堀田正睦（1810—1864）继续推行开国政策，1858年（安政五年），也即“日美通商条约”签署后的第二年，幕府废除海防挂一职，设置隶属主管外国事务老中的外国奉行（相当于外交部长）一职，下设组头、调役、翻译、通弁（口译），担负幕府的外交事务。这较之清朝设置同类机构——总理各国事务衙门早两年。上述措施为日本“开国”从被动走向主动准备了条件。在堀田后执政的大老井伊直弼（1815—1860）镇压反幕派，史称“安政大狱”，激起1860年（万延元年）的樱田门外之变，井伊被水户藩士刺死。此后又有“文久改革”（1861—1863）和“庆应改革”（1865—1867）。这些幕末改革虽然未能平息倒幕潮流、克服社会危机，但开国的步履却一发而不可收。

---

① 日本在江户时代已建立民间初等教育体系，名为“寺子屋”的私学（又称“寺塾”）多达一万余所，招收六七岁的男女儿童入学，教学内容为读、写、算、礼仪等。

② ［日］依田憙家：《日中两国现代化比较研究》，北京大学出版社1997年版，第338～340页。

19世纪60年代初中期，日本幕府及藩国多次派遣使团前往欧美，既作外交谈判，也有师法西方之意；到欧美留学也渐成风气。其出访西方的规模、效果都在此期中国同类举措之上。

（一）万延使团及“咸临丸”赴美

为了交换日美修好通商条约的原本批准件，幕府于1860年2月13日（万延元年一月二十二日）首次向美国派遣使节团（与其他国家签订的条约批准件都是在江户交换的）。使团正使是外国奉行兼神奈川奉行、丰前守新见正兴（1822—1869），副使是外国奉行兼神奈川奉行、箱馆奉行淡路守村垣范正（1813—1880），监察是目付丰后守小栗忠顺（1827—1868），使团幕臣和藩士共计80人，乘美舰“波哈坦号”，从横滨品川出发，途经夏威夷，谒见国王卡迈哈迈哈四世，之后抵达旧金山，乘火车南下，跨越巴拿马地峡，乘汽船“罗阿诺克号”到华盛顿，谒见美国总统布坎南（1791—1868），呈递大将军德川家茂的亲书；5月23日，与美国国务卿卡斯交换条约批准件。使团一行随后参观国会、海军部、博物馆、天文台，又访问纽约、费城等城市，受到美国人民欢迎。诗人惠特曼（Walt Whitman，1819—1892）作题为《百老汇的化装游行》一诗，歌咏道：“壮丽的曼哈顿 / 美国同胞们——我们这里 / 终于来了东方人。”赞颂日本人的造访。副使村垣范正详细考察美国的地理、风俗、产业，载入所撰《遣美使日记》。他尤其对加利福尼亚的采矿技术感兴趣，回国后雇佣美国技师布拉克（Phipps Blake）和蓬伯里（Raphael Pumpelly），开发北海道矿山并传授矿山学。①1860年9月底，使团乘美舰“尼亚加拉号”由纽约出港，过大西洋，经好望角、巴达维亚（今印尼雅加达）、香港，回到横滨品川海湾，已是1860年11月9日（万延元年九月二十七日）。这次历时9个月，环球一周的访美之行，打开了幕末日本人的眼界。②

比新见正兴率领的遣美使节团早三天，使节团的随行舰“咸临丸”（长崎海军传习所练习舰）于1860年2月10日（万延元年一月十九日）从浦贺出发，指挥者是军舰奉行摄津守木村喜毅（1830—1901）、教授方头取③（舰长）

---

① 布拉克设计的矿山学校，1862年（文久二年）在箱馆开办，讲授矿山学、机械学，培养了一批矿业人才。

② 见《幕末维新外交资料集成》第1卷，第240~244页。

③ 头取：首领、首长。

胜麟太郎（海舟，1823—1899），小野友五郎、肥田浜五郎、赤松大三郎等为随从。曾于 1841 年（天保十二年）捕鱼时遇风暴，被美国捕鲸船营救，学习英语、测量学的中浜万次郎（1827—1898）充当翻译。以后成为著名启蒙思想家的福泽谕吉（1835—1901）作为摄津守木村喜毅的随从参加此行。咸临丸是从荷兰购入的 100 马力轮船，排水量 300 吨，从指挥官到水手多为日本人，美国布劳克海军大尉等 3 名军官及 8 名水手辅助。咸临丸是日本船第四次横渡太平洋。前三次横渡太平洋的日本船是 1610 年的“圣布那温托拉号”、1613 年的“圣芳菩提斯泰号”、1618 年的“圣芳菩提斯泰号”。17 世纪 30 年代日本实行“锁国”政策后，两个世纪间中断了这种征服太平洋的远航，咸临丸则是打破锁国体制后日本船首次横渡太平洋。福泽谕吉等人经历这次远航，直接考察美国近代文明，见识大增，这成为他们幕末—明治间卓有成效的启蒙活动的开端。

（二）文久使团赴欧

《安政五国条约》规定，新潟开港期为 1860 年 1 月 1 日（安政六年十二月九日），江户开市为 1862 年 1 月 1 日（文久元年十二月二日），兵库开港、大阪开市为 1863 年 1 月 1 日（文久二年十一月十二日）。新潟港口沙洲多，故在开港前一年得到对方国同意延期。兵库、大阪靠近天皇所在的京都，幕府对朝廷曾有过誓约，暂不开放这一港一市。又从平息攘夷派考虑，幕府希望延期开放二港二市。为了惩膺日本违约，美、英、法、俄、普鲁士、荷兰六国拟共同出兵日本。幕府惊悸之余，大将军德川家茂（1849—1866）致函美国总统，外国奉行致函美国国务卿，说明延期开港开市的理由，同时与英国驻日公使阿尔柯克（1809—1897）交涉，阿尔柯克表示理解，又建议日本派使节前往各国做解释。幕府遂派遣赴欧使节团，就两港（兵库、新潟）两都（江户、大阪）开港开市延期事宜与欧洲诸国协商。使节团正使下野守竹内保德，副使石见守松平康直，监督能登守京极高朗。后来在明治间活跃于言论界的福地源一郎（樱痴，1841—1906）任“通辩”（翻译）。为了了解欧洲各国形势，除翻译外还安排三名洋学派“探索”：津山藩士箕作秋坪、萨摩藩士松木弘安、中津藩士福泽谕吉。此外，肥前、加贺、长州、阿波、杵筑等藩也派数名洋学派藩士作为随员参加。使团 36 人乘英舰“奥汀号”，于 1862 年 1 月 21 日（文久元年十二月二十二日）从品川起航，经香港、新加坡，入红海，从苏伊士登陆改乘火车，到开罗，出地中海，乘船至马赛，换乘火车，经里昂，于 1862 年春抵巴黎，谒见拿破仑三世，与法国政府谈判；后赴伦敦，1862 年 6 月 6 日（文久二年五月十日）与英国政府签署《伦敦备忘录》，达成二港二市从 1863 年 1 月 1 日起延期五年开放的协议，作为交换条件，幕府放弃对内外贸易的限制和干涉。使团然后赴荷兰访问，谈判没有结果。再到普鲁士、俄国访问，在彼得堡逗留 40 多天。又经普鲁士到巴黎，与法国政府缔结《巴黎备忘录》。1862 年 12 月 10 日，使团离开巴黎，乘船沿大西洋海岸到葡萄牙，入地中海，按来路返回，1863 年 1 月 29 日（文久二年十二月十一日）抵达品川。其时日本攘夷运动如火如荼，幕藩体制面临危机，幕府无暇顾及使团“夷情探索”的成果，但使团成员，尤其是诸位洋学派“探索”所获得的西方见闻，经福泽谕吉的《西洋事情》（1866 年出版，后发行数十万册）、《西洋旅行指南》（1867 年）、《西洋衣食住》（1867 年）、《掌中万国一览》（1868 年）等书籍，在日本民众中发挥了启蒙作用。

（三）文久、元治使团赴法

为横滨锁港，1864 年 2 月 6 日（文久三年十二月二十九日）幕府派遣外国奉行、筑后守池田长发率 39 人赴法国谈判，1864 年（元治元年）6 月 20 日签署《巴黎条约》。池田筑后守一行赴法，曾途经上海，“在看到此开港地方的繁荣景象后，自感再去谈论闭关自守等方面实难以启齿，似乎感到完成使命已是困难重重”。①

（四）萨摩使团赴欧

幕末政治的一个特色，是西南雄藩（长州、萨摩、土佐、肥前等）崛起，有的违反幕府禁令，直接与西洋交通。1865 年（元治二年）3 月，萨摩藩派遣正使新纳刑部、副使町田民部率 19 人使团，乘格洛凡商会轮船偷渡赴英。曾以水手身份于 1862 年乘“千岁丸”访问上海的五代友厚也是这一使团随员。使团考察城堡、炮台、军舰、物产、机械、枪炮制造，还到比利时、法国、普鲁士参观钢铁厂、制糖厂、军火制造厂，广泛了解欧洲近代文明，对萨摩藩成为幕末维新的领先地区有推动作用。

---

① ［日］冲田一：《日本与上海》，大陆新报社 1943 年版。

（五）桦太境界谈判

为桦太（库页岛）边境谈判，幕府于1866年（庆应二年）底派遣正使大和守小出秀实率领的遣俄使节团，翌年在彼得堡签署《桦太岛规则》。

（六）庆应使团参加巴黎万国博览会

为参加巴黎万国博览会，幕府于1867年（庆应三年）派遣民部大辅德川昭武（1853—1910）率29人使节团访问法、英等与日缔约国家。明治时代成为著名企业家，并提出“论语加算盘”（东洋伦理加西洋技术）的涩泽笃太夫（荣一，1840—1931）[①]作为随员同行，回国后撰《英国御巡行日志》。

（七）幕府派遣留学生赴欧美

开国后，幕府陆续派遣留学生赴欧美学习军事及文化。1861年（文久元年）春，幕府选派内田恒次郎、榎本釜次郎（武扬，1836—1908）、泽太郎左卫门、赤松大三郎、田口俊平赴荷兰海牙学海军，西周助（周）、津田真一郎（真道）赴荷兰莱顿大学学社会科学。榎本武扬后来成为幕末—明治间著名海军将领和外交官，西周（1829—1897）、津田真道（1829—1903）成为日本人文学的创始者。

1865年（庆应元年）幕府派山内作左卫门等6人到英国留学。翌年派川路太郎等14人到英国留学。1867年派绪方洪哉等到荷兰学医。同年，在法国公使罗休协助下，一些幕吏和藩士赴法留学。

（八）各藩派遣留学生赴欧美

在幕府派遣留学生的同时，长州、萨摩等西南雄藩也竞相向欧美派遣留学生。

1863年5月（文久三年四月），日后在明治维新中叱咤风云的长州藩士井上闻多（馨，1836—1915）、伊藤俊辅（博文，1841—1909）、野村弥吉、远藤谨助、山尾庸三5人，由长州藩批准，从横滨偷渡（当时幕府不许各藩自行派人出国留学），乘英船赴英国留学。5月末，井上、伊藤等5人途经上海，为上海的“繁荣景象所震惊”[②]。井上等1864年（元治元年）归国后，联名上书长州藩主政者周布政之助，报告在上海的见闻，力主开放，反对闭关攘

---

① 涩泽荣一于明治年间著《论语讲义》，主张“一手持算盘，一手持《论语》”。该说在日本广为流行。

② ［日］冲田一：《日本与上海》，大陆新报社1943年版，第232页。

夷。[1]1867年（庆应三年）长州藩又派4人赴英留学，2人赴美留学，2人赴荷兰留学。

萨摩藩则于1865年派遣使节团赴欧时，选派町田民部等15人随行，赴英留学。同年底又选派尊王攘夷激进派干部8名留美，2名留法，其中仁礼景范后来在明治政府任海军大臣，吉原弥次郎任日本银行总裁。

综上所述，幕末日本求新知于欧美的努力，已有相当规模与成效。以往，史学界对明治维新时岩仓使团于19世纪70年代访问欧美[2]比较关注，但作为其前驱的幕末间造访西方的多次举措，也应认真考究，这样才能在较长时段的比较中，考察日本的开国过程，发现日中两国近代转型间汲纳西方文化程度的异同。

1967年，曾任日本首相的吉田茂（1878—1967）应外刊之约撰文，这便是《激荡百年史》，其第一章说：

> 日本是在外国的压力下才被迫开放门户的，但是一旦决定开放之后，便在回敬西方的冲击中，显示出敢于冒险的气魄和能力。

这一论述主要是就明治维新后的百年日本史而言的，但开国始于幕末，其时已经初露日本“敢于冒险的气魄和能力”。

自幕末到明治时期，日本“开国”的主要方向，当然是给日本造成空前威胁，并且又是其效法目标的英、美、法、荷、普、俄等欧美国家，但自幕末开始，日本也将视线投向曾是“文化母国”的近邻中国。

---

①［日］冲田一：《日本与上海》，大陆新报社1943年版，第232页。

② 明治政府为了同欧美各国修改条约，于1871年12月，派遣由右大臣（政府副首脑）岩仓具视（1825—1883）为特命全权大使，参议木户孝允（1833—1877）、大藏卿大久保利通（1830—1878）、工部大辅伊藤博文（1841—1909）、外务少辅山口尚芳为副使的共计50人的使节团，遍历美国、英国、法国、比利时、荷兰、德国、俄国、丹麦、瑞典、意大利、奥地利、瑞士等国。其改约诉求虽遭西方诸国拒绝，但使团在长达22个月的欧美亲历，“访农牧于野，览工艺于都，察贸易于市”，口问笔录，大大拓展了对西方工业文明的视野。岩仓、木户、大久保诸人各草游历日记，详录美欧国体、工艺、教育、学术，后由使节团权少外史久米邦武（1839—1931）整理为5编100卷《特命全权大使美欧回览实记》（1878年出版）。

三、日本幕末的“对清策论”

自古以来，日本从中国引入多方面文明成果，诸如汉字汉文、生产技术、典章制度、儒学、中国化佛教、文学艺术等；与此同时，日本又对输入的大陆文化有所选择、有所创新，如在吸收中国儒家学说时，因与日本“万世一系”的天皇制相抵触而扬弃“汤武革命”理念；又如用汉字偏旁造出假名这一日本式文字符号，等等。经过千余年的汲纳与创造，日本逐步形成富有特色的国风文化，从而出现“大陆文化”与“国风文化”以及江户时期兴起的“兰学—洋学”相互渗透又彼此制约的多元一体格局。

19 世纪中叶以前，日本人对中国及中国文化深怀“敬畏”之心。但诚如美国的日本学者赖肖尔（Edwin O. Reischauer，1910—1990）所说：

> 在历史上日本人对其他国家的态度犹如一个钟摆，晃动于自卑感和优越感之间。①
>
> 从 6 世纪到 9 世纪日本长期如饥似渴地向中国学习，这在日本留下了根深蒂固的自卑感。随着日本同化他们引进的事物并将其转化成他们自己与众不同的文明时，这种自卑感才渐渐地消失。②

从安土桃山时期③ 到江户初期是日本力图建立独特文化的重要阶段，神国思想和封建扩张理念渐趋张大，如丰臣秀吉（1536—1598）统一日本后，即滋生征服朝鲜、中国，建都北京的野心；德川家康（1542—1616）建立江户幕府后，也有“德化宇内”的设想。江户时代的国学“三大人”——荷田春满（1669—1726）、贺茂真渊（1697—1769）、本居宣长（1730—1801）等人进一步发展这一理念，力主以“大和心”（日本精神）取代“唐心”（中国儒家精神）和“佛心”（佛教精神）。

①② ［美］赖肖尔：《当代日本人：传统与变革》，陈文寿译，引自《日本学》第 2 辑，北京大学出版社 1990 年版，第 23、24～25 页。

③ 安土、桃山分别为日本战国末期军事强人织田信长（1534—1582）和丰臣秀吉的城堡所在地名，“安土桃山时期”即指织田和丰臣掌权时期（又称“织丰政权期”），在 1562—1598 年（永禄五年至庆长三年）间。

时至江户后期，日本的国粹主义有所膨胀，其特点是讴歌作为“神国”的日本，认为日本理应统治世界。这种日本至上、天皇至尊的观念，既是对西方人东侵的一种反应，也是对日本“文化母国”——中国的一种抗拒式回报。

江户后期思想家本多利明（1743—1820），对汉学、国学和兰学均有研究，他在1798年所著的《经世秘策》中提出，作为“海国”的日本应以贸易立国，与幕府的锁国政策正面抵触。在1795年著的《西域物语》中，本多利明称，“日本为天下第一的最良国”，应当积极地向北方地域武力殖民。他所谓的“北方地域”，指千岛群岛、乌苏里江以东、堪察加半岛等人烟稀少的地方。本多利明对拥有广大附属国的欧罗巴诸强国不胜羡慕，却又哀叹日本地狭国贫，其拓殖海外的欲望实在是心有余而力不足。这正反映了国力尚弱时日本早期殖民主义者的窘态。

稍晚于本多利明的平田笃胤（1776—1843）[①]，更明确阐述了“皇国史观”，他在所著《灵能真柱》中神化天皇，提出“皇国是万国的祖国，天皇是万国的大君”。与其同时代的幕末经世家佐藤信渊（1769—1850），著《宇内混同秘策》。“宇内混同”即“世界统一”的意思。佐藤在该书的序文《混同大论》中说：

> 我皇大国乃大地上最早成立之国，为世界万国之根本。根本一旦有序，则全世界应悉为郡县，万国之君应皆为臣仆……安抚万国之苍生，自始便是皇国君主之要务。[②]

佐藤信渊还具体论及“宇内混同”的步骤：“必先自吞并支那国肇始”，其方略是仿效满族迅速攻略明朝的故伎，先侵入满洲、朝鲜，进迫北京；又从九州诸港直驱江南、浙江等地。[③]

被20世纪上半叶日本军国主义“皇道派”尊为先觉的佐藤信渊写作《宇内混同秘策》，时在1823年（文政六年），日本尚处在锁国状态，该书充溢着昧于世界大势的封建扩张狂想，但其吞并东亚的步骤设计，与一百年后日本军

---

① 前述国学“三大人”，加上平田笃胤，合称国学“四大人”。

②③ ［日］增田涉：《西学东渐与中日文化交流》，由其民、周启乾译，天津社会科学院出版社1993年版，第65页。

国主义的侵略实践相吻合，因而被视作前驱。

1840年中英鸦片战争及随后签订的中英《南京条约》，不仅是中国旷古未遇之奇变，而且也对尚处锁国状态的日本朝野造成强烈震撼，幕府立即修改禁海政策，以因应变化。一些藩国也十分关注鸦片战争给日本带来的影响，原伊势津城主便向佐藤信渊咨询，为答复咨询，佐藤于1849年（嘉永二年）撰《存华挫狄论》。与20多年前的《宇内混同秘策》大相径庭，此时西方殖民势力（佐藤称之为“夷狄”）已构成对日本和中国的现实威胁，佐藤站在东亚被压迫民族立场上，显示出对西方侵略者的同仇敌忾，力主“存中华，挫夷狄”。《存华挫狄论》在记述鸦片战争经过之后，于卷末寄望清国振起，成为日本的“西部屏障”：

> 满清君臣卧薪尝胆，济贫恤亡，上下同劳苦，练兵数年，以起复仇之义兵，挞伐英夷，全力逐之；俾使东洋无其遗类，庶能永为本邦之西部屏障。此即著《存华挫狄论》之主旨也。①

佐藤信渊关注鸦片战争，是替日本的国防未雨绸缪，这在他于1847年（弘化四年）所著《海防余论》中讲得明白：

> 我国与西洋夷狄尚无交战之事，无从论其优劣。然自天保十一年（1840年）起，清国数十次战役皆大败，军力不能与之抗争，终至纳银割地以求和，方得幸免。兹录清英水陆战役数十次之战法，从而评之。②

幕末日本关注清国现况的一个突出表现是，清道咸间经世学者魏源（1794—1857）有感于鸦片战争而著的《圣武记》、《海国图志》，很快流传于日本：《圣武记》于1844年（清道光二十四年，日本弘化元年）开始传入日本，《海国图志》于1854年（日本嘉永七年，以下皆日本年号）在日本翻刻海防之策部分（第一卷《筹海篇》）。“唱开化日新之说”的先觉佐久间象山（1811—1864），于1854年5月（安政元年四月）描述自己阅读《圣武记》的

---

①② ［日］增田涉，《西学东渐与中日文化交流》，第64页。

感受说：

> 呜呼，予与魏，各生异域，不相识姓名，感时著言，同在是岁，而其所见，亦有暗合者，一何奇也，真可谓海外同志矣。①

佐久间象山与魏源同时异地，不约而同地发表了挽救民族危亡，抗击西方殖民主义东侵的言论，正反映了这一时期日中两国命运相近的事实，诚所谓“唇齿相连”、“辅车相依”，佐久间象山引魏源为“海外同志”在情理之中。佐久间的弟子吉田松阴还摘抄《圣武记》和《海国图志》，并劝勉日本有志者撰写同样的好书。

1853年（嘉永六年）的“黑船来航”及次年签订的《日美和亲条约》结束了日本长达两个多世纪的锁国状态，幕府逐渐把对外贸易作为富国强兵的基础来考量，而近邻中国又是日本的主要贸易对象，从吸取清朝败于英国的教训和开展对清贸易两点出发，安政—文久年间诸幕臣竞相提出“对清策论”——

老中板仓胜静的顾问、经世家山田方谷（1805—1877）于1859年（安政六年）提出的“海外经略论”，即以中国为重点，认为西洋与日本相距悬远，清国为近邻，应派使节和亲。此即所谓“求唇齿之邦于宇内，舍满清殆无有也”。

文久年间（1861—1863），国学家、尚古主义者平野国臣（1828—1864）倡“尊攘英断论”，主张联合清国对抗西洋；尊皇攘夷派真木和泉（1813—1864）则倡“满清经略论”，主张向清国扩张势力；近江膳所藩士森佑信更提出“征清”及“满韩经略论”，与佐藤信渊早年的“宇内混同论”近似。

总之，幕末出现的对清策论，或倡联合清国以抗西洋；或倡征服清国以图日本强盛。两说虽大有差异，却同样显示出日本一旦挣脱锁国体制，即把对清关系视作战略问题，其基本倾向是，从日本民族的危机意识出发，经略朝鲜和中国，以与对西洋外交相平衡。这种意向，在佐久间象山的弟子吉田松阴（1830—1859）的论著中有明晰表述。1854年（安政元年），吉田松阴试图

---

① ［日］佐久间象山，《省諐录》，岩波书店1944年版，第97页。

偷乘美舰出洋而被捕入狱，于囚禁中撰《幽囚录》，提出开国、派遣留学生赴西洋、造巨舰、修武备等建策，其目标是通过对外扩张以谋求日本的生存与发展——

> 今急修武备，舰略具，炮略足，则宜开垦虾夷，封建诸侯，乘间夺加摸察加、奥都加，谕琉球，朝觐会同，比内诸侯，责朝鲜，纳质奉贡，如古盛时。北割满洲之地，南收台湾、吕宋诸岛，渐示进取之势。①

吉田松阴还在囚禁中致函兄长杉梅太郎，内称：

> （日本）与俄、美讲和，决不能失信，对章程条规要严守信义，以争取时间生养国力，并从容易夺取的朝鲜、满洲、支那那里索取丧失给俄、美的东西。②

这是一种典型的强权外交谋略：日本应顺从强国俄、美，欺压、榨取弱国中、朝，把失之于西洋列强的东西从中国、朝鲜那里补偿回来。这已经昭示了日本近现代外交的基本思路。

在幕末对清策论中，也有重视国际正义的声音，如启蒙思想家横井小楠（1809—1869）在《国是三论》等著作中，一再申述，“日本与支那唇齿相依，对于支那的前车之覆，不能坐视旁观”，又指出，“对外膨胀必将祸患后世”，警告当政者不应追随西洋的强权外交，并以理想主义的“尧舜孔子之道”对日本当政者加以规劝。这种仁厚言论被视作迂腐。

急于摆脱困境的幕府所要追随的，是西洋人示范的强权外交。不过，限于国力，开国之初的日本，在与西方列强周旋、寻求师法的同时，也试图与清国友好交往，一方面探究其惨败于西方的缘由，另一方面谋求通商以赢利。出于这两层目的，幕府于1862年至1867年（文久二年至庆应三年）间，先后四次

---

① ［日］吉田松阴:《幽囚录》，见栗栖安一著《解说吉田松阴遗文集》，撰书堂昭和十七年（1942）版，第82页。

② 转引自古川万太郎《近代日本的大陆政策》，东京书籍株式会社1991年8月版，第51页。原文为日文，中文为引者意译。

派遣访清贸易使团。

四、以上海为渡航清朝的首选目的地

江户幕府在实行锁国政策两百多年后，被美、英等西方资本主义国家叩开国门。幕末的“开国”，除向西洋诸国开放门户外，还包括派遣官船赴中国开展“出贸易”，而首选目的地便是上海，其理由有多条，集中到一点便是——在中国以至东亚由封闭走向开放的历史转折关头，上海处于关键地位。任何意识到这一转折的人们和国度，都将眼光投向东亚近代转型的枢纽——上海。

位处亚洲东部的中国大陆，面对世界第一大洋——太平洋，形成从鸭绿江口到北仑河口长达万余公里的大陆海岸线。这道蜿蜒曲折的海岸线的中点，是中国第一、世界第四大河——长江的出海口。巨龙般的长江，每年向大海倾泻数以亿吨计的泥沙，使出海口向太平洋不断延伸，后来称作“上海”的一片土地，便从太平洋西岸自西而东缓缓冲积成陆，逐步完成“沧海桑田”的变化。这里原本是“海”，历经海陆变迁，才“上”得海来，以后的“上海”便得名于此。[①] 由于冰后期海侵，距今大约五六千年，这里成为澙湖、沼泽，开始有人栖息，出现稀稀落落的渔村。既然捕鱼是此地最早的产业，后来以捕鱼的竹栅“沪”（扈）作为上海的简称便十分自然了。历史推演到两千多年前的战国时期，楚考烈王以黄歇为相，封春申君（前 314—前 238）与魏国信陵君、赵国平原君、齐国孟尝君并称“战国四公子”。春申君以吴的故城为邑，领有今苏南，今上海西部是其封地的一部分，故上海又简称“申”。相传春申君黄歇率众开凿东江支流，人称黄歇浦，即今之黄浦。至 8 世纪中叶的唐天宝年间，设华亭县，县治在今松江县城；宋代淳化二年（991）在今上海市区设青龙镇，有“小杭州”之誉；元代至元十四年（1277）在此设市舶司，为全国七大市舶司之一，1292 年（元代至元二十九年）划出华亭县五个乡，始建上海县，属松江府管辖；1553 年（明嘉靖十二年），为防御倭寇，修筑上海县城垣。元明以降，负海枕江的区位优势，使这里“木棉文绫，衣被天下”[②]，成为手工业

① 松江下游曾有一条支流名“上海浦”，这里在宋代形成一个集镇，名“上海镇”，这是“上海”首次被用作地名。南宋咸淳三年（1267）在上海镇设立镇治。

② 明弘治《上海县志》序。

和商贸中心，清初已“舳舻相衔，帆樯比栉”[1]，1685年（康熙二十四年）上海设“江海关”，专司贸易税收。19世纪20年代（道光初年），苏北运河淤塞，海运南漕得以运作，上海港已成为清廷命脉所系，“分巡苏松兵备道”遂由苏州迁至上海。上海至清中叶更“号称繁剧，诚江海之通津，东南之都会也。”[2]但此间的上海，作为苏松太道道署所在地，仍然只是东南地区的中等城市，至19世纪40年代初，人口约20万，城市规模及辐射力不仅小于附近的苏州和杭州，而且据西洋人19世纪30年代观察，“上海在建筑、外貌、富裕等方面，均次于宁波”[3]。如果中国社会沿着固有轨迹运行，上海大概还将作为这种水平的城镇运行一个长时期。

以1843年“开埠”为界标，控江襟海的上海进入一个全新的发展阶段，这乃由一种空前的世界大趋势所导致。

包括中国、日本在内的东亚地区，欧洲人称作“远东”，自古即被视为神秘而富庶的“黄金国度”。13世纪来华的意大利人马可·波罗（Macro Polo，1254—1324）的东方见闻录《马可·波罗行纪》，极尽对东方财富的描绘，元大都（今北京）、杭州、泉州等地的繁华令人心驰神往，日本则被说成“国内的黄金极为丰富，因为黄金的来源是取之不尽的”。马可·波罗的东方见闻被当时大多数欧洲人视作无稽之谈，但也刺激探险家们远航东方以求财富。15—16世纪海道大通后，欧洲早期殖民国家西班牙、葡萄牙（中国明清两朝称之“佛郎机”，日本江户幕府称之“南蛮”）竞相东来，却因明清王朝和江户幕府拒斥而未能得手。此时的中国和日本，还固守着传统的“华夷秩序”——以中华帝国为中心，周边“四夷”接受册封，“四夷”向中华帝国朝贡，中华帝国则向“四夷”赐赍，形成一种同心圆式的松散国际关系。日本的室町幕府接受明朝册封，纳入以明朝为中心的“华夷秩序”；丰臣秀吉执政时，拒绝明神宗万历皇帝（1563—1620）的册封，表现出摆脱以明朝为中心的华夷秩序的倾向；至江户幕府时期，日本自称“中华”，将周边（如朝鲜、琉球等，甚至包括清朝）视作“四夷”，试图建立自己的华夷秩序。而此时，欧洲正在建立富于扩张机制的“世界秩序”。

---

① 清乾隆《上海县志》卷一。

② 清嘉庆《上海县志》卷一。

③ China, Political, Commerical and Social, Vol. Ⅱ, p. 311.

18世纪末期，工业革命后的英国派遣马戛尔尼使团造访清朝，以求建交、通商，虽然受到“十全老人”乾隆皇帝的接见，但马戛尔尼使团的通商、建交要求却遭到峻拒，原因是中华帝国自认天朝物产丰盈，无需与外夷通商；而且，外夷的到来，还会导致麻烦，拒之门外则天下太平。这是典型的“华夷秩序”思维方式和行事准则。

时间推移至19世纪初叶，相继实现工业革命的英、法、美等西方国家掀起建立世界统一市场的狂潮，并将一种以西方工业文明国家为主导的世界秩序推向全球。这是因为，“不断扩大产品销路的需要，驱使资产阶级奔走于全球各地，它必须到处落户，到处创业，到处建立联系”①。西方国家以坚船利炮为前锋，伴之以廉价工业品，挺进东亚，中国和日本先后被打破封闭的国门。在中国，最先是1842年《中英江宁条约》规定广州、厦门、福州、宁波、上海五口“开埠”，此类按照不平等条约规定开放的商埠，称“约开商埠”；另外还有由中国政府自行宣布开放的商埠，称“自开商埠”。在日本，最先是1854年《日美和亲条约》规定下田、箱管“开港”。

《中英江宁条约》第二款对“开埠”的诠释是：

> 自今以后，大皇帝恩准英国人民带同所属家眷，寄居大清沿海之广州、福州、厦门、宁波、上海等五处港口，贸易通商无碍；且大英国君主派设领事、管事官住该五处城邑，专理商贾事宜。②

《日美和亲条约》对“开港”的诠释是：

> 双方国民买卖物品，一律不受限制；对支付方式等，日本官员概不干预；对于日本人买卖或携带购自美国人的商品，不加妨碍。③

总之，中、日两国紧锁多年的门户，被西方人强行打开。在资本主义“利

---

① 《马克思恩格斯选集》，第1卷，人民出版社1958年版，第254页。

② 王铁崖：《中外旧约章汇编》第1卷，三联书店1957年版，第31页。

③ ［日］信夫清三郎编：《日本外交史》，天津社会科学院日本研究所译，商务印书馆1992年版，第75页。

益"这一"恶"的杠杆启动下，中、日两国被纳入一个商品经济日益张大、各国各地区联系日益紧密的世界体系之中，从此历经种种磨难，分别在不同程度上赢得近代化的加速度。

正因为中、日两国的近代化是由来自外洋的异域势力启动的，带有明显的外铄性，故其海港城市（如中国的广州、上海、天津，日本的横滨、神户、长崎）往往得风气之先。以上海而言，因"江海水陆之会"的优势条件，自19世纪初叶以降，便是英、法、美、俄等西方国家的觊觎之地。英国植物学家罗伯特·福钧（1813—1880）于1843年来华调查中国植物情况，在所撰《华北诸省三年漫行记》中指出：

> 上海与内地运输的便利是世界上任何地方都不能与之竞争的。……
>
> 上海是中国沿海对外贸易上最为重要的商港，因此吸引着国际方面很大的注意。在我们熟悉的城市中，没有其他城市拥有这样的优势。上海已成为通往中华帝国的大门，实际上就是主要的进口港。[①]

这番话颇能代表那一时期西方人的"上海观"。

江宁条约规定的对外通商五口，上海本排名最后，但上海因其特有的区位优势，贸易额很快便在通商五口名列前茅。作为中国大陆海岸线的中点，作为中国最富庶的长江流域的出海口和优良的河口型海港，也作为板块状中国大陆揳入大洋最远处，上海是迎受近代世界八面来风的屏幕、演出牵动中国全体的种种悲喜剧的大舞台，从而也成为中国乃至东亚走向近代社会的领先之地。

上海还是中国大陆距日本列岛最近的港口。古来日本人对上海并不生疏。元代诗人王逢旅居上海时曾作题为《日本月千江长老携其国僧裔竺峰级禹门征诗二首》、《题日本龘大彻上人渺海轩》的诗篇，可见元时已有日本僧人、文士往来于上海一带。[②]19世纪40年代开埠以降，上海因贸易兴盛、西洋文明移植，而在日本播名广远。加之这里又是清朝与太平天国交锋的重要战场，而太平战事自19世纪50年代以来一直为日本当局及民间所关注。从就近观摩西

① R. Fortune：*Three Years Wanderings in the Northern Provinces of china*，p. 112.

② 王逢：《梧溪集》卷四、卷五。

洋文明的东方范本计，又从实地探查太平战事计，幕府决定以上海为其官方商贸使节团渡航清国的首选地。

五、四次遣使上海

日中贸易往来，历时久远，中国长期是日本的主要贸易对象国。室町幕府时期与明朝开展“勘合贸易”[①]，嘉靖间，因倭寇骚扰东南沿海地区，明朝停止了同日本间的勘合贸易，此后日本一再要求恢复，却因丰臣秀吉发动侵朝战争而再度搁置下来，中国的生丝由葡萄牙人以转口贸易方式运往长崎，以满足日本丝织业的需要。明清之际，中国东南沿海同日本长崎的民间贸易有所发展，中方以生丝换取日本铜，以满足铸造货币之需。清廷为鼓励外铜进口，准带丝出口以易铜，1688 年（清康熙二十七年，日本元禄元年），长崎一年入港唐船 193 艘，乘这些船踏上日本国土的中国人多达 9128 人[②]。德川幕府为控制铜、金、银出口，一再限制唐船入港数量，规定凡来长崎贸易的船舶，须持江户幕府颁发的通商牌照——信牌，这便是所谓的“长崎信牌贸易”。与此同时，日本又严禁国人出海通商，17 世纪初叶以降的二百余年间，“日本商人绝无至中国者”[③]。这就出现一种奇特现象：锁国二百余年的江户幕府，一方面以来自中国的朱子学为官方哲学，另一方面严禁日本人踏上中国土地，连有关中国的情报，也靠来长崎的中国商人提供。这与平城、平安时代日本多次派出“遣隋使”、“遣唐使”实地观察、汲纳中国精神文化、物质文明的情况大不相同。

由于江户幕府严禁日本商船出航海外，日本对外贸易的权益多为外人所获。时至 19 世纪 40 年代以降，上海开埠，以上海为东亚贸易基地的西洋商人，利用日本锁国之机，往来于上海—长崎之间，牟得所投入资本 70 倍的惊人利润，以至日本金银大量外流，财政窘迫。为摆脱困境，开国初期的幕府，便试图打破禁航海外的传统，决计派遣官船前往清朝作商贸考察，以期开展直

① 勘合贸易：“勘合”，中国古时调遣军队，用符契为凭，上盖印信，剖为两半，以一半交奉令调遣者，另一半交被调遣军队的主将。在奉令调遣者到达时，二符契相并，谓之“勘合”，始可调兵。后来朝廷调运盐粮亦用勘合法。明朝与日本室町幕府间贸易，向两国商人颁发的符契，到对方国家港口“勘合”，便可交易，谓之“勘合贸易”。

② ［日］大庭脩：《江户时代日中秘话》，第 167 页。

③ 黄遵宪：《日本国志》卷六，第 3 页。

接对清贸易。[1]而1859年以降，英美相继开辟“长崎—上海”定期航线，上海商贸发达的消息不断传入日本，兼之上海是距长崎最近的中国大陆港口，这里自然成为幕末出航清朝的最佳目标。江户时代禁止日本人前往中国的情形，至幕末的四次遣使上海而告终结。

第一次使团赴沪。幕府为恢复17世纪30年代（宽永年间）以前的朱印船贸易，并了解正在上海一带进行的清朝与太平天国之间的战况，经过一年的筹划准备，于文久二年派遣使团赴沪。使团由御勘定[2]根立助七郎率领，一行51人，乘幕府官船“千岁丸”，1862年5月27日（文久二年四月二十九日），从长崎发航，6月2日（五月六日）抵达黄浦江，8月1日（七月六日）离开吴淞口，在上海逗留两个月，8月7日（七月十二日）返回长崎。本书以下诸章将详细述评幕府使节团诸人在上海的种种经历，此处从略。

第二次使团赴沪。“千岁丸”上海行，虽然在了解清国商贸、军政实情方面颇有收获，但并没有同清方就双边贸易达成具体协议，幕府遂有第二次使节团的派遣。这次使节团的正使为军舰奉行支配组头次席、箱馆奉行支配调役并山口锡次郎（1836—？），随行者外国奉行支配调役格通弁御用头取森山多吉郎（1820—1871，幕末著名荷兰语翻译）等50人，乘排水量376吨的幕船“健顺丸”，1863年12月21日（文久三年十一月十一日）从品川起航，1864年3月28日至5月14日（元治元年二月二十一日至四月九日）逗留上海。使节团在上海拜访英国、荷兰等国领事馆和江海关，为购买武器到停泊上海的美国船会商，又至道台府拜访以候补松江知府代理上海道的应宝时。“健顺丸”上海行的主要目的是开展贸易，为此与清方及洋商广泛洽谈，并了解蒸汽船沿长江航行到汉口贩卖昆布（海带）等货品的可能性。如果说，第一次幕府使节团所乘“千岁丸”由英国船长指挥，船员主体也为英国人（返航时雇请荷兰人），日本7名水手、杂役只起辅助作用，那么，第二次幕府使节团所乘“健顺丸”则由日本人驾驶，使节团正使又由有海军经历的山口锡次郎担任，故

---

① 参见上海日本居留民团编《上海居留民团三十五周年纪念志》，昭和十七年版，第38页。

② 御勘定：江户幕府直属将军的部分家臣和武士称“御家人”，其中分管财政和民政的称“御勘定”，由将军直属家臣——旗本担任。

此次航行被称为"日本交通史上值得大书特书的业绩"[①]。不过,"健顺丸"上海行也未能与清朝建立正式商贸关系,而且"健顺丸"5月20日返回长崎时,攘夷派浪士排外活动激烈,刚刚下船的山口锡次郎一行受到攘夷派浪士诘问。[②]"健顺丸"乘员的纪行文集结为《黄浦志》。

第三次使团赴沪。这次使团负有密命——调查长州藩卖蒸汽船购买枪支的情况。作为外样大名、西南雄藩之一的长州藩,文久年间(1861—1863)进入中央政界,与幕府矛盾日益尖锐。长州藩为建立自己的陆海军,违背外贸须经幕府许可的规定,自行向外国买卖枪械和船舰。1863年(文久三年)秋,长州藩在横滨从嘉蒂恩·马里逊商会购买汽船"兰斯弗尔德号",更名为"壬戌丸"。1864年(元治元年)4月,长州藩为了购置枪炮,拟将藩船"壬戌丸"卖给美国商人德莱科;次年3月,代表长州藩的村田藏六(即大村益次郎,1824—1869,幕末维新军事家,日本近代陆军创始人,东京的靖国神社竖立其巨型铜像)率藩士、水手共50人,乘"壬戌丸"密航上海,以35000美元将"壬戌丸"卖掉,以其款购买大量盖贝尔枪,然后乘"飞鹏号"回到下关。荷兰总领事将此事密告幕府,幕府遂派员前往上海,原拟依赖荷兰驻沪领事,逮捕村田藏六等长州在沪人员,因中国自有规则,幕吏们无法下手,只能调查事件原委。这次肩负密命的幕府使团,由外国奉行支配调役石川岩司、外国奉行支配调役并杉浦爱藏(1835—1877,1867年参加德川昭武率领的赴欧使团)及做通弁(翻译)的外国奉行支配调役格西吉十郎三人组成,1865年4月12日(庆应元年三月十七日)从江户出发,翌日从横滨乘英国邮船"北京号",4月20日抵上海后,频频与荷兰、美国领事交涉,又拜会上海道台丁日昌(1823—1882)。因长州藩在上海卖船购枪均秘密进行,村田藏六(大村益次郎)一行在上海动向不明,调查难以进行,加之当时日本与中国尚无条约关系,清朝官员对日方人员颇有尊大之概,视同属国,因此,石川等三人的上海行不了了之。逗留10日,4月29日仍乘"北京号"返日,抵达横滨已是1865年5月5日(庆应元年四月十一日),正是幕府下达第二次征讨长州令前后。

第四次使团赴沪。不同于前三次使团由幕吏率领,这次却由浜松藩与佐仓

---

① [日]武藤长藏:《有关元治元年上海派遣官船健顺丸石渡博士提供的史料》,《商业与经济》第八号第一册,第132页。

② "健顺丸"上海行,参见宫永孝《高杉晋作的上海报告》,新人物往来社1995年版。

藩联合组团，由浜松藩主井上河内守家来名仓予何人率领，这反映了幕府威权的进一步下降和藩国力量的上升。名仓予何人（？—1901）于1862年作为御徒士目付锅田三郎的随从，参加过“千岁丸”上海行。时隔五年，浜松藩主井上正直任幕府老中，名仓予何人便以井上的亲信下属出任使团首脑。使团由浜松藩士和佐仓藩士共9人组成，乘英商蒸汽船“恒河号”（Canges），于1867年2月15日（庆应三年一月十一日）从横滨起航，与德川昭武所率赴欧参加巴黎万国博览会的使团同时出发。1867年2月19日至3月16日（庆应三年一月十五日至二月十一日）逗留上海，3月17日乘清政府蒸汽船“江南缉捕勇船”从上海驶往金陵（南京），同行者岸田吟香（1833—1912）明治间成为经略中国的传奇人物，曾资助荒尾精设立汉口乐善堂，开展中国调查，此为东亚同文书院中国旅行调查的先声。3月23日，使团乘船从南京赴苏州，24日返抵上海，曾访问英国轮船公司（O.S.N社）和法国轮船公司。5月5日（四月二日）从上海返航。第四次上海行的目的是学习西洋战术和学术文化，并探究开展日清贸易的可能性，但并未获得多少实际成果，使团连“贸易调查复命书”也没有提供。

美国首位驻日总领事哈里斯曾经说：“万国交易是富强之源。”这一箴言传达了近代文明的精义，给幕末日本人留下深刻印象，他们在被迫开港开市之后，也逐渐主动开展对外贸易，而19世纪60年代幕府派出的四次遣清使节团，便是日本开国后试图直接进行对清贸易的积极举措，虽然均未签订商贸协议，但其开创之功不可没。幕末使团的造访上海还是两个多世纪以来第一批日本人踏上中国土地，其所见、所闻、所思，对近代日本人中国观的转变影响至深，而其中1862年（文久二年）第一次上海行又尤具开启先河的意义。

第二章 “千岁丸”——锁国二百年后使清第一船

单身尝到支那邦，火舰飞走大东洋；
交语汉魅与英法，欲舍我短学彼长。

——高杉晋作《无题》

一、宽永以降不平衡的中日交通

14世纪中期至16世纪中期，中国明朝（1368—1644）与日本室町幕府（1338—1573）间保持着相当兴旺的勘合贸易和文化交往。中国商船从江浙起航，10天内可抵达长崎等港，甚至“顺风不三日可至日本”[①]；日本每年也派出遣明船多艘。日方出口铜、硫黄、刀剑、扇子、漆器等，中方出口制钱、生丝、药材、书画、陶瓷器等。这种双边贸易是有利可图的，一斤唐丝（中国生丝）在日本以20倍价格出售，日本一把值八百文的刀剑，在中国可卖出6倍以上价钱。[②]这自然刺激双方商船的穿梭航行。在贸易之外，日本还多次派出遣明使，著名者如了庵桂悟（1425—1514），以83岁高龄任遣明正使，1514年（永正十年）归日时已经89岁。中国学者王阳明（1472—1529）曾作《日本正使了庵和尚归国送序》相赠，赞其“年逾上寿，不倦为学，领彼国王之命，来贡珍于大明”[③]。

经战国纷乱后，丰臣秀吉统一日本，1592年（元禄元年）开始实行朱印船（又称朱章船）制度，即由幕府颁发特别证件“朱印状”——盖有幕府红印的航海证明书，船主（多为九州大名和大阪、长崎豪商）持此状可航行中国及

---

① 《浙江通志》卷九十五《海防一》。

② ［日］中村新太郎:《日本与中国的二千年》下，东邦出版社昭和四十八年版，第390~391页。

③ 见师蛮《本朝高僧传》，伊藤威山《邻交征书》，斋藤拙堂《斋藤文话》。

南洋。德川家康（1542—1616）建立江户幕府（1603—1867）后，将朱印船贸易进一步规范化，奖励京都、堺、长崎商人领取朱印状，力图恢复因倭寇袭扰和丰臣秀吉侵略朝鲜而中断的对明贸易。从1604年到1635年的30年间，日本派出的朱印船达365只之多，其贸易额超过荷兰及中国商船的对日贸易额。家康死后，二代将军秀忠（1605—1623执政）以降，渐次推行禁教、锁国政策，1633年至1639年（宽永十年至十六年）幕府连续五次颁布锁国令（第一章已作交代：“锁国令”并非17世纪的原始称号，而是19世纪中叶日本开国后对江户前中期外交政令给定的名称。这里遵循近代以来的习惯，称江户初期严限对外交往的政令为“锁国令”），确立“锁国体制”，曾繁盛一时的朱印船贸易被完全禁止。

日本在宽永年间开始实行的锁国政策，一方面限制外国人来日通商，另一方面禁绝日本人出海贸易。1633年（宽永十年）幕府下令，日本人“外国渡航死罪”，1635年（宽永十二年），重申严禁日本人海外渡航，居住海外的日本人归国处死刑。这两方面相比较，对日本人出海贸易的禁止更为严厉，使得日本这个有着远航传统的海洋民族[①]，在17—19世纪间被禁锢在日本列岛内整整220年。

由于中国同荷兰、朝鲜是被特许来日贸易的三个国家，在日本锁国的两个多世纪间，中国商船仍联翩而至，长崎十善寺地区还建起中国人的街道——“唐人屋敷”，清初“华商之来日本者日众，有船一百八十四艘”[②]，以后日本虽屡次限制，但每年仍有几十艘中国船驶抵长崎。直至19世纪50年代，中国商船还往来于中国江浙与日本长崎之间。中国商贾陈吉人所撰《丰利船日记备查》（线装中文抄本，藏日本东京都立中央图书馆），记述咸丰元年（1851）十月初三日至咸丰二年十二月十九日（1853年1月27日）丰利船往返于中日间从事贸易的情况，对丰利船船主、货主、船员，停泊长崎间看货、议价、出售、卸货，均有具体记载。据其他史料记述，丰利船咸丰四年（1854）仍航行于中日之间。李鸿章（1823—1901）于19世纪70年代初在直隶总督任上论及中日建立正式贸易关系时，追述中日贸易的历史状况说：

① 日本人在17世纪初已数次横渡太平洋，并曾航行于印度洋、大西洋。至于东亚海域，日本人已有数千年航行历史。

② 黄遵宪：《日本国志》卷六。

> 顺治迄嘉道年间（17世纪中叶至19世纪初中叶——引者），常与［日本］通市。江浙设官商额船，每岁赴日本办铜数百万斤。[①]

与中国船商不断赴日相对照，日本人则完全没有前往中国的机会，出现一种只有中国人来、没有日本人往的不平衡的日中交通状况。诚如大庭脩所说：

> 江户时代最森严的锁国政策是禁止日本人出海航行，这样就使得江户时代的日中关系在整个日中关系史中处于一个很特殊的地位，即这一时期的中国文化和中国物产，完全通过中国人传入日本，与以前日本人去中国学习文化、带回物产的交流方式有着很大的不同。[②]

江户时期两个多世纪间畸形的日中交流关系，随着日本被迫于19世纪中叶开国而发生根本性变化，其开端便是1862年（文久二年）幕府官船“千岁丸”的上海行，从此，日本的对中国贸易，由被动接受的“居贸易”，转变为主动前往的“出贸易”，或称“派遣贸易”。日本人在中断两个世纪后，重新踏上中国土地，耳闻目睹、亲历身受了晚清的中国社会。

二、幕末打开对清交通的努力·“千岁丸”选购

19世纪50年代中后期，日本被迫开国，相继同美、英、俄、荷、法等欧美国家签订通商条约，但同近邻中国这个自古以来主要的贸易对象国却没有正式条约关系，日中间的贸易权益，不少被居间的西洋商人所获取。荷兰、英国商人往往从中转日中贸易牟取数十倍暴利。因此，自50年代后期开始，幕府及诸藩，从与西洋外交相抗衡考虑，也从直接获取日中贸易权益着想，认为必须直接对清通商，争取与清朝建立正式商贸关系。

1858年9月（安政五年八月），《日美修好通商条约》签订后，老中阿部正弘的亲信、目付[③]岩濑忠震（1818—1861）派遣属下前往香港，作有关贸易

① 《筹办夷务始末·同治朝》卷七十九，第47页。

② ［日］大庭脩：《江户时代日中秘话》，第8页。

③ 目付：室町至江户时代的武家官职，为幕府负责监察、侦探的官员。

和关税征收法提案调查，并考察“胁荷商法”（私人交易）的新贸易方法。

1859 年 3 月（安政六年二月），箱馆奉行堀织部正、村垣淡路守、竹内下野守、津田近江守四人联署，提出向外国派遣使团的申请书，目标一是黑龙江河口，二是上海与香港。这一建议引起幕府的关注。

1861 年 1 月，箱馆奉行村垣淡路守、津田近江守再度联合提出同样内容的申请书，并建议租用外国船作贸易官船，为此聘请在箱馆（今北海道函馆）的俄国领事馆的船员，商讨租船事宜，拟于当年夏天起航。与此同时，幕府勘定所和外国局又同英国公使商讨，得到租船及接待造访沪、港的承诺。因上海、香港之行的准备工作未完成，1861 年 5 月至 9 月，由舰长武田斐三郎率官船“亀田丸”先期赴黑龙江河口，考察俄国远东各州，并到尼古拉耶夫斯克作试探性贸易。[①]

1861 年 5 月（文久元年四月），幕臣小栗忠顺（1827—1868）、冈部长常上书，建议派官船前往上海、香港调查贸易状况。长崎奉行冈部长常（1857 年至 1861 年在任）建议，关于贸易方法，可到长崎出岛荷兰商馆打听；又鉴于“长毛贼”（太平军）包围上海，上海商业景气恶化，因此，出使官船的第一位任务是调查情况，第二位任务才是商品买卖。等到情况调查清楚后，再商讨日清贸易协议的缔结问题。冈部还建议，租用荷兰船，使团也不悬挂日章旗。[②]关于向清国派遣贸易官船，外国奉行中慎重行事的意见占上风，后因主政的老中安藤信睦（1819—1871）、久世广周等的推动，冈部的建策得以采纳，遂发布命令，选考派遣官员，并准备租用外国船只，还有派军舰或派君泽型船只等方案。

为试探租用外国船只，幕府曾派员同停泊长崎的西洋船只接触。长崎会所商人松田屋伴吉（1831—1880）在 1862 年 4 月 2 日（文久二年三月四日）的日记中写道，当天在茶屋吃早茶时得见阿兰小通词（荷兰语翻译）岩濑弥七郎，岩濑为租船事来此，与长崎会所的森寅之助、永井屋喜代助、铁屋利

---

① 俄国利用第二次鸦片战争之机，于1858年和1860年先后从中国割占黑龙江以北、外兴安岭以南 60 多万平方公里土地，和乌苏里江以东 40 多万平方公里土地。1861 年日本“亀田丸”驶航黑龙江河口，此地刚为俄国占领不久。尼古拉耶夫斯克，中国名“庙街”，在黑龙江下游左岸，东距河口 80 公里，原属中国，1850 年俄国入侵，在此设军事哨所，1856 年建市，1858 年《中俄瑷珲条约》签订后被俄割占，改今名。

② 参见《匪夷入港录》第 1 卷，第 287～300 页。

助等，在长崎港内看中了两艘荷兰船，经与荷兰人接触，获悉租金要价颇高：“270吨的二桅小舟，一月租赁金为洋银一千三百枚；又一艘600吨大舟，一月租赁金为洋银三千枚。”[①] 幕府遂改变主意，决定购买洋船。其时停泊在长崎港内的英国船“亚·米斯特斯号”成为选购对象。

综合胜海舟《海军历史》卷23《船谱》所载和《奴-斯·卡伊那·海拉尔德》报1862年6月14日采访报道，“亚·米斯特斯号”（Armistice），是一艘“巴·库”型三桅帆船，1855年在英国山大兰岛建造，船重256吨，登录重358吨；可以装载相当于登录吨位两倍重的货物。据日本人记载，此船“长二十步，宽三步半”[②]，一说此船“长二十间，宽四间四尺，深二间五尺”[③]（一间为6尺，或1.82米）。原主林次亚鲁得松。“亚·米斯特斯号”曾作为英国商船航行于东亚海域，1860年10月起，往返于上海—长崎之间，商业效益显著。1862年4月10日（文久二年三月十二日），幕府派员付御组头中山诚一郎、沼间平六郎等，与通词岩濑弥七郎、森寅之助，以日本政府名义与英方商讨购船事宜，结果以“洋银三万四千枚”（34000美元，相当于日本银币三万两）成交。[④] 日方购船事宜的主持人是继冈部长常任长崎奉行的高桥美作守（1861年6月至1862年9月在任），高桥取“可以使用千年的船”之意，将此船更名为“千岁丸”[⑤]，并将日章旗挂起。

三、“千岁丸”的使命

幕府以重金购买英船，作为贸易官船出使上海，其直接任务自然是开展对清商贸。乘“千岁丸”赴上海的名仓予何人所撰《官船千岁丸海外日录》称：

> 此举意在恢复宽永以前之朱印船，然受官吏之台命而入唐，乃室町

①④ ［日］松田屋伴吉：《唐国渡海日记》，《幕末明治中国见闻录集成》第11卷，第118、119页。

② ［日］名仓予何人：《官船千岁丸海外日录》，《幕末明治中国见闻录集成》第11卷，第94页。

③ ［日］高杉晋作：《游清五录·内情探索录》。

⑤ 有关“千岁丸”概况，见胜海舟《海军历史》卷二十三《船谱》。又见“千岁丸”乘员纳富介次郎的《上海杂记》、松田屋伴吉的《唐国渡海日记》，两篇分别收入东京大学名誉教授小岛晋治监修的《幕末明治中国见闻录集成》（ゆまに书房平成九年版，共20卷，以下简称《集成》）第1卷、第11卷。

幕府以来稀有之事，故参与此行者皆有奇异之思，岂非一大快事。[①]

长州藩士高杉晋作所撰《航海日录》说：

> 盖此行，幕府欲渡支那为贸易，宽永以前朱章船以来未尝有之事。官吏皆拙于商法，因使英人及兰人为其介，官吏惟观商法形势，为他日之谋而已。[②]

此行以恢复宽永以前繁盛的对华贸易为目的，但幕吏们疏于外贸，必须依赖洋人做中介。而且，诚如冈部长常此前指出的：具体的货品交易尚在其次，借此作广泛的商事及社情调查更为要紧。

这是因为——

其一，上海是西洋人在远东最重要的商业、交通、军事据点，自19世纪40年代开埠以来，经过20年，这里已成为一个相当繁荣的近代海港城市。19世纪50年代英国驻沪领事便说：“近几年来，上海作为根据1843年条约实行五口通商的主要商埠，在贸易上所发生的变革和惊人发展，差不多是任何远离现场的人所无法领悟的。在拓殖和贸易史的编年史上，从未看到有比这更加惊人的情况。”[③]已被欧美列强打开门户的日本，一方面派员远赴欧美以求师法（如万延使团等），另一方面把上海视作西方各国在远东的支店和窗口，当然希望到这个近水楼台来观摩西洋文明。这一意图，在幕臣小栗忠顺、冈部长常1861年5月的上书中表露得十分清楚。就近观摩西洋文明，也是一批思想活跃的日本藩士踊跃争取参加此行的原动力。

其二，自1850年以降，已经进行十余年的太平天国与清朝间的战争，一直被日本幕府和民间所关注。此前，1837年（天保八年）日本曾发生大盐平八郎（1793—1837）领导的城市贫民暴动，给幕府统治造成巨大震撼。日本民间把太平天国与大盐暴动联系起来，甚至有洪秀全是大盐平八郎的义子格之助转世的传说（详见第四章），足见日本人并没有把太平天国看作与己无关的海

① ［日］名仓予何人：《官船千岁丸海外日录》，《集成》第11卷，第91页。

② ［日］高杉晋作：《游清五录·航海日录》。

③ 《上海小刀会起义史料汇编》，上海人民出版社1958年版，第583页。

外故事。幕府此际遣使到清朝与太平军作战前线的上海，当然有实地观察太平战事的意图，而参加此行的长州、萨摩、浜松诸藩武士，更对此抱强烈兴趣。

其三，“千岁丸”上海行，作为一次官派商贸举措，具体考察日清贸易诸细节，以及清朝与西洋人商贸关系诸问题，当然是更切实际的目的。使团成员及随行的藩士和长崎会所商人为此做了大量调查研究。使团随行的长崎会所唐通事（汉语翻译）蔡善太郎回国后所撰报告书，列出在上海调查的26个题目：

（1）中国的金银铜货币的种类；

（2）其通用交易场所和兑换比率；

（3）鸦片及烟草输入量；

（4）耶稣教取缔情况及中国政府的态度；

（5）西洋人雇用中国人到外国工作，中国政府如何处置；

（6）西洋人墓地买卖及借贷关系；

（7）西洋人纳中国女性为妾及所生子女，中国政府如何处置对待；

（8）从上海到出海口的江水深浅标数；

（9）西洋人在上海近郊狩猎，政府如何处置，是否取缔；

（10）中国商人输入日本产的铜，需向政府支付的金额；

（11）公用的驿站所能提供的人马数量；

（12）国内的主要港口名称；

（13）西洋军队担负国内警备，中国政府是否依赖于此；

（14）运输所的银价与市中交易银价有差异的理由；

（15）官秤与市中通用秤有差异的理由；

（16）道台与各国领事之间交换文书的格式；

（17）上海城内的户数和人口数；

（18）是否向条约缔结国派遣使臣；

（19）没有签订条约国家的人为了商务进入中国，对此中国有何具体规定；

（20）关于在西洋人的租界里居住，有无规定；

（21）对外国人租赁土地、卖土地有无规定；

（22）除日本、朝鲜、琉球、香港以外，中国船是否还有发送地；

（23）朝鲜、琉球对中国的朝贡关系；

（24）西洋炮术的传习状况；

（25）中国妇人从事的产业；

（26）道台与西洋各国领事的交涉场所及翻译关系。[1]

这些调查题目，有些是日本与中国开展贸易交往必须弄清的具体细节（如1、2、3、8、10、11、14、15等项），有些（如5、6、7、9、20、21等项）是日本接纳西洋人入境后，同样会遇见的，有些则广泛涉及清朝军政社情和上海概况。总之，日本企图从上海直接了解清朝实态，并从这个远东较早国际化的城市，学习国际外交惯例，掌握国际贸易及与西洋人打交道的通则。而先期开埠的上海，确实可以给开国初期的日本以借鉴。以上述第6条为例，上海的西方侨民1844年召开第一次公众会议，组成“公墓管理委员会”，购置“老坟山”作西洋人墓地。[2] 其操作办法正可供日本参考。至于从上海所透现的清朝军事、政治、经济、社会情态，所展示的西洋文明的诸多侧面，均给日本造访者以丰赡的见闻。

四、“千岁丸”乘员及其上海纪行文

“千岁丸”上海行，是日本开国后的幕府第一次向清朝派出使节团和第一次开展官商性“出贸易”。因“千岁丸”刚从英国人手里购置，驾驶等事宜尚由英国人掌握，船长是英国人亨利·理查多松（Henry Richardson），其夫人同行。有日本学者认为，此理查多松可能即1862年9月“生麦事件”[3] 中被日本武士刺杀的理查多松（1827—1862），但尚无确证。另有一等航海士1名、二等航海士1名、木工1名、厨师1名、贿方（卖方代表）1名、水手6名、仆役3名[4]，住在长崎的荷兰商人图莫卜林古以货主名义雇来参加此行，因日本当时与清朝尚未建立正式商贸关系，“千岁丸”所携货物须以荷兰商品名义方

---

① 《匪夷入港录》第1卷，第308页。

② 汤志钧主编：《近代上海大事记》，上海辞书出版社1989年版，第19页。

③ 1862年9月14日，一批护送藩主的萨摩藩士路过神奈川附近的生麦村，迎面与几个英国人相遇，互不让路，萨摩藩士拔刀袭击英国人，杀死英商理查多松，刺伤三人。史称“生麦事件”。

④ 英人14名，见中村孝也《子爵中牟田仓之助传》。

能进入上海。[①] 这样，“千岁丸”乘员共有英国人 15 名、荷兰人 1 名，此外便是 51 名日本人，包括由幕府官吏（简称“幕吏”）组成的使团正式成员，由各藩武士（简称“藩士”）担任的幕吏随从，还有翻译、医生、长崎商人及其从仆、炊夫、水手。“千岁丸”日本、西洋乘员共计 67 名。

“千岁丸”上 51 位日本人，其名单及身份，依据名仓予何人《官船千岁丸海外日录》、高杉晋作《航海日录》、纳富介次郎《上海杂记》、松田屋伴吉《唐国渡海日记》所载，综合整理如下：

御勘定[②] 根立助七郎　　从臣　林三郎（会津藩士）
纳富介次郎（佐贺藩士）
调役并[③] 沼间平六郎　　从臣　深川长右卫门（佐贺藩足轻）
松本卯兵卫（熊本藩士）
支配勘定[④] 金子兵吉　　从臣　日比野掬治（辉宽　尾张高须藩士）伊藤军八（大阪书生）
御徒士目付[⑤] 锅田三郎右卫门　　从臣　木村传之助（江户人）
名仓予何人（浜松藩士）
长崎会所挂调役（员外） 中山右门太　从臣　山崎卯兵卫（佐贺藩足轻）樱木源藏（阿波藩士）
御小人目付[⑥] 盐泽彦次郎　　从臣　中牟田仓之助（佐贺藩士）
御小人目付　犬塚锳三郎　　从臣　高杉晋作（长州藩士）
长崎会所定役　中村良平　　从臣　芳藏（平户人）

---

① 纳富介次郎《上海杂记》载：“同船还有十五名英国人和一名荷兰人。英国人是船的卖主，荷兰人则是以货主之名雇来的。”（《集成》第 1 卷，第 12 页）高杉晋作《游清五录 · 航海日录》称“千岁丸”“亦英船，船将（船长——引者）英商亨利 · 理查多松，其余英人十四名乘船，皆关运用之事”。

② 御勘定：全称“御勘定吟味役”，幕府老中直属，为勘定奉行下辖的重要官员，俸禄五百石。

③ 调役并：审查官。

④ 支配勘定：御勘定下属官吏。

⑤ 御徒士目付：御目付相当于中国明朝的按察司，御徒士目付相当于中级按察官员。

⑥ 御小人目付：低级按察官员。

御雇医师　尾本公同　　从仆　峰源藏（洁　大村藩士）
长崎会所吟味并役　森寅之助　　从仆　长藏
唐小通词　周恒十郎　　从仆　藤太郎
唐小通词并　蔡善太郎　　从仆　福松
阿兰小通词并　岩濑弥七郎　　从仆　硕太郎（大村藩人）
药种目付头取　渡边与八郎　　从仆　传次郎（岛原人）
笔者格（长崎会所派出）杉田兵次郎　从仆　卯市
长崎商人　永井屋喜代助　　从仆　惣吉（江户人）
长崎商人　松田屋伴吉　　从仆　甚三郎
长崎商人　铁屋利助　　从仆　忠助佐吉
炊夫　佐吉　清助　善吉　嘉市　兵吉　吉藏
水夫　五代才助（萨摩藩士）　忠次郎（萨摩藩人）　纹藏　元右卫门

以上日本乘员，有生平事迹资料可寻的，兹简介如次。

调役并沼间平六郎，是使节团事务的实际总管，相当于“千岁丸”的日方船长。

沼间平六郎的从臣深川长右卫门，肥州藩人，任佐贺藩足轻（步卒）。作为下层武士，他参加上海行，是为了在上海寻找日本物产的市场，并调查中国物产运往日本贩卖的可能性。[①] 深川后来与藩士佐野常民（1822—1902，日本红十字事业创始人）于1867年（庆应三年）一起赴法国，参加万国博览会。

御勘定根立助七郎的从臣纳富介次郎（1844—1918），佐贺藩士，纳富六右卫门的养子，号介堂，少年时随父亲学习邦画（日本画），1860年（万延元年）在长崎学习南画。他应募参加“千岁丸”上海行，任务是“绘画清国事情”，高杉晋作称纳富参加此行是“画工之由也”[②]。但到上海纳富即病倒，留下画作不多，仅存三幅，一为英军帐篷图，二为扛枪挂刀的乡勇，三为金锭、银锭、铜钱等清朝通货图。纳富称：“我感到遗憾的是偶然踏上唐土，本

①② ［日］高杉晋作：《游清五录・内情探索录》。

应游历名山大川和城市，目睹各种事情，进行实地速写，以图文记录，有助于探察，为官方做一点有用之事。可是，船刚到岸不久就病倒在床，良久难起。起来后又很难恢复外出。不过，幸运的是，上海是边境，离贼远，所以从各地来避难的人很多，其中有不少是书生，他们听说皇邦与诸洋人不同，崇圣教，彼此文字相通，故有不少人乐于来访，诗话笔语，交流感情，我从中了解了不少事情。”[①] 纳富据此写出纪行文《上海杂记》（收入《幕末明治中国见闻录集成》第 1 卷），行文朴实，注重细节，于“千岁丸”上海行记述颇详。1869 年（明治二年），纳富再次渡航上海。1871 年（明治四年）在横滨学习油画。1878 年（明治十一年）任第一回“国内劝业博览会”审查官。以后在江户川制陶所任制陶家，并从事实业教育。

支配勘定金子兵吉的从臣日比野掬治（1838—1912），号欢成，讳辉宽，尾张高须藩士。他笔耕甚勤，用日文撰纪行文《赘肬录》，详记上海军政事件、社会风俗；又用汉文撰写与中国人的笔谈录《没鼻笔语》（两篇均收入《幕末明治中国见闻录集成》第 1 卷），颇富史料价值。日比野善汉诗，其《赘肬录》收入上海纪游汉诗十余首。幕末曾在尾州藩为攘夷奔走，明治初年任大藏省官员，后辞官为风雅之道。金子兵吉的另一从臣伊藤军八，浪速处士（大阪书生），富于文才，曾与高杉晋作在昌平塾同学，两人在“千岁丸”相逢，谓之“奇遇”。此行两人常结伴访问。[②]

御徒士目付锅田三郎右卫门的从臣名仓予何人（？—1901），名信敦，字先之，号松窗，通称重次郎，浜松藩士，井上河内臣的家臣、兵学者，曾任浜松藩儒官，又习洋学。此行撰《官船千岁丸海外日录》、《支那闻见录》（两篇收入《幕末明治中国见闻录集成》第 11 卷），其中关于淮军状况的记述颇详，并对清朝咸同之际军事水平的评论有相当见地。名仓还注意于上海与江户、大阪的比较，上海与华盛顿、纽约的比较，显示出较宽阔的视野。1867 年（庆应三年）幕末第四次赴上海使团，由浜松藩和佐仓藩联合组成，率团者即为时任浜松藩主井上河内臣的家臣名仓予何人。明治维新后，历任开拓大主典、外

---

① ［日］纳富介次郎：《上海杂记》，《集成》第 1 卷，第 20 页。

② 高杉晋作的《游清五录·航海日录》记道，1862 年 5 月 25 日（文久二年四月二十七日）高杉登上“千岁丸”，发现“有一人，闻其言语，殆如旧知己，熟看之，乃浪速处士伊藤军八也。军八颇有文事，予尝于昌平塾同学一年，不计再逢于此地，况同船同行，俱称，实可谓奇遇也”。

务大录、外务大佑，晚年任根岸汉学塾主。除上述两次上海行之外，名仓还曾到中国大陆及台湾踏访三次，对中国友人及中国文化怀有深厚感情。

御小人目付盐泽彦次郎，是“千岁丸”赴上海使团中唯一先前曾经出国者。1860 年 2 月至 10 月（万延元年一月至九月），他作为新见正兴率领的使团成员，乘美舰“波哈坦号”访美。“千岁丸”乘员访问上海所作上海与纽约、华盛顿的比较，涉及的美国情况均系盐泽彦次郎在船上交谈时提供。①

盐泽彦次郎的从臣中牟田仓之助（1837—1916），佐贺藩士金丸孙七郎的次子，后继嗣中牟田家，曾在蒙养馆、弘道馆、长崎海军传习所学习，晓军事及洋学，高杉晋作称中牟田“航海术有心得，且略通英语”②。上海渡航，中牟田撰《上海行日记》、《上海滞在中杂录》等（收入《子爵中牟田仓之助传》）。从上海返回后，他任海军调查长副官、船长副官，曾赴英国学习海军。其参加 1868 年（明治元年）的戊辰战争，授海军中佐、少将、中将，历任横须贺镇守府长官、海军机关学校长、枢密顾问官，封子爵。中日甲午战争期间，其任日本海军军令部长，主张“舰队取守势运动”，军令部长职被激烈主战论者桦山资纪中将所取代。

随行医生尾本公同，丰桥人，时任大村藩医，是有影响的兰医（荷兰医学医生），著有《在村的兰医》。他的从仆峰源藏，大村藩士，通称源助，又叫峰洁，是食禄 24 石的下级武士，晓兰学、天文学和测量学，所撰《船中日录》、《清国上海见闻录》（收入《幕末明治中国见闻录集成》第 11 卷），图文并茂，资料价值较高。两篇纪行文中还间有用汉文记录的与中国人的笔谈。从上海回日本后，峰洁由吟味役助晋升为吟味役（审讯官）。

参加“千岁丸”上海行的长崎会所商人共三名，原定有春日屋文助，因病，以永井屋喜代助取代③。三商人均以商家或商店（××屋）为姓，其中之一的松田屋伴吉（1831—1880），撰《唐国渡海日记》（收入《幕末明治中国见闻录集成》第 11 卷），详记此行的商事活动，从长崎购船、采办货物、货物在长崎装船，到与清方商人在上海交易，均逐日记述，并具体详列从长崎运往上海的日本商品的名目、数量、价格，以及从上海购买的中

① 见名仓予何人《官船千岁丸海外日录》、《支那闻见录》等。

② ［日］高杉晋作：《游清五录·内情探索录》。

③ ［日］松田屋伴吉：《唐国渡海日记》，《集成》第 11 卷。

国商品的名目、数量、价格，双方交易过程，提供了当年日中贸易及彼此商事习惯的翔实材料，可供日中近代经济史研究参考。本书第六章将着重利用松田屋伴吉的日记。

幕末日本人出访域外，多留下纪行文字，如1860—1868年间访问欧美的幕吏、藩士有多种纪行文流传于世，如玉虫左太夫的《航美日录》、柴田刚中的《日载——英法行》、福田作太郎的《英国探索》等。[①]1862年造访上海的“千岁丸”乘员，也有多种见闻录传世。综观此行51位日本人，居上位的8名幕吏，远不及作为随从的10余名藩士思想活跃、行动积极。现存的上海见闻录中，除载幕吏们拜会上海道台及英、法、荷领事外，较少关于幕吏言行的记述。而且令人讶异的是，幕吏们全都没有留下纪行文字。现在所能得见的“千岁丸”乘员文久二年上海纪行文共17篇，其中16篇出自藩士之手，一篇由商人所撰。它们是——

佐贺藩士纳富介次郎的《上海杂记》

尾张高须藩士日比野辉宽的《赘肬录》、《没鼻笔语》

（以上三篇收入《幕末明治中国见闻录集成》第1卷）

大村藩士峰洁的《船中日录》、《清国上海见闻录》

长崎商人松田屋伴吉的《唐国渡海日记》

浜松藩士名仓予何人的《官船千岁丸海外日录》、《支那闻见录》

（以上五篇收入《幕末明治中国见闻录集成》第11卷）

长州藩士高杉晋作的《航海日录》（正续）、《上海淹留日录》、《内情探索录》、《外情探索录》、《长崎淹留杂录》，合称《游清五录》。

（收入《高杉晋作全集》下卷）

佐贺藩士中牟田仓之助的《上海行日记》、《长崎出发上海迄航海日记》、《上海滞在中杂录》、《公仪御役唐国上海表道台及之外应接书》

（中村孝也《子爵中牟田仓之助传》引述）

藩士及商人撰写见闻录，意在纪实，以供邦人了解外域社会，因而没有用

① ［日］沼田次郎、松泽弘阳：《日本思想大系·西洋见闻集》，岩波书店1978年版。

力于描绘山水名胜、记载风雅之言。高杉晋作的《游清五录序》对自己纪行文字写作的交代颇有代表性：

> 此书，或以汉字，或以国字，随便取笔，务记实事，不敢用意于文字，唯要，使真知己知幕府支那行之始末，为他日我邦外国行之鉴，不欲博示诸友人也。……区区杂录记所闻见耳，他到写山水之景，吐风雅之言，予所不敢好，乃托诗文诗家先生而已。

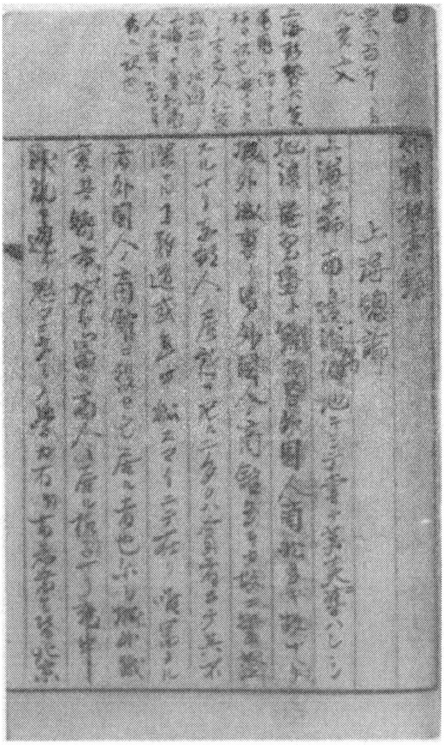
《游清五录·外情探索录》手稿

这样的纪实文字自然有较高的历史认识价值。纳富介次郎对于使节团诸人撰写见闻录颇为看重，这位时年18岁的年轻藩士说：

> 如果把此次同船的几十个人的各自见闻汇集起来集大成的话，肯定会有不少有益的东西，只叹我力不从心。[①]

这实在是甚有史学眼光的设想。笔者现在所做的工作，也可以说是实现纳富介次郎的未竟之业，试图在集“千岁丸”乘员见闻录大成的基础上，比勘、综汇日中两国相关史料，发现“有益的东西”。

翻阅上述见闻录，少有风花雪月的咏叹，多有对上海社会实态的记述与思考，从中可以看见年轻的下层武士们（年龄最小的纳富18岁，较大的中牟田25岁、五代27岁，居中的高杉、日比野23岁左右）席不暇暖、左右

① 《集成》第1卷，第21页。

采获的身影，显示了近代日本人求知识于世界的维新趋向和富国强兵的炽烈追求。这批怀着旺盛求知欲和深沉忧患感的藩士，后来多投身幕末维新和明治维新，有的还成为挽狂澜、创新机的著名历史人物，如高杉晋作和五代才助（友厚）。

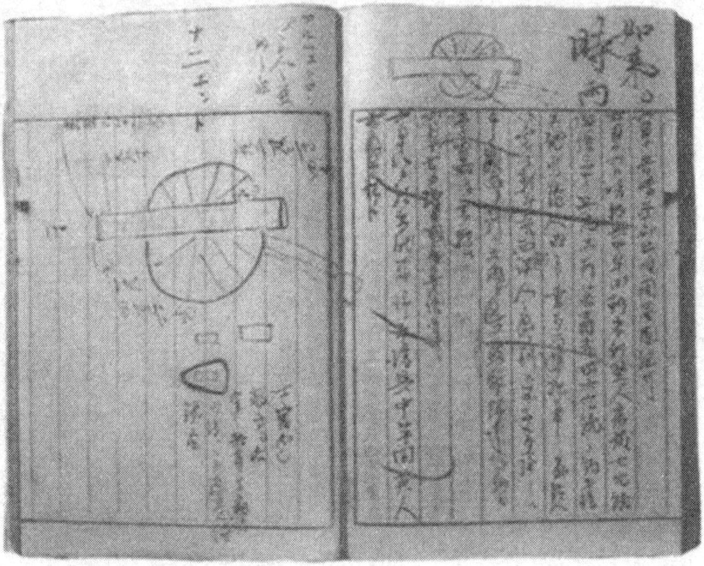

《游清五录》中的“阿姆斯特朗炮”图示

五、高杉晋作与五代友厚

日本的武士阶层起源于8世纪征兵制的崩溃，地方实力家族成员被征召入伍，成为拥有特权的世袭武士。12世纪80年代的源平战争使武士在国家政治中占有愈益重要的地位。源赖朝建立的镰仓幕府（1185—1333）是日本历史上第一个武士政权，不过，这时武家与皇家势均力敌。足利高氏建立室町幕府（1338—1573），武士接管皇家权力，天皇成为尸位素餐的名义元首。德川家康建立的江户幕府（1603—1867），进一步发展武士政权。德川时代以朱子学为官方哲学，有一种“文治政治”和“官僚政治”趋向，1615年颁布的《武家诸法度》，要求武士不仅要习武，而且必须研习学术文化，以实现“文武平衡”。这样，武士既是“双刀阶级”，腰佩长短两刀，以示勇武与特权，同时也识文断字，能够吟诗作赋，知晓经国大略，是全社会中文化程度较高的一群。自镰仓时代以降，武士遵守忠君、节义、廉耻、勇武、坚忍等德行，形成“武士道”传统。儒学家山鹿素行（1622—1685）等还为武士规定了做社会领袖的使命，历代武士也往往以天下国家为己任，为此不惜身家性命。武士分为上层与中下层两大阶层，上层武士掌握幕府及诸藩政权，并拥有封地；中下层武士不能直接参政，也没有封地，只能从幕府及大名（上层武士）那里领取禄米。江户中期以降，随着商品经济的发展，以禄米为生的中下层武士经济地位下降，开国以后，物价升腾，幕府和大名还不断用“半知”、“减知”办法克扣中下层武士禄米三分之一至二分之一，使其陷入困境，中下层武士滋生起愈来愈强烈的愤懑情绪，正如本多利明在《经世秘策》中所说——武士们“怨主如仇敌”。

幕末时武士约 40 万人，连同家属共 200 万人，约占当时日本 3000 多万人口的 6%。这是一个曾长期享受特权、文化程度较高，而又在转型时期处于不稳定状态的阶级，其中下层迅速发生分化，有的经商、务工，有的当医生、作家，设塾授徒，还有的脱籍成为浪人。由于中下层武士不少都受过良好的汉学及国学教育，又领略过兰学及洋学，思想敏锐，勇于践行，他们面对开国后内外交困的局势，产生强烈的民族危机意识，其中一批人已失望于幕府，寄望于王室，酝酿着突破旧体制的大变革。这些曾经是幕府及藩国统治柱石的中下层武士，迅速转化为反对幕藩体制的先锋、力倡“尊王倒幕”的健将。1862 年登上“千岁丸”的年轻藩士中，便不乏这样的人物。

以御小人目付犬塚锑三郎从臣身份参加幕府赴沪使团的高杉晋作（1839—1867），初名和介，又名春风，字畅夫，通称晋作，号东行①，1839 年 9 月（天保十年八月）出生于长门国阿武郡萩城下菊屋横丁，父亲高杉春树（又名小忠太）是禄米 200 石的中层武士，世代臣属长州藩主毛利氏。晋作诞生前后的天保年间，正值幕藩制度崩解之际，长州藩曾爆发 13 万农民参加的“大一揆”（农民大暴动），促使长州藩实行藩政改革，迅速成为实力强大的西南雄藩之一。

---

① 日本院政时代鸟羽上皇的武士看破红尘，出家为僧，号“西行法师”。高杉晋作反其意用之，自号“东行”，以示决心进军关东，讨伐幕府。

晋作幼年入家塾寺子屋，与后来成为著名幕末维新志士的久坂玄瑞同窗。14岁到藩士子弟学校明伦馆就读，接受正规武士教育，除剑术武道外，还研习经学、史学、兵学、文学诸科，深受儒家名分论和忠孝观念影响。晋作留下的墨迹雄健飘逸，汉诗平仄讲究、气势恢宏，显示了较深厚的汉学根底。1857年，日本与欧美列强签订一系列不平等条约，日本爱国志士一片谴责声，并高倡“勤王”，而明伦馆教师站在幕府立场上，批评勤王说。邻近明伦馆的松下村塾主持人吉田松阴，对明伦馆教师的论点痛加驳斥，并阐述“尊王攘夷”大义，高杉晋作受到吸引，遂于1857年10月（安政四年九月）投奔松下村塾，成为吉田门生。这是高杉首次违背君父之命作出的自我抉择。

高杉晋作（中）与伊藤博文（右）

幕末思想家吉田松阴（1830—1859）1854年（安政元年）因试图乘美舰偷渡出海而被捕，次年出狱，即在长州萩市主办松下村塾，讲授兵学、儒学，批判幕政，鼓吹“草莽崛起论”，即下层武士起来武装倒幕，四五年间收徒80名，后来多成为幕末维新和明治维新健将，其较著名者有如下几位——

久坂玄瑞（1840—1864），吉田松阴得意弟子和妹夫，幕末维新志士，曾提出“草莽联合论”，谋求与他藩志士横向联合，改革幕政。1864年（元治元年）拥戴长州藩主毛利敬亲及公卿三条实美（1837—1891），与真木和泉、吉田稔荅、入江九一等率兵入京都，同幕府的京都守护军激战于蛤御门，史称“禁门之变”，久坂玄瑞负伤，兵败自杀。久坂玄瑞与高杉晋作并称“松门双璧”，加上入江九一，合称“松门三高足”。

木户孝允（1833—1877），长州藩医生和田昌景三子，为桂九郎兵卫收养，故又名桂小五郎，1855年由长州藩主赐姓木户，同年师从吉田松阴。后策划武装倒幕，建立萨长倒幕联盟。明治维新后任参议，并作为岩仓使团副使出访欧美，与西乡隆盛（1827—1877）、大久保利通（1830—1878）并称“维新三杰”。曾参与制订《五条誓文》。1869年（明治二年），天皇对“王政复古功臣”叙位，木户孝允叙从三位，永世禄1800石。

山县有朋（1838—1922），又名狂介，号素狂，少时入松下村塾就读，曾任奇兵队军监、总督，戊辰战争时任东征军参谋，明治政府成立后赴欧洲考察军制，回国历任兵部大辅、陆军卿等职，后任内阁总理大臣、陆军元帅，日俄战争中任参谋总长，授公爵。

伊藤博文（1841—1909），原名俊辅，曾入松下村塾就读，1863年赴英留学，途经上海，对上海的西洋文明印象深刻。回国后参加倒幕运动。明治维新后任工部大辅时，作为岩仓使团副使出访欧美，后历任内务卿、参议院议长、枢密院议长，主持宪法制定，四次组阁，任内阁总理大臣，1905—1909年任韩国统监，授公爵。在哈尔滨被朝鲜志士安重根枪击刺死。

明治间，日本政府给松下村塾出身者“赠位”、“赠爵”的达37人之多，伊藤博文题诗曰：“如今廊庙栋梁器，多是松门受教人”，便是吉田松阴门下日后盛况的写照。

高杉晋作接受吉田松阴尊王攘夷和富国强兵思想，“学业骤长，议论益卓，同志皆为敛衽”[①]。1858年（安政五年），高杉到江户昌平黉[②]学习文学，吉田松阴作《送高杉畅夫叙》激励之。同年底，吉田松阴策划暗杀老中间部诠胜（1802—1884），邀高杉参与，高杉晋作和久坂玄瑞认为条件不成熟，联合致信吉田劝阻，吉田失望之余，复函斥责，高杉深感惶恐。1859年（安政六年）吉田被捕，高杉多次探狱，竭力营救。同年10月，吉田与桥本左内（1834—1859）、赖三树三郎（1825—1859）被处死刑，史称“安政大狱”。高杉受此刺激，切齿扼腕，发誓继承先师“尊王攘夷”、推翻幕府遗志。为此，他“试

① 《东行先生遗文》，民友社1916年版，《书翰》第8页。

② 昌平黉，又名“江户学问所”、“昌平坂学问所”，江户幕府最大的官学。

击行”（比武出游），于1860年4月（万延元年三月）受长州藩校明伦馆舍长之命，乘丙辰丸赴江户，“以文学击剑，滞留关东”，作《东帆录》；8月至11月，又“单身孤剑，跋涉千里”，作《试击行日谱》。此行经松户、宇都宫、富山、京都、大阪，观察关东诸藩形势，与各地剑道家“剑术试合”（比试剑术），拜会开国论学者横井小楠（1809—1869）、佐久间象山（1811—1864）。高杉自称，此行“跋涉名山大川，交结奇人伟士，与彼等议论形势。目所触，心所动，皆欲以为我终身事业之基也”[①]。同年末，返回长州，任藩校都讲（教师）。

安政大狱以降，志士为幕府镇压所刺激，多次暗杀幕府高官及外务人员，如1860年4月（万延元年三月），水户、萨摩浪士在江户樱田门外刺死策动安政大狱的大老井伊直弼（1815—1860），史称“樱田门外之变”；同年8月，美国公使的秘书及通译在公使馆归途，被刺客袭击，翌日死亡。1862年2月（文久二年一月），又有“坂下门外之变”，老中安藤信睦（1819—1871）被水户浪士刺伤。1861年2月（文久元年一月），高杉所属的长州藩参政长井雅乐（1819—1863）倡“公武合体”论，与幕府相应和，高杉决心亡命，斩杀长井，被桂小五郎（即木户孝允）劝止。桂小五郎建议高杉从长计议，蓄势待发。而恰在此时，幕府筹划派使节团赴清，包括长州在内的一些藩可派武士参加此行。1861年10月（文久元年九月）长州藩内定高杉代表长州，随幕船前往中国。高杉此际常与桂小五郎、伊藤博文等畅谈形势，研读《坤舆图识》之类的世界地理书。1862年3月至5月（文久二年二月至四月），高杉晋作滞留长崎，

高杉晋作上海行使用的箱子

高杉晋作从上海购入的香炉

① 《东行先生遗文》，《日记及手录·试击行日谱》，第9页。

访问美国耶稣教传教士，获悉美国南北战争情况；[①] 又访问法国驻神奈川领事，了解英、法两国军备竞赛情形，知晓英国海军强大；[②] 又从美国人处得知英、美、法、俄、荷等七国与日本签订开港开市条约，及幕府老中穷于应付的狼狈情状。[③] 高杉称，自己在长崎“淹留中多次与米英佛诸夷对话，得益不少”[④]，眼界大开，并作《长崎互市之策》，与木户孝允、久坂玄瑞探讨对外开放诸问题，表现出明显的“开国论”倾向。[⑤] 文久二年初，高杉正式领受藩主毛利敬亲探查清国形势的使命，并获渡航费白银500两，据说还曾贿赂幕吏，以获得参加使节团的机会。[⑥] 经过一番周折，高杉终于以御小人目付犬塚鍒三郎从臣身份登上“千岁丸”。对于长崎奉行高桥美作守将这艘幕船命名“千岁丸”，高杉颇持异议，他在纪行文中写道：“听说高桥是安藤阁老（指老中安藤信睦——引者）的党羽，俗不可耐，从他所命名的船号可知其为人低俗。”[⑦] 这一批评既显示高杉优雅脱俗的文化情怀，又表明他对守旧的幕府要员的蔑视和反感，洋溢着一种狂傲之气，无怪乎高杉为自己取的种种变名往往带有“狂”字：东狂、东行狂生、东洋一狂生、西海一狂生，等等。

深怀忧患意识的高杉，在上海两月间实地探察上海的地望形势、社会结构、经济生活、清军与太平军交战情形、欧美列强的渗入状况，交结中国士人，访问法、英、美、荷、俄等国领事馆及商馆，参观英法联军的装备、舰只，购置手枪、地图、望远镜，与英国传教士慕维廉（William Muirhead，1822—1900）等纵议国际大势，又四处购买《上海新报》、《联邦志略》、《数学启蒙》、《代数学》等西学书刊，寻觅林则徐、陈化成等抗英将领的文集，并对《海国图志》竟在清国绝版深感不解和遗憾。高杉对遭受欧美侵略的中国人民抱有同情和不平，与中国士人陈汝钦等过从甚密，彼此的酬和诗作蕴含深情厚谊。高杉素有作文纪行习惯，他在日本国内游历时，留下《东帆录》、《试击行日谱》、《沓御日志》、《初番手行日志》等，上海行则留下《游清五录》，他在其中的《长崎淹留杂录》题咏道：“日本长门州高杉春风一片诚心拟如《游清五录·纪行》”，是幕末赴沪诸人中纪行文内容较丰富、所作思考最深邃

①②③ 见《游清五录·长崎淹留杂录》。

④⑤ 《游清五录·外情探索录》附《长崎互市之策》。

⑥ 参见佐藤实编《高杉晋作の29年》，新人物往来社1999年版。

⑦ 见《游清五录·内情探索录》。

的一位，显示出一种强烈的求知欲望、沉郁的忧患意识和奋发的实践精神。他在上海每有闻见，都联想日本国事，他的一首题为《晓起闻炮声名仓予何人韵》吟道：

微身岂与西夷死，一片胆心净似霜。
忽听炮声起回首，天皇所在是东方。①

饱含深忧皇国的真情，这正是当年日本维新志士的特色。高杉《游清五录》中《外情探索录卷之贰》记有“游清余话”一条，可能是高杉计划要写的一篇文章的题目，内容包括——“耶稣教之事；支那固陋自致灭之事；支那防长毛贼借外国之力之事；通宝金银之事；外国日新学之事”。这大约是高杉访沪后思考的几个重要问题。

高杉晋作从上海回国后，昼思夜想的是日本如何抗御西洋人的入侵，以避免重蹈中国之覆辙，从而走上“攘夷倒幕”之路。经过一段时间准备，高杉晋作与久坂玄瑞于1863年1月纵火焚烧正在施工的英国公使馆。1863年5月，长州藩炮击外国船，法国舰队报复，重创长州藩炮台。为挽救危局，高杉起而执掌藩政，又得豪商白石正一郎资助，挑选下级武士、农民、市民中的英勇之士，组成“奇兵队”（山县有朋、伊藤博文等为骨干），抗击英、法、美、荷四国联合舰队入侵下关。

1864年9月（元治元年八月），长州藩迫于四国联合舰队和幕府征长军压力，放逐高杉晋作，高杉撰《放囚集》，其中一首诗写道：

内忧外患迫吾州，正是危急存亡秋；
唯为邦君为邦国，降弹名姓又何愁。

忧患意识与献身精神溢于言表。

以后，因幕府讨伐长州，高杉的重心转向武装倒幕，力倡“大割据”，所率“奇兵队”也由“攘夷”转而“倒幕”。在这一过程中，高杉日益感到学习

① 见《东行先生遗文》。

西方文明的重要性。至 1865 年，抱病主持长州藩政的高杉提出“开港讨幕”战略，不再声言“攘夷”，1867 年因肺病故去。[①]

以 28 岁英年辞世的高杉晋作在其富于传奇色彩的一生中，经历了“锁国倒幕”—“攘夷卫国”—“开国倒幕”几个发展阶段，典型地代表了幕末志士的心路历程，而上海之行正是其转捩点，因为此行使高杉亲见西方列强动向、清国衰弱状态及原因，扩大了国际视野，国家危机意识得以觉醒，富国强兵目标趋于明确，后来终于从排外主义走向开国主义，成为明治维新的先驱者。1864 年 4 月（元治元年三月），高杉从上海归国已近两年，仍对上海行记忆犹新，他作诗咏怀：

> 单身尝到支那邦，火舰飞走大东洋；
> 交通汉鞑与英法，欲舍我短学彼长。

这里的“鞑”指清朝满人。高杉一行在上海广为交结汉人、满人、英国人、法国人，为的是舍己之短，学彼之长。这正是“千岁丸”上海行旨趣的一个精要概括。

“千岁丸”乘员中另一位日后声名大著的是五代才助（1835—1885），又名

中牟田仓之助（左）、五代才助（右）

① 高杉身世，参见佐藤实编《高杉晋作の 29 年》，新人物往来社 1999 年版。

才介、友厚，萨摩藩士。14岁时，父亲领其看世界地图，五代兴味盎然，摹绘二部，一部献给藩主岛津齐彬（1809—1858），一部做成地球仪，标明世界各国位置，终身置于左右。1857年在幕府的海军讲习所学习航海、炮术、测量术，向往到海外开阔视野。游学长崎时，与英语通弁（英语翻译）堀孝之，和兰通词（荷兰语翻译）岩濑弥四郎交往。1862年2月（文久二年一月）五代以“御船奉行副役”（萨摩藩蒸汽船副将）之职，与英商讨论购买长25间、150马力的蒸汽船，出价8万美元（日币4万余两）。同年3月，该船购回鹿儿岛。[①] 同年5月，又以12万美元购长40间的蒸汽船。[②] 在长崎逗留时，五代从岩濑弥四郎处获悉幕府有遣清使团计划，便向在大阪的萨摩藩主争取渡清许可，得到藩主监护人岛津久光[③] 的支持。岛津久光（1817—1887）密令五代到上海探索购买西洋蒸汽船的可能性。受此使命，五代以水手身份加入“千岁丸”上海行。

抵达上海后，五代与高杉、中牟田、名仓等结伴走访书店、教堂，并冒暑登上停泊于黄浦江的英国蒸汽船，入舱内考察诸器械。[④]“千岁丸”返日后，根据五代在上海港的商洽，萨摩藩以白银五万二千两购得蒸汽船，命名“青鹰丸”，编入萨摩海军[⑤]。同此先后，长州、肥后、土佐等西南强藩也争相购买西洋蒸汽船，与五代、高杉、中牟田等人的访问调查直接相关。五代还曾私下跑到市郊观看清军与太平军交战情况。纳富介次郎的纪行文写道：

> 最令人感到意外的是萨州的五代才助，一开始扮作水手，待在船底，当人们还在谈论时，他却偷偷出远门，去看浦东一带围剿长毛贼的交战。

---

① ［日］高杉晋作:《游清五录·内情探索录》。

② 《五代友厚传记资料》四。

③ 其时主张藩政改革的萨摩藩28代藩主岛津齐彬(1809—1858)故去,异母兄弟岛津久光之子岛津忠义继嗣为29代藩主。忠义年幼，由其父久光以监护人身份执掌藩政。五代所称“主君”，指久光。岛津久光有萨摩“国父”之称。

④ 高杉晋作的《游清五录·上海淹留日录》载，6月14日（五月十七日），“午前与中牟田、五代至川蒸汽船，看诸器械。船系英人所用。此日炎热如烧，流汗湿衣装”。

⑤ 《五代友厚传》称，五代在上海以12万美元购得蒸汽船，后命名“天祐丸”。《萨藩海军史》中卷认为此说有误，“天祐丸”是另一艘船，五代在上海洽商购买的蒸汽船是“青鹰丸”，此船在萨英战争中被英国舰队烧毁。

此事回到长崎以后大家才知道。[①]

到浦东直接观战，在“千岁丸”诸乘员中五代是仅有的一例，惜乎五代本人和别人都没有留下这次观战的记录。

高杉晋作为人孤傲狂放，使节团诸幕吏他瞧不起，以为是幕府守旧派，“多为高桥党羽，皆俗物”[②]，藩士相契合者也不多，但同中牟田仓之助和五代才助则相处友好。中村孝也称：“凡《游清五录》中，高杉之笔纵横驰骋，幕吏被其轻视，清人被其批评，乡国事必嗟叹之，欧美人动向必研究之，以谋求对抗之道。同行诸士中，除伊藤军八等一两人外，眼中无人。同室的木村、名仓也被等闲视之，独五代与子爵中牟田另眼相看，肃然敬仰并激赏之。”[③] 五代当时身处最下层水手，但高杉与之一见如故，相谈甚欢，并数次结伴出访，《游清五录》对此多有记载。高杉《航海日录》5 月 31 日（五月三日）记曰：

> 此日始与同船水夫才助者谈。才助萨州藩五代才介也，变形为水夫，入此船云。才介向者访予于崎阳（即长崎——引者）偶（寓）舍，予时在病，不得谈。一见如旧知，吐露肝胆，大谈志，亦妙。

这正所谓“英雄识英雄”。新近日本发现高杉晋作珍藏影集，内多英、美、法、俄名人巨公照片，日本人照片仅 6 张，其中有五代才助一张（另有伊藤博文、井上馨各一张）[④]，足见高杉珍惜与五代的友谊。

五代还是与高杉在“千岁丸”上少数可以深谈日本国内政局的人。据高杉日记所载，5 月 31 日（五月三日），五代与高杉在“千岁丸”上初识之后，彼此引为知己，五代告诉高杉，他随萨摩藩主监护人岛津久光去大阪，得知大阪的浪人打算起事反对幕府。[⑤] 抵达上海后一段时间，五代又告诉高杉，

---

① ［日］纳富介次郎：《上海杂记》，《集成》第 1 卷，第 21 页。

② ［日］高杉晋作：《游清五录 · 内情探索录》。

③ ［日］中村孝也：《子爵中牟田仓之助传》，杏林社大正八年出版。

④ 见《高杉晋作の 29 年》。

⑤ 《游清五录 · 航海日录》五月三日载：“才助云：‘我向者随主君到浪速，浪速边浪人狂士颇欲兴事。’”“浪速”是大阪的古名。

日本国内有书信至，言及“京摄间少有变，我藩（指萨摩藩——引者）亦关其事”。这是指1862年5月（文久二年四月）在寺田屋发生的萨摩藩武士之间的争斗，史称“寺田屋骚动”。高杉“听之，少警”，五代则劝高杉宽心，“事决已填，兄勿忧”，而高杉则对倒幕藩士的内斗深感痛心，“予魂飞心走，千里海涛，难为如何，空望东方，慨然久之”[①]长州藩士高杉晋作的昂奋激越，萨摩藩士五代才助的沉着冷静，跃然纸上。但两人身在海外，心忧国事，却是共通的。

五代返回日本后，致力于藩政改革，1865年（庆应元年）向藩府提出“富国强兵十八策”，此即著名的《五代友厚上申书》，中心题旨是反对“攘夷”，力主开国，认为“尊王攘夷”是欺骗民众的自灭理论，将使日本重蹈印度、中国的覆辙。此策还大倡改革藩政，内容包括建“造士馆”，派遣留学生赴欧洲学习，殖产兴业等。同年4月，摩藩派出19人组成的使节团访欧，五代以“御船奉行见习”身份参加；另有森有礼等13名留学生随行。这次赴欧洲考察学习，历时9个多月，五代撰滞欧手记《回国日记》，1866年归国，倡议建立萨长联合商社、诸藩联合培养人才，积极促进西南诸藩联合倒幕。明治初入政界，曾任外国事务局判事，负责以大阪为中心的外交和贸易事务。因神户事件、堺事件外交问题的处理，为萨摩藩武断派非难，1869年辞官，专心致力发展实业，设立大阪商法会议所，以大阪为基点，

高杉晋作相册所存五代才助像

① ［日］高杉晋作：《游清五录·上海淹留日录》。

从事矿山开发，所创办的采矿业推及全国，成为明治时期的重要企业。他还在大阪设立经营染料业的朝阳馆，使日本实现染料制造业和染色业的全面革新。五代是著名政商，与政界要人过从甚密，从明治政府获得多项特权，先后创办21座矿山和商社。以大阪为中心舞台的五代友厚与以东京为中心舞台的涩泽荣一并列为明治时代闻名的实业家，时称“西五代，东涩泽”。五代本人生活俭朴，基本不置私产，死后遗属、部下整理房间，竟别无长物，却有百万日元的负债单一张。[①]

江户幕府延至19世纪50年代的锁国令，严禁日本人出境，直至开国初期，日本人也不能自由出境，1854年吉田松阴因密谋偷乘美国军舰出海而入狱，支持其行为的教师佐久间象山也遭逮捕，1862年方被赦。故幕末日本人能得一出海机会实属不易，1862年幕府的第一次上海遣使吸引了高杉、中牟田、五代等蛰伏草野的英俊之士，便毫不奇怪。而这些胸怀大志的青年武士确也不虚此行，他们以今之阿倍仲麻吕（汉名朝衡，后改晁衡）、吉备真备自命，于二百年锁国之后，首航清国，将一千多年前遣唐使的辉煌业绩向前推进。上海两月，藩士们踏查访问密锣紧鼓，显示出强烈的好学精神和沉郁的思索风格。而处在古今中西交汇点的上海，提供了斑斓多彩的社会转型情景、纷至沓来的东西方信息，大大充实了他们饥渴的心灵。藩士们奋笔记录目睹身受，留下数量浩繁的纪行文字，活现出同治初年华洋杂处的上海的历史场面，并展示了日本幕末志士“以清为鉴”，寻求开国、维新之路的心迹。

英国人在上海出版的《奴-斯·卡伊那·海拉尔德》报（《The North China Herald》）在“千岁丸”抵达上海的6月2日（五月五日）即派记者登船采访，又在对日本使团观察几天后，于6月7日（五月十日）发表无题新闻，指出：原来以专制和封闭著称的日本，现在却在英制船舶上高扬起日章旗，来上海交易其国产品，这也许是日本国民排外政策发生转变的希望。该报还注意到，一向被视作排外思想化身的日本武士，居然到海外作商业冒险，实在是一个“传奇物语”（传奇故事）。这表现了日本对外通商的新树木正在成长，而

① 五代友厚传记有，大阪友厚会编《近代之伟人五代友厚传》（大正十年）、五代龙作编《五代友厚传》（昭和八年）、山中园子编《五代友厚秘史》、宫本又次著《五代友厚传》（有斐阁昭和五十六年）。此外，白柳秀湖著《日本富豪发生学》（昭和六年）也有五代传。

这株新树木由“千岁丸”上海之行所种植。[1]

应当说，这份英文报纸颇有见微知著的洞察力，它通过幕末第一次遣清官船“千岁丸”的商贸活动，敏锐地发现日本由封闭走向开国的趋势，并透视到日本武士发生时代性转变的征兆。

① 据《奴－斯·卡伊那·海拉尔德》报1862年6月7日。引者作大意概述。

第三章　初识上海

午牌至上海……港内者商舶军舰，大小辐辏，帆樯之多不知几千万云。就中英船最多，但支那船之多本不待言。右岸，西洋诸国之商船栉比，极为壮观，实为支那诸港中第一繁华之所，比之传闻犹有过之。同舟诸士中有两人曾于前年赴美利坚，据其所云，比之美利坚之华盛顿、纽约，其繁华犹远胜之。

——名仓予何人《官船千岁丸海外日录》

一、长崎启程，千里风涛东海航

日本四大岛中最西头的九州岛，古来即是日本列岛与东亚大陆交往的前沿，其西岸城市长崎，是日本距中国最近的港口（长崎至上海 860 公里）。在织田信长（1534—1582）掌权的 1571 年（元龟二年），长崎开港，自此成为日本重要的外贸口岸。1633 年（宽永十年）锁国以后，长崎更是日本唯一的对外窗口，而且只允许中国、荷兰两国商船入港。19 世纪 50 年代开国后，虽有下田、箱馆等处开港开市，但长崎仍是对外贸易，特别是对清朝贸易的主要港口。1877 年 10 月（清光绪三年九月，日本明治十年十月），清政府驻日公使何如璋（1838—1891）率副使张斯桂、参赞黄遵宪等到东京赴任时，乘船从上海路经长崎，曾如此描写这个离中国最近的口岸：

港势斜趋东南，蜿蜒数十里，如游龙戏海，尽处名野母崎，北则群岛错布，大小五六，山骨苍秀，林木森然，雨后岚翠欲滴，残冬如春夏时……

中土商此既数百年，画地以居，名“唐馆”……我国居此者近千人，

贸易虽广，获利甚微……[1]

正是在这个长崎港，1862年（清同治元年，日本文久二年）春夏之交，幕府官船"千岁丸"紧张地进行着出航前的各项准备工作。访清使团的8位幕吏及各类随行人员，纷纷从日本各地赶赴长崎，5月25日（四月二十七日），51名日本人全部登舟。其时长崎流行麻疹，高杉晋作染疾未愈，由长州藩士木岛龟之进（1838—1908）、半井春轩（？—1919）送至船上。长崎商人永井屋喜代助（46岁）、铁屋利助（28岁）、松田屋伴吉（31岁）采办的石炭（煤）、俵物（水产品）、和纸、工艺品等日本商品装舱。

按照长崎奉行的意见，如果租船赴上海，则不挂日本旗帜；现在既然改为由购买的官船前往，则决定悬起日章旗。又因船上有任船长的英国人和任货主的荷兰人，故也挂英国旗和荷兰旗。这样，三桅帆船"千岁丸"前樯挂荷兰三色旗，中樯挂英国米字旗，后樯挂日本日章旗。这是一种颇为特别的悬旗法。

按原定计划，此行除赴上海外，另有去天津的计划，还拟去"五口通商"的其他四港——宁波、福州、厦门、广州，并有赴香港的打算。但因种种困难（详见第六章第五节），上海以外的其他港口都从目的地中取消了。名仓予何人所撰《官船千岁丸海外日录》三处议及此事：

（六月）十八日　碧空无云　巳牌陪侍至官船……二三日前，官吏相议，以本月廿二日为乘舟之期（回帆尚未有期）。初，有到天津之议，后有欲至宁波、乍浦之议。其议最终皆以作罢，决径回东洋。于是有志之士皆有失望之色，有大为叹息者。[2]

（七月）初二日，晴，在官船。一官吏云："此行欲巡历支那有名之五港，而仅于上海即回帆，甚为遗憾。"所有长崎官吏商人均言：自然此行从最初开始就没有大玩一番之意……[3]

（七月）十四日……唯惜安于小成之辈多，不得游支那有名之诸港，不能遂素志也。[4]

① 何如璋：《使东述略》，《甲午以前日本游记五种》，岳麓书社1985年版，第91页。
②③④ 《集成》第11卷，第139、151、162页。

1867年（庆应三年），名仓予何人率领幕府第四次访清使团，除上海外，还去了金陵（南京）、苏州，也算是补偿其纵游中国的未了宿愿。

关于“千岁丸”的设施情况，日比野辉宽的《赘肮录》描述详明：

> 船有三根桅杆，其帆如蜘蛛网般，船身长二十一间（一间六尺——引者），宽四间四尺，深三间五尺。船底至船舷均用铁皮包裹，非常坚固。船内乘坐五十一人，另外还有十五个英国人，一个荷兰人（船长顾问），共有六十七人。八名官员住在船室（该船室在船尾，一人一间，宽四尺，长六尺多），室内非常漂亮。我等十二人（指幕吏的12名从臣，皆为藩士——引者）在船中半部左侧的位置，右侧是医生、翻译和会所官员，其余是船员及厨师的位置。①

19世纪50年代，铁壳轮船出现；60年代，二冲程引擎、螺旋桨使用于航运业，轮船逐步普及，但60年代初英、美、法等西方国家仍大量使用帆船，是轮船、帆船并用又以帆船为主的过渡阶段。当时英国有帆船6876只，蒸汽船447只，且多为1000吨以下的小蒸汽船。据《北华捷报》载，1862年进入上海港的轮船34艘，帆船则以千百计。可见，“千岁丸”作为一艘刚从英国人手里购买的8年前制造的三桅帆船，在当时属于一般水平的西洋船只。其起居条件，除幕吏在船尾住上等舱外，医师、通词（翻译）、会所官员、商人挤在右舷中段统舱，藩士们挤在左舷中段统舱，颇觉困窘，所谓“舟中杂沓，终日拮据，不遑喘息”②。加之船上规章严格，众人登船后，长崎会所定役中村良平即宣读规章，计14条，大略有——饮水限制（一人一天只许用一升水）、注意火灾、禁止吸烟、船中勿点纸灯、勿戏谈争论、不能随便到别的房间探访等，“若有侵法者，则不许登陆。上陆时必告之”③。日本诸乘员均感不便。

1862年5月25日（文久二年四月二十七日），“千岁丸”全体乘员登舟，但直至5月26日（四月二十八日）夜仍未发航，拥挤于船舱中酷热难耐的藩

①③《集成》第1卷，第50、51页。

②［日］名仓予何人：《官船千岁丸海外日录》，《集成》第11卷，第94页。

士们，颇有烦言，高杉晋作在该日的日记中写道：“船中诸子云，今午后必可解缆，而终日匆匆，不发船。嗟日本人因循苟且，乏果断，是所以招外国人之侮，可叹可愧”①。

5月27日（四月二十九日）清晨，在一阵英国人发出的很怪的起锚声中，“千岁丸”终于起程了。在数十艘小船引导下，“千岁丸”驶向西南，经过“俨然相对峙”的肥前、筑后两藩的驻防炮台，即出港，“浮于大洋”②。

5月28—29日（四月三十日至五月一日），遇暴风雨，“船身大为颠簸，然舟行甚疾”，“船体倾侧动摇甚剧，舟中什物辗转，无不晕船呕吐”③。“风雨渐大，掀起数丈波涛，船几乎要颠覆，狂风吹得风帆作响，几乎要把桅杆吹断”④。狂风浊浪，使乘员们身子像散了架，许多人都晕倒，但藩士豪情不减，日比野辉宽吟得一诗：

> 万里何管海路厄，巨舰冲破涛波剧。航海不特为壮观，唯期一点国家策。君不知朝衡宏才鸣一时，吉备博学青史垂。元是千古文治世，尔今世变属艰危。壮士此行自有意，何厌饥饿刲股啖。腰间秋水不可夸，只存日本勇义胆。⑤

诗作显示，出航的藩士们怀着“日本勇义胆”，自比昔时遣唐使，以朝衡（即阿倍仲麻吕，698—770）、吉备真备（693—775）这些对日中文化交流作出卓越贡献的先驱为榜样，颇有排除万难，勇往直前的气概。

此后几日，风平浪静，船行缓慢。因蓄水日少，原定一人一天用一升水，现在要减少一半，一天只许用五合水。

6月1日（五月四日），发现水鸟飞翔，不久即见鞍岛。相传这里海盗出没，藩士们反倒精神昂奋。日比野写道：

> 我们腰间插有日本刀，要用满腔的勇义去指挥它。小股海盗有何可

① ［日］高杉晋作：《游清五录·航海日录》。

②③ ［日］名仓予何人：《官船千岁丸海外日录》，《集成》第11卷，第95、96页。

④ ［日］日比野辉宽：《赘肬录》，《集成》第1卷，第44页。

⑤ 《集成》第1卷，第53页。

怕，防备不虞是先哲所尊崇的。今日甲板上的大炮由谁来放，火药由谁来管理，还有二十支步枪由谁来使用等，大家议论纷纷。[①]

此行虽然没有遭遇海盗，但从备战言行中，显示出藩士们的尚武精神。

6月2日（五月五日），船行至宽阔浩荡的扬子江入海口。从长崎至上海860公里，6天抵达，幕府使节团的上海之旅正式开始。

二、无炮的吴淞炮台·壁垒森严的上海城垣

6月2日（五月五日）凌晨，天色阴沉，间有小雨，日比野辉宽“五更起来，揉揉眼睛，看到船的左侧有六七处灯光，不知是何灯火。过了一会儿，一艘西洋船点着灯从船的左侧通过。船长声大如雷地和人交谈，是在问这一带海水的深浅。睡了一觉天明，已离江口不远”[②]。以下便溯扬子江而上，名仓予何人发现，“北岸则烟雨茫茫，不可望及。……其江流之大，实足惊人”[③]。对于只见过短小湍急的日本河川的藩士们来说，长江的浩瀚宏大，引起一片惊叹，藩士们的见闻录多有此类文字。

入扬子江口，行30英里，即到吴淞江口，收进眼帘的景象是——“帆樯林立，两岸处处可见村落，南岸长堤凹凸，炮台并列，此处为大江与黄江合流之处”[④]。

名仓予何人所谓“大江与黄江合流之处”即指吴淞江（黄浦江，简称“黄江”）通长江（又称“大江”）的吴淞口，这里是黄浦江出口和上海门户，为兵家必争之地，明清以来即筑炮台。清末总办北洋机器局的傅云龙从上海出洋时，观察吴淞口形势说：“南洋之要害在上海，上海之要害在黄浦，黄浦之要害在吴淞，吴淞之要害在李家口。”[⑤]第一次鸦片战争爆发，原任福建水师提督的陈化成（1776—1842）于1840年（道光二十年）调任江南提督，为防范英国舰队从广东北犯，在两江总督裕谦（1795—1841）支持下，造大

① 《集成》第1卷，第60页。

② ［日］日比野辉宽：《赘肬录》，《集成》第1卷，第61页。

③ ［日］名仓予何人：《官船千岁丸海外日录》，《集成》第11卷，第97页。

④ 《集成》第11卷，第98页。

⑤ 傅云龙：《游历日本图经余记》，《甲午以前日本游记五种》，岳麓书社1985年版，第201页。

炮（炮身铸“平夷靖寇将军”字样），重筑年久失修的炮台，在吴淞口积极设防。1841 年 9 月（道光二十一年八月），英军攻陷浙江定海、镇海、宁波，翌年 3 月攻陷慈溪，进逼上海。1842 年 6 月，英舰为进入黄浦江，猛袭吴淞炮台，陈化成挥旗发炮，击伤英舰多艘，并以肉搏战打退英军进攻。但新任两江总督牛鉴（？—1858）率部从宝山溃逃，使陈化成腹背受敌，陈化成与守台官兵壮烈牺牲。英国军舰长驱直入黄浦江，占领上海。吴淞炮台 171 门大炮被英军掳获，此后 20 年，吴淞口便空有炮台，而无大炮，成为一个虚应的海防设施。“千岁丸”在驶入黄浦江口时，英籍船长亨利·理查多松向日本人介绍了吴淞炮台的这一内情。日比野辉宽 6 月 2 日（五月五日）的日记对此记述最详：

> 这一带水深，锚链二十四寻。江宽十里多，四面都是船，其数有成百上千。问此江名，回答说叫吴淞江，吴淞江是唐音。南岸炮台相连，呈现出凸凹形，要地看起来修得很坚固，然而没有装设大炮。船长说，二十年前这里不仅备有大炮，而且房屋栉比鳞次。当时英国人要进上海港，因被提防没能进来。为抵御英国人，放火烧掉住房，大炮也被拿走了，所以现在只剩下了炮台。[①]

高杉晋作对吴淞口的炮台状况也留意观察。他在日记的天头上写道：

> 此地尝支那人与英人战争之地，故人家等尽，至吴淞江口，北岸尽炮台，炮台以土泥造之。此边昔时为英人所夺，故人家殆尽云。[②]

自第一次鸦片战争以后，吴淞炮台是否重新装设大炮，清廷举棋不定。1898 年 4 月（光绪二十四年三月），两江总督刘坤一（1830—1902），建议总理各国事务衙门奏准吴淞自行开埠。刘坤一的设想是，此举不仅便利商运，而且可使各国杂居，互相牵制，从而防止某一外国据吴淞以屯兵。[③] 这便是所谓

---

① ［日］日比野辉宽：《赘肬录》，《集成》第 1 卷，第 62 页。

② ［日］高杉晋作：《游清五录·航海日录》。

③ 见《刘忠诚公遗集·书牍》，卷十二，第 57 页。

“以商务守吴淞”，为一种奇特的弱国海防论，是“以夷制夷”伎俩的应用。后来，清廷认为吴淞口不设炮台，于长江防务影响太大，遂于1899年（光绪二十五年）谕令重筑，刘坤一亲往考察，重建炮台七尊。① 以上均为后话。

陈化成像

与1862年的吴淞炮台成无“炮”之“台”相对照的是，吴淞口以内的黄浦江上，停泊着多艘巨炮昂列的外国军舰。日本人以目测，估算外国军舰在14～20艘。松田屋伴吉称，“上海异国船入港”“百十七艘，内十六艘军舰也”②。纳富介次郎记曰：

> 来黄浦停泊的外国船有百余艘，其中军舰约有十四五艘……③

峰洁记曰：

> （在上海港口）眺望，诸国商船六百余艘……中火轮舟五六十艘，军船二十余艘。最大的英法军舰二艘，是船长约五六十间、大炮五十门的蒸汽军舰。④

上海作为清朝最大的港口，扼守外洋的炮台已无大炮，而港口内却停泊多艘西洋军舰，炮口直指市区。上海全然成为一座对外洋不设防的城市——这便是1862年来访沪上的日本使节团亲眼目睹的情状。

---

① 《刘忠诚公遗集·奏疏》，卷三十二，第25～26页。

②④ 《集成》第11卷，第57、15页。

③ 《集成》第1卷，第13页。

同治年间的上海，一方面对外洋不设防，另一方面，其城垣内外却武装到牙齿，这显然是为对付太平军而采取的军事措施。纳富介次郎这样描述上海县城的城防：

城围约有一里半，城墙高约一丈五六尺左右。楼橹上飘着清国大旗，架着大炮。英法士兵在此互助，警卫森严。城门内外常有五六个肩扛步枪的唐、西士兵守卫。①

峰洁对上海县城诸城门的防卫状况也有具体描述：“从甲门到乙门的左方，装备有大炮八九门，乙门到丙门之间的阁楼，铁枪弹堆积如山。”② 名仓予何人的《官船千岁丸海外日录》记有上海城戒严之事，其《支那闻见录》则记述上海城防之严：

上海城女墙大约二丈许，楼橹支那旗旌飘扬，架设大炮，官兵并英法兵士多名警卫甚严。城门由英法铳卒看守，城门内有支那官兵数十名驻扎。③

峰洁的《船中日录》更具体谈及上海城门晚十时关闭，夜行者逮捕入狱等情节。名仓予何人还于 7 月 3 日（六月初七日）亲见官兵在上海县城新北门随意捆绑下属的情形：

辰牌出本馆，到新北门，与防士刘文汇等会晤。时有一奴，来驻防，有种种说法，须臾防士大怒，命轻卒缚之，轻卒受命捉奸徒，取其辫，将其发缠缚于防所之柱，其辫长垂，故无须另用缧绁即可缚之，可谓一奇。④

清朝统治集团一方面畏洋如虎，极尽卑躬屈膝，另一方面对本国兵民穷凶极

---

① ［日］纳富介次郎：《上海杂记》，《集成》第 1 卷，第 14 页。

②③④《集成》第 11 卷，第 27、175、123 页。

恶，而且其暴行并不避讳外国人，足见此类行为早已司空见惯，不以为怪。

经过两次鸦片战争的打击，清政府已从抵御西洋列强屡遭挫败，转向妥协以与之周旋；而自19世纪50年代以降，清廷同太平天国、捻军的战事日趋激烈，更使统治集团确立“先安内后攘外”的国策。恭亲王奕䜣1860年（咸丰十年）的奏章有典型的说明：

> 就今日之势论之，发捻交乘，心腹之害也。俄国壤地相接，有蚕食上国之志，肘腋之患也。英国志在通商，暴虐无人理，不为限制则无以自立，肢体之患也。故灭发捻为先，治俄次之，治英又次之。①

日本使节团1862年在上海的所见所闻，正是对奕䜣这一著名奏章的生动印证。

三、中外船舶林立的巨港

一位当代美国学者在论及近代上海的特殊地位时，这样写道：

> 上海位于靠近长江三角洲朝海的一边，属于一个大江体系的许多源远流长的水道就在这里汇集，中国的海岸也在这里向公海伸展到最远处。于是外国商人所要运销海外的远近不同地区所生产的物品，可以经由上海出口；另一方面，装运到中国的洋货可以经由上海分发到广大无边的地区。②

上海在近代发展成为中国第一大港口，与其特有的地理条件分不开。

上海是中国富庶的长江流域的龙头，而长江又是中国的黄金水道，从汉口以下千余里，五千吨级轮船可以终年航行。上海的直接腹地苏、浙、皖、赣四省，是中国传统出口商品丝、茶、瓷器的主要产地，这些商品就近从上海出口，当然比以往几经转运广州出口，便捷、省资得多。上海还处在长江三角洲的沿海顶端，密如蛛网的三角洲水系，提供了方便而廉价的运输系统。经历代

---

① 《筹办夷务始末·咸丰朝》第8册，第2675页。

② ［美］罗兹·墨菲：《上海——现代中国的钥匙》，上海人民出版社1986年版，第2～3页。

水系变迁和人工整治，特别是1403年（明永乐元年）户部尚书夏原吉（1366—1430）采纳叶宗行上书，率众疏浚，使发源于太湖水系的吴淞江（俗称苏州河）、黄浦江合流，由南而北穿行上海，从吴淞口通长江，汇入大海。江浦合流，使黄浦江成为太湖下游的重要泄水道，又几经修治，黄浦江水深江阔，兼之终年不冻，能避风浪，不受台风袭击，是一个优良的河口型港湾，使上海“襟江带海”的优势得以发挥，重洋巨舰可直抵上海城下。1684年（康熙二十三年）清廷开放海禁后，上海逐渐成为“江海之通津，东南之都会”。仅就中日贸易而言，上海即占重要地位，康熙、雍正之际，从中国开到日本的商船一年达百余艘，多从上海发航。据鸦片战争前上海海关船舶进出口登记簿记载，每年有两千多只帆船载着各种各样的本国货和外国货从外洋来到上海。加上更多的国内贸易船只进出，清中叶的上海港已是舟船密泊，帆樯如林，地方志和文人笔记中多有此类记述。外国人也对上海港印象深刻，鸦片战争前夕来访的英国人马丁（R.M.Martin）说，上海“店铺多得惊人，各处商业繁盛，一进黄浦江就看到江上帆樯如林”①。

明清已是兴盛港口的上海，成为近代意义上的国际大港，则与欧美列国殖民主义活动直接相关。1832年，英籍普鲁士人郭士立（Charles Gutzlaff，1803—1851）经多次考察后提出：“只有打开上海这个大门，才能发展西方贸易。”②签订中英《南京条约》时，鸦片商人查顿（W.Tardine）向英国外相提议，把上海列为“五口通商”之一口。③1843年11月14日，英国首任驻上海领事、海军大佐巴富尔（George Balfour，1809—1894）发出通告，宣布上海于11月17日开埠，并公布了他与清方道台议定的上海港港界和洋船停泊区。上海港港界在当时英国领事馆所在地——县城至吴淞口宝山嘴之间的黄浦江江滨；洋船停泊区在洋泾浜一带800多米的黄浦江西侧江面。1846年，黄浦江沿江建有两座驳船码头，一座供商船过驳，另一座为海关验货专用。1849年则建成十余座砖石结构台阶式小型驳船码头，进出码头有一道栏栅，启闭由洋商掌管。1851年9月，英、美、法三国领事共同制订《上海港口章程》。在此

① 转引姚贤镐编《中国近代对外贸易史资料》第1辑，中华书局1962年版，第556页。

② ［英］郭士立：《在中国沿海的三次航行记》，第109页，转引自《上海和横滨》，华东师范大学出版社1997年版，第178页。

③ 参见加藤祐三《黑船前后的世界》，岩波书店《思想》杂志，1984年3月号。

前后，英、美、法三国在上海建立租界，即依托港区，在港区后边逐步推进至浦西界外江边，并进而扩及浦东。自此，英国（美、法等继其后）赢得在上海实行“绝对的、实际的自由贸易”权利。

开埠后，掌握上海海运市场的是英、美海运资本，首先是英国的大英轮船公司，1850 年该公司开辟香港—上海线。美国的旗昌轮船公司紧随其后。这样，英、美等西洋船舶相继驶入黄浦江港口，1844 年 44 艘，1845 年翻了一倍，1849 年 127 艘。1853 年，俄国作家冈察诺夫（1812—1891）乘战舰“巴拉达号”来到上海，在黄浦江看到 20 列三桅西洋帆船停泊两岸，每列有 9～10 艘大船；在另一处，他又看到“锚泊着一批美国三桅大船”[①]。从冈察诺夫所见推算，当时停泊黄浦江两岸的洋船不下 200 艘。1855 年 7 月至 1856 年 6 月的一年中，上海进口西洋船舶数达到 489 艘，总载重量 155587 吨。1853 年，上海港输入的货物总值，首次超过广州港，成为全国最大的贸易口岸。[②]

1858 年（咸丰八年），清廷以两江总督办理各国通商事宜，上海正式取代广州总揽外贸的地位。1858 年，欧美国家在上海开辟三条外贸航线：上海—香港、上海—香港—加尔各答、上海—纽约。1861 年，镇江、九江、汉口三个长江内河港口对外开放，太平天国又向英、美等国宣布“保护洋商在长江航行”，长江中下游航运畅达无阻。第二次鸦片战争后，上海已占全中国外贸总额的一半以上。1859 年，英国把驻华商务总监、驻华公使馆从香港迁至上海，并宣布：“英国利益主要集中在上海及其附近。”[③]与此相适应，上海港区不断兴建仓库、堆场，黄浦江两岸港区向南北延伸，1860 年后，各洋行纷纷订制蒸汽轮船，并改变在江心抛锚、用驳船往返驳运货物的办法，疏浚河岸、砌以砖石，黄浦江沿岸形成大片轮船可以直接停靠的码头，一个国际大港的雏形具备。

自明清以降，上海已成为发达的港市，“帆樯林立”是其固有景观。但 19 世纪中叶的上海港又增添了新的内涵。曾于 1843 年来访上海的英国植物学家福钧，1848 年重游旧地，即发现港区的变化：“驶进上海时我首先看到的是樯

---

① ［俄］冈察诺夫：《巴拉达号三桅战舰》。

② 参见黄苇《上海开埠初期对外贸易研究》，上海人民出版社 1979 年版，第 142～145 页。

③ 转引自于醒民、唐继无《从闭锁到开放》，学林出版社 1991 年版，第 67 页。

桅如林，不仅是前次来上海时引人注目的中国帆船，而且还有颇多的外国船只，主要来自英国和美国。”① 福钧游沪之后10余年，上海港在1862年的一个期间，停泊着英国、美国、德国、荷兰、丹麦、暹罗、西班牙、法国、葡萄牙等10个国家共268艘船只。② 造访沪上的日本使团，便目睹了上海港这一华洋船舶交织的景象，诸藩士的纪行文对此都有描述。

峰洁的《清国上海见闻录》写道：

船靠上海港。此处川横十町，长四十町许，各国夷船辐辏，清国艇舶无法数计，帆樯连立恰如森林……③

纳富介次郎的《上海杂记》则说“来黄浦停泊的外国船有百余艘”，“停泊的唐船据说有数千，其数不详。桅杆之多如万顷之麻”④。

高杉晋作6月3日（五月六日）记曰：

午前渐到上海港，此支那第一繁津港，欧罗波诸邦商船军舰数千艘碇泊，樯花林森，欲埋津口。⑤

如果说，“欧罗波诸邦商船军舰数千艘”是一种文学语言，那么高杉晋作在日记的天头上写的一段话，数量概念则较为精确：

上海外国船碇泊，常三四百艘，其余军舰十余艘云。⑥

名仓予何人的《支那闻见录》描写黄浦江的船舶说：

黄江上帆樯林立，绵绵不绝，舟泊所在，凡我三里许……

洋泾浜，港口停泊所，西洋船现在八十余只云。余回帆，顷至洋船

---

① 转引自唐振常主编《上海史》，上海人民出版社1989年版，第154页。

② 见《中国近代航运史资料》第1辑上册，上海人民出版社1983年版，第231页。

③ 《集成》第11卷，第25页。

④ 《集成》第1卷，第13页。

⑤⑥ ［日］高杉晋作：《游清五录·航海日录》。

百余只有云。[①]

名仓对洋泾浜的描述，与中国名士王韬（1828—1897）的说法相呼应："洋泾浜为西人通商总集"，"洋泾浜为琉璃世界"[②]。

日比野辉宽的《赘肬录》也抒发了对上海港繁盛的感慨：

> 船向西南行驶，江面宽窄不一。此时船已离港口不远。各国商馆相连，停泊的船只之多难以形容。南面连樯林立，一望无际。千岁丸在各国船间行十里多抛锚。江面上几乎被船只覆盖。陆地房屋鳞次栉比，这是何等昌盛之景。[③]

一向主要记载买入、卖出货品及进出账目的商人松田屋伴吉，也在《唐国渡海日记》中，对上海港的繁盛发出由衷喟叹。他描述，从吴淞江到上海的五里路程，船舶无数，法国领事馆、美国领事馆像城阁一样优美壮丽，他称赏"这诚然世界第一的热闹之处"[④]。

藩士们还询问当地人，洋船哪国为多。纳富介次郎的《上海杂记》称："询问来上海停泊的商船，说是红毛的最多，其次是花旗。"[⑤]峰洁的《清国上海见闻录》记载相同，他与中国儒生顾麟对话如下：

> 问曰：上海港所集商船何国最多？
>
> 麟曰：止（"最"字脱——引者）多红毛，第二花旗。[⑥]

"红毛"指荷兰，"花旗"指美国。峰洁对荷兰、美国来沪船舶最多作分析说：

> 按西洋富强国为英、法、俄罗斯，红毛、花旗是第二等国家，为何第二等的国家来沪商船较多呢？盖因英、法二国专好战争，惟强是兢，故

①④⑥ 《集成》第11卷，第172～173、54、34页。

② 王韬：《瀛壖杂志》。

③⑤ 《集成》第1卷，第63、40页。

对象国有所推辞……俄罗斯素有侵吞国土之志。此三国通商贸易并不受欢迎。故商贾对红毛、花旗的欢迎程度出于英、法、俄三国之右。[①]

当时上海抵港洋船，是否以荷兰、美国为多，尚待详考。1861 年美国旗昌轮船公司已有 16 艘蒸汽轮船，从事以上海为中心的沿海、沿江贸易。但从常见近代中国贸易史资料看，出入上海的洋船还是以英国最多，名仓予何人的日记也称，上海港“英船最多”[②]。不过，峰洁的上述分析，反映了幕末日本藩士对国际强权政治的反感，洋溢着正义之慨。

遭际与中国人相似的幕末日本人当然明白，在洋船往来如梭的繁盛景象背后，是西方国家对中国的掠夺与榨取。日比野辉宽在一首汉诗中感叹道：

帆樯林立渺无边，终日来去多少船；
请看街衢人不断，红尘四合与云连。
忆从曾有大沽患，市利网收老狒奸；
休言上海繁华地，多少蕃船捆载还。[③]

诗的前半部描述上海港的兴旺繁忙，后半部点出第二次鸦片战争（“大沽患”）以来加剧的西方各国对中国商业利益的占有，指出在上海繁华表象的背后，是西洋船舶满载着中国财富返回。事实也正是如此，早在 1853 年，西方商人从上海便获取 2500 万英镑利润。[④] 19 世纪 60 年代其数更巨。《北华捷报》指出，上海是西方人牟利的最好场所，首批到这里的人都大发其财。“据说过去五年中，他们捞到的钱财比东印度公司整个垄断时期捞到的还要多”[⑤]。日比野的诗句“休言上海繁华地，多少蕃船捆载还”，正是其外观描写。

藩士们还就上海港的宏丽繁盛进行国际比较。名仓予何人的《官船千岁丸海外日录》6 月 8 日（五月十一日）记曰：

①② 《集成》第 11 卷，第 34、99 页。

③ 《集成》第 1 卷，第 64 页。

④ 《上海外滩南京路史话》，上海人民出版社 1976 年版，第 20 页。

⑤ 转引聂宝璋《中国近代航运史资料》第 1 辑上册，上海人民出版社 1983 年版，第 602 页。

> 遂出至江滨，帆樯林立，前岸不可望见。数万船舶泊于江中，绵延达二里余，本港之盛，非吾浪华之比。[①]

这里所称“浪华”，古时通称“难波”，即今之大阪，江户时期已是经济重镇，17世纪末形成的日本全国统一市场即以难波（又称浪华，即大阪）为中心。名仓予何人的印象是，上海港之繁盛远在日本最大商业都会浪华（大阪）之上。

名仓予何人的比较不限于中日之间，他在“千岁丸”与使团成员中曾经赴美者交谈，获悉上海港比纽约、华盛顿更为繁华。他在1862年6月3日（五月初六日）的日记写道：

> 吴淞至上海计英里十五六里云。港内者商舶军舰，大小辐辏，帆樯之多不知几千万云。就中英船最多，但支那船之多本不待言。右岸，西洋诸国之商船栉比，极为壮观，实为支那诸港中第一繁华之所，比之传闻犹有过之。同舟诸士中有两人曾于前年赴美利坚，据其所云，比之美利坚之华盛顿、纽约，其繁华犹远胜之。[②]

这里所称“曾于前年赴美利坚”的“同舟诸士中有两人”，其一当然是指御小人目付盐泽彦次郎，他1860年随万延使团访美，今次盐泽彦次郎访沪，显然为上海港的盛大所震撼，竟有上海之繁华“远胜”美国首都华盛顿和第一大城市纽约之说。这种比较当然是表层和感性的，但也确乎说明，19世纪60年代的上海称得上一个世界级的繁荣港口，在东亚则是首屈一指的维多利亚式商业大都会，刚刚开国的日本，没有一个城市可以与之相匹敌。如第一章所述，“千岁丸”访沪一年后，长州藩士井上馨、伊藤博文等偷乘英轮赴英国留学，途经上海，也对上海的繁华和吸纳西洋文明的程度深感惊讶，这促使井上、伊藤回日本后力倡开国；再一年后，率团赴法的池田筑后守也对上海港的繁荣发达钦慕不已，并有感于上海开放后的兴盛，而对自己到法国去谈判横滨锁港感

---

①② 《集成》第11卷，第104、99页。

到惶惑失据。凡此种种，都显现出上海当年已经成为西方近代文明在东方展出的范本，对开国初期的日本人颇富感召力。

四、华洋二界比照

上海于1843年开埠以后，在近代海运和进出口贸易的带动下，近代工业、金融业、房地产业、城市交通均得到迅猛发展。以英国为首的欧美国家，还在上海选择洋商居留地，首选处为南临洋泾浜，北面吴淞江，东靠黄浦江的地段，这便是最早的英租界。本来，1842年签订的《中英江宁条约》没有说及租界，1843年的追加通商条约（《中英虎门续约》）方提出“英人租赁”土地的问题，此为租界之缘起。1845年11月29日（道光二十五年十一月一日），英国驻上海领事巴富尔同上海道台宫慕久签订《上海地皮章程》23款，划定英租界界址（洋泾浜北、李家场南）。面积初为100亩，后增至830亩，1848年11月，第二任英领阿礼国（1809—1897）与上海道台麟桂订立协定，将英租界西展至泥城浜，北延至苏州河，面积再增至2820亩。美国（1848）和法国（1849）也相继在上海建立租界，其地点亦在外滩。法租界将上海县城西、北、东三面围住。上海的近代城市公共工程（如马路、公园、公共建筑等），便从外滩一带的租界开始。前面提到的英国植物学家福钧，1848年第二次游览上海，描绘当时黄浦江沿岸景象：

> 除了航运以外，更使我惊异的是江岸的外观。我曾听说上海已经建造了许多英美的洋行，我上次离开中国时，的确有一两家洋行正在建筑；但是现在，在破烂的中国小屋地区，在棉田及坟地上，已经建立起一座规模巨大的新的城市了。①

从一张1850年绘制的外滩风景油画（见下页图）中，可以得见，其时的黄浦江西岸，洋式楼房比肩而立，计有英国领事馆、怡和洋行、大英轮船公司、沙逊洋行、仁记洋行、琼记洋行、丽如洋行、萧氏兄弟洋行、宝顺洋行、

---

① 转引自唐振常主编《上海史》，上海人民出版社1989年版，第154页。

江海关（中式建筑）、丹拿洋行。[①] 俄国作家冈察诺夫在所撰《巴拉达号三桅战舰》中这样描写他1853年所见的上海英租界：

> 街道两旁仍是接连不断的洋商寓所，一律院栅高筑，庭园清幽……（沿江大街，即外滩——引者补文）矗立着宏伟的欧式大楼，柱廊、阳台、贵族气势的门庭一应俱全。[②]

19世纪中叶的上海外滩

1853年太平军攻占南京，同年小刀会占领上海县城，江苏绅民大批涌进上海租界。1854年7月11日，租地西人会议通过英、美、法三国领事商定的新土地章程，决定设立统一的工部局管理租界市政，租界基本脱离清政府管辖，成为“国中之国”，并允许华人租地赁房，原来是洋人专门居住地的租界，变为华洋杂处。

冈察诺夫在法租界便目睹这里华商密集，“房檐差不多互相搭在一起”，各家“一律上层住人，下层售货”，“售品一览无遗”。[③] 中国文士毛祥麟在《墨余录》中描写租界景象——“洋房联络，金碧万状。其间里巷纷纭，行人如蚁，华民多设肆于中，铺户鳞比，百货山积”。这便是当年租界内“华洋杂处”的情形。

---

① 据1857年的英租界外滩图，英租界外滩沿江排列的洋行建筑有：怡和洋行、沙逊洋行、仁记洋行、奥古斯丁洋行、萧氏兄弟洋行、颠地洋行、图诺尔洋行、福格洋行等。

②③ 转引自郑祖安《百年上海城》，学林出版社1999年版，第342、343页。

晚清的上海南京路（今南京路、福建路以东的一段）

据统计，19 世纪 60 年代初，租界内洋人不足千名，华人则数以十万计，租界内形成洋人区和华人区。1862 年夏天来访的日本使节团，对上海老城区和租界内的华人区和洋人区均有接触，并留下记述文字。

高杉晋作 6 月 3 日（五月六日）的日记，在描绘港口后写道：

陆上则诸邦商馆纷壁千尺，殆如城阁，甚广大严烈，不可以笔纸尽也。①

纳富介次郎的《上海杂记》称：

上海东西有一里多，南北二里多，到处都是人家。城北都是英、法、花旗租借地，洋房鳞次栉比。②

名仓予何人对租界的描写是：

① ［日］高杉晋作：《游清五录·航海日录》。

② 《集成》第 1 卷，第 15 页。

上海夷场（居留地），甚广袤，大屋宇，结构极宏森，其数几千百屋云。[①]

“英、法、花旗租借地”即指英、法、美租界。“夷场”是清朝对租界的蔑称，日本藩士沿用这一词汇。

日比野辉宽的《赘肬录》对美国商馆建筑十分赞叹，称其“非常美丽广大”[②]。

峰洁的《清国上海见闻录》则明确记述了上海洋人租界的方位和建筑情况：

上海奉行所（指上海道台府——引者）的房屋建构广大美丽，其走廊的西北方，大桥附近十四町的范围，是英、法两国居留所。在这一境域内，各国商馆高阁比连而建，荷兰商馆便建在法国居留所内。[③]

日本开国后，把洋人租借居住地称“居留所”，相当于“租界”。峰洁关于 19 世纪 60 年代初上海租界的地理方位和建筑状况的说法是准确的。

对于欧美人在上海租界展示的西方近代文明，不仅来访的幕末日本使团发出惊叹，久居沪上的中国士子也有类似评论。王韬在目睹外滩洋式建筑后，曾这样赞叹洋人搬来的“西方小世界”：

万里通商海禁开，千年荒冢幻楼台。[④]
十里洋泾开眼界，恍疑身作泰西游。[⑤]

王韬在上海租界，恍若身处“泰西”，这是对租界景观的一种绝妙概括。

上海作为中西文化相激相荡的处所，一方面是西方近代文明的展示场，另一方面又陈列着东方中古城镇的传统风貌，二者形成鲜明比照。与租界相邻的

---

①③ 《集成》第 11 卷，第 207、27 页。

② 《集成》第 1 卷，第 63 页。

④ 王韬：《瀛壖杂志》卷二。

⑤ 王韬：《瀛壖杂志》卷五。明清时称欧洲诸国为“泰西”。

上海县城，是明代嘉靖间为抵御倭寇掠扰而建的。县城周长九里，城高二丈四尺，城门六座，分别为朝宗门（大东门）、宝带门（小东门）、跨龙门（大南门）、朝阳门（小南门）、仪凤门（老西门）、晏海门（老北门），城墙外围绕水壕，宽六丈，深一丈七尺，又辟三处水门，是一座典型的中古城市堡垒。城内有南北、东西走向的交叉街巷，牌坊林立，道路狭窄。日本使团诸人对上海县城也留意观察。名仓予何人 6 月 5 日（五月八日）的日录，便记载了上海内城的街市景观：

> 城门狭窄，仅容双轿并行。入门，街衢纵横通达。但街间之路虽窄，比之城外则各户结构更为壮丽。路幅不过八九尺，店铺亦窄，每店约有 2 步或 1 步半（1 步约 3.3 平方米——引者）。其繁华杂沓与本朝江户无异。①

晚清的上海县城城墙及护城河

名仓记述黄浦江旁、宏记字号以北的清廷税关建筑状况：“税关门楣头上有‘江南海关’四字。房屋结构宛如本朝神社。”② 名仓所说的税关，指 1857 年（咸丰七年）清政府在被小刀会毁坏的江南大关原址上重建的海关，俗称“江海北关”，为中式建筑，故名仓称其像日本的神社。名仓还描绘上海县城

①② 《集成》第 11 卷，第 207 页。

城边街头景象：

路旁有丝竹交响唱俗曲者，有设小摊卖古董者，有相面者，有卖卦者。城边之繁华，其光景宛然与吾江户无异。[①]

名仓数次将上海旧城的繁华与日本江户（今东京）相比拟，可见当时两城发展水平的近似。

峰洁的《清国上海见闻录》所载的一段问答则揭示了上海县城的特点：不同于中国内地一般县城以官府为主，这里却以“市井”为主，居民多为商贾及其家眷。

城内官府庙堂外，店坊居多……

因问曰：此近巷市井乎，抑官人所居乎？

答曰：此处市井多而官居少。现因避难者多，杂处不分。

又问曰：巷中无店肆者，以何事为产乎？

曰：凡店肆皆在大街之上，小巷中无店者其所居之人大半是店肆眷口也。[②]

关于上海县城的规模和人口，峰洁也有记述：

问曰：城中纵横街路几条？

答曰：纵街四条，横街三条，而小街不在。

又问曰：城中户数若干？答曰：大约以万计云。

后又得闻，户数一万二千余家，人口三万六千余人。[③]

日本使团对上海华界、洋界的市政建设状况作了比较。峰洁谈及洋界说：

此边夷人居住以来，新街区建起，街路纵横分割有序，道幅宽广，随

①②③ 《集成》第 11 卷，第 108、27、27 页。

处街面比较清洁。[①]

而华界的状况则另是一番情景：

粪芥满路，泥土埋足，臭气穿鼻，其污秽不可言状……故上海每年炎暑时节恶病大行，人民死亡甚多。[②]

纳富介次郎有类似记述：

上海市坊道路之脏无法形容。特别是像中小街道的通道，到处是垃圾粪堆，无插足之地，人们也不清扫。[③]

日本人是喜好清洁的民族，西方人概括日本人民族性之一，便是“洁癖”。故幕府使团诸人对上海华界的肮脏都有强烈反应。日比野辉宽还专门就上海饮水问题同宏记洋行的张棣香作过探讨。[④] 纳富介次郎对上海饮水不洁更有详细述评：

此次上海之行，感到最艰苦的是饮水混浊。据说古时扬子江、吴淞江都是清流，但是到了中叶，北部黄河淮济南移，汇入大江，水才变得如此混浊……而且，当地人把死猫烂狗、死马死猪死羊之类以及所有的脏东西都扔入江中，这些都漂浮到岸边……再加上数万条船舶上的屎尿使江水变得更脏。据说上海街里只有五六口水井，而且井水非常混浊，因此人们都饮江水。[⑤]

这里所谓“黄河淮济南移”，指清中叶黄河改道，由从渤海入海变为从泰山南麓，借淮河入海，其对长江下游干流水质有一定影响。黄浦江污染还另有原因——长江三角洲人口稠密，特别是上海人口剧增，生产、生活垃圾、污水

①② 《集成》第11卷，第27、28页。

③⑤ 《集成》第1卷，第15页。

④ 见《赘肬录》，《集成》第1卷，第73～74页。

倾入江中，引起黄浦江水质转劣。纳富介次郎所描述的黄浦江的污染状况及上海饮用水肮脏是真实的。

幕府使团随行的从仆硕太郎、传次郎，炊夫兵吉均因饮水不洁而患病身亡，埋葬浦东烂泥渡，高杉晋作记述其事曰："闻同行渡边与八郎从仆昨夜来急病，今朝冥行云。同行者病客甚多，诸子畏缩，有或促归思者。予以为，一步出国死已决矣，然空死无益，唯身自护吾体无他术也。"[①]

高杉晋作还对上海华洋两界作出对比性概述：

> 上海位处支那南边海隅僻地，曾被英夷夺占。津港虽然繁盛，皆外国人商船多至之故。城外城里皆外国人的商馆，故繁盛。所见支那人居所，多贫者，其肮脏不洁难以言状，或终年在船中为生，唯有富人和外国人才能在商馆居住。[②]

总之，租界市政建设所示范的西方近代文明，与华界（上海县城内及城外租界外缘的清官府管辖区域）中古式落后状态，形成鲜明对比。上海华人对此深有感触，他们比较华洋两界说：

> 租界马路四通，城内道途狭隘。租界异常清洁，车不扬尘，居之者几以为乐土；城内虽有清洁局，然城河之水秽气触鼻，僻静之区坑厕接踵，较之租界几有天壤之异。[③]

上海华洋两界的巨大反差，与其说是东西方民族文化之异，毋宁说是文明发展不同阶段的区别，也即近代文明与中古文明的区别。上海以一隅之地，如此清晰地展示了两个时代文明的差异，呈现出古今中西交汇的纷繁多歧场景，对来访日本使团诸人当然给予强烈刺激，开国维新的思想种子，由此深植于藩士们的心田。

---

① ［日］高杉晋作：《游清五录·上海淹留日录》。

② ［日］高杉晋作：《游清五录·外情探索录·上海总论》。

③ 李维清：《上海乡土志》，著易堂印制，光绪三十三年。

五、“战败条约”笼罩下的屈辱

近代西方人在处于中古阶段的东方，展示着双重形象：一方面是近代文明示范者、传播者的形象，另一方面是入侵者、掠夺者的形象。日本藩士在留意西方人传播近代文明的同时，对于西方人作为入侵者的侧面也着力考察。如日比野辉宽在《赘肬录》中详载第二次鸦片战争经过，特别记述天津大沽之役，英法联军以“免战”诡计，使清军僧格林沁部遭袭败北，英法与清订约，“获金一千六百万两”[①]。藩士们还记述了1862年在上海所见之西方人的掠夺者嘴脸。上海不仅是一面西方近代文明的窗口，还是西方殖民主义者恣意横行的场所。这年春天从安徽安庆率淮军来援上海的李鸿章，便发现上海事权大都落入洋人之手，上海道台吴煦等人甚至主张“上海地界全归外国管理”。李鸿章于1862年8月致函曾国藩说：

> 其实沪城内外各事，实皆洋人主持，为所欲为，不过关税捐厘仍为华官收放耳。[②]

李鸿章面对此情，叹息“殊为隐患”。当时上海的海关已为英国人控制：1853年，英领事主持上海海关，实行领事代征制；1859年，英人李泰国（1832—1898）掌管清廷总税务司；1861年至1908年，英人赫德（1835—1911）掌管总税务司达48年之久，署上海。李鸿章称“华官收放”的，指国内贸易和税收，若指外贸关税则不确。来访的日本使团诸人对“洋人主持”上海事务的现象也有体察。

就遭受西方殖民主义侵略而言，当时的中、日两国情形相似，却又有程度上的差异。相似之处在于，中、日两国都是被欧美强行打开门户的，两国在走出中世纪故道的“瓶颈”阶段，都经历着主权危机，处于民族国家的存亡危急之秋。因此，访沪的日本使团诸人每每对清国的处境深表同情，这是一种“唇亡齿寒”、“辅车相依”的自然情感流露。但是，中日两国的情况又有所不

① 《集成》第1卷，第92~93页。
② 《李文忠公全集》，《朋僚函稿》卷一，第45页。

同：中国是西方列强打击和掠夺的重点，日本则偏置一旁。中国在两次鸦片战争中遭受英国及英、法两国沉重的军事打击，1842 年（道光二十二年）签订的《南京条约》、1858 年（咸丰八年）签订的《天津条约》、1860 年（咸丰十年）签订的《北京条约》等均为"战败条约"，即"城下之盟"，中方除开放口岸外，还有割地赔款等条款。在开放口岸，西方列强享有种种特权，洋人俨然太上皇，君临中国土地。如在上海，英、美、法三国侨民 1853 年在租界内成立义勇队（万国商团），修筑防御工事；1854 年成立工部局，相当于租界政府，设置巡捕房，60 年代后期还成立会审公堂（法庭），享有行政、司法大权。而日本是在没有同欧美国家交战的情况下，与之缔结诸条约的，这是一种不同于"战败条约"的"交涉条约"，虽然也是西方强加给日本的不平等条约，但其中没有割地赔款之类内容，在开港处，虽划出洋人的居留地，但洋人在居留地享有的特权也不及上海租界。[①] 试以 1858 年签订的《日美和亲条约》与《中英天津条约》加以比较，就会发现"交涉条约"与"战败条约"的异与同。

要　点	《日美和亲条约》（1858.7.28）	《中英天津条约》（1858.6.26）
1. 基督教传教	只限于签约国国民	可向中国民众传教，并受清朝政府保护
2. 内地旅行权	限制在居留地和散步区内	全国各地
3. 外国军队干涉内政	无	英国军舰可自由入港
4. 外国人干预关税行政	无	外国人任总税务司职
5. 支付赔款	无	有（北京条约已有规定）
6. 割让领土	无	九龙（北京条约已有规定）
7. 居住区的外国人自治权	事实上没有形成	租界工部局实施
8. 鸦片贸易	禁止	附则中承认其合法性

注：此表参考加藤祐三《两种居留地》"表一　两种条约的对比"改制。

总之，日本人在开国过程中面临的主权危机不及中国严峻。访沪的日本藩士们目睹西洋人在上海的飞扬跋扈，正是中国主权丧失的表现。藩士们看到昔

① 有关"战败条约"和"交涉条约"异同的论述，参见加藤祐三《两种居留地》，华东师范大学出版社 1997 年版，第 92～104 页。

日的“天朝上国”在洋人面前的屈辱，除愤愤不平之外，又对某些中国人的软骨病甚为不满，由此滋生出对华人的蔑视心理。这一类细节，在藩士们的纪行文中多有记述。

有关英法联军以“助防”之名，在上海“反客为主”的骄纵横行情况，留待下章详论，这里仅述日本人观察到的洋人在经济生活、社会生活领域的特权。

名仓予何人对租界内各国占地建房有具体描写：“夷场中各国，买地犬牙相接，其分界处以石标，上书汉字，以某国某馆之界题之。”[①] 纳富介次郎的《上海杂记》则写道，在上海城北的“英、佛（法）、花旗（美）租借地”，“据说当地人在此建房，需要向洋人交地租”[②]。又说：

> 上海海关由英国人掌管，并收取进入黄浦船只的船税。问其原因，二十年前这里刚开港，集聚各国商客贸易而繁荣，但是洋商等欺负清人软弱，动辄不遵守法规，搞不法行为，清人就依靠英国人让商人交纳关税。然而，那年天津战争时，清朝被英军打败，决定付巨额赔款。从此以后，上海的税金作为赔款每年都由英国人征收。[③]

万国商团徽记

日比野对上海海关有具体描述：

> 新关在上海港的运输站上，规模很大。清吏、英人杂居，英人四十二人，清吏九十九人，共百四十一人。清国政府高官一人来管理，英人任司长，管理关务。司长年薪洋银八千（相当于我国币四千两余）。何故英人管理海关？夫天津战后约定赔款一千六百万两，并以五港四十年海关税抵押。甚哉！盖上海

① 《集成》第11卷，第210页。

②③ 《集成》第1卷，第15、39页。

港系清国第一港，一日舟运收费洋银六百余金，然而都被洋夷夺去，实在令人慨叹！[①]

高杉晋作记载了英国人控制上海桥梁的情形：

去英馆于五六间计，有桥，名新大桥。去今七年前，古桥朽崩，支

万国商团将士合影

公共租界中央捕房

① 《集成》第1卷，第108页。

那人不能再建，因英人建此桥。支那人每通行，贡壹钱于英人云。①

这便是虹口与英租界相接的苏州河上的威记桥，外侨称“威尔斯桥”。桥两头各设一哨所，由“红头阿三”（印度人）向过桥行人、车马收费，一人一次一文，故称“一文桥”。

一次，高杉在古玩店观看街面，发现华人见洋人皆让路躲避——

支那人尽为外国人之弁役，英法之人步行街市，清人皆避旁让道。实上海之地虽属支那，谓英佛属地，又可也。②

会审公堂开庭人

威尔斯桥

①② ［日］高杉晋作：《游清五录·上海淹留日录》。

纳富介次郎记述洋兵歧视华人、华官的事件：

有次，在城内走了一天，傍晚要回去时城门已关，不能出入。法国人看我是日本人，就打开城门让我通过。当地人也想趁机通过，法国人不允许。这时，一个官人乘轿子从城外要进城，他不听法国人的制止硬要往里进，法国人发怒，用手杖连击数下，终于让他退了回去。呜呼，清国已衰弱到如此地步，令人哀叹。（据说，城门共有七座，都分别由英法两国士兵守卫，清晨六时开，傍晚五时关。）[①]

中牟田仓之助7月4日（六月八日）的日记写道，他该日外出，通过城门已是闭门时刻，洋兵不许中国人进入，但荷兰领事稍加交涉，即对荷兰人、日本人放行。中牟田见状发表感慨：

上海城门为西洋人把守，自国人却不能自由出入，这固然是贼乱所致，但何以让西洋人如此势盛。我可怜唐人。支那的衰微可见也！[②]

日本藩士还注意观察沪上华人对洋人的态度。纳富描写一位常来日本人住处闲聊的中国士子施渭南的状况：

一日，荷兰领事有事来，渭南一见脸色陡然变土，颤抖着站在那儿礼拜。我感到奇怪，问其缘故，他说："荷兰人走过时瞪着我，大概是讨厌我来这儿和贵国人交谈，我在此待长恐怕会使他们发怒。"说着起身回去……施渭南在北京的学校是知名人士，如此知名者还这么怕洋人，可见恐洋已成清国势态，实在令人慨叹。[③]

中国士人在自己的国土上，竟如此仰人鼻息、看人脸色。鸦片战争以降，

①③《集成》第1卷，第39、19～20页。

②［日］中牟田仓之助：《上海行日记》，转引自中村孝也《子爵中牟田仓之助传》。

清朝从“泱泱大国”跌落为任人宰割的弱国后，一部分人由排洋、鄙洋走向媚洋、恐洋。鲁迅20世纪二三十年代揭露的上海滩某些华人的“西崽相”，早在19世纪中叶已经初现。这种“支那病态”，引起幕末日本藩士的关切和警惕。高杉晋作在日记的天头上书写这样一段话，以自警、警人：

> 支那人为外国人之所役，可怜。我邦遂不得不如此，务防是祈。①

日本幕末维新志士都有强烈的民族危机意识和昂奋的抵御外敌心理，与吸取清朝屈辱西洋的教训有一定关系。

六、官府的排场与内囊空腐

6月3日（五月六日），“千岁丸”停泊在黄浦江码头，位处荷兰商馆点耶洋行附近。4日（七日），英国船长携妻去英国领事馆；5日（八日），所有英国人皆离船去英国领事馆，幕府使节团则去点耶洋行，会同法国、荷兰领事及法、荷两国商馆成员，一起前往上海道台衙门作正式官方拜会。

“上海道台”是清廷驻治上海的“分巡苏（州）松（江）太（仓）兵备道”的普通称谓。清顺治间，苏州府和松江府之上设直属行省的苏松兵巡道，驻地太仓州，雍正二年改驻苏州，1730年（雍正八年）为“弹压通洋江岸”，又将分巡苏松道署移至上海，1736年（乾隆元年）并入太仓州，改称“分巡苏松太兵备道”。因道台驻节上海，上海知县凡遇要事须向道台请示，苏松太道成为上海的实际治理者，故称“上海道”、“沪道”。因从1724年（雍正二年）起，苏松兵备道兼理上海江海关关务，1843年（道光二十三年）开埠后，上海的外交、外贸事务也由苏松太道管理，故又称“江海关道”、“海关道”、“关道”。1862年（同治元年）的上海道台吴煦（1809—1873），字晓帆，号春池，浙江钱塘人，历任嘉定知县，署理松江知府，1858年（咸丰八年）为苏松太道，后升任布政使司，兼上海道台。上海道台作为上海地区政治、军事、经济和涉外事务的最高长官，日本幕府使节团抵沪当然必须造访。随行的藩士们，在造访过程中得以窥探清朝官府内情。

---

① ［日］高杉晋作：《游清五录·航海日录》。

纳富介次郎记述了6月5日（五月八日）拜会的全过程：

五月八日，和荷兰、法国领事等同路到城中道署（十八个省中每省都设有军备节度观察使，称为道尊、道爷，公馆称道署，当地人叫道台，盖“台”为尊称）。到了吴煦官馆（吴煦位三品，任布政使司之职，兼兵备道）。我国官吏和领事一样乘轿子到了道署大门口，鸣礼炮三发，随即开门。门外的小木屋里响起喇叭。进门内，下轿，站在那里。领事先到内门，吴煦在此迎接。拜礼后领我们到厅堂，此处为客厅。侍从在此恭候，拿出茶果、梅酒、杏仁汤等珍味。官吏在别的殿堂备宴。①

名仓予何人也描绘了道台衙门的堂皇和迎宾场面的豪华：

又行十余町，始至台府之门。入门，有警卫房。礼炮三发，喇叭声起。从此，便经三道府门，及于宫室……官吏并法、兰两国领事列座于正殿，吾辈数名列于似长廊之处。正殿挂一匾，写“镜清堂”三字。左右两楹联“时雨乡云斯人所望”云。须臾，官吏并法、兰领事等又移于别厅。道台之衣冠颇为壮丽，冠头珊瑚之径寸许，冠后戴羽毛。即设茶果数品并酒类。初为平常之茶，中途又出杏仁茶、红茶。下酒物有珍果数品，乃上品果子。吾辈与道台之属员笔谈。吴煦出道台府，送官吏至门内，至第三门，礼炮二发，喇叭声起。官吏再乘轿，至点耶洋行。②

纳富和名仓的记载，是中国官府的一般性排场，但已经相当气派。然而，在这冠冕堂皇的排场下面，又处处显露出破败、衰落的形迹。峰洁6月5日（五月八日）的日记，在略述造访上海道台经过后指出，道台“令不行。市人见物群集。招待客人的点心和水酒一撤下，即被衙役们分食一空”③。有关这一细节，日比野辉宽记述更详：

---

① 《集成》第1卷，第29页。

② 《集成》第11卷，第101~102页。吴煦于6月20日（五月二十三日）至点耶洋行回访日本使团。（见名仓予何人《支那闻见录》，《集成》第11卷，第180页。）

③ 《集成》第11卷，第15页。

> 我注意地观察官吏们退席。酒后令人叹息。在撤下我们吃剩的点心时，有两三个人在途中把点心偷放到袖兜里，呜呼野哉！卑哉！我想大概是贱魂驱使，所以风俗败坏如此，或是被珍果夺去了心魄。[①]

纳富介次郎对道台府招待外宾的华丽场面旁边的鄙俗实景，也有细致记述：

> 看到一帮情体下贱，又不懂礼节，衣着打扮寒碜的下等仆人，不分主客座位，吵闹观看。另在客厅的屏风后有几十人窥视；有的甚至跑到我们身旁抚摸衣服评其价钱，或拿起木屐笑称与中国不同。他们最感稀奇的是刀剑，一再请求让其观看，不让看他们便想偷偷摸摸地从鞘中把刀拔出来。其状，别提有多粗野。此后我来过二三次（道台府），见院内晾晒着旧衣服，廊下放着几个大小便桶，根本无打扫过的迹象。待客人临走时，他们偷拿盘中剩果，或将残酒喝掉，真是如同猫狗一般。[②]

从藩士们这些记述中可以得见，处在兵荒马乱之际的上海道台府，礼炮、仪仗等官厅派头虽然还保持着，但内在的货色已经贫乏得可以，连在道台大人眼皮底下，招待外宾的场合也秩序混乱、内外无别，而且仆从们竟当着外宾之面小偷小摸，大失国格。这一切都显示着清朝官府权威的跌落。注重细节的日本藩士们还发现，上海道台的仪仗队所持器械都很粗陋。纳富记曰：

> 一天，见吴煦带很多兵卒到荷兰领事馆，戟好像是用钉子做的，其柄是用未刨光的苏木，弯弯曲曲。盖伞是用几根破开的竹子支撑着旧布面，士兵们戴的是在竹笼子上糊着纸的帽子。其状宛如狐狸的行装。官府之穷由此可见。[③]

经两百多年锁国后首次前来上海的日本武士们，看到的是一副大架子遮盖着的空腐内囊，这自然令其油然而生“小觑”中国之念。

---

①②③《集成》第1卷，第71~72、29、30页。

七、围观文化

日本使节团自抵达上海之初，一个突出的感受便是，使团成员每至一处，都围观者如堵，有时简直无法脱身。

日比野辉宽写道，一次，他与几名藩士离开宏记馆，外出办事，往左拐到街上——

> 我们一停步就被围观者挡住去路，你要站在那不动就会被围得水泄不通。其炎热难忍，可是你又一步也迈不了。①

据日比野大略估计，围观者、尾随者不下几千人，其中男人占绝大多数。

> 我感到不解的是跟在我后面的几千人中妇女非常少。在一百人中敞衣蓬发的老年妇女和五六岁的女孩子只有五六人，还不到男人的十分之一，只是在楼上或门缝露出半张脸偷偷看。②

另一次，日比野等人到街上想买几件瓷器，立即被包围——

> 从四周聚来很多人，就像集市一样。举起鞭子就散开，但马上又聚集拢来，真是可笑又可恨。出了瓷器坊散步，唐人跑来围观，因而烟尘四起，汗流满面，更觉得热，最后用扇子掩面。③

高杉晋作一次与伊藤军八去访问一户人家，然后逛书坊，买得书籍回归，正徘徊于街市——

> 土人尾予辈来。土人臭气蒸人，犹炎热蒸人。予亦甚穷矣！④

---

①②③ 《集成》第 1 卷，第 67、68、72 页。

④ ［日］高杉晋作：《游清五录・上海淹留日录》。

名仓予何人将自己在上海街头的遭遇概括为——

> 所到之处，观者如堵。①
> 余徘徊街坊，稍有伫足，则人群聚观，其炎气难堪。②

名仓将这种被围观的现象，归因于日本人服装的特别：

> 吾辈形装特异，故士女争相认看，每每相集如堵。③

高杉晋作对自己被围观的解释类似：

> 徘徊街市，土人如土墙围我辈，其形异故也。④

日本人所穿和服，又称“吴服”，受中国唐、宋服装影响，经日本人的改造，形成富于特色的传统民族服装，为平面裁剪制成的宽松袍服，直身、交颈、直袖，腰部系带。中国人的服装经明清鼎革，已改为满装，士子富人长袍马褂，下层民众则着对襟短衫。对于颇有唐宋古风的“和服”，中国人是“久违”了，故一见之下，新奇无比。加之日本人发髻也与清人蓄辫迥异，武士还腰插长短两刀。这些都令中国人感到惊诧，故日本人走到街头，被视作异域奇客，引得一帮少见多怪者尾随、围观，而且不愿散去，其情状与观看珍稀动物无异。看来，鲁迅先生刻画的上海滩20世纪二三十年代的“围观文化”、“看客”心态⑤，早在百年前就已经普遍存在。究其缘故，乃是久经封闭的国民一旦看到外域异文化，即由惊诧而极度好奇，又在极度好奇心的支配下，既不顾自身的体面，又不管对方是否窘迫，蜂拥而上，围而观之。从19世纪中叶以降，一直到20世纪中后叶，来华外国人都有此种体验。英国元帅蒙哥马利（1887—1976）20世纪中叶访问中国后所写见闻录，描述过自己作为一个“洋

---

①②③《集成》第11卷，第102、108、172页。

④［日］高杉晋作：《游清五录·航海日录》。

⑤ 鲁迅描写“围观文化”、“看客”心态的精彩篇章有《野草·复仇》、《花边文学·一思而行》等。

鬼子”在中国各处被围观的经历，与一个世纪前日本访沪使团的经历类似。

纳富介次郎对于自己及同胞们每每为中国人围观的原因，有一番解释：

> 当地人对我们与在那儿常住的西洋人根本不一样，对初次渡海到访的我们十分亲切，一见如故。这可能是经过笔谈意思相通的缘故。从船一靠岸，我们刚一登陆，围观者云集，孩子们你一拉他们的手就会跟你过来，可以说这是倭、汉心心相印的缘故吧。[①]

这是从日、中两国人种近似、文字相通导致的天然亲近感，来诠释日本人在上海被围观的理由，不失为一种合情合理的说法。但初抵沪上的日本人尚不明白，在服装特异、人种近似、文字相通等原因之外，日本使团造访上海引起轰动，使团成员一旦外出，必被围观者里三层外三层团团围住，还有另一番因由。这缘故日本人后来才慢慢知晓，本书第四章将作具体陈述。

① 《集成》第1卷，第18页。

第四章 “太平战事”与“清洋会剿”

（日本藩士峰洁）问：今借英法兵，他日贴石晋之患，其如之何？抑以英法心情为可倚信乎！

（中国儒生管庆棋）答：此乃上年危急之秋，不暇虑及，且顾目前之计。

——峰洁《清国上海见闻录》

一、幕末日本对太平天国的关注

1851年1月11日（道光三十年十二月十日），洪秀全（1814—1864）创立的拜上帝会在广西桂平金田村起事，建号太平天国，随后克永安，攻桂林，围长沙，占武昌，1853年3月（咸丰三年二月）陷南京，定都于此，改称天京。一场长达十余年的规模浩大的农民战争席卷大半个中国。太平天国动摇了清朝的统治基础，并使1840年以降西方殖民主义者与清廷的关系发生了复杂的格局变化，而且，其影响也涉及正处在开国之际的日本。江户幕府密切关注的西邻中国发生的大事变，继鸦片战争之后，便是太平天国与清朝间的战争（简称“太平战事”），这与日本自身的国情大有干系。

幕末日本阶级矛盾尖锐化，文化至天保年间（1804—1843）爆发“百姓一揆”（百姓揭竿而起）达320余次，1837年由阳明学者大盐平八郎（1793—1837）领导的大阪贫民起义规模最巨，造成强烈社会震撼。[①] 距此不过十余年，从清国传来太平天国起事消息，日本民间流传，太平天国领袖洪秀全是大盐平八郎养子格之助转世，可见日本人是把日中两国先后发生的民众暴动互相

① 1590—1867年间，日本共发生农民暴动2809次，平均每年10.1次，而1861—1867年间，平均每年27.8次。见青木虹二《百姓一揆の年次研究》，新生社1960年版，第13～18页。

比拟的。

幕末负责财政及海防、外交事务的臣僚川路圣谟（1801—1868）在所著《游艺园随笔》中认为，大盐平八郎起事兵败，与养子格之助一同“焚身自杀”的说法并不可靠，因现场所见估计是大盐父子的尸体，“面部等已烧毁，疑事也”。有关大盐平八郎的终局，日本民间传说纷纭，有渡边华山的大盐登上美国船之说。有大盐乘船去竹岛（日本和朝鲜海域交界处的岛屿，朝鲜称“独岛”），渡海赴朝鲜之说。有秋筱昭足碑文载大盐“避迹欧罗巴”之说。更广泛流传的故事则是，大盐并未去欧洲，而停留在中国内地，一说称大盐在长崎与中国人周云山（后名冯云山）相遇，并和他同渡清国；另一说，洪秀全、冯云山遇“东海伟人”，得其指教，而这“东海伟人”正是大盐平八郎；另外，更有大盐的养子格之助演化为洪秀全的故事。凡此种种，当然是无据之谈，却反映了日本民众对大盐平八郎的怀念，由怀念进而将大盐平八郎起事与太平天国联系在一起，使大盐故事得以有续篇。这种英雄死而不亡，变身为新英雄的民间传说，在日本不乏其例，如相传源平之争时勇猛善战的武将源义经（1159—1189）战死后，变身为蒙古天骄成吉思汗（1162—1227），征服中亚和东亚；而大盐平八郎养子格之助变身为洪秀全，是变身故事的又一例子。研究中日文化交流史的学者增田涉（1903—1977）分析这种现象所反映的民众心态说：

> 这种对不幸英雄人物的同情与爱惜也使大盐平八郎在大陆上再生，成为席卷中国大陆十五六省的英雄，使其养子格之助登上“天王”之位，组织成英雄变身谈。①

既然日本人如此重视太平天国，并将其与日本十多年前发生的大阪民众暴动交织在一起，江户幕府当然要格外留意这场发生在近邻的大规模农民战争。

有关太平天国起事的消息，较早是1852年（清咸丰二年，日本嘉永五年）冬，由“唐风传书”，经长崎奉行呈递到江户幕府的。这一“唐风传书”由两艘唐船的船主（分别为江星畲和杨少棠）提供，其关于太平天国起事的叙述，多模糊之词，如称“广西贼匪其首姓朱，余党凌十八等烧香聚众”，内有“谋

① ［日］增田涉：《西学东渐与中日文化交流》，天津社会科学院出版社1993年版，第109页。

臣洪大全”、“伪臣洪秀全”等。而所述进军路线为广西—湖南—湖北，则符合实际。这份“唐风传书”又说，“于十一月间唐船开驾之时闻得，湖北紧要地方名汉口，亦径失守，不知的确，然而果然汉口失所，更易蔓延别处”①，这一消息也是真实的。总之，驶抵长崎的中国船只，带来了太平天国起事消息，其间虽然有不确的误传，却毕竟报道了这次大规模农民战争的基本动向。

另一“风传书”则把太平天国的首领说成是广西省浔州府高（桂）平县木炭商人朱天德，据称，朱为明朝后裔，起事后以“天德”为年号。②类似的说法不断从中国传至日本，一时之间，江户幕府和日本民间都以为，太平天国是一次由“明之皇孙”发动的复明运动，首领为朱姓，主将为洪姓。1853 年（嘉永六年）秋从朝鲜传来北京将要陷落的消息③，这可能与当时太平军北伐，林凤祥（1825—1855）、李开芳（1826—1855）部攻入直隶有关。同年的“和兰风说书”与“别段风说书”载有太平军占领南京的消息、北京即将陷落的消息、清朝向朝鲜请求救兵的消息。1853 年 7 月（嘉永六年六月）编写的《清国骚乱话》则指出北京陷落、咸丰皇帝逃往朝鲜纯属讹言，南京被夺是事实，清朝与太平天国之间的胜败未定。这是一种比较准确的报道和推断。1854 年 2 月（安政元年一月），时任露使应接挂的川路圣谟访问露舰（俄国军舰）“巴鲁拉达号”，询问北京是否被夺，清帝是否逃亡鞑靼？显然是企图澄清此类传说。

1853 年 3 月（嘉永六年二月）日本“荣力丸”船员文太因海难，漂流至上海乍浦一带，逗留一年半，1854 年 8 月（安政元年七月）方返回日本。文太耳闻目睹了太平天国真实情状，学正堀熙明据其谈话，编述《荣力丸漂流记谈》二卷，其中纠正了“朱天德为首”的误说，但仍认为太平天国的目标是反清复明，并对清朝的腐败和割地赔款多有批评，又赞扬太平军纪律严明，不施暴政，受到民众欢迎。

概言之，嘉永—安政间传入日本的关于太平天国的消息，可谓众说纷纭，莫衷一是。不过，日本人更关切双方胜负可能给日本带来何种影响，太平军占

---

① 见《海防续汇议》卷七所收《清国骚乱话》。

② 见《续太平年表》嘉永六年条。

③ 见《幕末外国关系文书》三，引《高丽环杂记》。

领北京是否会引起日本民众的仿效性反应。[①] 总之，“明清合战”“于本邦利与不利”，是江户幕府最关心的问题。重视海防的岛津淡路守（1809—1858）于1853年9月（嘉永六年八月）提出，清国动乱的余波可能到达日本，沿海各处应加强防范。[②]

1854年3月（安政元年二月），美国东印度舰队司令培理第二次率舰队到达神奈川，随行者有任书记的广东人罗森。这位弃儒经商的罗森曾到过太平天国首都天京（即南京），亲历太平军与清军间的战事，并撰《南京纪事》以录见闻。他造访神奈川，当然吸引日本人前来探询太平天国真相。据罗森的《日本日记》载，一位名叫平山谦二郎的日本士人，曾“趋而问予中国治乱之端”[③]，并将罗森所撰《南京纪事》、《治安策》借去阅读。《南京纪事》关于洪秀全起事的始末，较之当时流传日本的种种说法更有根据。其文略曰：

> 兹说会内之洪秀泉，自小素有胆略，结纳英豪，中年读书贫寒，郁郁而不得志，闻知番人教读，每月工银可有数元，故于廿八年到港，诣进郭士笠门，讲论上帝书理，心内明晰，番人因与工食，往广西而传道，寓在某某乡，故得入名于保良会内。冯云山亦因贫，于澳门入教，赖番工食，往西教书……官即饬差拿黄曾二人及冯云山于狱……洪秀泉、冯云山，故纠合乡民，而与官兵相拒，因小致失。己酉，皇命周天爵、向荣，提兵剿之，相持久不克，洪秀泉等，乃率其乡民，蓄发易服，不准抢掠百姓，法律圣严，行军肃虔……[④]

这一纪事虽小有错讹（如称洪秀全为“洪秀泉”），但所述纠正了所谓“明皇孙起事”之说和“朱天德为首”之说，大体真实地介绍了洪秀全的身世、入教经过、金田起义因由、起义后与清方交战情况。此后，《南京纪事》更名为《满清纪事》，是幕末日本人认识太平天国的重要文献。因试图乘美船偷渡

---

① 参见王晓秋《太平天国革命对日本的影响》，《历史研究》1981年第2期。

② 见《海防续汇议》卷二，收《岛津侯议》。

③ 罗森《日本日记》，岳麓书社1985年版，第35页。

④ 转引自市古宙三《幕末日本人的有关太平天国知识》，《开国百年纪念 明治文化史论丛》，乾元社刊，昭和二十七年十一月一日，第469页。

出洋而被捕的吉田松阴，在狱中得见《南京纪事》，立即将其译成日文，冠以《清朝咸丰乱记》之名。他在该书译本例言中说：

> 中国的治乱往往和我国的关系极大，决非远离我国的欧美诸夷可比。①

吉田希望日本未雨绸缪，事先预防中国动乱对日本产生影响，以免日本重蹈清廷内忧外患煎迫的覆辙。吉田的这一思想，显然对其弟子高杉晋作有直接影响。高杉 1862 年访沪时，十分注意太平天国战事，即渊源于此。

罗森在日本期间，还与当地人笔谈，其记录在日本流传，内容主要是日本人询问太平天国情况，罗森作答。例如：

> 问：太平王得志，复衣冠之旧文物否？
> 答：能得志则复。
> 问：成败之势如何？
> 答：随天意。
> 问：天道今将属谁？
> 答：未可知也。
> ……
> 问：中国过半随贼乎？
> 答：以仁义乃可使民服。

罗森的态度中立，其弦外之音，隐含对清廷的失望，并属意于“行仁义”者，意谓清廷和太平天国谁行仁义，谁便赢得民心，取得成功。

1854 年 8 月（安政元年七月），间断了一年多的中国航船两艘，再度从上海乍浦来到长崎，一艘名“丰利船”，一艘名“源丰船”，江星畲、杨少棠两船主带来《粤匪大略》一书，立即被长崎奉行递呈江户幕府。该书纠正太平天国是明裔复国的误说，又描述道，太平军攻入南京后，“满洲城杀戮再惨，男

---

① 《吉田松阴全集》第 2 卷，第 218 页。

妇幼孩不留一人，百姓尚可偷生，高大房屋均为公馆，男人当差，或担水，或扛抬物件，女人关闭一室，虽夫妇不能见一面”①。对太平军在南京屠戮满城，及太平天国辖区的军事共产生活有所表现。文中称太平天国为“贼”、“贼匪”、“逆匪”、“长发贼”、“长毛贼”。经幕府翻刻传播，《粤匪大略》一类站在清廷立场，介绍并评析太平天国的书籍，得以在日本流行，其观点也为日本多数官民接受。1862 年乘“千岁丸”访沪诸藩士无一例外都对太平天国怀着敌意，其纪行文，均以“长毛贼”称太平天国，认为其“以邪教惑溺愚民，酿成大乱，灾及十省”，表明访沪藩士们在日本国内已经形成明确的太平天国否定观，经上海行，这种观念又得到强化和发展。

如果说，在 19 世纪 40 年代，开国前夕的日本，只有幕府执政者和少数知识精英关注鸦片战争，民间对此所知尚少，那么，时至 50 年代及 60 年代初，开国的日本社会各阶层都对西邻中国爆发的太平战事发生兴趣，从幕府、诸藩到民间，都搜求太平战事消息，并且已不满足于由中国进口的文献。自 1854 年（安政元年）以降，日本人编撰出版了一批取材于太平天国的“军谈”书刊，如《清明军谈》、《外邦太平记》、《清明合战记》、《云南新话》等，还继续了解太平天国新动向。1862 年（文久二年）前往清军与太平军交锋前线上海的幕府使节团，理所当然地负有就近观察战争实态，并搜集有关文献材料的使命。

使节团随行的藩士中，某些人（如高杉晋作）此时正酝酿在日本采取具体行动抵御西洋人侵略，并反抗幕府镇压，故希望在上海观战，取得实战经验，因此每闻炮声则欣喜异常。高杉晋作 6 月 4 日（五月七日）的日记写道：

> 或云，是当长发贼袭支那之炮声，予乃以为，此言信，则予亦可得观实战，心私喜焉。②

6 月 7 日（五月十日）的日记又写道，听说太平军已到上海三里外之地，“明朝必可听炮声，官人闻之大警，予却喜焉”③。这都是高杉急欲取得真切战争经验的心情流露。他回国后组建奇兵队以抗英，后来又以奇兵队同幕府作战，

---

① 转引自《幕末日本人的有关太平天国知识》，《开国百年纪念　明治文化史论丛》第 476 页。

②③ ［日］高杉晋作：《游清五录·上海淹留日录》。

均与这次上海行的战争体验有一定关系。

隐身为“千岁丸”水手的萨摩藩武士五代才助也对太平天国战事兴趣浓厚，五代本人没有留下相关文字，纳富介次郎的《上海杂记》记述了五代私自一人到上海郊区观战的过程，第二章已引，此不另。其他如中牟田仓之助、名仓予何人、日比野辉宽、峰洁等藩士也注目太平战事，或实地参观清军操演，考察新式枪炮，或向行伍者调查，口问笔录。他们的上海纪行文字中，关于太平战事的比重颇大。

二、炮声隆隆，满目兵戎

日本幕府使节团1862年夏季抵达上海，正遇上实地感受太平战事的时机。1857年（咸丰七年）清军江北大营被太平军攻破，1860年（咸丰十年）清军江南大营被太平军攻破，此后双方战事推移到长江三角洲，上海近郊成为攻防前线。

1860年6月底，太平天国忠王李秀成（1823—1864）部攻克青浦，7月初攻克青浦东南数里的松江县城，进逼上海。英、法虽号称“中立”，却组成联军，与清军协同防御上海县城，并炮击太平军；美国人华尔（1831—1862）则组建“洋枪队”进攻青浦的太平军，成为太平军凶悍的对手。1862年初，李秀成率军从杭州再次进攻上海，其前锋骑兵一度冲进浦东高桥、北沙港，遭到清方民团抵抗。英法联军增兵，与该年2月由“洋枪队”改名的“常胜军”联合作战，会同清军攻击浦东高桥的太平军，太平军南撤。以后，双方又在上海近郊多次交火，先后爆发4月4日的王家寺、罗家港之战，4月17日的周浦之战，4月27日的嘉定之战，5月6日的青浦之战，5月中旬的南桥、柘林之战。5月14日，李秀成到达太仓，20日太平军围嘉定，英法联军焚城而去，逃回上海。随之，太平军围攻松江，华尔闭城防守。6月2日，也即“千岁丸”抵达黄浦江的当天，李秀成督师，大败英军，占领广富林。6月9日，正当乘“千岁丸”来沪的日本使团拜访法国领事馆，使团有些成员为痢疾所苦之时，太平军攻青浦，英法联军及常胜军焚城突围，逃往松江。太平军围攻松江，上海指日可下。正当此际，因曾国藩（1811—1872）率湘军围攻天京，洪秀全急诏李秀成回援，李部主力于6月17日撤松江围，仅留谭绍光（1835—1863）率少量太平军对清军保持压力。而从安徽来援上海的李鸿章（1823—1901）部淮军与英法联军则与之对峙。[1]

日本使团逗留上海的两个月（1862年6月2日至8月1日），正值太平天国与清朝之间的上海攻防战期间，幕吏和藩士们真切感受到紧张的战争气氛，观察到参战诸方的状貌和上海市民、难民的情态。

忠王李秀成像

1862年6月2日（同治元年五月五日），“千岁丸”驶入黄浦江，藩士们发现，“西面火焰映天，船长说大概是长毛贼在烧住房。此事难知”[2]。第二天，日比野辉宽与中国人王诚斋笔语，日比野问及昨天西边起火的缘故，王答道：“听说在一个叫七保镇的地方发生贼战。”[3] 同一天藩士们还获悉，这一年正月，在“米利坚商馆下游”的黄浦江上，曾发生太平军与清军间的水战。[4] 6月4日（五月七日），“千岁丸”停泊黄浦江码头，藩士们听得炮声隆隆。日比野在这天的日记中写道：

> 七日 晴 拂晓听得放炮声，喧嚣至极，是士兵在野外操练。[5]

高杉晋作于同一天记曰：

> 五月七日 拂晓，小铳声轰于陆上，皆云，是长毛贼与支那人作战的声音。[6]

---

① 参见茅家琦《太平天国与列强》，广西人民出版社1992年版，第259～270页。

②③ ［日］日比野辉宽：《赘肬录》，《集成》第1卷，第62、64页。

④ ［日］峰洁：《船中日录》，《集成》第11卷，第15页。

⑤ 《集成》第1卷，第66页。

⑥ ［日］高杉晋作：《游清五录·上海淹留日录》。

以上记的是听觉。日本使节团一进入上海港，视觉上也是满目兵戎。日比野辉宽6月4日（五月七日）的日记记曰：

> 我在甲板上梳着头，仔细看唐船上用白色或黑色写着“军需公务”，大概船上装着器械或粮食。[①]

纳富介次郎有同样的观察——

> 我们的船到岸，人尚未登陆，就看到挂着旗子的清船往来。每面旗上都写着“军需公务”，可见清国正忙于战争。[②]

纳富获悉，“清国十八省中，平安无事的除北京外，仅三四省，余皆贼乱不止”[③]。

藩士们还从报纸上了解战况。名仓予何人6月7日（五月十日）写道：

> 初十日　晴　至点耶洋行，得《上海新报》数张。阅此，载本月初三日贼匪陷湖城，城将赵氏殉难，贼匪逼近上海，是以本地戒严等事。薄暮，兰人图莫卜林古（同乘官船赴上海之人）来，听其所言，贼匪逼近上海与《新报》所载相符。[④]

《上海新报》是英商于1861年10月创办的上海第一份中文报纸，创办人“字林洋行”行主达伦，始为周刊，每期三版或二版，广告占2/3版面，主要有土地房产买卖、租赁，商品运输、拍卖，船期表，商品价格等，每期用一版报道国内要闻，是《申报》之前上海华人获得信息的重要来源。访沪日本藩士多人提及阅读《上海新报》的情形。名仓予何人日记说《新报》载太平军“陷湖城”，指谭绍光率部攻占浙江湖州（今湖州市），谭因之封慕王，之后会合陈炳文部，随李秀成直逼上海，击败常胜军及英军，攻克青浦。一时之间，上

---

①②③《集成》第1卷，第66、35、27页。

④《集成》第11卷，第103页。

海清军及英法联军如惊弓之鸟，下令戒严。这一过程恰被日本使节团遭遇。高杉晋作于同一天记曰：

> 五月十日　晴　官吏为巡见行李到点耶洋行，予亦陪从。黄昏和兰人来告曰，长发贼到上海三里外之地，明朝必可听炮声。①

藩士们还发现，平日气焰嚣张的洋人，此刻也显得战战兢兢，日本人到美、英、法三国商馆（指领事馆），均看到备战情形。名仓予何人称，一日他陪侍官吏“经马路街，巡历夷场（指租界——引者），处处有炮台（西人所作之炮台），炮弹十四磅以上，设迦炮五七门。其有炮间涂成黑色者”②。高杉晋作去英国领事馆，发现那里戒备森严——

> 官吏初至英馆，兵卒肩枪卫馆门，馆内张野阵，大炮小铳列在馆旁。闻英人为支那人防御长毛贼，故如此云。③

纳富介次郎则写道：

> 我跟随官吏来到英国领事馆。领事馆院内极大，里面有百余个用帆布搭起来的东西，大概每个里面有四五个士兵。④

依纳富所记，一百多个帐篷，以每个帐篷住四五名士兵计算，当时驻扎在英国领事馆里的英军在五六百人以上。

藩士们这段时间一直密切关注战事发展，名仓予何人 6 月 10 日（五月十三日）的日记写道：

> 十三日　晴　午前至点耶洋行，李溟南者，本行干事之人，赠余本日之《新报》。阅此，载昨日上海英馆发虏兵二百名赴松江，贼匪闻之退

①③ ［日］高杉晋作：《游清五录·上海淹留日录》。

② 《集成》第 11 卷，第 126 页。

④ 《集成》第 1 卷，第 34 页。

回苏州云云。此日官吏数员至英米两馆，余留守。据闻，英馆之警卫甚严。①

《上海新报》所载英军200人出击松江属实，但李秀成部太平军从松江撤至苏州，并非因为英军到来，乃是别有缘故：正当李秀成部急攻松江之际，天王洪秀全急诏李部回援天京，以解湘军围逼天京之危，李秀成只得将主力撤回苏州，留下谭绍光率少数兵力在上海前线与敌相峙。自此，上海局势稍缓和，清军与太平军的主战场转移到苏南、浙江一带，上海郊区有零星战斗，日本藩士们得以较从容地了解交战诸方，并搜集有关太平天国的材料。

三、搜集太平战事文献

据高杉晋作的《外情探索录》所载，藩士们在上海搜集的有关太平天国的文献数量可观，计有《金陵癸申摭谈》（张秀民、王会庵编）、《粤匪记略》（同治本）、《盾鼻随闻录》（苏州汪堃撰，清咸丰九年抄本）等，均为站在清方立场记述太平天国的书刊。此外，还有《天理要论》、《太平诏书》、《太平礼制》、《天命诏旨书》、《资政新编》等太平天国方面的文献。高杉晋作在《外情探索录》中注明，《天理要论》、《太平诏书》、《太平礼制》、《天命诏旨书》、《资政新编》及《盾鼻随闻录》均为“中牟田所写之书”（指中牟田抄写之书）。② 这可能是因为，太平天国文献在清方统治区属于禁书，《盾鼻随闻录》虽是清军随营襄办文案的汪堃所写，但因不实诬词多，而被两江总督何桂清（1816—1862）下令毁版。日本藩士们通过特殊渠道觅得这些书市上不易购买的文本，抄写后原书奉还，抄本携回日本。

由于日本自19世纪50年代初即广为搜集太平天国书刊，故来沪藩士们尽力发掘在日本没有见过的材料。名仓予何人7月1日（六月五日）的日记写道：

初五日　天晴　看《粤匪记略》，详记长毛贼起事之所以，及掳掠之形势等。此书当时即绝版，此日馆内之唐人张云为余托人取来生柏树，赠

① 《集成》第11卷，第105页。

② ［日］高杉晋作：《游清五录·外情探索录》。

余此书，此乃前日余谓吾邦无柏树，故渠为余如此安排也。[①]

名仓在7月2日（六月六日）的日记中写道：

　　晡后，徘徊于小东门外诸街坊，过书坊见珍书《金陵癸申摭谈》（此书记述长毛贼形势及广中年中之事）。[②]

可见藩士们搜求太平天国文献用力之勤。

太平军攻克浙江湖州后，一些太平天国的文告随之传入上海，纳富介次郎便得到一份。他在纪行文中全文抄录，并记述其过程：

太平天国布告

　　长毛贼攻陷湖州时，张贴告示，清人抄写给我，内容如下：

　　出示安民事。本师承奉主命，师兵伐暴，志在扫荡贪官污吏，并勿扰害良民。所在当地土匪，乘机抢夺劫掠，奸淫妇女，被累之家，许即赴辕申报，立提大兵，剿灭枭首，示众以复地方。尔等居民各案本业，所在恶官蠹役逃匿，隐避善良之家，立即赴辕首命。如果藏匿不报，察出一体同罪，为此示。仰该处军民人等，知悉各邑藏欠之后，惨被贪官勒扰害难延。是以奉主命，一应赋税□（脱钱字——引者）粮，全行蠲免。可应在案人犯，概行赦归田里，商贾仍旧往来，店铺不得闭歇。所在土恶势豪，向为不法之徒，速宜改过，着该

①② 《集成》第11卷，第121～122、122页。

地方，惨仝耆老，到辕所给免究。自示之后，仍为不法，察出重办。其各凛毋违，特示。[1]

名仓予何人还得见《建天京于金陵论》一文，为太平天国癸好三年（1853年，清咸丰三年癸丑）新镌，名仓说：“是长发中人定京议论”[2]，特录以备考。

访沪的日本藩士们一方面出入书坊，遍访有关太平天国的各类文献，另一方面又广为了解清朝的军政大势，实地考察驻防上海的清军和英法联军的状态，并从有直接见闻的人们那里探询太平战事。

四、着眼曾、李，了解清朝军政格局变迁

访沪的日本使节团中，不乏具有军事知识和战略眼光者，纳富介次郎称，“予何人喜欢兵法，探听到不少有关军事的事”[3]。高杉晋作、中牟田仓之助、峰洁也有敏锐的军事头脑，他们在上海期间用力于调查咸同之际的军政格局，而此间正是清朝军事制度和权力重心变迁的关键阶段。

太平天国起事后，清廷立即调遣八旗军和绿营军前往镇压，但八旗、绿营师老兵疲，不堪一战，太平天国突飞猛进，汉族地方士绅遂组织团练抵御，清廷逐渐以之为依赖。“团练”，意为团集训练，是地方官绅编练的乡里武装，名称始见于唐，此后历代间或出现。清朝前期，武力以八旗为核心，绿营为辅助，虽然也招募乡兵以应地方性防务之需，但旋募旋散。嘉庆间白莲教起事，八旗、绿营已不足为战，清廷开始仰仗地方士绅组织的团练。太平天国发展到长江流域，各地官绅纷纷举办团练相抗拒，起先只是小范围防守武装，办法有招募外来游民的，有组训本地乡民的。1853年（咸丰三年），因丧母丁忧回乡的在籍侍郎曾国藩，奉命帮办团练，在家乡湖南湘乡练勇基础上，扩充并重加编练成“湘军”。其兵员募自湖南练勇，粮饷由清政府发给，遂从地方性临时武装变为正规军。湘军全军统辖于曾国藩及其子弟、亲信，自此，明清两朝的“将不专军”传统，一改而为“兵为将有”，掌握军权的也由清前期的旗人变为汉族士子，这是清朝军制的一大变革，对清末社会影响甚巨。湘军在十余年

①③《集成》第1卷，第38、21页。

②《集成》第11卷，第189页。

间与太平军反复恶战，是镇压太平天国的主要武装。湘军将领罗泽南（1808—1856）、李续宾（1818—1858）战死，左宗棠（1812—1885）、曾国荃（1824—1890）、刘长佑（1818—1887）、刘坤一（1830—1902）等先后任封疆大吏，权倾天下，湘系集团成为清末军政舞台上举足轻重的势力。

几与湘军崛起相同时，1853年（咸丰三年），编修李鸿章（1823—1901）也在家乡安徽合肥参与办理团练，后被太平军击溃，李鸿章于1858年（咸丰八年）投入曾国藩幕府。1861年（咸丰十一年）底，李奉曾命，以淮南团练为基础，效法湘军，编练淮勇，通称“淮军”。1862年2月（同治元年一月），淮军至安庆，按湘军章程定其营制，曾国藩还拨湘军数营为助。淮军兵勇由将官亲募，由统领挑选营官，营官挑选哨弁，哨弁挑选什长，什长挑选勇丁，成一极富私家色彩的军阀性武装。淮军以营为单位，每营五百人。淮军较早装备洋枪洋炮，有洋枪队、开花炮队，是太平天国后期的又一劲敌。淮军将领张树声（1824—1884）、刘铭传（1836—1895）、潘鼎新（1828—1888）、吴长庆（1834—1884）、丁汝昌（1836—1895）、叶志超（1838—1901）、聂士成（1836—1900）等活跃在晚清军政舞台。

1860年5月（咸丰十年四月），太平天国李秀成部攻破江南大营，清军主将张国梁（1823—1860）溺死，和春（？—1860）自杀，李秀成挥师东进，围攻上海。清军由江苏巡抚薛焕（1815—1880）、署理提督曾秉忠率领，分防松江、上海、金山、奉贤、宝山，有“防多兵少之虞”。一片惊惶的上海官绅，一方面雇美国人华尔组织洋枪队，抗御太平军，一方面急盼长江中游的湘军东援。1861年（咸丰十一年），湖北盐法道顾文彬来到上海，告知湘军已收复安庆，其军力颇强，引起沪上官绅的乞师之议。上海团练大臣庞钟璐（1822—1876）、在籍侍郎潘玮、詹事府詹事殷兆镛（1806—1883）、苏州知府吴云等，与苏松太道吴煦相商，由吴煦转陈江苏巡抚薛焕，希望立即向湘军求援。薛焕因担心湘军来后尾大不掉，危及自己的权位，不愿乞师。但前线日益吃紧，上海防军又不可恃，只好同意诸人提议，乃请避住上海的在籍詹事府右春坊右中允冯桂芬（1809—1874）代书致曾国藩函，称上海有饷无兵，“大军不至，则铁郭金城将沦灰烬。及今不图，后悔必矣！”户部主事钱鼎铭（1824—1875），奉江苏巡抚薛焕、团练大臣庞钟璐之命，持函前往安庆，谒见曾国藩，请发援兵守卫上海。①

在钱鼎铭去安庆求援之前，1861 年 11 月（咸丰十一年十月）初，曾有金匮知县华翼纶到安庆请派援军。曾国藩的日记咸丰十一年十月初四日称：“是日金匮有知县华翼纶等三人，自上海来，言下游望余大兵情至迫切。又上海每月可筹饷六十万两之多，并言绅民意助此间饷项，冀上游之兵早赴江东。”②华翼纶一行并非上海当局所派，而同月下旬前来的钱鼎铭则持有江苏巡抚手书，谒见曾国藩时，钱氏“欷歔流涕，纵声长号”；继之又见李鸿章，称“沪滨商货骈集，税厘充羡，饷源之富虽千里腴壤财赋所入不足当之，若弃以资敌，甚为惋惜”。钱鼎铭以上海的富庶，招引曾、李，曾、李均为之动心。曾国藩初定由胞弟曾国荃率湘勇 6000 人东援，后又决定派李鸿章、黄翼升率水师 5000 人协助。清廷上谕，已批准曾国荃、李鸿章“同赴下游”。但曾国荃正进攻南京，谋求建立剿灭太平天国的首功，故推辞援沪之任，曾国藩转而考虑派遣湘军将领陈士杰（1825—1893）率军东下，陈以“母老为辞”；后又拟派冯子材（1818—1903）率军援沪，也因事蹉跎下来。曾国藩最后改派李鸿章募淮勇援沪，并调湘勇为助。时任两江总督的曾国藩还奏保李鸿章为江苏巡抚，以统一上海方面军政。

曾国藩本拟陆路东援，1862 年 3 月（同治元年二月）沪绅厉学潮自上海乘英轮至安庆，解来饷银八万两，曾国藩与李鸿章相商，改由水路东赴上海。1862 年 3 月，钱鼎铭由上海再至安庆，以白银十八万两雇外国轮船六艘，以迎淮勇。首批淮军遂于 4 月初乘洋轮东下，英国驻华舰队司令何伯（James Hope，1808—1881）派军舰护送。至 5 月，湘淮军 13 营 6500 人分三批离皖，穿行太平军占领区千余里，安抵上海。因太平天国已与英国达成保护洋轮航行长江的协议，太平军在江边遥看满载清军的洋轮迅速东下，竟未开炮轰阻。1862 年 4 月 8 日（同治元年三月十日）李鸿章抵沪，同月署理江苏巡抚，薛焕改任办理通商大臣。湘淮军遵曾国藩“宜合而不宜分”的指示，13 营集结上海城南，布置守御。③

① 参见《薛焕代江浙绅士奏请借师助剿折》，《吴煦档案选编》第 1 辑，江苏人民出版社 1983 年版，第 64～66 页。

② 《曾文正公家书日记》，第 13 册。

③ 见《李文忠公全集》，《奏稿》卷一，第 1～4 页。

1862年6月（同治元年五月），太平军李秀成部逼近上海，李鸿章亲至新桥督阵，双方展开虹桥之战，淮军获胜，曾国藩闻讯大喜，称"从此上海稳固，湘淮各勇可望练成劲旅"[①]。

"千岁丸"所载日本使节团在虹桥战役前夕抵达上海，滞留上海两月间，满耳听到曾国藩、李鸿章的名字，并对同治初年清朝军制变迁作直接观察。

日比野辉宽在上海与多名中国士人相结交，虽语言不通，却可以用汉字展开"笔语"。这种交谈的重要论题之一，便是清朝的军事巨人为谁。日比野辉宽记录与士人顾嚣的对谈：

> 欢成（日比野号欢成——引者）：方今运筹帷幄，决胜千里外者，为何人？
>
> 顾嚣：现以曾帅为最。曾名国藩，翰林出身，今官兵部尚书协办大学士。[②]

在与士人舒怿庵对谈时，问及当今的"鸿儒硕学、官位显达者，为何人"时，舒对"鸿儒硕学"为谁，不愿作答，却明确指出：

> 若论济世之才，则如曾涤生使相（协办大学士，两江总督佩兵符）名国藩。[③]

舒氏还提出四川总督骆秉章（1793—1867）、已故两广总督林则徐（1785—1850）、上年故去的湖北巡抚胡林翼（1812—1861）等人，而曾国藩则被推为"经天纬地之人"的首席，这是当时士大夫的普遍见解。峰洁则记录道："当今清国勇将为曾国藩、袁甲三、僧格林沁三人云。刻下曾国藩包围南京长毛贼，克复有望云。"[④] 名仓予何人的记载大体相似："方今支那名将凡五名：曾国藩、袁甲三、胜保（胜氏满人）、僧格林沁（蒙古人）、李鸿章是也。"[⑤] 值得注意的是，名仓已将李鸿章列入"名将"之中。

---

① 《曾文正公全集》,《书札》卷十九，第6页。

②③ 《集成》第1卷，第146、153页。

④⑤ 《集成》第11卷，第34、212页。

对于刚刚结束不久的第二次鸦片战争，藩士们也多方了解。纳富介次郎的《上海杂记》提及“打听天津战争一事”[①]，还抄录一份关于天津战役的文献。[②]

日比野辉宽则关注在北方对捻军作战的僧格林沁（？—1865），日比野与士人许霍生对谈如下：

欢成：僧王在何处？

许霍生：在天津。

欢成：管外事乎？理内事乎？

许霍生：外事托僧格林沁、曾国藩，内事托恭亲王任理，与张昭、公瑾同。[③]

日本人熟悉三国人物、故事，许霍生以东吴张昭主内、周瑜主外比喻清朝内外政务的分工。日比野所撰《赘肬录》，还记述第二次鸦片战争的“天津—大沽之役”，细节甚详。[④]

日比野曾会见金匮知县华翼纶，当问及太平军战况时，华翼纶说长江中上游已肃清，“此是曾相之力也”[⑤]。

凡此种种，可见当时士大夫们都以曾国藩为天字第一号英雄，视湘军为救星。李鸿章此刻刚刚发迹，其名声当然还远在曾国藩之下，但日本藩士已在认真搜集李鸿章的有关材料。日比野与华翼纶对谈曰：

欢成：李鸿章是何等人？

华翼纶：是翰林，在曾相营中者。

欢成：所引率乡民乎？

华翼纶：所帅即是曾相部下之兵。此尚是第二等兵，其第一等兵乃是曾国荃所统，是曾相之弟，今围困贼首于金陵。

欢成：传闻李抚军帅精兵二百，败贼兵十万。

---

①②③④⑤ 《集成》第 1 卷，第 35、36、164～165、92～93、173 页。

华翼纶：有之。[①]

华翼纶肯定的李鸿章以精兵二百击败太平军十万，当然是对虹桥之战的夸张之词，却也反映了当时士大夫阶层对李鸿章的推崇与期望。日本藩士对淮军的“虹桥大捷”也颇为景仰，名仓予何人7月9日（六月十三日）的日记写到，他去过离虹桥二里处，称在虹桥“李抚军率兵与长毛战，破贼匪十万之众也”[②]。

藩士们注意到，上海城内外清军不是一个系统，故特别询问：

欢成：沪城外之军营，李鸿章总理之。城内之军营，何人理之？
周士锦：藩臬共理。[③]

藩，即藩司，为布政使的别称；臬，即臬司，为按察使的别称。上海道台吴煦又任布政使（藩司），此处“藩臬共理”，指由吴煦与按察使（臬司）共同率领防军，驻扎城内；城外则驻李鸿章统率的淮军。这是两个不同的军事系统。

藩士们还注意到，清朝军队的作战主力已非原来的官兵，而是从民间募集的练勇。纳富介次郎说：

据说清国的阵营是兵少勇多。兵指的是士林以上，勇是征用的乡民。[④]

名仓予何人说法类似而稍详：

在支那，以郡县之制度，兵少而勇多。（兵者谓列于士林以上者，勇者谓募乡民而为卒者。兵着戎衣，勇不着戎衣，只着披肩样物。李抚军之营中，大抵为湖南湖北招募之乡勇，全军一万六千驻扎于此云。）[⑤]

---

①③④ 《集成》第1卷，第174～175、157、35页。
②⑤ 《集成》第11卷，第128、134页。

李鸿章所率淮勇，募自安徽淮徐一带，名仓予何人所称“大抵为湖南湖北招募之乡勇”，指湘勇、楚勇尚妥，指淮勇则不确。高杉晋作《外情探索录卷之贰》所记较准确。（见下节引文）

对于练勇的服饰，纳富具体描写道：

> 乡勇不着戎服，上身穿无袖服。前胸和后背有五寸左右的圆形，上面写着某营亲兵或某营某兵等。还把竹子削成尺子状，写上同样的字，插在领子处。[①]

李鸿章所率勇营初至上海时，确乎衣帜朴陋，器械陈旧，有“叫花子兵”之称，对比上海防军的奢靡，洋兵的装备精良，淮军将弁们也自以为惭，更为洋兵所蔑视。[②]作为初至上海的观察者，日本藩士所见到的练勇，其形象是——“敝衣、垢面、徒跣、露头、无刀”[③]，或有刀而甚钝，引人“嗤笑”[④]。藩士峰洁在目睹淮勇后甚至说，这样的兵，“我一人可敌五人”[⑤]。当然，藩士中有见识者，在对李鸿章率领的淮军作较深入考察后，发现其装备和阵法虽然陈旧，但训练有素，战斗力不可低估。这便与李鸿章对募自民风强悍的淮徐一带的部属的估价相近——“敝部淮勇能战而多土气”[⑥]。

五、淮军阵营探查

浜松藩士名仓予何人素习军事，特别注意于清国兵伍实况。7月7日（六月十一日），名仓由淮军军官侯德斋引导，参观军营，见兵勇住在帐篷内，“每帐篷十人至十四五人，多者计容二十人也。又每营凡可容五百人，营内旌旗数多，列立迎风，颇为壮观。每营门备虎蹲炮二门于左右。每营之大小觉约五十间（一间1.818米——引者）见方”[⑦]。次日，名仓又与侯德斋笔谈。7月11日（六月十五日），名仓“独行过西门外，到李抚军之操场”。因该日休操，

① 《集成》第1卷，第35页。

② 见李鸿章同治元年三月二十一日致曾国藩书，《李文忠公全集·朋僚函稿》。

③④⑤⑦ 《集成》第11卷，第30、31、30、127～128页。

⑥ 《李文忠公全集》，《朋僚函稿》卷五，第36页。

名仓与司马张氏笔谈，了解到“除朔望两日之外，每日有晨晚两次操练”[①]，此后，名仓便数次前往观操。他获悉，“沪城北门内之操练场，是古代操场，据说是昔时孙权所造处，现今英法两虏、清官府、诸乡勇一二百人许，均借此场，洋枪队也在此操练”[②]。这个操场可谓“中外会操”之处。名仓对于在这里的见闻作了详细记载：

> 十七日　快晴　昧爽出本馆，自西门到李抚军之操场……渐到西门外，闻铳炮之声……既到操场，操方盛也。数十营皆各自操练，旌旗之色，金鼓之声，铳炮之响，令人想战争之情。[③]

以下名仓细致描写了淮军操练的阵法，评价是“以其磨练之功，步法自然甚觉整齐”。名仓还特别关注铳（火枪）、炮演练：

> 长炮自前排左右发放……发放终，既自内面退于后列，装火药……前列既退，后列稍进发放……如此两番之后，以旗导之退至后面。此时小铳稍进，左右均自前列发放，其旋转进退如长炮……小铳发放既终，枪手进，有单一人入枪者，亦有成横排入枪者。枪之舞法大约似《纪效新书》所见之形状。[④]

名仓予何人的这一记述，生动表现了当年淮军处在冷兵器与热兵器交混使用阶段。文中所说的“枪”，即长矛，是冷兵器代表；铳，即火枪，与炮皆为热兵器。淮军操练时，开炮、放铳、舞枪相交替，正是一幅典型的冷热兵器并用的军事过渡期图景。

在农耕—游牧文明时代，世界各国都使用冷兵器（刀枪、弓箭）。西方在16—17世纪进入冷、热兵器更替期，随着工业文明的来临，欧美国家在18世纪完成向热兵器过渡。而中国虽然在明清之际（17世纪中叶）已使用前膛炮（从葡萄牙输入，称“红夷大炮”、“红衣大炮”），但直至19世纪中叶的道咸之际，仍以冷兵器为主。两次鸦片战争，中国军队与英军及英法联军交锋，实

①②③④ 《集成》第11卷，第129、195、130～131、132～134页。

为冷兵器与热兵器之间的较量，中国的败局是必然的。以第二次鸦片战争和太平天国战争为端绪，清朝统治集团逐渐领略坚船利炮的威力，开始着手冷兵器向热兵器的转换。1862 年 10 月（同治元年九月），清廷命选武弁在上海、宁波学习外国兵法及制造火器，便是这种转换的正式开端。“千岁丸”抵沪，正处在其前夕。这时，久历戎机的曾国藩、李鸿章辈已颇倾心于洋枪洋炮。李鸿章 1862 年 4 月（同治元年三月）初抵上海时便致函曾国藩，称赞西洋兵“其队伍既整，炸炮又准，攻营最为利器，贼甚胆寒”①。遵照曾国藩的指示，湘淮军抵沪后，“专以练兵学战为性命根本”②。与此相印证，日本藩士目睹，集结上海城外的湘淮诸营，操演甚勤，其中又尤其注意演练火器。不过，1862 年春夏之交抵沪的湘淮军，尚处在冷热兵器交混使用阶段，其热兵器也以传统的土铳土炮为主，名仓予何人说：“观看李抚军操演，皆用大绳铳，古臭气未脱。”③ 纳富介次郎具体描述清军火器情形：

> 支那的军阵中虽有使用洋铳的，但多数是古时汉制的，放铳时需用三个人。一个人把铳头扛在肩上，一个人把住铳尾，一个人用火绳点火。装火药由扛铳头的人干。持铳尾者负责瞄准。④

这是前膛枪炮的操作办法。这种火器较之西洋人同期所用后膛枪炮已落伍了整整一个时代。

至于清军操演的阵法，也沿袭明代故辙。前引名仓予何人记述，淮军“枪之舞法大约似《纪效新书》”，这《纪效新书》乃明代戚继光（1528—1587）所撰兵书，系戚氏在东南沿海平倭寇时练兵和作战经验的总结，故称“纪效”。而时过三百年，淮军战法仍未脱其旧迹。日比野辉宽向中国士人问及清朝咸同间流行的兵法时，答复类似：

> 欢成：方今所专用之兵法，何人法？

① 《李文忠公全集》,《朋僚函稿》卷一，第 14 页。

② 《曾文正公全集》,《书札》卷十八，第 17 页。

③ 《集成》第 11 卷，第 204 页。

④ 《集成》第 1 卷，第 34 页。

顾駡：有茅元仪所辑《武备志》，兵家之大全，此书极行。[①]

名仓予何人看出清军阵法全然出自中国传统兵书：

支那阵法兵制，都系孙吴之本，及威（应为“戚”——引者）南塘、俞大融（应为“猷”——引者）。[②]

高杉晋作与中牟田仓之助于7月10日（六月十四日）到西门外观看清兵操练，之后高杉评论道：

看其兵法，似威（应为戚——引者）南塘兵法而非者。铳队以金鼓为令，为操引操进，其余无变化。铳炮尽中国制，而甚不精巧，兵法与器械皆无西洋，唯阵屋（帐篷——引者）用西洋。[③]

综合日比野辉宽、名仓予何人、高杉晋作所述，19世纪60年代初清军所用兵法，仍为孙吴兵法，及明朝抗倭名将戚继光（号南塘，1528—1588）、俞大猷（1503—1579）兵法；所读兵书，主要是明代茅元仪（1594—1644）辑《武备志》（由兵诀评、战略考、阵练制、军资乘、占度载五部分组成），这都是适应古代冷兵器时代需要的兵书战法。

高杉在同中国士人笔语时，也询及上海清军驻军情况及操练阵法：

（问）西门外所在军兵其数若干？

（答）其人湖南、北，江西，安徽皖南、北等处兵数，现到陆路万余人，水路兵五千余人，马队兵约计千余匹。

（问）军兵所操练，我以为多系威（戚——引者）将军兵法，或学西洋之铳炮阵法者有否？

（答）阁下多知兵法，而此地所招募乡勇系农人多，现有英、法二国

① 《集成》第1卷，第146页。

② 《集成》第11卷，第191页。

③ ［日］高杉晋作：《游清五录·上海淹留日录》。

惯用枪炮（中国枪、外国炮），贼见寒胆，大振兵威。[①]

承袭“兰学”传统的高杉、中牟田等幕末武士，对西洋火器和西洋战术均有相当研习，他们一眼便能看出淮军装备和阵法的落后。不过，藩士们注意到，中国士子认为传统战法尚有用处，日比野辉宽在询问久历战阵的金匮知县华翼纶“贵邦所用军法何如？”时，华翼纶的答复是：

敝邦所用法，亦随时随地，各有变通，不能执一。今曾相所用，乃古扎硬寨打配伏之法，现颇得力。[②]

日本藩士中也有人并未低估湘淮军的军事水平。名仓予何人一方面同有“戎行经历”的中国士人，如“武功将军侯小山、知府王叔彝、巡察万瑶卿、司马侯仪、前知县王互甫、盘查官刘文汇、陈汝钦等交谈，闻其实战故事，了解其阵法、队名等”[③]，另一方面实地观操，并将这两种信息结合起来点评道：

不用说，李抚军之阵法、兵制都以戚继光为法，八队列法似亦仿效戚子之鸳鸯阵而竖成一……每队操练之式大略如此，此即名为八卦阵。盖因队列分布八方之意而名之。[④]

对于这类中式阵法，日本藩士们的批评相当尖锐，名仓予何人说：“余之同来之人，观李抚军之操练，有大为诽谤者。”[⑤]但名仓认为，既然淮军战斗力尚强，其使用阵法便不可小觑——

李抚军屡从此营出兵破长毛，于实地施而试之，可谓磨练之阵法也。又其进退分合之妙，殊堪惊人之处甚多。尤其平常如此布置军营，并置联络斥候远出我二三里外，略无间断，以防贼匪，此于本朝乃稀有之事，

---

① ［日］高杉晋作:《游清五录·外情探索录卷之贰》。名仓予何人的《支那闻见录》也载：“大南门外李抚军军营内兵士，陆军一万，水军五千，骑队一千云。”见《集成》第 11 卷，第 189 页。

②③④⑤ 《集成》第 11 卷，第 174、199、134、136 页。

岂非可注目潜心玩味之事焉？[①]

名仓予何人表现出一种认真研习淮军阵法的虚心精神，并注意发掘中国传统兵法的精当之处。他在《支那闻见录》中记述，上海一家叫“思雅堂”的书坊，其主人胡兴裔说，中国新近撰述的兵书很少，但有一人的著作值得注意——

陈德培，字子茂，为近世杰士，在距此七百里的山中隐居，其人兵书著作秘不肯出，向日曾借读之，乃近代第一兵书。[②]

名仓因不能见此人此书而深感遗憾。[③] 陈德培其人生平不详，略知他崇敬林则徐，鸦片战争后，林遣戍出关，陈陪送了很长一段路程；后林署陕甘总督，陈充任幕僚，并从林则徐收集的有关西洋资料中摘编《洋事杂录》，书稿存于上海社会科学院图书馆。所著兵书，笔者无所闻，不知是否有传本。既然陈氏接近林则徐，必对鸦片战争等近代战事有所研究，见识广泛的书坊老板胡氏推崇陈氏兵书为“近代第一兵书”，必有可观处，故特记以上，立此存照，并寄望该兵书的发现。

器重东方兵法传统的名仓予何人还抒发如下感想：

夫今以清国之弱兵，且以旧来之拙劣之火器，与西虏战而亦有取胜之时，何况以本朝武勇之兵，采用西虏之猖獗并军舰之制，此所谓如虎添翼，则西虏之猖獗不足深忧也。[④]

这位日本藩士从处在“弱兵”时代的中国透见到：东方人只要发扬自身长处，又认真学习西方军事之长，便有可能形成抵御西洋人的有效军事力量。处在国力衰微之际的幕末藩士有如此见地，可谓独具慧眼。名仓予何人在离开上海前夕说：

①②③④ 《集成》第11卷，第137、216、216、138页。

> 此行得益处唯有观李抚军之军营，李氏营中常如与敌军相对峙，其营形阵样实乃决非于本朝承平所能梦见也，施之实战正宜如此云云。友人之中有信余之言者。[①]

名仓予何人看出淮军的战斗力，这与英国在华舰队司令何伯对淮军的观感相似。连一向鄙薄清军的《北华捷报》，在了解淮军的实际状况后，也称淮勇为“优秀的军队”[②]。

如果说，高杉晋作等人侧重看到淮军装备粗陋、操法落后，名仓予何人则发现东方军事文化潜藏的威力，认为东方人不必妄自菲薄。而他们共同的认识是，必须加紧学习西洋军事，致力于日本的强盛。名仓予何人在《支那闻见录》中记载，他与中牟田仓之助访问英国陆军，了解其火器、战术，深感中日两国沿用的旧式枪炮的落后，认识到仿效西方兵制的必要。[③]

六、从“华洋会防”到“华洋会剿”

日本使节团在上海考察太平战事，目睹了一个重要历史场景——清方与西方殖民主义者相结合，共同剿灭太平天国，也即“华洋会剿”。因所“剿”之太平天国也属中华，故应称“清洋会剿”。这乃是第二次鸦片战争结束后，在中国土地上军事、政治、外交格局的一大动向。

从第一次鸦片战争到第二次鸦片战争，以英国为首的西方国家的对华政策，主要是以武力惩膺清廷，打破其闭锁的国门，实现西方的殖民主义利益。1856 年，“亚罗号”事件起，英军炮轰广州，第二次鸦片战争爆发。这场英、法在美、俄支持下发动的侵华战争，以 1860 年 9 月咸丰皇帝（1831—1861）仓皇逃往热河，英法联军 10 月占领北京，随之与主持夷务的恭亲王奕䜣等谈判，签订中英、中法《北京条约》、《天津条约》告终。中国增开口岸，英国继《南京条约》割占香港后，又割占九龙司，俄国则割占中国东北、西北大片领土。第二次鸦片战争带来的两个后果，均对此后中国历史进程发生重大影响。一是 1861 年底，叶赫那拉氏（1835—1908）以慈禧太后身份垂帘听政，开始了这位妇人对近代中国长达 40 余年的统治；二是出现清朝与西方侵略者

①③ 《集成》第 11 卷，第 154、192～193 页。

② 《北华捷报》1862 年 11 月 2 日。

从“对抗”转为“合作”的新格局，西方列强的对华政策发生重大调整，由从军事上打击清廷转为扶助清廷。英国首相巴麦尊（1784—1865）1860年宣告了这种转变：“从前中英如仇敌，今则我们与清政府已有极好的关系。”[①]这种所谓“极好的关系”，当然是指清朝对英国俯首帖耳。加之1860年以降，太平天国屡拒英法索取种种特权，也促成英法与清方的结合。1861年，英法提出太平军不得到达上海周围百里之内地区的要求。因太平军正在解安庆之围，无力用兵下游，便同意一年不攻上海。1862年初，期限已满，李秀成用兵重心移至长江三角洲，拒绝英国停止进攻上海等通商口岸的要求，西方列强遂决定援助清廷剿灭太平天国。力图在中国扩展势力的法、俄两国首先发出“助剿”声明。

在清朝统治集团内部，对于洋人“助剿”太平军，意见颇多分歧。代表上海及苏浙士绅利益的江苏巡抚薛焕，力主接受法、俄“助剿”之请，认为“如是则俄佛由水路而进，先取金陵，以次廓清江路，我即可收长江之利，以赡陆路之军，饷充则兵自得力。若该酋等能派陆兵由旱路会剿，再由京师拣派精兵数队前来，不但发逆即可立除，即各路土匪亦必不敢窃发”[②]。

漕运总督袁甲三（1806—1863）长期同捻军和太平军交战，深知其战斗力旺盛，三四百外国水兵助剿，无济于事；他还担心，太平天国与洋人同信上帝，有“暗中串通”之虞，洋兵“一旦奉命而来，久居内地，是不仅引虎入室，并且为虎添翼”[③]。

时任两江总督、钦差大臣督办江南军务的曾国藩，则企图独占平定太平天国的功劳，不愿西方列强插手。1861年初，曾国藩上奏咸丰皇帝，对俄、法“助剿”之请采取搪塞态度，既“许其来助，示以和好而无猜”，又“缓其师期，明非有急而求救”[④]。1862年春季，曾国藩派李鸿章率湘勇、淮勇东援上海，李部在上海实际上已与洋人协同作战，但曾国藩仍对洋人拓展军事力量大不放心，他指示李鸿章，将洋兵干涉限制在上海防御上，不能任其扩张军事行动领域，“会防上海则可，会剿他处则不可”[⑤]。

---

① A.E.Hake.Events in the Taiping Rebellion,p.85.

②③ 《筹办夷务始末·咸丰朝》卷七十一，第2660、2640页。

④ 《筹办夷务始末·咸丰朝》卷七十二，第2668页。

⑤ 《曾文正公全集·书札》卷十八，第20页。

主持朝廷外务的恭亲王奕䜣是亲英派，他当然对俄、法“助剿”心存疑虑，他在奏复咸丰皇帝时说：“是借夷剿贼，流弊滋多。”[①]

朝廷虽将俄、法“助剿”搁置下来，而上海一带太平军攻势猛烈，上海官绅恐惶之余，决定越过朝廷，自行求助洋人。1860年5月（咸丰十年四月），太平军攻陷苏州，苏松太道吴煦与负责军需的四明所董事候选道、上海巨商杨坊（？—1865）先是邀请法军担任上海城防，后又雇请曾任法国军官的美国人华尔（Frederick Townsend Ward，1831—1862），在上海外侨中组织洋枪队。此前，杨坊已将女儿嫁给华尔，这对翁婿便成为洋枪队的主导者，岳丈筹措粮饷军械，女婿指挥作战。1860年6月（咸丰十年五月），洋枪队成立，华尔任领队，美国人法尔思德（Edward Forrest）、白齐文（H. A. Burgevine，1836—1865）任副领队，驻松江广富林训练，以后即投入对太平军的战斗。洋枪队募英、美退伍军人30名，吕宋人200余人，后又增募华人，兵额最高曾达5000人。1862年2月（同治元年一月），洋枪队与英法联军攻下高桥镇、萧塘。3月，江苏巡抚薛焕将其改名“常胜军”，以苏松太道吴煦为督带，记名道杨坊和华尔为管带，实际由华尔统领，外国军官教练，以洋枪洋炮装备，在上海、嘉定、青浦、奉贤、松江、金山及浙江宁波、余姚同太平军交战。

与募组洋枪队相先后，1860年5月，时任江苏藩司的薛焕，派上海道吴煦偕上海知县刘郇膏拜访英、法驻上海领事，请求派兵防守上海县城。[②]集结上海准备北上对清方作战的英法联军一部，遂留驻上海，保护租界及上海县城。1860年8月，在上海的英法联军千余人，不顾太平天国方面请其中立的要求，协同清军，对太平军作战。1862年初，英国在太平天国拒绝其不得进攻上海的要求以后，正式确定武装干涉政策。在清廷方面，坚拒与洋人打交道的咸丰皇帝于1861年8月去世，主持朝政的奕䜣、文祥（1818—1876）转而确立“中外和好”方针，决定“借师助剿”（又称“借夷助剿”）。1862年2月8日（同治元年正月初十日）发布上谕，称“上海情形实属万分危急。‘借师助剿’一节，业经总理衙门与英法驻京使臣商酌。现据薛焕奏：英法文武各员颇为出力。……上海为通商要地，自宜中外同为保卫”[③]。这样，以英国为首的西方

① 《筹办夷务始末·咸丰朝》卷七十二，第2695页。
② 参见《吴煦档案选编》第4辑，第361页。
③ 《筹办夷务始末·同治朝》卷四，第2页。

华尔 1862 年宁波毙命后，清政府在外滩前所立华尔碑

列强与清朝政府，结成合力攻剿太平天国的战略伙伴关系。袁甲三、曾国藩试图限制洋人介入战争深广度的构想已被军事现实所打破。

与清军联手对太平军作战的英法军，并非在近代中国土地上首次联合出现。第一支英法联军于 1857 年组成，年底进犯广州，占领广州数年；第二支英法联军 1858 年组成，5 月攻陷清军据守的大沽炮台，继而直逼天津，后英、法在与清换约及入京路线上产生分歧，于 1860 年重组联军，再陷大沽，占领天津，10 月侵占北京。1857 年进犯广州，1858 年、1860 年进犯津、京的“英法联军”均以清政府和清军为对手。而 1860 年 5 月在上海组建的英法军则站在清朝一边，对太平军作战。这支部队本来打算北上进攻清军，但为了保护英法在上海的权益而留下。英法两国公使宣布武装保护上海租界及内城，以法军 200 人进驻董家渡天主堂一带，英军 200 人进驻上海城西，炮兵 200 人驻守法租界，与清方组成“华洋会防”。但这时的英法军只守不攻，与太平军仅有小规模交火。1862 年初，英法两国从驻扎天津对清朝施压的部队中抽调人马到上海，经补充的上海英法军，计有英军 650 人，法军 900 人，还辅以海军舰只，开始以防卫上海为主，极少对太平军进攻。

1862 年初，太平军拒斥英国不得攻占上海的要求，由忠王李秀成率部从杭州第二次进击上海。上海纳税外人会议推选五人组织中外会防局，主持防卫上海事务，英法两国亦应中外会防局之请，增派陆海军，至 1862 年中期，在沪英国正规军达到 2800 人，由陆军上将迪佛立为总司令；法国军队略少。加上海军，英法联军总数在 5000 人以上，备有新式大炮数十门，军舰多艘，除强化上海防务外，还参加进攻浦东高桥的战斗。以中外会防局成立为标志，在沪西方侨民正式纳入对太平军作战系列，英法军则不断扩大军事行动范围，从上海郊区延伸至奉贤、嘉定，大大突破了曾国藩向李鸿章指示的洋兵“会防上海则可，会剿他处则不可”。而上海官绅则欢迎洋兵扩大战斗范围，其论调是“洋兵调齐之后，势难中止，不仅助守上海，并将助剿苏州”。至于华尔的洋枪队——“常胜军”，更早已越出上海，兵锋遍指江浙两省。

日本使节团乘“千岁丸”抵达上海之际，正是常胜军和英法军兵力膨胀、气焰熏天的时候。日本藩士们对英法军增兵上海、洋兵装备状况、清方官绅依赖洋兵等情节，均有记述。

高杉晋作 6 月 11 日（五月十四日）的日记写道：

> 此日佛兰西之兵卒数百人，自军舰上陆。[①]

高杉还为因事不能观看洋兵登陆而深觉遗憾。[②]

7 月 13 日（六月十七日）高杉的日记写道：

> 五代来谈。午后与中牟田到英人之所预之炮台，观“阿姆斯特朗”炮，此炮十二门。方今我邦所传大炮，大概自筒口入玉药，此炮不然，自筒后入玉药，故甚为便。英人阿姆斯特朗之所新制，以其名名其炮。此炮六口在上海云。[③]

高杉看到的是阿姆斯特朗后膛炮，较之幕末日本和清国惯用的前膛炮，是

①②③ ［日］高杉晋作：《游清五录·上海淹留日录》。

新一代武器。而后膛枪炮的发明和使用，是人类战争史一个新阶段到来的标志。英军将这种先进大炮运至上海前线，对付太平军。高杉、中牟田对此炮十分重视，特绘图以存。①

名仓予何人 7 月 14 日（六月十八日）的日记，载该日名仓与中牟田仓之助一起去英军炮台，参观“阿姆斯特朗”炮，称“其弹丸十二”，“尤其精巧”，“其术秘外邦”②。这种尚对外人保密的新式火炮，引起日本藩士的极大兴趣。第二次来看该炮的中牟田仓之助向英人具体了解发放手续。名仓则在日记中详记大炮长度、实战时发挥的战术效果，等等。③

除洋兵装备外，洋兵在上海的布防，也为日本藩士所关注。名仓予何人 6 月 12 日（五月十五日）在城外散步，“过英人驻防之所，虏兵戒严甚紧，此乃为征伐长贼之备也”④。峰洁 6 月 6 日（五月九日）得知，“南京长毛贼已到达上海近郊……长毛进攻上海势盛，故上海英佛各国举兵守卫”⑤。几天以后，峰洁写道，上海西门由英法兵二三十人携剑铳守卫，“皆是因长毛贼距此一里半路程”⑥。又称，“听说长毛贼先日攻拔湖城，以强大势力来袭上海，已达距此一里多地方，相传上海不日陷落。英佛并各国兵遂举兵对抗长毛贼……两三天内以大炮轰击”⑦。峰洁在《清国上海闻见录》中记载与士人顾麟笔语，当询问战争大势，顾氏答曰：

> 刻下贼氛四逼，只存上海孤城一角，所有北方宝山尚未失陷，松江屡失，今有李公守松城尚不至溃裂，然贼势颇猖獗，此地亦觉危如累卵，所恃西夷，身家颇重，富商都在此。⑧

这番话透露了聚集上海的绅商们的惶恐之状和依恃洋兵的心态。

纳富介次郎所了解的战争形势略同：

> 报纸上报道，贼匪打到了离上海三、五里的地方，李鸿章屡屡出兵征伐。另外，在浦东（指黄浦东面）贼起，英军帮助上海的清兵讨伐，打

---

① 图见《游清五录·上海淹留日录》。

②③④⑤⑥⑦⑧ 《集成》第 11 卷，第 195～196、196～197、107、16、18、18、31 页。

败了贼匪。这是五月份的事，就发生在我们在上海期间。[①]

文中所称农历五月英军出击，“打败了贼匪”，实为太平军李秀成部应洪秀全解救天京危局之命，于6月17日（五月二十日）撤松江围，主力退至苏州。自此，英法联军及“常胜军”控制了上海、吴淞及周边地区，从“华洋会防”（防卫上海）发展为“华洋会剿”（出征外地）。

日本使节团1862年6月2日（同治元年五月五日）抵达上海，8月1日（七月六日）离开，滞留沪上的两个月间，正是从“华洋会防”发展到“华洋会剿”的高潮期，使节团目击并感受了这一过程。前述藩士们的纪行文字都记录着如下表象：太平军猛攻上海，清方危如累卵，城池随时可能陷落，城内外绅民惊恐万状，英法军趁机扩大军事介入程度和范围，清方官绅则以洋兵为依靠。

高杉晋作所录与中国士人的笔语，还明确出现“中外会剿”及“会防局”字样——

（问）贵邦与外国和亲最好是何国？

（答）现在英、法二国为总，以下小国不少，不知详细处。交易本系往来，现军兵共议中外会剿，名谓会防局。[②]

文中所称“会防局”实有两个，一为前述上海外侨组织的“中外会防局”，1862年1月3日成立；二为1862年1月13日（咸丰十一年十二月十四日）上海道吴煦组建的会防局，又称上海会防局[③]，其章程规定，会防局的任务是“会同英法二国领事等官……酌派健丁，专探贼情……如有大股贼至，即驰报发兵，会同英法驻守兵丁，并力捕剿”[④]。华洋“会防”、“会剿”的格局，因外侨和上海官府分别设立的两个“会防局”的运作而正规化。名仓予何人的《支那闻见录》对上海城门防卫状况的描述，是“中外会防”的具体写照：

---

① 《集成》第1卷，第37页。

② ［日］高杉晋作：《游清五录·外情探索录卷之贰》。

③ 冯桂芬：《显志堂稿》卷四，第20页。

④ 《太平天国史料丛编简辑》（6），上海中华书局1963年版，第169页。

上海城门按辛酉年春中西和议以来的规定，英法两国兵士与支那兵二者共同警卫。[①]

上海城，女墙二丈许，楼橹悬支那旗旌，架设大炮。官兵并英法兵士多名警卫甚严。英法铳卒（步枪兵——引者）在门外门内站立警戒，支那官兵数十名驻扎西门。[②]

这是一幅典型的西方殖民势力与清军相组合，共同对抗太平军来袭的图景。同文还引述当时的报纸消息：

《上海新报》载，据称去沪城三、五里近处，李抚军部属与长匪下战……又浦东贼起，英国在沪官兵等助征。[③]

这是“清洋会剿”的注脚。

名仓予何人还试图了解英军、法军、俄军的特点。他询问曾与三国军队有所接触的盘查官陈汝钦，得到的答复是：

佛（法国——引者）则朴，英则骄，鲁（俄国——引者）则恭云。是亦与吾等所见相符也。[④]

日比野辉宽则探询在沪英法联军总数，许霍生告知“刻下两国共约五千。明后日势有进口”[⑤]。这一数字大体符合1862年中期洋兵在沪规模：英国陆军2800人，法国陆军2000人，另有军舰多艘。

高杉晋作还注意到一个问题：清方“借师助剿”，英法联军的军费由谁支付？经高杉询问，英国人和中国人的答复不一：

清方依赖英佛人防御长毛贼，其军费何国出？经访，英人云：“军费

---

①②③④ 《集成》第11卷，第174、175、189～190、206页。

⑤ 《集成》第1卷，第163页。

我自出。”清方云：“自我赎款。”不分明也。[①]

实际情形是，清方有专饷支付洋兵。吴煦认为这样做是值得的，因“洋人之兵，为贼所畏。与其以饷养兵，不如以饷豢夷”[②]。据吴煦的《会防经费册》记载，1862年1—11月，英法兵每次出战，上海道都支付银两，多则二万多两，少则四五千两；此外，洋兵雇工、租船、补给弹药、添置衣服、伤亡恤赏，均由上海道开支。[③]英法军官教练清兵，也有专项支给，同治元年（1862）上海《会防处呈月支又款折》专列“英国教练炮勇项下”一目，在详列各项开支后，总括曰：“以上约月支银二千四百五十余两，所有俸薪、勇粮，系由英领事函取，交英兵官经发。其制备衣物等项，月无定数，不在其内。”[④]可见上海当局对洋兵各项开支是按月支给的。在常规之外，清方报答洋兵的主要方式，是洋兵在战区所掳获财物任其携取，其财物数额远在一般意义的军饷之上。洋兵往往占地不去，目的在于就地榨取巨额钱财。

七、“清、倭、英、法共剿”的传说——再析“围观文化”

1862年春夏间，太平军急攻上海，沪上官绅惊恐万状，将防卫的希望寄托于洋兵，在英法联军、“常胜军”之外，还盛传日本人来援。日比野辉宽与中国商人春舲交谈时，得悉这一情况：

欢成：我国人初到贵邦，必有市间之风说，敢问。

春舲：贵邦人初到此地，民间传言，英夷至东洋，借兵三万，合破万城。并云，内有法术二人。此谣连万城内，长毛亦闻此信。至今到先生处，方知一切，所谓“十里无其信”。信然！

欢成：万城在何州？且贼匪之所据乎？

春舲：在苏州，是系长毛驻扎之所。

---

① ［日］高杉晋作：《游清五录·外情探索录》。

② 《筹办夷务始末·同治朝》卷五，第33页。

③ 《吴煦档案选编》第7辑，第243～260页。

④《吴煦档案选编》第2辑，第352～353页。此外，同辑第274～275页载《兵头佛南等教练清军枪炮薪资单》，详记给洋教练的薪俸。

欢成：兄所闻二人者，其姓名何如？

春舲：传言，贵邦一人云名克原额，一云名广真子。一能腾云杀人，一能一日行千里。

欢成：传言可恶。我国严禁邪教，犯之者当死。[①]

纳富介次郎也记载了春舲介绍的同一传说：

一个叫春舲的清国医生来说："在你们船尚未靠岸时，上海民间就风传，说此次英国人请来东洋援兵，清倭英法要联合消灭长毛贼。东洋的军舰何日到？我们等了很久。而且还有一个奇怪的说法，说东洋兵中有两个人有奇术，一人能日行千里，另一个人能腾云驾雾。今日见到你们，觉得没有什么奇异之处。"听了他的话，我想，我们的船刚刚靠港，大家上岸时，观者云集，大概就是因为有这谣传的缘故。[②]

名仓予何人的《支那闻见录》亦记述道：

上海城浮说："今东洋人来吾朝，此为大幸，是道台吴公讨伐长毛贼之熟计。日本援军不日从海面掩至。"因此，许多人问余，援军何日可来？我只有一笑置之。[③]

总之，“千岁丸”来沪前夕，上海已盛传日本军将至，与清军及英法军会合，结成清、倭、英、法共同进剿太平天国的阵线。这也是日本人到上海后引起围观者如潮的重要因由。纳富开始认为被围观是因“倭汉相通”，名仓则将被围观的理由归之服饰特异，现在他们才明白，之所以被围观还另有原因。此种日本出兵助清剿灭太平天国的传言，当然是荒诞不经的，且不论全无事实根据，即以当时日本的国力、国势而言，也绝无可能派兵出国。幕末日本正遭受美、英、俄、法等西方列强的侵略威胁，正所谓“泥菩萨过江——自身难保”，

①② 《集成》第1卷，第168~169、28页。

③ 《集成》第11卷，第197页。

作海外军事干涉，全然是无端奇想。故名仓予何人听到此类传说，“只有一笑置之”。然而，这类空穴来风竟然遍传上海街头巷尾，一直传至太平军辖区万城。这正是“华洋会防”、“华洋会剿”格局在民众心理层面的一种反映和想象性发挥。

八、洋兵踐扈 · 藩士质疑清方借洋自保策

“华洋会防”、“华洋会剿”带来的一个直接后果，便是在华西方殖民势力急剧膨胀，上海地面洋人成为骄横不可一世的主子。日本使节团亲眼目睹了这种清朝沉沦的惨痛场面。

英法联军和常胜军在上海市区及郊外驻扎，把守上海城门，并对华人颐指气使等情节，前文已有论及，此不赘述。日本藩士还发现，被中国朝野奉为圣地的孔庙，竟然也为洋兵占据。高杉晋作 7 月 3 日（六月七日）的日记写道，这天天气晴朗，高杉陪同使团官吏到城外，路经清军阵营，入西门，到关帝庙，然后去孔圣庙，其所见如下：

> 庙堂有二，其间空地种草木，结构颇备，然贼变以来英人居之，变为阵营。庙堂中，兵卒枕铳炮卧，观之实不堪慨叹也。英人为支那防贼，故支那迁孔子圣像他处，使英人居于此云。①

名仓予何人也记载其参观文庙的经过：

> 再与日比野子一同出馆，自北新门入，将至文庙，余小立问路，忽与日比野子相失，遂独行到文庙之侧，遇避难之书生吴峨士，笔谈。余欲拜文庙，峨士告余现今文庙为英虏之临时驻防，夫子之圣像原在南门内，现移于南门内也是园。峨士导余旁庙徘徊……②

半个月以后，名仓又独行至文庙，所见如下：

① ［日］高杉晋作：《游清五录 · 上海淹留日录》。

② 《集成》第 11 卷，第 109 页。

至文庙时，英吏数人导余观内。余观之，其结构甚宏丽，大成殿等之匾额犹存……然晒英虏之白衣，各堂之腥风狞气难堪（但闻文庙乃为英人之临时防所，西门内另建英人驻防之所，待告落成，则转移之。然其光景实可见支那之衰世、国势萎靡不振之一端焉）。英虏之头目向余强劝酒，故余傲然平坐于众虏之铳炮白刃中，独倾一太白。[①]

名仓一面批评清朝对洋人卑躬屈节，一面显示自己作为日本武士在西方人面前保持独立自尊的傲然神态。

日比野辉宽对英军占据孔庙的反应最为强烈。他所撰《赘肬录》细致描绘圣庙形制，并对孔庙内雕塑、匾额一一详记，表现出日本武士对儒学和孔圣人的眷顾与崇敬。正因为如此，他对"堂堂圣庙竟成了英国人驻地，学校唔咿读书声被操兵喇叭声所取代"极端不满，认为既然上海郊外已驻扎李鸿章重兵，为何还任洋人在此横行。他责备清朝是"驱狐引虎，为何失策至甚！"[②]他作诗抒愤曰：

瘴气蕃烟天地昏，大成殿里虎狼蹲。
男儿决眦不堪感，叱咤李鸿万马屯。[③]

日比野还就孔庙驻扎英军一事，询问中国士人：

欢成：圣庙在何处？
汪士伟：在西门。
欢成：英人屯于此乎？
汪士伟：无此事。
欢成：然则守其门乎？
汪士伟：此是关圣帝庙，非孔圣庙也。
欢成：何故屯关圣庙？

---

① 《集成》第11卷，第120页。
②③ 《集成》第1卷，第100页。

汪士伟：以前地基彼卖去，故改为天主堂，现关圣庙建立在他处。

欢成：不然，兄所言是孔圣庙也。弟昨一周城外，入西门内，遥看圣庙，则巍巍然，近之则腥气满袖，岂图为英夷所住。弟入其内，不觉慨叹。兄何遁辞之工而又拙。

汪士伟：弟避乱来沪，未详悉。①

孔庙是中国人，特别是儒士的圣地，汪士伟显然不愿意让外人知道其被英军占据，于是对日本人的提问虚与委蛇，力图搪塞，颇有几分60年后鲁迅刻画的阿Q相。但日本人却追问不舍，不留一点遮丑的余地，并以直接考察材料，说明英军占据的确为孔庙，使汪士伟无地自容。

日本藩士论及英法联军占据孔庙，并非个别案例。据上海文士、同治《上海县志》“分辑者”毛祥麟（约1815—约1875）称，1862年前后，上海庙园普遍被洋兵占为营房，而且“西兵毁石填池，西半之湖山尽废。于是得月楼、花神阁只存瓦砾，点春房既作洋房，莲花厅仅留白地。偶步园中，举目荒砾”②。

一个国家的标志性文化建筑，是该国主权和荣誉的象征，日本藩士十分重视孔庙被洋兵占据一事，正是出于这种文化自尊。藩士们还根据中国士人无勇气保卫圣庙的事实，得出日本人比中国更尊孔的结论。日比野辉宽与中国人笔语：

鬼奴：贵邦敬孔子否？

欢成：我国敬孔夫子胜贵邦。

鬼奴：何故？

欢成：昨至城内拜圣庙，无圣像而有英人。③

日比野从与中国士人的笔语中还获悉，清方所“借”之洋兵，实不服从其调遣，大有占地不去之势，正所谓“请神容易送神难”。

① ［日］日比野辉宽：《没鼻笔语》，《集成》第1卷，第161～162页。

② 《墨余录》卷九《庙园记》。

③ 《集成》第1卷，第176页。

欢成：松江府去上海若干里？

周士锦：百余里。松江系府城，上海即其所属。

欢成：松江府城，英兵守之，果然乎？

周士锦：现有官兵。英夷不肯离此地。[①]

曾国藩1862年春夏之交指示李鸿章，防范洋兵据地不撤，尾大不掉，而苏南浙东的实况，被曾国藩不幸而言中。

站在东方被压迫民族立场上的幕末日本武士，对于西方列强的得寸进尺、嚣张跋扈十分反感，又深痛清朝官绅对洋人软弱，尖锐抨击清政府仰人鼻息的政策，认为所谓“中外会防”、“中外会剿”必然导致主权丧失。纳富介次郎在论及上海城门由英法两国士兵把守的情况后，记载了他同清国人士关于“借兵自保”后果的讨论：

我对清国人说：“中国为何借外国人之力来守城？”他们都沉默不语。过了片刻，有一人说：“前几年，长毛贼进攻上海时，新抚台李鸿章尚未到达。当时的兵勇都在远离上海七百里外的安庆，无奈只好借助英法之兵力。”我又问：“那么为何不制止洋人专横跋扈，是不是因为清朝反为外国人所控制？”无人回答。[②]

峰洁与中国士人管庆楳笔语，也涉及同一主题，但峰洁的质问更为严峻：

问曰：上海现兵几人？

庆楳曰：松江提督标下所管三十营，每营千余或七八百不等。而上海额设两营。其余抚台所统勇士一万余人。

洁曰：吾前问之道台从者，则不如此多，而其说不详，故复问之。今闻一万二千余兵，然则何为借英佛之兵哉？

曰：上年十二月时，新抚台尚未到上海，所有兵勇均在安庆地方，离此有七百余里，是以请借英佛二国助守城也。

---

①② 《集成》第1卷，第157页。

洁曰：今借英佛兵，他日贴石晋之患，其如之何？抑以英佛心情为可倚信乎？

曰：此乃上年危急之秋，不暇虑及，且顾目前之计。[①]

峰洁以五代后晋石敬瑭（892—942）借辽兵为喻，指出今日清朝借洋兵必将步石敬瑭作“儿皇帝”之后尘。这就是峰洁所谓“他日贴石晋之患”。中国士人面对如此尖锐的问题，也只能以“临时应急措施”做解释。

其实，类似峰洁这样的质疑，曾国藩也以更加详明的历史比照提出过，他在1862年5月5日（同治元年四月七日）的一份奏折中，力陈不可依赖洋兵助剿，以防回纥助唐导致主权旁落的覆辙。曾氏痛心疾首地说：“专借西兵，与请人顶替者无异……既以借外国为深愧，尤以无兵会剿为大耻。”[②]但这类见解在军事危局面前不过是漂亮的空话，“借洋会剿”仍然在1862年迅速扩大规模。

访沪日本藩士对清政府借洋自保政策的不满，可谓溢于言表。日比野同中国士人许霍生对话时说：“借英法之兵，防长毛，何拙谋之甚乎！”许霍生以“惟与彼相守耳”[③]相答。高杉晋作则从更广阔的视野，与中国士人顾麟探讨中国近代衰弱，以致被洋人欺凌的问题：

（高杉）贵邦尧舜以来堂堂正气之国，而至近世，区区西洋夷蛮之所猖獗则何乎？

（顾）从是国运陵替，晋之五胡、唐之回纥、宋之辽金夏，千古同慨。

（高杉）国运陵替，君臣之不得其道故也，君臣得其道，何有国运陵替。贵邦近世之衰微，自为灾而已矣，岂谓之天命乎！

（顾）甚是，甚是。[④]

高杉晋作认为，清朝衰微、被西洋人欺压，不应归之天命，其肇端于“君

①③《集成》第1卷，第157、165页。

②《筹办夷务始末·同治朝》卷五，第32页。

④［日］高杉晋作：《游清五录·外情探索录卷之贰》。

臣之不得其道”，即政府腐败无能。这显然比顾麟的“国运陵替”、“千古同慨”之类空洞感叹，要切实、真切得多。

幕末日本面临西方列强侵略的威胁，其民族危亡的处境，使访沪的藩士们对遭受西洋人欺凌的中国人抱有深切同情，并自然地激发出同仇敌忾的感想。日比野辉宽吟诗曰：

曾从日月欠光明，瘴气蕃烟锁沪城。
立杖腰刀决双眦，腥风吹送鼓声声。①

藩士们对清廷屈膝西洋列强的行径，只能口头批评，而无法改变。但这种对于来犯东方的西洋人“决眦杖刀”的愤激之慨，充溢于藩士们心头。而勇于行动是日本武士的特点，访沪藩士们归国后，纷纷投入“尊王攘夷”大潮。最突出的行为，便是高杉晋作于文久二年夏季归国后感慨于西洋人对日本的逼迫，遂作“亡命书”，年底率伊藤博文等 12 人焚烧英国公使馆，次年组织奇兵队，抵抗进犯长州藩的英法军。这一系列行动，自然是日本国内形势的产物，但也是高杉上海行激发出来的民族主义情绪的爆发，他要以自己的实践阻止日本重蹈清朝的覆辙。

九、侧面探询太平天国情状

访问上海的日本使节团对太平战事的了解是全方位的，他们并不满足于与参战一方——清军和英法联军的接触，还设法调查参战另一方——太平军。虽然他们无法前往太平天国辖区直接考察，却努力地向上海官绅民众作间接探询。

峰洁 6 月 15 日（五月十八日）记载，这一天是“太阳日”，休息，大家登陆散步，峰洁与水手五代才助、商人永井屋喜代助等造访中国商人周兰。周兰告知，有各种新书，明天可以送到船上来，峰洁便问：

现今长毛贼状陈书有之乎？

① 《集成》第 1 卷，第 95 页。

答曰：无人仿出。英国之新闻纸有毛长话。[1]

可见，在上海市面书坊难以买到关于太平天国的书刊，而英国人办的报纸时常刊登关于太平天国的消息。如前所述，藩士们从《上海新报》所获不少。

纳富介次郎探听到攻击太平天国的一些说法：

长毛贼起初以反清复明的名义，但现在完全奉行天主教，以此来让愚民们服从，不从者诛杀无论。[2]

纳富还摘录《粤匪纪略》关于东王杨秀清（1820—1856）的经历，并特别详述一个作诗嘲骂杨秀清的书生的故事：

杨秀清自称东王，召集众多贼徒，专搞暴乱。一日，抓来一个书生，便要将其留在军中。书生推辞说：我只知读书，不懂军事，恐怕留在这儿也难以起作用。秀清说：“那么，你会作诗吧？我出一个题，天下皆东王也。”书生提笔写道：“率土皆清地，何为恣跳梁。国为红巾败，患同黑发长。破贼偏倚向，虐民总是杨。避秦何处是，回首问斜阳。”向指的是征贼将军向荣。秀清看后大怒，立即将书生杀死。这件事传到城乡，成为美谈。此事若是事实，那个书生与我国的伊企傩相比也不逊色。[3]

纳富将拒斥太平天国至死的儒生与日本民间英雄伊企傩相类比，足见藩士们完全站在清朝一边。

高杉晋作关于太平天国有一段总体性记述：

长发贼起始于道光二十九年。贼初将杨秀清，杨秀清死为天王代。杨秀清死，贼击贼，致自灭。贼信耶稣者有也。江南元帅曾氏英名。贼徒主英王。[4]

---

① 《集成》第 11 卷，第 20 页。

②③ 《集成》第 1 卷，第 38、37 页。

④ ［日］高杉晋作：《游清五录 · 外情探索录》。

所记虽有不确处（如太平天国起事于咸丰元年，此写为道光二十九年），但大体属实，尤其是“贼击贼，致自灭”（指“杨韦内乱”）之说，切中要害。

由于太平天国系朱明后裔的传说在日本流行甚广，访沪日本藩士多次询及此点。如日比野辉宽问许霍生，太平天国“传闻明末之人，然否？”许霍生的答复十分明确：

本在广西，乃开凿煤山之乡人，非大明朱氏之苗裔。①

日比野还就太平天国将领情况，询问许霍生：

欢成：贼将为何人？

许霍生：忠王、英王。

欢成：其为人何如？

许霍生：忠王乃笑里藏刀，英王如项羽一般拙躁。②

如果抛开语言的侮蔑性，许氏对忠王李秀成和英王陈玉成性格的概括是准确的：忠王足智多谋，英王粗豪勇武。

日比野在与华翼纶交谈时还涉及太平天国的宗教信仰：

欢成：贼首设神位，祭天惑众，果然乎？

华翼纶：贼首洪秀全广西人，其设神祭天，名称天主。然不过借此以愚众，非若西人之有天主教也。③

这位华翼纶，即清末著名科学家华蘅芳（1833—1902）的父亲，时任金匮知县，曾与太平军多次交战，日本藩士当然希望从他那里打听实战情形：

欢成：闻得兄频与贼战。

华翼纶：约有四十余次。

欢成：贼锋强弱何如，且用何等阵法？

①②③ 《集成》第1卷，第164、173、173页。

华翼纶：贼惟掳良民为兵，并无阵法。弟率乡民，惟以截堵抄包为战。因乡间皆水田，桥梁杂出，不能如平原布阵。

……

欢成：兄顷日与贼战，帅乡民若干？

华翼纶：帅乡民七万。

欢成：贼兵约若干？死伤约若干？

华翼纶：贼兵亦有三四万，死伤百余人。①

日本使节团抵达上海的6月2日（五月五日）的前三天，太平军攻克浙北太湖之滨的湖州。这是一场太平军与清军间的重要战役。自1862年1月，李秀成部即围攻湖州，清道员后升布政使衔福建粮储道赵景贤（？—1863）办团守卫。后湖州合围，城内粮尽，赵景贤将兵权授千总熊得胜，熊约降于太平军，5月30日（五月二日）破城，熊降、赵被俘。湖州距上海不远，又处太湖水系上游，从湖州经太湖、苏州河可直下上海，因此，湖州陷落对上海震动甚巨。峰洁的《船中日录》6月6日（五月九日）写道：

今日闻，南京长毛贼已抵达上海近郊。此前，距上海百余里的湖城被其围攻，昼夜攻打，城主防御失术，守城将士多被打死，现在城已陷落。故长毛势愈盛，向上海攻来。②

日比野辉宽则获悉湖州围城战的一些具体情节：

吃饭时闻得，当月初，湖城为贼所陷。其时城中断粮，很难听到鼠雀叫声。一斤肉大钱一千文还无处可买，兵民饿死者数万。城主赵公计穷力尽，遂殉难。之后兵民犹决死守城。长毛贼对城中通告：“湖地我们只以赵公一人为敌，今赵公死，我百姓非敌人，尔等何必相仇抵抗？”后守军城门洞开迎降，未伤杀一人。③

---

①③ 《集成》第1卷，第173～174、76页。

② 《集成》第11卷，第16页。

日比野还专门申明，所记皆“近日事”，为《盾鼻随闻录》等书所未记载。可见，藩士们除文献外，还尤其注意于最新消息、口碑材料的搜集，其内容虽有不准确处（如赵景贤开城后被俘，次年被杀，而此传说是开城前赵已“殉难”），但关于湖州之役还是提供了基本符实的概况和有价值的细节。

日比野同商人春舲的笔语，则涉及太平天国首都及地方建制：

> 春舲：现长毛改名天京。苏州改名苏福省。①

当春舲讲到，自己的仆从去年被太平军俘虏，在南京见过洪秀全，后又去过太平军占领的江西、杭州等处，月前方从苏州逃至上海，日比野大感兴趣，连问：“欲与从者笔语，可乎？”春舲答曰：“彼不知一丁字。”笔语要求方作罢论。②

日比野又询问太平军占领的州县名，春舲详列江宁府、苏州府等 12 府名及所辖 72 县名。③ 日比野进而了解这些府县百姓的民生状况及与太平军之间的贸易往来情形：

> 欢成：其州县之民为何事？
>
> 春舲：现长毛窝内做贸易，须得法兵全去方安。故我今日动身，亦带二人去也。
>
> 欢成：何畏法之甚乎！弟闻之慨叹。
>
> 欢成：上海之人尚往贼之窝内贸易乎？
>
> 春舲：现百姓与长毛亦贸易。剃头者长毛见之尽去，在上海做贸易不妨。上海至长毛窝内做贸易，胆小每商船十只，用法二人押船，每天英洋四元。④

这里提供了清方辖区与太平天国辖区间的民间贸易情况。看来，当时商人往返于敌对双方，颇能牟利，故不惜冒险。日比野的《赘肬录》写道：

---

①②③④ 《集成》第 1 卷，第 165、166、166~167、168 页。

听说奸商平日在宁波用军需器械与长毛贼搞交易，获得厚利。西洋士兵得知，夺了奸商的一条船，船里有两个西洋人，马上将其抓住，查看船内，有八十四箱洋枪，十一万五十匣子弹，有大量手枪、刀剑。将其带到了上海，在英国领事馆审讯。这也太甚了。清国官吏为什么不能审讯呢？呜呼怪哉。[①]

这些记述，提供了几点值得注意的情况：一、商人向太平军偷运大量西洋枪支弹药，以获厚利；二、有西洋人参与武器贩运买卖；三、这类案件由英国领事馆审讯；四、商船驶往太平军辖区，由法国军人押送，法兵索取报酬颇高。这既表明贪利的洋兵深深卷入军火交易，并为驶往“敌占区”的商船护航，同时又表明太平军对洋枪洋炮的渴求，并从此类走私活动中获得枪支弹药不少。这与李鸿章的说法相吻合：“贼中多用洋枪，力可及远，皆牛芒（流氓）鬼子，广东、宁波商船转运者，无法禁止。”“李秀成所部最众，洋枪最多，牛芒鬼子满船购运，以获大利。”[②]这里的“牛芒鬼子”即指从事武器走私的洋人。当时曾在一只船上搜出的单据显示，1862年4月间，一上海洋行供给太平军步枪3046支，野炮795尊，火药484桶，子弹18000发。[③]日本藩士当年在上海耳闻的武器走私情形与这些记载相互照应。

太平军在与“洋枪队——常胜军”及英法联军作战时，领略了洋枪洋炮威力，诚如《李秀成自述》所说，洋枪洋炮“太太利（厉）害，百发百中”[④]，掌握新式武器的西洋军队成为太平军的重大威胁，日比野专门就此询问许霍生：

欢成：长毛畏英乎，畏法乎？

许霍生：英法兵所到之处，贼皆畏。法有落地开火之炮，贼尤畏之，故名振而不敢进攻上海。[⑤]

---

①⑤ 《集成》第1卷，第69、163页。

② 《李文忠公全集·朋僚函稿》。

③ 参见简又文《太平天国全史》第1972页。

④ 转引《清史资料》第5册，第141页。

高杉晋作与大南门卫士阮松讨论练兵之事，也涉及太平军畏惧西洋火器问题：

阮松云：“向者请英佛兵防长毛贼，近日又使我兵卒学西洋兵铳，因贼惧不能近。”由此言，支那兵术不能及西洋铳队之强坚可知也。[①]

太平军数次围攻上海功败垂成，原因是多方面的，西方列强的武装干涉无疑是重要因素。英法军队是当时装备最先进的武装力量，英法联军及洋枪队——常胜军投入对太平军的战斗，使战力天平倾向于清方，太平军固然英勇抗击西方干涉军，但其中世纪装备毕竟无法抵挡洋枪洋炮。日本使节团在上海耳闻目睹了这一军事现实。

藩士们还注意到，与长江流域的太平战事相同时，中国北方还有捻军战事。日比野辉宽记载他与春舲的对谈：

欢成：传闻长毛之外有一种之贼匪，果然乎？

春舲：现北边都城一带亦有捻匪，比长毛无用，不过不受发，方今被僧王扫靖。

欢成：其余种尽消灭乎？

春舲：近日闻得，有捻匪到省城。

欢成：何处州县尤肃清？

春舲：现在广东、四川、云南，长毛、捻匪皆无。[②]

太平天国能否夺取天下，是日本藩士们特别关心的问题。日比野与春舲笔语便论及于此——

欢成：长毛唯贪利乎？将有大望乎？

春舲：吾国“國”字中间，均写“或”字，唯长毛俱写“王”字，系自称为王之故。长毛之事，吾友谢炳曾做《金陵摭谈》书一本，上面俱有。[③]

---

① ［日］高杉晋作：《游清五录·上海淹留日录》。

②③ 《集成》第1卷，第168页。

春舲在这里明确指出，太平天国并非图一时之利的股匪，而有夺取天下的雄心。

峰洁与在籍县令马诠讨论过同一问题：

> 问曰：十八省中贼匪何处最酷烈？
> 诠曰：南京。
> 又问曰：逆匪有可灭之期乎？
> 答曰：此天数也。[①]

身为朝廷命官的马诠竟将朝廷与太平天国间斗争的胜败付之“天数”，可见当时的军政形势尚在未定之秋，官僚层也抱观望态度。倒是日本藩士从正统意识出发，力陈所谓“顺逆”之理，峰洁当场批评马诠说：

> 虽曰天数，能治人事，则有挽回天运之理矣，且天之所佑在顺而不在逆也。[②]

在中华文化系统中，素有“汤武革命，顺乎天，应乎人”的“革命”传统，有改朝换代、皇帝轮流做的惯例，所以每当夺权斗争形势不明朗之际，人们（包括士人）往往持观望态度。而日本是“万世一系”的天皇制，“革命”被视作叛逆。因此，1862年沪上日中两国士子交谈，日本藩士否定太平天国的自觉性和坚定性，比中国儒生更有过之而无不及。

十、“太平天国否定论”及其对近代日本的影响

如前所述，日本国内舆论是视太平天国为“逆贼”的，故访沪藩士皆以“长毛贼”、“贼匪”称太平军。他们所到的上海又是清方辖区，藩士们接触的官民，都带着强烈的反太平天国情绪，这自然对藩士们有重大影响。高杉晋作与儒生顾麟交谈，顾氏称：

---

①② 《集成》第11卷，第33页。

弟自旧冬避长毛贼至此，今春三月家室已被焚烧，家中书籍金石图画一并而空，惨难言状。[①]

高杉晋作闻之，“潸然落泪”[②]。

日比野辉宽则记录中国士人许霍生对太平天国后期主要将领忠王李秀成、英王陈玉成的评论：

此本跳（梁）小丑，礼貌不知，渠意欲削槽（漕）粮，缘县令不准，从此聚蚁，掳（掠）纵火，种种造恶。各处所遇百姓，皆遭荼毒，有不能逃者，皆被鞭笞，少女污淫，富者重捐。若此则人众地广，而害更大也。[③]

许霍生所讲李秀成、陈玉成的起事经历，大体属实，而对太平军充满攻击之词。

日本藩士的见闻所及，无不在清方氛围之内，他们对太平天国的印象是：暴虐无理、杀人无算、破坏社会生产力、摧残传统文化、导致外国势力入侵，等等。这与出入太平天国境域的英国人呤唎（Augustus Frederick Lindley，1840—1873）的情况颇不相同，因而日本藩士的纪行文论及太平天国，其立场、观点、感情，与同情太平天国事业的呤唎所撰《太平天国革命亲历记》（1866）大相径庭。受到高杉晋作等访沪藩士的影响，幕末志士大多对太平天国恶感增强，如被推尊为“维新先驱”的久坂玄瑞说：

近年中国大半被邪教披靡，周孔之道落到那样地步，真是可怜。[④]

在农民占多数的东亚国家（如中国、日本、朝鲜），其近代化进程没有像西欧那样呈现市民革命形态，而是以农民的土地诉求为基础，中国爆发太平天国革命，朝鲜爆发甲午农民战争（东学农民战争）便是激烈表现。日本农民的

①② ［日］高杉晋作：《游清五录·外情探索录卷之贰》。

③ ［日］日比野辉宽：《没鼻笔语》，《集成》第1卷，第164页。

④ ［日］久坂玄瑞：《解腕痴言》，野史台编《维新史料》。

土地要求虽然同样强烈，却因掌握社会变革枢纽的武士阶层的选择，避开了大规模农民战争等全国性下层暴力反叛运动，走上改良的维新之路，这与日本武士阶层的历史观和价值取向颇有干系。

日本的幕末维新和明治维新，采取拥戴天皇的自上而下的改革形式，试图以较轻微的震撼，谋求社会转型，其办法是借助天皇的权威，井然有序地实现社会进步。这种选择的根据是：天皇及以天皇为首的朝廷是日本民族的精神依托。正如高杉晋作所说：

天下益衰，诸侯益惧，唯一可依赖者，天朝而已。[①]

此处“天朝”，指天皇代表的朝廷，与幕府形成对应关系。幕末维新志士的这种选择，当然是日本自身历史条件（如万世一系的天皇制、“天皇—幕府”二元政治结构）的产物，但幕末形成的“太平天国否定观”，即对于自下而上的大规模农民战争的恐惧，也在这种抉择中起了点化作用。以访沪藩士为例，他们在上海对太平战事的观察和体验，集中到一点，便是认为农民战争必将导致内乱，并加剧西洋人入侵造成的外乱，使得国将不国。高杉晋作在长崎逗留时，从美国传教士威廉那里获悉，美国发生南北战争，双方胜负未决。而“支那亦然，此节强贼纷起，南方尽为所占，同美利坚的南北战争相似，但比美利坚的情况更复杂的是，支那还有外乱，美利坚仅有内乱”[②]。高杉指出：

我从传教士介绍的情况中推察，外患、内乱并作，是最值得忧惧的……而内乱比外患更可怕。[③]

中牟田仓之助关于农民战争将导致内乱、外患并发，有更具体的分析：

长毛贼信仰耶稣教，又多用外国器械，大炮也是学洋人的（英国人

① 《东行先生遗文·书翰》，第 15 页。
② ［日］高杉晋作：《游清五录·长崎淹留杂录》。
③ 《东行先生遗文·日记及手录》，第 87 页。

> 说是美国人给予的，或说是英国私下给予的）。英吉利虽然帮助清朝防御长毛贼，但耶稣教私下向长毛贼提供好器械。长毛贼以推翻清朝、夺取政权为目标。长毛贼又信仰耶稣教，英吉利由自己的利益和宗教信仰出发，对于太平天国和清朝间夺取天下，究竟持怎样的态度，其策略尚难以定论。[①]

这一分析的要领是，太平天国与洋人既然宗教信仰相似，便有相互结合的可能，如此，便内乱、外患交织一片。这正是日本最需防范的。

“千岁丸”访沪见闻传回日本，对幕末志士影响不小，久坂玄瑞于1862年9月（文久二年八月）撰《解腕痴言》，便从中国的太平战事引申到对日本局势的预测：

> 夷狄吞噬掠夺，贪得无厌……英佛干戈恣意指向皇国，这与支那长发贼威势甚炽颇有关系。万一长发贼与英佛相结合，英佛必然寇犯我国。[②]

从高杉、中牟田、久坂等人的言论可以清楚看出，发生在西邻中国的太平战事，给日本维新志士的教训是：力避下层民众暴动，以杜绝社会动乱，尤其是谨防内乱、外患并作。正是出于这种考虑，维新志士虽有种种个人冒死犯难的暗杀行为，却不发动下层民众起事，而走上一条依靠天皇权威、自上而下、有秩序的变革路线。应当说，访沪藩士进一步强化的“太平天国否定论”，对于这一路线的择定是起了作用的。

有些学者认为，太平军起事，对高杉晋作回日本组建“人民武装”——奇兵队有所启发。此说含义不确，笔者不敢苟同。太平天国在高杉晋作等访沪藩士眼里，是一次负面意义的暴乱，高杉决不会将自己组建的奇兵队与太平军相比拟。从逻辑上看，高杉组织与“正兵”（藩军）相对应的由下层武士和庶民编练而成的“奇兵”，很可能受到中国的湘军、淮军这类由乡绅领导的民间团练武装的启发。1863年6月（文久三年五月），长州被法、美舰队攻击，长

---

① 《子爵中牟田仓之助传》引述。

② 野史台编《维新史料》。

州藩主束手无策，急召赋闲家中的高杉晋作，高杉献策曰：“当今之时，食肉之士不堪用事。吾以为应招募身强力壮者另外组织一支军队。”[①] 这便是与藩国正规部队“正兵”相对的“奇兵”。其组织原则，一为“匹夫之志不可夺”，“招募有志者”，“不论藩士、陪臣、轻卒，一视同仁”；二为设日记（功劳簿），赏罚分明；三为队法“不拘西洋式或日本式，各得其用，以能接战为宜”[②]。这些行之有效的组军办法，都与高杉上海行的见闻相关，从募兵原则到战法原则，都与淮勇暗合。在上海观操、闻战，增加了高杉晋作等藩士的实际军事知识，尤其是高杉在上海目睹了英法联军的后膛枪炮，对这些新式武器及现代战术有了切身感受，认识到个人武技在现代战争中的作用已相当有限，从而放弃对传统武士的迷信。这对他日后组织由下层武士、农民为主体的“奇兵队”[③]，以取代全由武士组成的“正兵”（藩军），无疑具有启示作用。

① 转引古川熏《高杉晋作の一生》，新人物往来社 1978 年版，第 180 页。

② 《东行先生遗文 · 书翰》，第 106～107 页。

③ 奇兵队员身份不明者占 10%，藩士占 44%，农民占 38%，神社职员占 4%。

第五章　色彩斑斓的社会风貌

沪虽弹丸之地，而禹荚所骈罗，中外所互市，肩摩毂击，金气熏灼，苍牛青虎之间，沧海横流，耳闻目见，书不胜书。

——《王韬日记》

一、难民潮涌

“千岁丸”乘员们除太平战事外，还以浓厚兴趣观察沪上世态风情。

1862年（同治元年）上海的一大社会景观，便是滚滚而至的难民潮。日本使节团诸人穿行上海城垣内外，漫步黄浦江滨，耳目所及，详悉难民情状。

1843年开埠前，上海县人口50万，其中县城及近郊人口约20万，是一个中等规模的城镇，不能与南京（1852年90万人口）、杭州（鸦片战争前夕60万人口）相比，较之苏州（鸦片战争前夕50万人口）也等而下之。开埠后，对外贸易和近代工业的迅速发展，吸引周边人口进入上海。1853年3月（咸丰三年二月），太平军攻克江宁（南京），旋改称天京，以为首都，又分兵破镇江、扬州。清将向荣（1792—1856）率部驻扎江宁南郊明孝陵卫，是为“江南大营”，琦善（1790—1854）、陈金绶（？—1856）率部驻扎扬州城外，是为“江北大营”，与太平军形成对垒形势。自此，太平军与清军在长江下游展开拉锯战。长达十年的兵火，使素称富庶的江苏、浙江人口锐减、田园荒芜。冯桂芬称，苏州松江一带，“纵横千里之内，人烟寥落，邑里榛芜”[①]。据户部清册，1840—1850年（道光二十至三十年）江苏人口在4200万至4400万之间，居全国第一位或第二位，居第二位时也仅比第一位的四川少20万人；

① 冯桂芬：《显志堂稿》卷三，第31页。

而光绪初年则锐减至 2000 万，在全国排名降至第九位。[①] 太平战事及北方的捻军战事不仅导致人口锐减，还造成人口大流动——因上海作为开埠港市，西洋人在此建立“国中之国”——租界，保有相对安定，江、浙及赣、皖、鲁一带官绅商贾为避兵燹，竞相逃往上海，托荫于洋人控制的租界，而城乡民众也涌进上海租界内外以求生存。这样，自 19 世纪 50 年代开始，上海便面临来势汹涌的难民潮。

1853 年 9 月（咸丰三年八月），小刀会首领刘丽川（1820—1855）率众乘丁祭日渗入上海县城，杀死县令袁祖德（？—1853），拘捕苏松太道吴健彰（1815—1870），占领县城，英美两国驻上海领事利用小刀会内部矛盾，将吴健彰营救出来，助其在租界重建政权。小刀会抗击清军及法国干涉军，坚守上海县城直至 1855 年。此间大批城内居民迁徙租界。1854 年，租界内华人达二万多[②]，自此增势不减。1860 年 3 月（咸丰十年二月），太平军东征，上海郊县、苏南各县、浙东诸县，以至安徽、江西、山东难民辗转来沪，上海租界华人剧增，不同资料说法不一，有十余万说[③]，有三十万说[④]，这些新增人口主要是难民。久居上海的文士王韬记述，咸丰十年街面“肩摩踵接”，已经人满为患。[⑤]

1861 年 12 月 29 日，太平天国李秀成部攻克杭州，随即分兵五路进攻上海县、松江府。一波更为巨大的难民潮涌向上海。《北华捷报》1862 年 1 月至 2 月，连续几期报道难民滔滔的情形。工部局华文处译述的“报告书”称，1862 年租界人口达到 50 万[⑥]，法国驻上海代理领事爱棠的调查则显示，当时有百万左右难民进入上海。[⑦] 而《北华捷报》编辑的统计数字更惊人：1862 年上海市区人口骤增至 300 万，其中 250 万是难民。[⑧] 王韬称该年上海“人多

① 严中平等：《中国近代经济史统计资料选辑》，科学出版社 1955 年版，第 362～374 页。

② 见岑德彰《上海租界史略》，世界书局 1931 年版，第 49 页。

③ 参见邹依仁《旧上海人口变迁的研究》，上海人民出版社 1980 年版，第 15 页。

④⑥ 工部局华文处译述：《费唐法官研究上海租界情况报告书》第 1 卷，1931 年版，第 61 页。

⑤ 王韬：《蘅华馆日记》，咸丰十年一月二日。

⑦ 参见《上海法租界史》，第 261 页。

⑧ 参见《北华捷报》1862 年 2 月 21 日、1863 年 3 月 12 日。

如海”[①]。乘“千岁丸”访沪的日本藩士称上海“人烟炽盛，士女杂沓”[②]。旅居上海的名士冯桂芬则形容难民们“鸠形鹄面”[③]，困窘万状。上海道台吴煦同治元年不断收到下属的禀报，称上海近郊“庵庙各宅坟山屋，难民拥挤不堪”[④]，“连日难民来者甚众”[⑤]，“现定洋商出钱，由官派员在城内教场搭草棚数百间，安插附近难民”[⑥]。洋人为维持租界秩序，对难民严加控制，甚至以开枪相威胁，英国署理上海领事麦华陀（Sir.Walter Henry Medhurst，1823—1885）发布公告称，租界内难民“设有滋扰情事，外国兵丁定即开枪攻击”[⑦]。

饥饿、露宿、洋兵威压，加之“天行疾疫，何其盛且广”[⑧]，使难民陷入绝境，1862年一年内死亡者不下百万。

“千岁丸”造访上海正值该年盛夏，藩士们从诸多侧面看到了一幅幅难民图。

名仓予何人一天“出薛家浜，过江边，见有逃难携妻子住于船中者，其舟不知有几千百艘”[⑨]。又在一个阴雨天，名仓散步到黄浦江边——

> 见黄江之水涯小舟栉比，大抵系避难之人。[⑩]

峰洁也发现，江面小舟浮住着大批难民。[⑪]

纳富介次郎对难民的生活状况有较详细记述：

> 那时的上海凡为躲避贼乱的难民，均无固定的住处，有的站在路旁，有的把船作为栖身之地，雨淋露晒，困于饥渴，为计算每日的生计，拼命挣扎，真是可怜至极。
>
> 据说难民大多来自苏州，约有十余万人。而官府无能救助他们，每

---

① 王韬：《弢园尺牍》卷三，第13页。

② ［日］名仓予何人：《支那闻见录》，《集成》第11卷，第170页。

③ 《显志堂稿》卷三，第30页。

④⑤⑥⑦⑧ 《吴煦档案选编》第2辑，第286、247、247～248、209～210、368页。

⑨⑩⑪ 《集成》第11卷，第107、121、31页。

天都有很多人死于饥饿。[1]

纳富还在长江及黄浦江江面见到多具漂浮的尸体。[2]

峰洁则注意到，除租界涌入大量难民外，上海县城内也挤满难民。他听说，城内原先"户数一万二千余轩，人口三万六千余人"，而"贼乱以来，避难而来者颇多，城内人数分明大增"[3]。峰洁还具体考察了因难民潮导致的上海大饥荒问题——

> 上海因四方难民群集故，米价日日沸腾（米百斤须钱九贯文，相当于日本钱二十七贯文）……今天我船雇来几个人，都似饿鬼，皮包骨，没有一个肢体肥胖的。[4]

名仓予何人具体考察了上海米价腾升的情况：

> 余至米铺，寻常米价大抵铜钱八十文至九十五文，而现今定价十倍云。[5]

米价的飞涨，自然造成难民的食粮无着。峰洁一日面对黄浦江面寄居小舟的难民，与回乡县令马诠交谈：

> 问曰：今此江中之人，皆何处人乎？
> 诠曰：此系苏州难民矣。
> 洁曰：大概有几人？
> 诠曰：难细言，约十万余人。
> 洁曰：此十万人，所食米盐皆买于上海市乎？
> 诠曰：然矣。
> 洁曰：费价日当腾涌矣。

---

①② 《集成》第1卷，第25~26、26页。

③④⑤ 《集成》第11卷，第27、31、208页。

诠曰：一石米价常日三四千钱，今则九千钱矣。

洁曰：钱尽将如何？

诠曰：无可如何。

洁曰：官府亦无可如何乎？

诠曰：官府难办。[①]

纳富介次郎也述及上海饥荒状况：

在上海，当地人和逃难来的十余万难民一起消耗粮食很多，好在上海水路运输方便，运来的粮食不会穷尽。可是米价天天暴涨，难民们买不起，成了叫花子也没有人给，最后只能饿死。由此我想，其他地区也为躲贼乱，而那个地方粮食少，运输又不方便的活，即使储有黄金，迫于饥渴，饿死的人会比上海还要多，清朝当今的衰败实在可叹。[②]

峰洁为饥荒问题，与中国士人顾麟作具体探讨——

问曰：所见满江难民约不下十万，不出数十日而食将尽矣，将如之何？

麟曰：此间海口甚便，有牛庄籼，西洋商载来。又有江北仙女庙产籼米甚多，商人陆续筹办，欠米之可以无虑。

洁曰：幸有此一事，稍放心矣。

麟曰：闻贵国米颇佳，何不贩到此乎？

洁曰：此大禁也，若一开之，滑商相争贩出矣，则国中米价腾涌，小户贫民将饿死矣。[③]

峰、顾对话，有几点具备经济史价值：其一，上海因水路交通方便，可从周边产稻区源源运来粮米；其二，洋商已介入粮食贩运；其三，日本米质好，

①③ 《集成》第11卷，第31～32、32页。

② 《集成》第1卷，第27页。

已为上海人所知，但日本的国策是大米不出口，以防日本国内米价升腾，引起饥荒。[①]

峰洁对上海难民的痛苦深怀同情，又向中国士人管庆棋询问清朝政府的救治之策——

> 问曰：申江中多少难民，今此梅雨中，篷漏舟湿，实千苦万艰，若留于此经三月之外，则人皆将病。且上海市上籼米腾涌，将以何生活？且官府有意于救之而不能乎？抑实无救之意乎？
>
> 庆棋曰：难民到此，官府设有难民厂，酌给米石，其有不虑进厂者，听其自谋生计。今江中所泊之船，皆是别处逃来自谋生计，不愿入厂者也。[②]

当时上海城内外，饥民遍野，树皮草根也被刨掘殆尽，怎么可能有难民不愿意进官府开办的粥厂取食呢？管庆棋的言论显然是一种替官府遮丑的开脱之词，峰洁并不相信，故批曰“此语可疑”[③]。

难民面对饥饿、瘟疫、兵锋等威胁，当然设法自救，有的人便想逃亡国外。纳富介次郎接待过试图出走日本的中国士人——

> 上海本是俗地，搞文学艺术的人并不多，有时到我们旅馆来显露风雅的都是难民。其中有一秀才，他哀叹清朝的衰败，景仰我国，对我说：“现在有不少难民去了贵国的长崎，古时也有这样的事，知贵国本是仁义之邦，而且与我国唇齿相依。若诸位可怜我辈，救我们出苦难深渊，召为民，便能长期得到恩泽，得以安居。”[④]

中国人移居日本，古来即有，近如明末清初陈元赟（1587—1671）、朱舜水

---

① 据清朝驻日公使何如璋（1838—1891）1880年与朝鲜开国派政治家金弘集（1842—1896）笔谈称，明治间“日本米谷出口不禁”，已改变江户幕府时期严禁大米出口的政策。见《东瀛遗墨》，上海人民出版社1999年版，第19页。

②③ 《集成》第11卷，第32页。

④ 《集成》第1卷，第26页。

（1600—1682）便是移民日本的著名者，且对日本文化有大贡献。求见纳富的士人所称“古时也有这样的事”，约指上述。纳富颇同情这些人，以为接纳为日本国民，以量材使用，“他们就不会因战乱而饿死，也有益于国家”[①]。这当然只是作为下层武士的纳富个人的善意，当时江户幕府的国策是不允许中国人移居日本的。

二、鸦片泛滥

“鸦片”是英文 Opium 的音译，亦译作“阿片”。由罂粟果内乳汁经干燥而成，主要成分为吗啡，有镇痛、止泻等作用，吸食易中毒、成瘾。[②]唐代即有阿拉伯商人将罂粟输入作药用，17 世纪吸食鸦片的方法从南洋传入中国。清朝雍正间开始禁吸鸦片，1796 年（嘉庆元年）严禁鸦片输入，鸦片贸易成为非法走私贸易。英国东印度公司在 1773 年和 1797 年先后取得鸦片专卖和制造特权，并开始向中国倾销鸦片，1838 年（道光十八年）输往中国鸦片 35000 箱，烟毒蔓延南北，并引起白银外流，银价飞涨。中国对外贸易由先前的出超变为大规模入超。第一次鸦片战争后签订的《中英南京条约》没有鸦片条款，实际是默许鸦片免税输入，形成“公开走私”局面。第二次鸦片战争中，清政府于 1858 年（咸丰八年）与英、法、美签订《通商章程善后条约·海关税则》，准许外商在通商口岸销售鸦片，以“洋药”名目缴税，两江总督何桂清亦于当年倡言弛禁之利[③]，从此鸦片贸易合法化。

作为通商五口之一的上海，是鸦片贸易的重要口岸。英国驻上海第二任领事阿礼国（1809—1897），在就任第二年（1847 年）呈递的一份报告中，把鸦片走私纳入上海贸易之中。当时鸦片走私不是在租界内进行，而是在停泊于吴淞口的趸船上进行的。[④]在上海进出口贸易额中，鸦片所占比重超过一半，1847 年达 63%，1849 年更高达 71%。鸦片贸易在 1858 年以后，因有条约保障而规模更大，诚如王韬在谈及上海贸易的感想时，沉痛指出：“其片芥（指

① 《集成》第 1 卷，第 26 页。

② 《辞海》“阿片中毒”条称：经常应用鸦片或吗啡，易于成瘾而发生慢性中毒，有性格变化、精神萎靡等征象。瘾发时呵欠流涕，坐立不安。

③ 见《筹办夷务始末·咸丰朝》卷三十一，第 18 页。

④ 参见邹依仁《旧上海人口变迁的研究》，表 52。

鸦片——引者）一物累箱捆载而来者，皆毒痡中原吸膏敲髓也，民生凋敝财力耗蠹此其一端。”①

上海既是鸦片贸易中心，也是巨大的鸦片消费市场，时称“上海烟馆，甲于天下”②，“租界中大小烟馆，数以千计”③，官民吸食鸦片相当普遍。1862 年夏季访沪的日本使节团对当地烟毒泛滥的情状有真切观察。这也触发了藩士们考察鸦片战争史的兴趣。

第一次鸦片战争的消息，由《鸦片传闻书》播散于日本。其资料来源是“清商、兰客”（清朝商人和荷兰客商）。《传闻书》逐年逐月记述始自 300 年前中国输入鸦片，以及清政府一再禁止鸦片贩卖，林则徐到广东上任，厉行禁烟，其后发生战争和外交交涉、议和签约等情节。后来又有《夷匪犯境录》等记述鸦片战争始末的汉籍传入日本，并出现日本人写作的《鸦片始末》等书。第一次鸦片战争的消息对幕末日本震动甚大，实启其开国先机；第二次鸦片战争的消息，再次促使开国之初的幕府加紧开放步伐，而具有“尊王攘夷”倾向的下层武士则对西力东渐导致的民族危机忧患更深。访沪的藩士注意于鸦片战争史的考察，便与此种情怀相关，其中以高杉晋作最为突出，他曾多方探查有关鸦片战争的资料。

高杉记录的一段与中国人的笔语如下：

高杉：英夷鸦片以来战争之事，书为史册者有否？

中国士人：无。阿片通中国，始于乾隆，盛于道光，鸿胪寺黄爵滋奏禁此物，英夷遂滋事，道光二十二年提督陈忠愍公化成死之后，遂解禁。

高杉：贵邦近世之人，钦慕陈化成、林则徐等之为人者多否？

中国士人：二公名望，非特本地钦慕，四夷多想望风采，实为吾朝名臣。

高杉：弟亦尝慕其为人。④

① 王韬：《瀛壖杂志》。

② 葛元煦：《沪游杂记》。

③ 黄式权：《淞南梦影录》。

④ ［日］高杉晋作：《游清五录·外情探索录卷之贰》。

高杉求索鸦片战争史册，探询林则徐、陈化成等禁烟、抗击英国侵略的中国民族英雄的事迹，并表露自己对林、陈二位的钦敬。高杉一次逛书店，店主问：“现有《佩文韵府》二部，请问，要否？”高杉答曰：

> 《佩文韵府》等于我无要，有陈忠愍公（陈化成谥“忠愍”——引者）、林文忠公（林则徐谥“文忠”——引者）两名将之著书，则我虽千金要求之矣。[①]

有较深汉学功底的高杉当然懂得，作为分韵编排的辞书《佩文韵府》有很高学术价值，但他此时最急迫求索的，是挽救民族危机的谋略。林则徐、陈化成的思想言行自然为他所渴慕，清朝应对鸦片战争的经验教训也为其关注。此类图书，高杉不计价格，一概购买。

中国在近代前夜即遭遇头号资本主义强国——英国推行的鸦片贸易的袭扰，鸦片是英国人主持的“英国—印度—中国”间“三角贸易”的三大商品之一（另外两种为棉织品和茶叶）。确保罪恶的鸦片贸易，成为当年英国的国策，这便是其发动两次鸦片战争的动因。而日本则较为幸运，打开日本门户的美国，固然也有商人参与在中国的鸦片贸易，其规模仅次于英商，如1817年（嘉庆元年）输入中国鸦片共4500箱，美商占1900箱，但美国政府反对鸦片贸易，美国第一次与亚洲国家签订的《美国·暹罗条约》（1833年3月20日）便写明禁运鸦片。美国与清朝政府签订的《中美望厦条约》也有禁止鸦片贸易的条款。1853年率舰队逼迫日本开港的培理，亦宣布禁运鸦片。秉承这种外交传统的美国代表哈里斯（Townsend Harris，1804—1878）在与日本幕府谈判时，便把禁止鸦片贸易的条款写入《日美和亲条约》。[②]继美国之后与日本签订条约的英、法等国也只得沿袭美日间的这种禁运鸦片的先例。因此，日本开国之际避开了鸦片之祸。故后来伊藤博文说：“与一国立善约，则他国遵之。”[③]

---

① ［日］高杉晋作：《游清五录·外情探索录卷之贰》。

② 参见加藤祐三《两种居留地》，《上海和横滨》，华东师范大学出版社1997年版，第105～109页。

③ 转引自《何如璋、黄遵宪等和朝鲜金弘集的笔谈》（1880），李庆编注，《东瀛遗墨》，上海人民出版社1999年5月版，第18页。

日本人既然未蒙鸦片之祸，1862年访沪的藩士们当然特别震惊于中国的烟毒泛滥，同时又天真地认为，只要有人出来呼吁禁止，即可阻挡鸦片流行。日比野辉宽在与中国官员华翼纶交谈时，即劝华氏出来挽救局面——

> 欢成：鸦片、邪教之有害于国家，不鲜少，今也公行，然而往往看饥饿之人，兄何不献白而救之？
>
> 华翼纶：心有余而（力）不足，为之一叹！①

华翼纶身为县令，又曾率兵多次出战太平军，在与日本藩士交往时，颇有豪迈气概，但言及救治鸦片之害，他却自叹无能为力，足见此害之广、之深，决非一般性呼吁和举措所可挽救。

纳富介次郎关于上海烟毒弥漫的记述最详，并涉及鸦片禁而不止的原因：

> 清国近几年有很多人吸鸦片烟，官府最终也无法制止。现在在上海以吴煦为首的官吏也都吸鸦片。因此，虽说对百姓施行严禁，但无人遵守。②

上海官绅民众吸食鸦片者甚众，道台吴煦等政府要员吞云吐雾，就连痛论鸦片之害的沪上名士，王韬本人也是瘾君子。上海的官绅出入烟馆，又在家中自备豪华烟具；平民缺钱，甚至讨取烟馆洗刷烟具的残水饮用，以解烟瘾。据光绪年间教会医生的一项统计，上海各类人吸鸦片的比例为：苦力50%，工人30%，商人40%，官绅无统计，而南京官绅吸食者为50%，上海亦应相近。③近半数的上海成年男子吸鸦片，这是何等严重的事态！纳富向当地人打听，鸦片何以有如此之大的吸引力？答复是：“鸦片烟味儿极美”，虽明知有毒，甚至危及生命，但“心气不爽，或做事感到疲倦时，吸口鸦片会顿觉精神振奋。因此，人们最终还是废止不了鸦片。”④

纳富记载，“千岁丸”离开上海港前，曾雇请一位领水员，费用80银元，

---

①②④ 《集成》第1卷，第173、31、31页。

③ 转引自王树槐《中国现代化的区域研究　江苏省，1860—1916》，（台湾）“中央研究院”近代史研究所1984年6月版，第605页。

是很高的报酬。这个领水员是当地人，会讲英语，却衣衫破旧、面黄肌瘦。纳富写道：

在黄浦出发前，中牟田仓之助问他："你每月有几次这种活？"回答说："有时两三次，有时四五次。"中牟田又问："你有父母妻儿吗？"回答说"没有"。又问："那么，你是喜欢赌博或沉溺于女色了？否则，你挣那么多钱，怎么衣着如此不整，而且身体又那么瘦弱？"他答道："我不好别的，只嗜好吸鸦片。挣的钱虽多，但还不够吸鸦片的呢。"①

藩士们都不相信鸦片有那样大的吸引力，竟使一个人倾家荡产。但紧接着藩士们亲眼看到的情景，终于使他们明白了鸦片烟的特殊威力：

过了一会儿，此人来到我们住处，从一个精美的盒子里取出烟具，平卧着抽起来，约半刻钟，大家都凑过来看稀奇。其烟充满了屋内，其味难闻。因此就制止他吸烟，可他根本听不进去，眸神荡漾，如醉如睡。过了一会儿，恐有事故，仓之助大喝一声，把手放到刀把上，脸上露出怒色。见此，那人吃了一惊，匆忙收起烟具走了。②

日比野辉宽的《赘肬录》1862年8月1日（七月六日）也有关于中国领水员（文称"水路主人"）吸食鸦片的描述，情节与纳富的略同。日比野抒发感慨道：

余窃闻水路主人一月获利二百余金，然而却贫苦到这种地步，鸦片费用大到如此，使人贫苦，甚至朝吃夕死也在所不惜。嗟乎！陷害生民于迷惑、沉溺之中，莫如其甚也！③

纳富还耳闻若干烟毒泛滥的情形：

我曾听清人说过，官军之所以屡次打败仗，原因是军中都吸鸦片，大

①②③ 《集成》第1卷，第32、32、129页。

> 敌临头，还躺在床上吸鸦片。吸鸦片是定时性的，一到时间，即使是在战场上也得吸，否则就受不了。我听了尚半信半疑，但看到这个人的所作所为，才认识到所闻不假。可怜的是这烟又戒不掉。[①]

名仓予何人与中国士人王互甫讨论烟毒泛滥问题，王互甫叹息没有解毒良药，名仓戏曰：

> 除此烟毒需良方，今求取其药甚难，却有，其药名“则徐丸”、“化成汤”。[②]

王互甫闻言大笑。可见，日本藩士寄望于林则徐、陈化成这样的民族英雄再世，禁除烟毒。

日本藩士在上海逗留时间不长，但所见烟毒泛滥情形已经触目惊心。与他们同期在沪的杭州人葛元煦，后来在所著《沪游杂记》（1876）中专载《洋烟害》一目，形容一个吸鸦片者，“但见愁容如枯木，勉强支架在人间”。并引竹枝词说：“洋烟之害，害人若投渊。”19世纪70年代访华的日本汉学家竹添光鸿（1842—1917），也十分注意鸦片泛滥的情形，他作诗讽罂粟花：

> 翠袖轻飞不受尘，娇红艳紫殿残春；
> 前身应是倾城女，香色娱人又杀人。[③]

此诗揭示了在罂粟花轻柔香艳外表背后的杀人本质。另一位日本汉学家冈千仞（1833—1914）于19世纪80年代访华，也痛论烟毒“缩人命，耗国力”[④]，将“烟毒”与“贪毒”、“六经毒”并称中国“三毒”，认为“非一洗烟毒与六经毒，中土之事，不可下手”[⑤]。这些论述与纳富介次郎等日本藩士60年代初的见闻相合，印证着林则徐1838年9月（道光十八年八月）的著名奏章：

---

① 《集成》第1卷，第32～33页。
② ［日］名仓予何人：《支那闻见录》，《集成》第11卷，第198页。
③ ［日］竹添光鸿：《栈云峡雨诗草》，《集成》第19卷，第221页。
④⑤ ［日］冈千仞：《观光纪游》，《集成》第20卷，第76、84页。

如果对禁烟“泄泄视之”，后果将是：

是使数十年后，中原几无可以御敌之兵，且无可以充饷之银。①

19 世纪中后叶的中国，正呈现出这样的危局。

三、洋教传播

基督教（包括天主教、新教、东正教）是西方人传入中国的宗教，近代中国朝野通称“洋教”。基督教入华，可追溯至唐代，时称景教，后中断；元时复入，称也里可温教，后又中断；明末，天主教耶稣会入华，万历间，耶稣会士、意大利人利玛窦（1552—1610）入北京，天主教在中国各地传播，明亡前夕信徒达 38000 人②，上海是流行地区之一，明代内阁大学士、上海人徐光启（1562—1633）便是著名受洗者，1608 年，他请天主教传教士郭居静来上海徐家汇建立祈祷所传教，徐家汇周围多人受洗入教。清初天主教在中国仍有发展，耶稣会士、德意志人汤若望（1591—1666）任钦天监监正，主持修历，并曾做过顺治皇帝的老师。1663 年（康熙二年），江南共有 12 座大教堂，5 万名教友，上海就有 2 座教堂，4 万名教友。③雍正间禁教，基督教在中国基本匿迹。道光间签订《南京条约》后，基督教再度入华，江苏省是传教主要地区之一，19 世纪 40 年代以降，到江苏传教的教会有圣公会（1845）、美国浸信会（1847）、监理会（1848）、美国长老会（1850）、内地会（1854）等，60 年代中期江苏的信徒在 5 万人以上。④这些来江苏传教的教会都以上海为重点。

1843 年，上海已有教堂 35 座。40 年代以降，上海的主要教会设施如下：

1843 年 2 月，江南教区第一所天主教修道院在上海郊区佘山附近张朴桥开设，1850 年 6 月迁浦东张家楼。

1853 年，董家渡天主堂（正式名称方济各沙勿略教堂）落成，这是一座

---

① 《钱票无甚关碍宜重禁吃烟以杜弊源片》，《林则徐集·奏稿》中，第 601 页。

② 见沈福伟《中西文化交流史》，上海人民出版社 1985 年版，第 380 页。

③ 唐振常主编：《上海史》，上海人民出版社 1989 年版，第 244 页。

④ 据杨森富《中国基督教史》载，1865 年江南教区（含江苏、安徽）信徒 71184 人，其中江苏占 82.9%。

意大利巴洛克式建筑，至今保存完好。

1844年，耶稣会修道院初设青浦横塘，1847年迁至徐家汇，1860年在肇嘉浜东岸辟建新址。

1845年，传教士文惠廉在上海成立美圣公会。

1861年，洋泾浜天主堂（正式名称圣约瑟教堂）落成，为拉丁式十字平面、单钟塔式立面建筑。

1862年，即日本幕府使节团造访上海之际，洋教已经在这里有相当规模的发展，藩士们在沪上看到一些教堂建筑，读到一些宣教出版物，并接触到教会的中国信徒。天主教16世纪在日本曾广为传播，17世纪初开始被禁止，1613年（庆长十八年）江户幕府发布禁教令后，天主教更被视为非法。连“千岁丸”的航行十四条规则中，有一条便是禁止传播异教，乘员本人也不准信仰异教。武士们则普遍视洋教为邪恶，访沪的藩士们当然也以此种眼光看待洋教在中国的传播，并对中国人信教深感困惑和不满。纳富介次郎写道：

> 一天，有两个书生来访，我病卧在床。同屋的朋友们和他俩笔谈，谈话之余，书生问：“贵国信天主耶稣教吗？”回答：“过去该教传到我国，与我朝结仇，因此我国禁止此教。”书生说：“先生们尚未看过《圣经》吧？我们今天带来了，想进呈给你们。”我的朋友拿过来一看，是耶稣的邪教书，大怒，将其书扔掉，大家争论起来，最后把他们推出了门。然而，转天他们再次来访，我们不允许他们进来，他们就站在门外。[1]

看来，这两位中国书生已是虔诚的天主教信徒，到日本人这里来传教，竟不顾斥责，吃了闭门羹也不泄气，仍然候在门外。后来，他们又通过日本藩士的朋友马诠将《圣经》偷偷给日本人，其后果是：

> 我的朋友们更加生气，大声谴责，大家都出去，将那两个书生赶走。在此之前他们也曾来过几次，找到机会就劝我们，要给我们书。这两天终于被赶了出去。大概因为吃了苦头，从此他们不再来了。唉！清国连

① 《集成》第1卷，第27~28页。

读书人都尊奉这个，更何况愚民们呢！[①]

据纳富所闻，“洋人在上海首建的耶稣教堂在道光廿年”[②]，这可能是指的张朴桥天主教修道院，作为江南第一座教堂，该修道院建于1843年（道光廿三年）。关于教会吸引信众的办法，纳富记曰：

为了让愚民们加入教会，先发给他们很多金银，因此有很多穷苦人不管宗教的善恶，如能有助于糊口就信奉，所以，该教终于在天下兴盛起来。又听说洋人在上海建医院，招来很多病人给予治疗。药剂等都说是奉上帝之命发给的，病愈也是上帝的拯救，未必是医生的功劳，以此让人们明白是天主的恩惠。洋人本来就精通医术，是清国的庸医望尘莫及的。愚民们生命得以保住非常高兴，真认为是上帝的拯救，便自觉地崇拜起耶稣了。[③]

纳富所述，大体符合洋教传教方式：以福利救济开路，以办医院、开学校争取信众，正如一位法国军医所说：“由过去的经验所知，在中国创办华人医院为扩展影响力的巧妙工具。”[④]

日比野辉宽则记述了对洋教士和教堂的感受。日本使节团驻法租界内的荷兰商馆点耶洋行附近的宏记旅馆，一日早起，日比野到楼下洗脸，看到“佛人在我旁边站立，口里念念有词，此人容貌怪异，秃头佛衣，面目似鬼。此时张棣香来，我问这是什么人？棣香云：这是佛兰西耶稣教传教士，就住在楼上。余闻之愕然，怒发冲冠，目眥张裂，不由得仰天长叹。[⑤]日比野在论及上海耶稣堂之后，作诗感叹曰：

夺国资基在此楼，满堂诸士果知否？
试凭栏槛看黄浦，浊浪排天万里流。[⑥]

---

①②③⑤⑥《集成》第1卷，第39、39、39～40、74、74页。
④ Archives diplomatiques，C. P. Chine，Vol.271，p.20.

藩士们还对洋教在中国的传播，特别是经医药等福利事业赢得民众的现象十分警惕，认为日本要格外提防。高杉晋作6月20日（五月二十三日）与五代才助访问英国人缪尔赫茨特，缪氏是耶稣教传教士，中文名慕维廉，施耶稣教于上海士民。高杉指出：

> 城内教堂，缪尔赫茨特之所关也，缪尔赫茨特之所常居，亦有教堂与病院，谓施医院。综西人教师之施教于外邦，必携医师，有士民病且穷者，乃（治）（此字缺，据前后意补字——引者）其病使入此教，是教师致教于外邦之术也。我邦之士君子不可不有预防也。[①]

中牟田仓之助更认定，太平军与西洋人因宗教信仰相同，会结合到一起。他说：

> 英吉利表面上帮助清朝防御长毛贼，实际上给长毛贼供应好器械，这都是通过耶稣教会进行的……我认为，由于信仰耶稣教，英吉利等将把长毛掌握在手里，终于从清朝手中夺取天下。如果天下夺得，英吉利的策略就达到目的了。[②]

高杉也认为，太平天国起事是洋人洋教蛊惑的结果，而这正是日本要特别警惕的。他说：

> 夫夷狄夺人之国则先取其心。或以厚利啖之，或以妖教蛊之，黎民听信，一举灭其国，易如摧枯。[③]

这便是日本藩士们反洋教的出发点。

---

① ［日］高杉晋作：《游清五录·上海淹留日录》。此处“教师”今译“牧师”。

② ［日］中牟田仓之助：《上海滞在中杂录》。

③ 《东行先生遗文·书翰》，第20页。

四、洋学译介

上海是洋教传播中心，同时也是洋学译介基地。日本藩士们对洋教深怀痛恨，对洋学却有浓厚兴趣，四处求索，唯恐不及。

西方人在上海译介洋学，其实与教会有密切关系。美国传教士文惠廉（1811—1864）1845年在上海建立“美圣公会”时，其教会上级便指示他：“我们需要一批合格的翻译人员，特别是能发挥效率的传教士。”[①] 可见，译介洋学是教会的第一步工作。1843年，英国伦敦会传教士麦都思（W. H. Medhurst，1796—1857）创办墨海书馆，初设上海县城北门外，后迁山东路麦家圈（因麦都思住此而名），1847年成为上海基督教编译出版中心，参与书馆工作的外籍学者除麦都思外，还有艾约瑟（1823—1905）、慕维廉（1822—1900）、伟烈亚力等，中国学者李善兰（1811—1882）、王韬、张福僖等也参与工作。墨海书馆大量译介《圣经》等宗教书籍和一些科学书籍，如《数学启蒙》、《代微积拾级》、《博物新编》、《植物学》、《全体新论》、《谈天》等。墨海书馆得名于印刷机器用牛拉转机轴，上海人为之大感新奇，作诗云：“车翻墨海转轮圈，百种奇编宇内传。忙杀老牛浑未解，不耕禾陇耕书田。”[②] 墨海书馆除出版书籍外，还印行上海第一份中文杂志《六合丛谈》（英文名《Shanghai Serial》，1857年1月26日创刊，寓沪英国学者伟烈亚力主编），内容为西学简介、新书介绍、泰西近事述略、上海进出口货单等。总之，日本人造访上海的1862年，上海不仅是全中国，而且是整个东亚的洋学传播基地。

就日本而言，西洋学术传入已有相当久远的历史。17世纪30年代，江户幕府开始实行锁国政策，与西洋国家断绝往来近两个世纪，仅在长崎设荷兰商馆，保留以荷兰语为媒介的对西洋医学、科技及社会科学的传播渠道。这种由荷兰人和荷兰语书籍介绍的西洋学术，被称为“兰学”。江户幕府八代将军德川吉宗（1684—1751，1716—1745执政）主持的“享保改革”，放宽“禁书令”，准许输入西洋天文、医学、本草学、兵学等，其中也包括从中国传来的西洋文化（汉译西书）。18世纪后期，前野良泽（1723—1803）、

① Lamberton，St. John University，p.l.

② 王韬：《瀛壖杂志》。

杉田玄白（1733—1817）等人把荷兰文解剖学著作译成日文本《解体新书》（1774）出版，标志着兰学的水平。1815年（文化十二年）杉田玄白著《兰学事始》，对兰学的历史发展作出概括。前野和杉田的弟子大槻玄泽（1757—1827）创立兰学塾芝兰堂，此为日本最早的兰学学校。至19世纪初，兰学已在江户、大阪、京都、长崎等城市的士人阶层中传播开来。1823年（文政六年），作为长崎出岛荷兰商馆副医官的德国医生西博尔德（1796—1866）来到日本，教授西医及一般科学，并在长崎兴办鸣泷塾，使日本洋学达到一个新的高度。西博尔德的日本弟子共有52人，有些成为著名洋学家，如高野长英（1804—1850）等，他们与开明幕吏川路圣谟及洋学家渡边华山（1793—1841）等成立“尚齿会”（又称“蛮社”），促进洋学的普及。因渡边、高野著文批评幕府驱逐洋船鲁莽，引起幕府恼怒，遂遭遇1839年（天保十年）的“蛮社之狱”，渡边、高野先后自杀，但洋学的传播已成不可遏止之势。因蛮社之狱受到株连的江川英龙吟诗曰：“故乡仍深夜，富士已晨曦”，透过洋学的传播，看到新日本的曙光。作为幕末洋学主将的渡边华山已认识到西洋“艺术（即技术）之精博，教政之羽翼鼓舞，似为唐山（即中国）所不及”[①]。其后的幕末洋学家中村敬宇（1832—1891），1858年（安政五年）撰《洋学论》，更详列洋学之长：

> 盖洋夷所长者有六，曰天文，曰地理，曰算数，曰器械，曰航海，曰医术。是六者，精致工妙，出天出地，汉土之不及也……如医术，汉土西洋，互有得失，未知其果如何；算数亦为彼善于是耳；至于天文地理，汉人谬戾，垂户，不足多弁，而洋人所说，精确至当，不可移易；若航海之术、器械之利，亦断断有不及西洋者……[②]

中村通过对洋学与汉学长短比较，对洋学给予恰当的肯定。中村还指出学习西洋人所长的必要：

---

① 《日本思想大系》第55卷《渡边华山·高野长英·佐久间象山·横井小楠·桥本左内》，岩波书店1978年版，第69页。

② 《敬宇文稿》，转引自大久保利谦历史著作集5《幕末维新の洋学》，吉川弘文馆昭和六十一年，第227页。

> 今洋夷亦人耳，我收其所长而用之何为不可……彼之长耳，彼之能耳，既学而得之也我之长也我之能也。若乃让其长技，使彼独专其能，而我反自居于不长不能之地，则岂可谓智乎！①

中村又在《洋学之禁宜除》中说：

> 当今洋夷陆梁，数窥我边，其心未可测知，任天下之责者，宜须于彼形势洞如视日，则匆卒之时庶不失处置之宜。然当今儒生卒多侮外蕃，漠置度外，是以于彼形势濛如隔雾，一遇读洋文者，攘臀（臂）而恕（怒），曰彼慕外夷者也，殊不知通天地人三才谓之儒，谙外蕃事、审外蕃情，皆学者分内当为之事也。若诋读洋文者为慕外夷者，则马班以下作外国传岂亦慕外国者乎。夫当今外国之事日月有加，则外国之形势情状，乌可置而不问哉……刻舟守株之陋习可改矣，岂可禁天下读洋书哉……②

这种洋学观是合于常识的，代表了幕末先进士人理性的认知态度，并显示出突破东亚文化圈固有轨道的趋向。

江户时代的兰学，主要内容是西洋自然科学，也包括西洋史地学、政治学、哲学等。以新井白石（1657—1725）于1715年审讯西方传教士西多契的记述文《西洋纪闻》为端绪，介绍西方人文学说和欧洲近代文明的书籍在日本逐渐流播。洋学与国学、儒学并列而三，成为幕末学校教育的重要一支。至19世纪30年代，兰学以民间私学形态广为传衍，江户、大阪、京都、长崎出现一批兰学私塾，如伊东玄朴（1800—1871）在江户办的象先堂（1833）、绪方洪庵在大阪办的适适斋（1838）、新宫凉庭在京都办的顺正书院（1839）、佐藤泰然在京都办的顺天堂（1843）等。明治维新前，34所兰学塾培养了9000名学生。③ 其中幕末医学家绪方洪庵（1810—1863）在大阪创办的适适斋，塾生名簿所记有门徒637名，来自日本几十个藩国，幕末著名洋学

---

①②《敬宇文稿》，转引自大久保利谦历史著作集5《幕末维新の洋学》，吉川弘文馆昭和六十一年，第227页。

③［日］青木岁幸：《信浓兰学的展开状况》，《实学史研究》Ⅰ，思文阁出版，第138～139页。

家桥本左内、后来成为日本近代陆军创始人的大村益次郎、启蒙学家福泽谕吉均受教于此。由儒学家转变为兰学家的松代藩士佐久间象山 1839 年在江户神田开设象山书院，其门生胜海舟（1835—1899）、吉田松阴均成为幕末维新举足轻重的人物。胜海舟的门生坂本龙马（1835—1867）则是“大政奉还”的倡导者，所撰《船中八策》被视作维新经典。佐久间尤其注重海防问题，其《海防八策》奠定了近代日本海防谋略的基石。1854 年，佐久间撰《省諐录》，其“君子五策”之一，便是“东洋道德，西洋艺术”，主张东西文化调和，并行发展，对幕末以至明治时代西学的流播影响至深。其弟子吉田松阴更决心将研习西洋学术的追求付诸行动，试图偷乘美舰“密航”西方，佐久间作诗鼓励曰：

> 之子有灵骨，久厌鳖躄群。
>
> ……
>
> 周流究形势，一见超百闻。

显示出学习西洋的热切心志和实践精神。

幕末洋学传统对 1862 年赴沪的高杉晋作等藩士无疑是先导和表率。他们决心发扬先辈求索精神，把上海之行作为一次研习洋学、扩大西方知识视野的极好机会。

就幕府而论，一方面从维护幕藩体制出发，竭力限制民间（包括各藩）私自出洋；另一方面又兴办洋学机构，以占据洋学要津，如 1858 年（安政五年）设立翻译西书的“洋学所”（后改称“蕃书调所”、“洋书调所”、“开成所”，明治时组建东京大学，开成所是其一部分），应募藩士如过江之鲫。与此同时，多数藩国也设立洋学校，了解洋学的中下层武士愈益增加。如赴沪使团随行人员中牟田仓之助便熟知西洋航海术并粗通英语。从“千岁丸”乘员的访沪纪行文看，藩士们普遍懂得西方天文地理知识，能以精确的经纬度标示航行位置和上海的地理方位。如纳富介次郎对上海地理的描述是：

> 东经一百二十度二十分四十五秒，北纬十一度十四分三十秒，与我

国长崎相比，纬度低一度半，故暖气强。[①]

日比野辉宽等人的纪行文也有类似文字。高杉晋作的《航海日录》更以详细表格，记载“千岁丸”航行的时间、里数、船向、风向、风力，并标明推测的经纬度和实测的经纬度，显示了颇为专业化的天文、地理及航海知识。这种以西方地理学经纬度标记方位的做法在同一时期中国士人的论著中还不多见，而“千岁丸”的日本乘员却普遍使用，足见幕末洋学知识的普及。

1862 年初，高杉晋作抵达长崎等候出访上海。因“千岁丸”迟至 5 月下旬方出航，高杉在长崎滞留三个多月，与此间的美、英、法、荷诸国传教士、商人广为交往，使其洋学知识得一飞跃。高杉在长崎崇福寺居住时，与美国圣公会传教士 C.M.Wiliams（1829—1910）、C.F.Verbeck（1830—1898）相邻。两位传教士会日语，故交谈方便。高杉从传教士那里获悉美国正发生南北战争[②]，南北双方胜负未定。高杉又询问美国的政治结构，得知美国没有士民之别。总统退位，即为庶民，庶民也可当选为总统。合众国开国之祖华盛顿（1732—1799），“始为士民，遂为大统领，后又归士民，又再为国王”[③]。这里所称华盛顿为国王，系误传。美国曾有人建议华盛顿任国王，被华盛顿拒绝。传教士介绍的美国政治制度虽不很确切，但仍展现了近代民主政治风范，给高杉留下强烈印象。高杉还询问美国物产、宗教信仰，传教士一一作答，高杉均加记载。

高杉又会见法国驻神奈川领事洛雷罗（Loureiro），获悉英法两国军备竞赛状况。洛雷罗说，法国陆地多，陆军强；英国四面环海，海军强。但西洋历来以军舰多寡衡量国力，英国军舰多，近来又造出装备 50 门百磅大炮的巨舰，故英国为世界头号强国。但法国也不甘示弱，“英国造舰两艘，法国必造一双，两国竞争不已”[④]。此类信息使高杉领悟到，欲求国家强大，必须铸炮造舰，而不能空喊“攘夷”。他由此议论道：“所谓勤国，实在富国强兵，强兵者国富”，并主张发展长崎互市贸易，以长州物产与中、英、美等国交易，以赢利

① 《集成》第 1 卷，第 13 页。

② 美国南北战争于 1861—1865 年进行。

③④ ［日］高杉晋作：《游清五录 · 长崎淹留杂录》。

而富国强兵。[①]抵达上海以后，高杉晋作、中牟田仓之助、五代才助、伊藤军八等藩士，多次走访美、法、英、俄、荷等国商馆，参观英、法驻扎上海的军队，对其兵法、装备、舰只一一细察详记。以高杉晋作的纪行文字为例，可以得见藩士们当年研习洋学的勤奋。

> 十二日，朝读英书。午后官吏尽至佛兰西馆，予陪从……
>
> 十三日，官吏到亚米利加、英吉利、西欧罗斯商馆……
>
> 十四日，晴，自上陆日至今日已数一旬余……读英书，阅记行……
>
> 十七日，午前与中牟田、五代至川蒸汽船，看诸器械。船系英人所用。此日炎热如烧，流汗湿衣装。
>
> ……
>
> 二十日，朝与中牟田至亚米利加商馆，商人名查尔斯，透予二人至其居室。查尔斯曰：“我淹留横滨三四年，少解贵邦语，明后天出航，又欲至贵邦，甚慕贵邦人。”遇予二人以佳酒。中牟田解英语，谈话分明，闻奇问，得益不少。予谓查尔斯曰：“弟近日读英书，未得与人谈，日夜勉强（努力），他日再逢，欲得与兄能谈。”查尔斯又曰：“弟亦与兄再逢日可能欲解贵邦语矣。”[②]

6月24日（五月二十七日），高杉与中牟田到英国人米纽海尔特处，得到所需“《上海新报》、《数学启蒙》、《代数学》等之书归”[③]。

名仓予何人在纪行文中详记《数学启蒙》的主要内容，称“《数学启蒙》云，数目之或有四体，曰正字、曰官字、曰筹式、曰暗马字。正字者，字之本体；官字者，官吏文书用之以杜窜改之弊；筹式者，昔时筹算之式，古人数术用之；暗马者，商家用之。”[④]名仓还具体演示四种数字，表现出浓厚的研习西洋科学知识的兴趣。

7月12日（六月十六日），高杉与中牟田外出，“至米利坚人店，求七穴

---

① 《东行先生遗文·日记及手录》，第119、121页。

②③ ［日］高杉晋作：《游清五录·上海淹留日录》。

④ 《集成》第11卷，第180~181页。

铳”[①]。“七穴铳”即七发子弹的左轮手枪，高杉在美国人开的商店购得后，携回日本。该左轮手枪现存日本萩市东行庵。

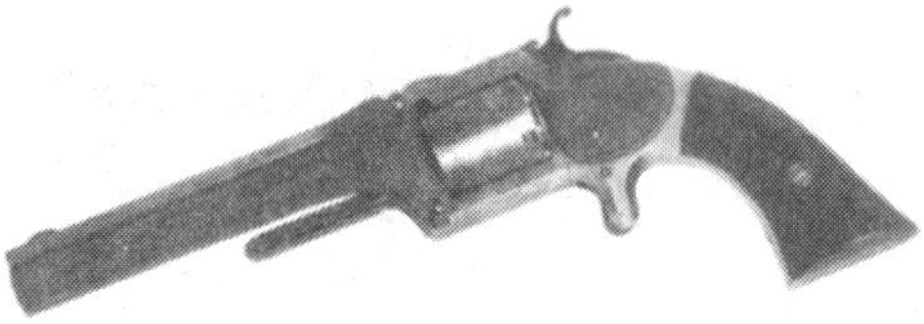

高杉晋作从上海购入的左轮手枪

7 月 13 日（六月十七日）午后，高杉与中牟田至英军炮台，参观先进的阿姆斯特朗炮。（前章已引述）

7 月 24 日（六月二十八日），高杉与中牟田至英国人开办的“新闻纸屋”（报馆），从“新闻纸”（报纸）获悉日本国内政局变化。[②]

7 月 25 日（六月二十九日），高杉与中牟田去美国人住地攀谈，“大得益，笔话录别记”。又去“英人之处”交谈，“黄昏归馆”[③]。

7 月 28 日（七月二日），高杉与五代上陆，“到字林洋行及施医院求书”[④]。

在高杉晋作的笔谈记录中，还载有向中国士人询及西洋事态的文字，例如：

> （问）英吉利、欧罗斯、米利坚、佛兰西四国之里，以孰国为强？
> （答）欧罗斯为强。[⑤]

高杉正要取笔询问何以欧罗斯（俄国）为强？使团某从臣来称有事，这一对话未能进行下去。

峰洁与顾麟对话，也询及中俄关系，并探询洋人在中国何处活动最频繁：

> 问曰：俄罗斯近日之情如何？尝闻颇垂顾于贵邦，信乎？
> 麟曰：俄罗斯前年有黑龙江之割，现今已和好。
> 又问曰：闻英、佛、花旗、阿兰陀等，亦畏俄罗斯，信乎？
> 曰：然。

①②③④ ［日］高杉晋作：《游清五录 · 上海淹留日录》。
⑤ ［日］高杉晋作：《游清五录 · 外情探索录卷之贰》。

……

问曰：贵邦洋人之所集会果何地方为最？

麟曰：上海为最，次则广东。[1]

高杉晋作还关注西洋人的治外法权问题：

（问）闻上海中赏罚之权尽归英佛二夷，信否？

（答）英佛只管英佛士民，至本国事务，自有本国官弁（办）理。

（问）城外之地尽系英佛之所管欤？

（答）北门外归英佛，余仍隶本朝。[2]

藩士们在询问西洋国家情况的同时，还发表评论。高杉与中国人交谈：

（问）贵邦与俄罗斯和亲最好，近世之事情如何？

（答）俄罗斯国，在敝邦通商，感我朝厚恩，所以助兵助饷之举，和亲之说，想是齐东野人语耳。[3]

高杉从中俄关系，观察到俄国以友好之名，行侵略中国之实。中国人如果还自我陶醉，称俄国“感我朝厚恩”云云，便陷入“齐东野语”[4] 的荒谬境地。高杉发感慨道：

口唱圣贤之语，身为夷狄之所役，齐东野人。

真齐东野人耶，呜呼，浮文空诗何足当，目无一丁字兵卒，可叹可忧！[5]

可见，藩士们探索洋学，了解洋情，是抱着强烈的民族危亡意识的，同时又是

① ［日］峰洁：《清国上海见闻录》，《集成》第 11 卷，第 33 页。

②③⑤ ［日］高杉晋作：《游清五录·外情探索录卷之贰》。

④《孟子·万章上》载，孟子答弟子齐国咸丘蒙问上古故事时说：“此非君子之言，齐东野人之语也。”后世因喻道听途说、荒唐无稽之语为“齐东野语”。

开放主义的。高杉晋作的感慨，是对昧于外务的清朝士子的嘲讽，也是幕末日本人的自警。

高杉等藩士的沪上访求洋学，特别值得一提的是拜会英国传教士慕维廉。高杉6月20日（五月二十三日）的纪行文载曰：

> 五月念二日，朝与五代访英人缪尔赫茨特。缪尔赫茨特者，耶稣教师，施耶稣教于上海士民。城内教堂缪尔赫茨特之所关也。缪尔赫茨特之所常居，亦有教堂与病院……需《联邦志略》等之书归。①

文中所称缪尔赫茨特，英文名 William Muirhead，中文名慕维廉，1847年（道光二十七年）由伦敦布道会派来中国为牧师，1848年来江苏青浦（今属上海）传教，引起青浦教案。1861年2月初抵天京（南京），商议在太平天国境内传教事宜，并考察天京一月返沪。著《大英国志》（1856年上海刊）②、《地理全志》（1858—1859年刊）。曾在墨海书馆从事编译。高杉晋作、五代才助造访慕维廉，作广泛交谈。高杉、五代两天后，还造访英人米纽海尔特，米氏不在，空归。③高杉等一连数次拜会缪尔赫茨特和米纽海尔特，足见求教之切。

高杉晋作在上海获得的《联邦志略》（原名《美理哥合省国志略》）一书，系美国传教士裨治文（E. C. Bridgman，1801—1861）口译，中国人管嗣复笔撰的中文美国志，当时已由墨海书馆出版。日本到1864年（元治元年）方由箕作阮甫训点。此书19世纪70年代初成为岩仓使团副使木户孝允研究美国宪法的参考书。而高杉晋作于1862年从上海觅得此书，诚为捷足先登。名仓予何人也注意到此书，他在《支那闻见录》中记曰：

> 余之同行士人获《联邦志略》一本（花旗人所著），及《泰亚尼斯利

① ［日］高杉晋作：《游清五录·上海淹留日录》。

② 应该指出的是，《大英国志》原名《英志》，［英］慕维廉是口译者，执笔成中文的是在墨海书馆任职的中国文士蒋剑人。《大英国志》中文版出版时，慕维廉只字不提蒋剑人。王韬曾著文指出个中真相。

③ ［日］高杉晋作：《游清五录·上海淹留日录》：“念五日，朝与五代访英人米纽海尔特，不在，空归馆。”

> 茨利斯》二本(此书、《四书》、《荀子》、《孝经》,英人慕维廉译,其价十二元,《志略》一元)……余看过《志略》。前年我公使赴外国公干,曾寻此书,故本朝人重视此书。①

名仓予何人还搜集咸丰年间记载中西之役的书籍,包括英、法、美、俄四国与清国的条约书、税则书各一本。② 前章曾论及,名仓比较注意发掘东方传统战术的积极层面,但这丝毫也不意味着名仓对西洋新式战术、武器的忽视。他在《支那闻见录》中专门记述与中牟田仓之助讨论英国新式火器的先进性,尤其注意于英军不断更新装备,批评支那仍用"古人枪炮",并拘泥于旧习,用木舟对军舰作战。③ 凡此种种,都表明幕末藩士勤于学习西洋技艺是出于富国强兵的志愿。而他们引以为现实教训的,便是清朝因固步自封而落后挨打。

值得一提的是,近代中国正式习洋学、办洋务,恰在"千岁丸"访沪后不久,其起始地点便是上海。1863 年(同治二年),时任江苏巡抚的李鸿章在上海设立"广方言馆"(初名上海同文馆),招收 14 岁以下文童入馆,学习外语和自然科学,其毕业生后有多人担任驻外公使,二人担任过外交总长。1865 年,曾国藩和李鸿章在上海创办"江南机器制造总局",由容闳从美国采购机器,制造军火、修建轮船。但这都在"千岁丸"上海行之后,日本幕吏、藩士未及观览。藩士们当时在上海见到浦东造船厂,参观后的印象是,"其结构远劣于吾长崎制铁所"④。

五、青楼遍布

上海自元、明以来即是东南繁华地,清嘉庆年间诗人施润吟咏道:

> 一城烟火半东南,粉壁红楼树色参;
> 美酒羹肴常夜五,华灯歌舞最奏三。

---

①②③ 《集成》第 11 卷,第 179~180、185、192~193 页。

④ 《集成》第 11 卷,第 182 页。1857 年(安政四年)从美国运来机器至长崎,建立造船、修船工厂,原名长崎熔铁所,1860 年(万延元年)改名长崎制铁所,是日本最早的近代工厂。

描写上海的繁盛和富商巨贾们花天酒地的淫奢生活。在这华灯歌舞间，青楼妓馆招引游蜂浪蝶，自是题中之意了。

19世纪中叶开埠以后，秦楼楚馆更竞相开办，直追扬州和南京秦淮河等风月名地，渐有“沪城青楼，不下扬州”、“不比秦淮河减色”之说。19世纪60年代初，上海已成为娼妓泛滥之地，有“东方花都”之称，毒、赌、娼成为上海的三大毒瘤。西方人也说：“上海因名副其实地被当作世界上最邪恶的城市之一而闻名。”[①]同治《上海县志》的编辑者之一毛祥麟所撰《墨余录》说，上海妓院“无地无之，更有花烟间及广东流娼，密如栉比”[②]。“更可怪者，下开店铺，上列娼楼。甚至避兵而来赁居之僧寺道院，亦与妓家分上下”。毛氏叹息道：“几不成世界矣！”[③]1869年，英国萨默塞特公爵访沪后，在英国上院演说，把上海称为“罪恶的渊薮”。

自1849年至1862年（清道光二十九年至同治元年）在上海居留13年的文士王韬，对开埠后的上海的淫业则有如下描写：

> 自荡沟桥至北门迤逦半里许，连甍列屋而居者江北流娼，动以千百计。每夜谯楼鼓动，门外皆一灯，从桥畔望之，丛密如繁星。[④]

王韬所称“荡沟桥至北门”，正是法租界，此地在19世纪50至60年代已成妓馆中心，王韬叹息道，租界“真所谓香粉地狱也”[⑤]。花捐成为租界当局的重要财政收入。1865年法租界当局的预算收入103000两，其中花捐营业税收入为48000两，占总收入的46.4%。[⑥]1864年，英国驻沪领事巴夏礼爵士在租地人大会上宣称：上海英美租界和法租界内华人居住区的一万所房子，有688户妓馆，妓女达4000名。青楼妓女有种种流品，还按地域分帮派，有浙江帮、广东帮、江苏帮。19世纪中叶旅住上海15年之久的葛元煦撰《沪游杂记》，披露在秦楼楚馆的背后，更展开着“仙人看香头”、“放白鸽”、“姘头搭

---

① ［美］罗兹·墨菲：《上海——现代中国的钥匙》，上海人民出版社1986年版，第10页。

② 毛祥麟：《墨余录》卷八，《西商租地》。

③ 毛祥麟：《墨余录》卷七，《风月谈资》。

④⑤ 王韬：《瀛壖杂志》。

⑥ ［美］马士：《中华帝国对外关系史》第2卷，三联书店1957年版，第130页。

脚”、“台基”、“白蚂蚁”、“拆梢党”、“豆腐党”等种种诈骗作恶勾当。

总之，青楼淫业盛行，“妓院亦甲于天下，别户分门，不胜枚举”，“无论乌衣子弟，巨腹胡商，盖靡不魂迷色阵，一掷千金”[①]，这正是半殖民地半封建城市上海的一大景观，是其在近代转型过程中的畸形表现。日本藩士们沪上逗留期间，也有涉足青楼的。峰洁的《船中日录》载，6月15日（五月十八日），峰洁同森寅之助、尾本公同、岩濑弥四郎、渡边与八郎、杉田兵次郎等，随三位长崎会馆商人永井屋喜代助、松田屋伴吉、铁屋利助，一起逛妓馆，交洋银后，即进入青楼，见各室门前卖妇站立任选。青楼中还有舞台，可见优、倡是并行的。倡优出演，颁给洋银12枚。[②]

商人松田屋伴吉则详细记述了6月15日（五月十八日）他们一行逛妓馆的经历。这天，三位商人在中方商行协德行四位主人陪同下，到黄浦江乘妓馆游船。游船内面积二十叠，有床和桌椅，卧床有玉饰，颇华丽。天窗以油纸裱糊，故透亮。游女们皆着宋代服装，演奏大鼓、笛、胡琴等。不时给客人奉上水果、茶汤、水烟、梅酒、点心、西瓜。商人们与游女相拥而嬉。全部活动都支付现银。[③]

日比野辉宽也记述自己逛青楼的经历：7月25日（六月二十九日），他被一中国人引至僻静巷道，“在一茅屋院前听得古笛声”。进院后，只见“房舍壮大美丽，楼上丹青描绘，栏槛漆色灿烂，一位二八美人依槛挥着团扇，姿容绝美”。“楼下户口颇多，户内有十二三岁的少女站在帷幕之外，姿容稍异。帷中可窥见一美人对镜梳妆。引导者对我说：这是青楼”。[④] 日比野被导入楼内，发现有三十余间房。又带到另一楼，装饰稍劣，是广东妇人在此。粤妇为洋夷所喜，每充其妾。[⑤]

日本自平安时代以降妓业发达，士人拥妓习以为常，故访沪藩士多以自然主义态度记述上海的色情场所。高杉晋作曾在上海书坊多次寻购春册（春宫画）[⑥]，日比野的见闻录中则一再流露对沪上秀色的羡慕，他写诗云：

---

① 池志征：《沪游梦影》，上海古籍出版社1989年版，第163页。

②③ 《集成》第11卷，第21、63~64页。

④⑤ 《集成》第1卷，第123~124页。

⑥ ［日］高杉晋作：《游清五录·外情探索录卷之贰》。

沪上有秀色，不须朱粉饰；
肤白昆山玉，脸红芙蓉姿。
画扇半掩面，含笑傍箫帷；
呜呼美而艳，更使疗吾饥。
（隋炀帝曰，古人谓秀色，若可食降仙者，可以疗饥也。）[①]

日本藩士带着此等隋炀帝式的“疗饥”情致，当然不可能揭露妓业背后的惨痛与悲苦。但藩士们关于上海青楼扫描式记述，仍然有一定的认识价值，从东洋人眼光展示了当年沪上社情的一角。

六、民风：淳厚与刁滑

上海作为近代迅疾兴起的开埠城市，在空间和时间两个向度上，都压缩着各种性状的事物，东方与西方、中古与近代林林总总的制度、习俗、人物，一并聚会十里洋场，彼此挤压、冲撞、融会。加之战乱频仍，流民涌动，更使沪上呈现一种五方杂凑、泥沙俱下的民风。新来乍到的日本藩士们，在这种鱼龙混杂的风习大观面前，简直有点头晕目眩了。

藩士们自幼都读过一些中国经典，这个西边大邻国是讲究道德的“圣贤之邦”，在藩士们头脑中久成定势。来到上海以后，他们参观学宫教馆，匾额上也还写着“德斋帱载”、“圣协时中”，所到之处也被称为“六百里育贤之地”，所过的明伦堂大门上也大书“第一入圣之门”，很是庄严。[②]但藩士们在上海人的日常生活表现中，却看到一个真实的中国：既非圣贤的中国，也非妖魔的中国。

纳富介次郎是专业画师，故较多接触到书画市场——

清国人听说皇邦的人很珍视书画，每天带来很多书籍、轴画、挂幅、古器等，一个劲地推销。不言而喻，假货颇多。可是对方辩解说是真货，劝买。我们说日本人都具慧眼，岂能骗过我们。对方终于吐出真言：“如此明鉴，怎能骗得了你们。若是真货也不会如此便宜，倒不如实话实说。”

---

①② 《集成》第1卷，第81、17页。

他们虽有商贾的狡黠俗气，但也有一些真率之处。可见与洋人不同。①

这里写出了有血有肉的上海书画贩子，狡诈中不乏直爽；爽快的直白中，又透露着刁滑。纳富接触的士子中，也有真诚坦白之人——

有一次，一个二十四五岁的穷书生带来一个旧时的木制砚台漆套要卖，人们只评论其价格，但谁都不肯买。书生对我哭述：“我邑遭贼，携老母漂流至此，无家无业，无法糊口，到了屡屡断炊、山穷水尽的地步，求您买下这漆套吧，我好拿钱换米，以救老母于饥饿。”说完悲泣。我不忍闻其悲苦，最后提高价钱买下，书生拜谢而归。第二天，他又拿来一块水晶印材，对我说：“昨日多亏了您，使我救了家母。然而物轻价贵，实在有负于心，所以今天再给您加上这个。”似乎要以此来抵偿。我说昨日的东西就足够了。他执意不肯，我便收下了。我佩服他的正直。②

这位士人于穷愁潦倒之际，仍保持真诚正直，显示了颇高的道德操守。穷书生的行为，使日本藩士肃然起敬。

当然，与此相反的情形，藩士们也一再遇到。日比野辉宽记曰，他们乘船在黄浦江上，有人“把烟袋掉进水里，舢板过来捞起来就拿走了，实在可恨”③。另一次，日比野由一中国人引导寻路，日比野口渴，想吃桃子，引路者要日比野给五十文钱，买来桃子后，那人见日比野钱给得爽快，马上改口要一百文钱。日比野大骂此人“奸商狡猾、贪婪，投桃而去”。日比野将这种刁滑作风归结为“海港边人的贪婪，是洋夷风俗影响的结果”④。

峰洁则对造访道台衙门的见闻颇有感触：

官府送迎甚有礼节，然其属吏有司等，猥琐野鄙使人不忍见。……我的衣服屐履等被其手摸、玩赏，问其价。他们彼此间还交头接耳，品评贵贱，其识见之卑下可见。⑤

①②③④ 《集成》第1卷，第21~22、25、67、124页。

⑤ 《集成》第11卷，第31页。

综观日本藩士对当时上海人风习的批评所在，集中到一点，便是卑俗、贪利。高杉晋作与一中国士人笔语：

> 弟要问上海之隐士逸民，请兄为语其名。
>
> 此地海滨之处，俗人多而隐逸者无，不敢具名，惟钱是欲，圣道凌夷，可慨叹矣。
>
> 是极，是极，惟钱是命，廉耻不息，可笑可叹。①

日中两国士人交相抨击沪上的拜金热潮。这与上海名士王韬的意见颇相近似。1858年（咸丰八年），移居上海已10年的王韬在日记中论及上海世风时说：

> 沪虽弹丸之地，而禺筴所骈罗，中外所互市，肩摩毂击，金气熏灼，苍牛青虎之间，沧海横流，耳闻目见，书不胜书。②
>
> 今天下竟尚势利，金气熏灼，谄诈百出，几不可问，安得有豪杰起一振顿之！③

受到日本国学、儒学熏陶的日本藩士，欣赏的是忠信仁义，他们的手记中，几乎都留下了上海街坊悬挂的古圣先贤成语④，但又对上海现实生活与古圣先贤格言的巨大反差甚为不解，并大为不满。这或许正是社会转型时期知识分子的通常心态。中国士子（如王韬）如此，日本藩士亦然。

---

① ［日］高杉晋作：《游清五录·外情探索录卷之贰》。

②③ 王韬：《王韬日记》，中华书局1986年版，第19、63页。

④ 《集成》第11卷，第174页。

第六章　日清贸易的新拓展

日本既为海国，航海、运输、贸易当然为国君之天职，首要之国务。向万国派遣船只，攫取所需物品及金、银、铜运回日本，充实国力，乃海国必然采取之方法。

——本多利明《经世秘策》卷下

一、从“居贸易”到“出贸易”

日中贸易有久远的历史，中国长期是日本最重要的贸易对象国。15 世纪初叶日本室町幕府与明朝间的勘合贸易曾达到较高水平，后因倭寇袭扰而锐减。16 世纪中末叶，葡萄牙利用日明勘合贸易中断之机，以澳门为据点，在日明之间进行中转贸易：从日本将白银输往中国，从中国将白丝和丝织品输往日本长崎，获利甚巨。葡日贸易全盛时，每年转运生丝 16 万 ~20 万斤（8 万 ~10 万千克），利润高达本金的 5~10 倍。丰臣秀吉为控制这种中转贸易，并打击正在日本蔓延的天主教，在平定九州后，于 1589 年（天正十七年）颁布《伴天连追放令》，“伴天连”是葡语 Padre（神甫）的译音，此令可意译为“神甫追逐令”。在严惩天主教的同时，秀吉改长崎为直辖领，以控制贸易。1592 年（文禄元年），又实行朱印船制度，以掌控日明间的“白银—生丝”贸易。承继丰臣事业的德川家康 1603 年（庆长八年）就任征夷大将军，同年设置长崎奉行，负责外贸及外事，次年制订“丝割符法”，给予京都、堺、长崎商人输入中国生丝的先买权，并进一步将朱印状的发放制度化。这都表现了家康对于日中贸易的高度重视，也说明长崎在其间的特殊地位。

如前所述，自江户幕府二代将军在宽永年间颁布锁国令，中止朱印船制度以降，日本仅保留长崎一港，充作对外贸易口岸，而且交易国限于中国、荷兰。此外，朝鲜可在海峡岛屿同日本开展沿海贸易。

荷兰（日本将其与英国同称“红毛”）之所以例外被允许到长崎贸易，因为是新教（基督教）国家，有别于葡萄牙、西班牙等旧教（天主教）国家（日本称之为“南蛮”），保证不在日本传教，并支持日本幕府对教民的镇压。荷兰商人先是被允许在平户居住并开展贸易，后迁至长崎的出岛。这个扇形的出岛，总面积 3924 坪（1 坪折合 3.30378 平方米，下同），建有商馆馆长的居馆、通词（翻译）的住屋、炊事房等，岛北有出岛桥与长崎街市相通。荷兰商馆人员不得随意外出，每年还必须到江户“参觐”将军。

中国被允许继续与日本通商，因为中国是近邻，日中贸易使日本多有收益，特别是中国丝是日本丝织业不可或缺的原料。加之中国无传教、干涉内政之嫌，故明、清两朝均被日本允许来长崎贸易。为供中国商人居住和开展商事活动，1688 年（元禄元年）在长崎郊外十善寺村的药园地辟一处建房，称之“唐人屋敷”或“唐馆”，面积为出岛的 3 倍，约 9373 坪，周围环以濠沟，限制人员进出。中国商人的贸易活动受长崎奉行严密监视。1683 年郑克塽降清，台湾纳入清朝领土，清廷于 1684 年（康熙二十三年）颁“展海令”，清日贸易进入繁盛期。在长崎对清贸易达到顶点的元禄年间（1688—1703），长崎 64000 居民，唐人约达 10000，几乎占 1/6。1662—1839 年（宽文二年至天保十年）间，清朝商船抵达长崎共 6200 艘，其高峰期（1686 年前后），每年 70～190 艘，为同时荷兰船来长崎的 3～8 倍。据长崎奉行报告，1648—1708 年（正保五年至宝永五年）60 年间，日本输出黄金 239 万两，白银 37 万余贯[①]；1662—1708 年（宽文二年至宽永五年）输出铜 1 亿余斤（5000 万余千克），造成日本金、银、铜的枯竭，于是幕府实行贸易限制：1686 年规定，输往清国的白银不超过 6000 贯，输往荷兰的白银不超过 3000 贯。自此进入贸易干涉时代。根据新井白石的建议实行的“正德新商法”（正德新令），自 1714 年（正德四年）起，清船来长崎每年限定 30 艘，贸易银限额 6000 贯，购铜限额 300 万斤。以后还继续下调，如 1791 年（宽政三年），船限 10 艘，银限 2740 贯。

虽然“正德新商法”对日清贸易有所限制，但直至幕末，长崎仍然保持着

---

① 贯：日本江户时代的银币单位。一贯等于一千匁（音“互”），一匁等于金币小判一两的 1/60。

日清贸易唯一口岸的地位。从中国输入长崎的商品，第一位是丝，包括白丝、黄丝、仿造丝等；其次是纺织品，如绢织物、毛织物、棉织物，以下便是砂糖、书籍、书画、古董、文房具、茶、陶瓷器、漆器、宝石、药材（山归来、大枫子、大黄、杏仁、甘草等）。这些货物皆由南中国诸港，主要是上海和乍浦（宁波），由小型唐船（乘员30人左右）运至。唐船返航中国港口，携带的日本商品第一位是铜，次之是俵物（海产品）、鎏金道具、莳绘道具、伊万里烧（陶瓷器）、印染织品等。其中俵物有煎海鼠（海参）、干鲍（鲍鱼）、鳑鳍（鱼翅），称“俵物三品”。因江户时代中期以后，铜向清朝出口锐减，俵物为替代品，“俵物三品”也成了中国菜的海产品主料。

总之，从17世纪初叶至19世纪初叶的两世纪间，日中贸易的主要航线是“上海—长崎”和“乍浦—长崎”。往返其间的是中国商船和江浙闽商人，日本商船则被禁止出航。这样，日清间的贸易对日本方面而言，全然在长崎被动接受清国商船往返运货，日本人称之为“居贸易”。研究这一阶段日中关系的大庭脩教授说：

> 由于日本船不能出海贸易，只有等中国船到来之后才能根据其来日情况和日本国内的经济动向制定出相应的政策，所以是被动的居贸易。[①]

由于长崎是在中国商船影响下发展起来的港口，因此，大庭脩说，至今漫步长崎会发现“长崎的异国情调实际是中国情调。祭祀、节庆、饮食等都深受江户时代中国贸易的影响”[②]。

时至19世纪40年代以后，随着上海开埠（1843）及迅速成长为东亚巨港，西方船队通往日本的航线大大缩短，西方势力开始渗入日中贸易，并有喧宾夺主之势。一批西方舰船以上海为基地，东驶日本。1844年7月，荷兰军舰抵长崎；1845年8月，英国军舰到长崎；1846年7月，荷兰军舰游弋长崎港。军航试探之后，便是商船驶抵。在“黑船叩关”的1853年，英美两国4艘商船从上海出发，到达日本，以后连年不断，1858年增至17艘，1859年更

①② ［日］大庭脩：《江户时代日中秘话》，第17页。

达 127 艘。[①] 除直接对日贸易外，西方商船还试图夺取东北亚商贸之胜，充当日中贸易的中介。

面对因锁国体制导致的外贸萎缩和外贸权益的丧失，幕末洋学家提出“贸易立国论”以纠弹之，如本多利明（1744—1821）指出：

> 只用其国所产之物养其国，则往往不够，若勉强为之，国民必疲乏，而无成就……摄取万国之力，非用贸易不可。贸易在于渡海涉洋……[②]

这里发出的“渡海涉洋”呼吁，是直接批评幕府锁国政策，并预示着近代日本渡航海外，开展对外贸易的前景。

晚于本多利明半个世纪的横井小楠（1809—1869）将“开国论”发展到一个新高度。他指出，“舟楫交易之道理”“自圣人始”，西方诸国“便利于民生日用之事皆讲究造作……且交通万国，广交易之利”，“可云得圣人之作用”。日本正因为悖此“交易融通之道”，故沦为“贫国”。[③] 后来，横井的弟子由利公正（1829—1909）起草明治维新《五条誓文》，其“万机决于公论”和“求知识于世界”便是发挥横井的对外开放理念。

与思想家倡导“开国”、“贸易立国”相呼应，一些幕府官员也试图打破锁国体制，谋求发展对外贸易，其具体目的是，变传统的“居贸易”为主动出航的“出贸易”。以往，华人独擅日中双边贸易，19 世纪中叶西洋人又来染指，19 世纪 50 年代开国以后的日本人打算夺回这份权益。正是出于这样的追求，以负责对外贸易的长崎奉行和外国挂大目付这两个职官为中心，1858 年 9 月（安政五年八月）至 1861 年 5 月（文久元年四月），一批幕吏先后设计对清“出贸易”方案，1860 年 4 月（万延元年三月）还设立产物会所。各奉行和产物会所都赞成“出贸易”，其具体出航目标，一为黑龙江，二为上海。曾任长崎奉行的冈部长常提出了具体规划，本书第二章第二节对此有所述及，此不另。至 1862 年 3 月，新任长崎奉行高桥美作守与目付有马带刀连署，向幕府提出《唐国派遣官吏请教书》，实际是对冈部长常上书的重申和再强调，主

① ［日］冲田一：《日本与上海》，大陆新闻社昭和十八年版，第 73 页。

② ［日］本多利明：《西域物语》卷下。

③ 《日本思想大系》第 55 卷，岩波书店 1978 年版，第 504 页。

要内容有如下几项——

> 为了尝试按照同其他外国贸易的样子开展同清国的贸易，有必要向上海、香港派遣担任此种任务的人员，但事先须到长崎出岛打听相关情况。如询问是否应揭起日之丸旗帜、如何雇请荷兰工作人员、是否可以携带武器。
>
> 作为日本商品的俵物（水产品）和石炭（煤）以及其他品种载入量以多少为当；上海近旁长发贼作乱，市场不景气，交易情况可临机应变，故须派遣勘定奉行、御目付等官员到现场做决定。
>
> 另外，合适的考察点有开放的五港（广州、厦门、福州、宁波、上海），打算相机决定究竟去哪些港口。近年清国与英佛军的战争以及贼乱，都造成国内混乱，因此与清国签订修好通商条约的可能性值得怀疑，条约的有关条目也要临机应变地确定，要按国际贸易的一般样子来订，输出、输入品如何管理，关税征收方法，诸商品价格高下的确定，卖方的情况，还有贸易上其他相关问题，都是这次派使团所要商讨的问题。

从这份《请教书》可以看出，日本人从两百多年的“居贸易”走向“出贸易”是颇不容易的，不仅总政策要改变，而且每项细节都得从头摸索。同时，由于日本当时同清朝没有签订贸易协定，必须借助同日清双方均有正式商贸关系的国家作中介，居间斡旋，于是决定请荷兰驻长崎出岛商馆派员以货主名义参加“千岁丸”上海行，这便是住在长崎的荷兰商人图莫卜林古成为“千岁丸”67名乘员之一的原因，也是“千岁丸”除日章旗（“日之丸”）、英国旗（因船长为英国人）之外，还悬挂荷兰旗的原因。

经过反复研讨，幕府批准《请教书》，并由长崎会所为“千岁丸”上海行支付资金3万美元，其中27000美元到上海交给荷兰驻沪领事馆，请代为汇兑成清国货币，以便交易，其余3000美元留在幕吏手头使用。[①] 此外，各藩派往参团的藩士，各藩都分别给了相当一笔经费，以作商务活动之用，仅从高杉晋作和五代才助来看，所带款项即不少，他们都在上海试图采购洋船等大宗物

① 见松田屋伴吉《唐国渡海日记》,《集成》第11卷，第50页。

品（见本章第四节）；另外，纳富介次郎、日比野辉宽、名仓予何人等出手也颇大方，因为他们都有所属藩国提供的出访经费。

二、长崎会所商人及所携日本出口商品

按照赴清使节团实际组织者长崎会所调役并沼间平六郎的意图，本拟在长崎挑选曾经到清国从事过贸易活动的商人参加此行，但遍寻不着，偌大一个独占对清贸易的港口城市长崎，竟然无法找到有渡航上海经历的日本商人，可见自江户初年以降两个世纪间实行锁国政策的严厉。

找不到曾经去过清国的贸易者，只得退而求其次，沼间平六郎于1861年10月（文久元年九月）在长崎会所经当面交谈，暂定春日屋文助、松田屋伴吉、铁屋利助三名商人参加此行。但春日屋文助患病，医生认为其病情危险，不得远航，遂以永井屋喜代助取代。自此，长崎商人永井屋喜代助（46岁）、松田屋伴吉（31岁）、铁屋利助（28岁）[①]开始了行前的准备工作。松田屋伴吉曾参与购买洋船事宜，其情第二章第二节已陈述。三位商人大量的工作，则是采购运往上海的商品。

三位商人既然没有直接到上海从事贸易的经验，他们便根据中国商人从长崎采办贩回上海的商品单目，确定备货单。

江户时代的日中贸易，中国从日本进口的物品，曾经以金、银、铜三种金属为主，后来日本对金、银实行禁运，铜的产量又大大下降，煤炭、俵物（海产品）和工艺品上升。中国商人运生丝等商品到长崎后，采办的回头货主要便是这些，三位长崎商人也照此办理。松田屋伴吉访沪所撰《唐国渡海日记》记载了在长崎出入“花月楼”、“先得楼”等中式茶馆、饭庄，商讨出航前事宜的情形。

（1）1861年11月（文久元年十月），三位商人曾与在长崎的“唐人森大号张德澄”接触，可能是从中国商人张氏处了解应携何种商品赴沪；[②]

（2）1862年2月（文久二年正月），商讨“唐国铜钱”汇兑问题；[③]

（3）1862年4月（文久二年三月），参与荷兰船的租赁及英国船的购买事

① 三商人年龄，见松田屋伴吉《唐国渡海日记》，《集成》第11卷，第50页。

②③《集成》第11卷，第41、42页。

宜，至5月（四月）已知所购英船命名为"千岁丸"；[①]

（4）1862年5月（文久二年四月），开始往"千岁丸"装载石炭（煤），继而装载药材房寒天等；[②]

（5）详细记载货物品种、质量、价值：

（三人分的货品）

房寒天 1800斤 30包 19贯 800匁

石昆布（海带，北海道产）26424斤 167包 28贯 573匁9分2厘

（森寅的货品）

参叶（止咳药） 200斤 4包

髭人参 120斤 2包 100斤 2包 8贯800匁

（铁利的货品）

白丝 120斤 2包 16贯

（竹慎的货品）

樟脑 134斤 2桶 1贯 474匁

（铁利的货品）

纸烟草 23筒 41贯 400文

（菱宗的货品）

藤细工时计锁 500筋 9贯

（森寅的货品）

友染模样布 44反 4贯268匁

色海黄 90疋 8贯550匁

（永井屋的货品）

卷烟草 30箱 1贯350匁

（长崎会所的载物）

煎海鼠（干海参） 2500斤 200包 92贯640匁

干鲍（鲍鱼） 36000斤 300包 118贯80匁

①② 《集成》第11卷，第42~43、43~44页。

鳙鳍（鱼翅）　1800 斤　30 包　3 贯 240 匁

鸡冠草　30 斤　30 包　4 贯 500 匁

房寒天　1500 斤　85 包　63 贯 750 匁

石昆布　3600 斤　30 包　1 贯 260 匁

（一二番的货品）

鍚　5342 斤　54 包

五倍子　364 斤　4 箱　702 匁 9 分 8 厘

鰹节　100 斤　2 箱　550 匁

麻苎　424 斤　7 包

棕榈皮　5430 斤　68 包

石炭　25 万斤　29 贯目

会津产人参　2500 斤　417 贯 500 匁

云州产人参　2500 斤　500 贯目

卷烟草　26 箱　780 匁

棕榈皮　57 包

涂器贩物　5 箱

形付木棉　350 包

形付纸　5000 枚[①]

关于“千岁丸”所携日本货物，高杉晋作的笔记中有简要概述：

日本人唐国持参之品物，石炭二十五万斤，干藻、干鲍五千斤，煎海鼠、石昆布。[②]

松田屋伴吉在货单最后注明，这些上船货品，长崎会所均免收出口关税。[③]这当然是对此次官船出行的一种特殊照顾。

在“千岁丸”出航前，三位商人与长崎会所的森寅及铁屋卯一郎到清水

---

① 《集成》第 11 卷，第 45～48 页。各项计数的尾数省略——引者。

② ［日］高杉晋作：《游清五录・外情探索录卷之贰》。

③ 《集成》第 11 卷，第 48 页。

寺，为上海之行的安全祈祷；三位商人又到本商会的金毗罗山祈祷，并同亲友们饯别。[①]

三、《道台府应接书》·上海当局对幕府商贸诉求的反应

1862年6月3日（同治元年五月六日），“千岁丸”抵达黄浦江码头，使节团在位于上海法租界的荷兰领事馆（中国人称之为“点耶洋行”）附近的旅舍——宏记馆（清国人张叙秀开办）住下。日比野向清国人询问“点耶洋行”意蕴何在？答复为“点耶”是招牌、看板的意思，“洋行”是商社的意思。

因当时日中之间尚未签订贸易条约，日本货需以荷兰货名义方可在上海经销，为此，随行的荷兰商人图莫卜林古作中介，日本使节团及长崎商人与荷兰领事馆官员交涉，得到荷兰领事馆的通力协助。据峰洁的《船中日录》载，6月3日（五月六日），日本使节团专程前往荷兰驻沪领事馆，请以荷兰商品名分交易“千岁丸”所携日本货物，当然要给荷兰方面以相应报酬，“兰吏大悦，万端承诺”[②]。荷兰领事馆还派出广东人做向导员，陪同日本商人到沿黄浦江各西洋商馆参观，又浏览各种清国人的商店——药材店、锻冶店、米店、煤炭店、鞋店、旧货店、点心店、线香店等，只问价，不购买。在这一过程中，获悉洋银（墨西哥银元）、中国铜钱、日本钱之间的汇兑比率。[③]在荷兰领事馆用4墨西哥银元兑换成中国铜钱2000文；市面上兑换比率为：1墨西哥银元兑换日本宽永通宝1贯200匁，折合中国铜钱300文。[④]

三位长崎商人还在上海作了广泛的市场调查，尤其注意于商品及劳务价格。据松田屋伴吉所记，有如下一些项目：

> “千岁丸”由蒸汽江艇拖引入黄浦江，付租赁钱“洋银二百枚”[⑤]；
>
> 上海黄浦江、苏州河水混浊，需用明矾澄清方可饮用。开列明矾价格，并与日本市价比较[⑥]；
>
> 各类水果、蔬菜的价格，同日本市价比较[⑦]；
>
> 以沼间平六郎名义开列的三百五十八吨日本船号“千岁丸”货物的“报港货册”[⑧]；

---

①②③④⑤⑥⑦⑧ 《集成》第11卷，第50、15、55、55、54、55、55~56、56页。

"千岁丸"在港口卸货雇用中国人三名，货钱银一枚[①]；

使节团从者传次郎病死于上海，运送死人的船租费、基地费、埋葬费[②]；

从上海采购货物名称（白砂糖、冰糖、大黄、绢物、唐纸等）及其上海出港税额[③]；

日本金银币在上海兑换比价[④]；

返回长崎，自上海购入的诸货品（毛毡、水银、麻黄、甘草、大黄、铅、冰砂糖等）的数量及出售价目[⑤]。

长崎三位商人还在市面广泛参与买卖，如松田屋伴吉购入麻黄、甘草等汉方药材一万斤，又将干鲍、石昆布、煎海鼠卖出。

长崎三位商人也参加了6月5日（五月八日）日本使节团拜会上海道台的活动。与诸藩士侧重记载这次会见的场面，评析其政治、文化内涵不同，松田屋伴吉侧重记述这次会见的商务活动。从《唐国渡海日记》简略的文字可以透见，这些商务活动是会见时在偏僻处由双方商贾进行的，如交流日中双方的商法；上海协德行代表王朝山与长崎广马场万顺号之间的交易，由铁屋利助提交书状一封。借这次会见之机，日本方面还向清方递交了《报港货册》，以"三百五十八吨日本船号千岁丸船司沼间平六郎"的名义，将"从长崎运至上海的货物清单开列于左"，最后落款处还书写英文字。[⑥]

中牟田仓之助还留下一份记述向上海道台提问的《公仪御役唐国上海表道台及之外应接书》，简称《道台府应接书》。[⑦] 据此书所载，这次会见，日本幕吏与上海道台就日中商贸关系交换了意见，日本幕吏提出的问题有：

——去年以来，日方通过荷兰领事库尔斯提出这次日本幕府官船访沪的设想，长崎商人也带来了货品，关税方面拜托办理；

——其各项事宜，荷兰领事详细问及，已明白情况。中国商人到日本筹办棒状铜条的通商方式，从过去一直继续，但像如今这样日本人来

①②③④⑤⑥ 《集成》第11卷，第57、61、61～62、72～73、77～86、56页。

⑦ 《匪夷入港录》的《续通信全览》之29部"船舰门"收入此应接书。

到上海，则是从未有过的。像与荷兰缔结的通商条约，可否在日本与清国之间缔结？这次带来的货物全权委托荷兰商馆，可以吗？

——因为这是第一次来上海，一切工作全都拜托了；

——如果我们陈述的有不懂之处，请询问荷兰领事。今天来的人，工作怎样分配，请指教；

——贵方政府的钱粮出入，由何种职官掌管？这种职官是否同布政使的职权相近？

——这次我们来到上海，是否可以在市内到处走动？

——我们的到来，希望贵方能喜欢。但时下长发贼到处出没，杀人放火，实在无法无天，幸得英法两国军队参加防御。但这种战乱状况，我们也不能走远。我国商船好多年没有来到贵国，商法改变的情形也不甚知晓，今后的交易多多拜托了；

——虽然两国尚无正式商贸协议，但希望贸易能够进行；

——去年贵国筹办官铜进口的是任循南，他曾提出过报告，不知他的情况如何？任循南并没有到过日本，来到日本的是江星畬。

——过去那种没有协定关系的情形不能再继续下去了，应尽可能签订日清两国的通商协议，使两国都能获利的贸易继续下去。

这份《道台府应接书》表现了日本方面发展日中贸易的热切愿望，以及初次出国的忐忑不安心情，从中也可看出因未同清国建立正式关系，一切仰仗荷兰人的状况。目前还没有找到上海当局对此作出反应的直接材料，但从名仓予何人的《支那闻见录》得知，6月20日（五月二十三日），“道台吴煦亲至点耶洋行，我官吏应接”[①]，双方交谈内容无记载，但起码表明双方关系友善。名仓还抄录1862年6月25日《上海新报》的一则文字，可以得悉，中国方面对于与日本开展经贸往来是持前瞻性积极态度的。这则《上海新报》写道：

日前东洋人来中，系欲通商贸易，间已谒见道台，亦经答拜。但该国来此生意，系无和约之国，现准将带来货物作荷兰国之货销售，此后

① 《集成》第11卷，第180页。

再来应须订明约，方为正理。查东洋人来此买卖属好事，惟闻东洋国家出示，凡有中国人在东洋者，均须赶回，此诚不公。中国既准东洋人贸易，东洋岂可不准中国人贸易乎。①

从口气看，此文出自上海当局，它肯定了“东洋人来此买卖属好事”，但希望日本方面也欢迎中国商人前往日本正常贸易，不应排斥中国商人；并寄望于两国“应须订明约”。名仓予何人从《上海新报》看到这则消息后，立即向使节团官吏报告，得知长崎驱赶中国人的具体情节，《上海新报》报道有所曲解。可见日方很重视中方的反应。

由于中日双方当时适值多事之秋，两国贸易协定延宕多年方获签署。由“千岁丸”上海之行为开端的近代日中贸易，明治初年才走上正轨。1870年日本政府派外务权大丞柳原前光出使上海，提出订约之请；次年，日本派大藏卿伊达宗城（1818—1892）为正使，柳原前光为副使，前来北京，与直隶总督兼北洋通商事务大臣李鸿章签订《中日修好条规》和中日《通商章程》，两国正式建立通商关系。随后不久，两国建立外交关系，互派使节，互设公使馆、领事馆。中日交往进入一个新阶段。

四、藩士们的市场调查及购买蒸汽船的尝试

“千岁丸”乘员中除长崎会所商人孜孜于市场买卖外，诸藩士也不同程度地注目于此。如名仓予何人在上海县城内考察“街衢店铺模样”②，“每铺必于店头大署曰‘真不二价’或‘实不二价’”③，“上海街坊渍鱼多，生鱼甚少”④。他还在城内发现，有的铺面相当于日本的“两替屋”（兑换货币的商店），可“兑换银洋”⑤，并特别记载日中货币兑换率：

本朝壹分银，唐国铜钱三百文许，相当洋银一元。⑥

名仓还记下市面多种货品价格，例如：

① ［日］名仓予何人：《支那闻见录》，《集成》第11卷，第183～184页。抄文原未断句，标点系引者所加。

②③④⑤⑥ 《集成》第11卷，第172、174、175、177、177页。

牛肉价每斤约四十四文。[①]

拆糖（砂糖）每斤上品，铜钱一百文，中品八十九文，下品数十文。笔，每枝五七十文，以上至一千余文。[②]

老鸭每只洋银一元半，新鸭每只洋银限五角，鸡每斤铜钱百文至二百文，鸡卵每个铜钱贰拾文。[③]

名仓又注意到上海的衡器，有官秤、规银秤、库秤、广秤之别，并与日本衡器、西洋衡器作比较。[④]

名仓还详细描绘清朝货币的形制、币值。[⑤]

名仓开列日本商品为中国欢迎的种类、中国商品为日本欢迎的种类：

本朝物产中，得支那人欢迎的大概如下：

刀枪　陶器　人参　赤铜　纸类　椎茸　葛粉　熊胆　晴雨伞　漆器（夷场人尤喜）　钱币（同上）　鸡　杂药

唐国物产中，本邦购走的如下：

药种　唐纸　紫檀　陶器　书籍　笔墨　拆糖[⑥]

藩士们在上海的商业活动，最重要的是高杉晋作、五代才助分别为长州藩、萨摩藩试探购置西洋蒸汽船的努力。

幕末西南雄藩（以长州、萨摩为甚）亟欲富国强兵，都有从西方强国那里购买蒸汽船舰的计划，高杉晋作和五代友厚便分别受命于长州、萨摩藩主，并携带款项，在上海与英、法、美、荷等国商社接触，作购买新式船舶的尝试。峰洁的《船中日录》最后一条，记载他在“千岁丸”上获悉高杉、五代受藩国之命，到上海购买大船，但一时难以成事。[⑦]

高杉晋作因受托于长州藩主，故到上海后特别留意于西洋船舰（尤其是蒸汽船）的形制、构造、性能和价格。他的笔记留下这样一些形迹：

十七日，午前与中牟田、五代至川蒸汽船，看诸器械。船系英人所

①②③④⑤⑥⑦《集成》第11卷，第175、178、179、194、194～195、209～210、23页。

用。①

廿日……此日上海港口亚米利加蒸汽船过而失火（船名科尔特斯，船主名戴尔，船积高千百十七吨）。②

念五日……此日花旗国蒸汽船破裂，即死者凡二十二人（内清人十六名，花旗人十一名），船名欧尼·奥斯塔尔，积高百六十吨。此船自圣弗兰斯科来云。③

念六日……此日官吏至荷兰商船，幕府有需船之意，故至。中牟田陪从。此船长二十间，二本柱。中牟田归馆云："颇精工，胜于千岁丸远。"五年前造制之船，船具价三万七千美元也。幕府不能需，予使我藩求此船，颇有益。然千里相隔，无如何，空叹息而已。④

高杉为长州藩购置新式船舶的努力，可谓尽心尽责，不仅在上海四处探询，而且于1862年8月返长崎后，得知一艘荷兰船出售，高杉来不及回萩城请示藩厅，即自作主张，以二万两买价与荷兰商家达成购船契约。后因藩厅当权者反对，此项买卖未果。

至于五代才助，早在赴上海之先的1862年初，已为萨摩藩两次经办购买洋船事宜。高杉晋作所撰纪行文说：

萨摩藩的五代才助以千岁丸水手身份参加这次上海之行。五代曾以萨州之蒸汽船副将的地位，接受君命，与英商谈判，待英国的蒸汽船修理好以后，从上海驶来，以完成交易……蒸汽船买入费十二万三千美元，相当日本币七万两。⑤

高杉又在"头书6"中说明，五代为萨州购得的是"二十间计之军舰"⑥。这是1862年2月的一次购船活动。同年5月，五代又经手购蒸汽船一艘，本书第二章第五节已述。到上海以后，五代多次与高杉、中牟田等参观英、美、法

①②④ ［日］高杉晋作:《游清五录·上海淹留日录》。

③ ［日］高杉晋作:《游清五录·上海淹留日录》，文中死亡人数总数与中、美两国分别数相加不符，但原文如此。

⑤⑥ ［日］高杉晋作:《游清五录·内情探索录》。

船舰，归国后大力鼓动西南雄藩购置先进的西洋船舰。据统计，幕末从幕府到诸藩都竞相购买西洋船舰，幕府 34 艘，诸藩数十艘，仅萨摩藩即 17 艘，长州藩 6 艘，加上土佐、肥后等，西南雄藩购西洋船舰总数超过幕府，而且多为铁壳蒸汽船。[①]

在上海期间，五代还以犀利的眼光考察东方巨港上海的贸易状态，由此加深了对国际贸易重要性的认识。回日本后，他提出“上海贸易计划”，倡导“贸易国策论”，认为“勤王攘夷”是一种欺迷愚民的论调，富国强兵的希望在于建立国内统一市场，并进而发展对外贸易，而不是“攘夷”。“天下的形势在开国”是五代的名论。他还就在上海的实地调查，指出日本与上海贸易，商品的第一位是米谷，次为茶、白丝、椎耳、鳎、御种人参、鸡冠草、白炭、杉板、棕榈皮、煎海鼠、干鲍、干贝、干海老。他还寄望于萨摩藩特产砂糖的出口，提倡用西洋诸国砂糖的蒸汽机械制造法。

总之，藩士们在上海，实在是上了一堂国际贸易课，对于他们在幕末维新和明治维新间大倡“贸易立国”，无疑有一种奠基功能。

五、运回日本的货物及此行贸易收支

“千岁丸”在上海逗留两月，三位长崎商人的买卖活动十分繁忙。开始经由荷兰商馆中介，后直接与“唐商”（中国商人）王朝山、钱少号、王洵南等交易，将带来的各项日本货物全数推销出去，又开始采购运回日本的中国货物。此间，长崎商人了解到，从产地购得货物的税银与从上海购得货物的税银有相当大的差额。[②]但鉴于上海以外各地战乱频仍，无法到产地购物，只能按上海出港之税额缴纳，为此，长崎商人详记上海出港的各项商品税金。[③]

据松田屋伴吉所记，其在上海采购货物，最后成交，装载上船的清单如下：

黑色及花色吴罗服连[④]　100 包　代银 5 贯 400 匁

尺长更纱　450 包　代银 6 贯 300 匁

① 见《胜海舟全集》第 8 卷《海军历史》，第 443 页。

②③ 见《集成》第 11 卷，第 61、61～62 页。

④ “吴服”，即和服；“吴罗服”，丝绸和服。此项指和服料子。

一番毛　1000条　代银6贯450匁

（另一种）一番毛　700条　代银4贯200匁

水银　2812斤5合　代银14贯146匁8分7厘5毛

椆实　1434斤　代银1贯290匁6分

胡椒　50袋　3138斤　代银2贯259匁3分6厘

大风子（汉方药材）　7134斤　代银1贯426匁8分

麻黄（汉方药材）　4231斤8合3勺　代银258枚1合4勺

甘草（汉方药材）　3699斤3合　代银162枚7合7勺

同上　8669斤　代银3贯467匁6分

铅　42170斤　代银27贯958匁7分1厘

一番冰砂糖　5000斤

大黄（汉方健胃剂）　6695斤　代银8贯569匁6分

石膏　24157斤　代银2贯415匁7分

合计　日本银110贯165匁2分4厘5毛

洋银　420枚9合1勺（换算日本银3贯241匁7毛）

总数　113贯406匁2分5厘2毛[①]

"千岁丸"上海行，就扩大国际贸易视野、熟悉国际商法、了解中国市场等方面而言，可谓收益颇丰，但就贸易赢利而言，却所获甚微。这首先是因为，交易过程由荷兰领事馆中介，除交千分之二十五的手续费外，还需平摊利润。后来又由中国商会"协德行"充当中介，更使卖货的日方一点隐秘也保留不住，交易中全部弱点暴露无遗，往往价钱被压得很低。幕吏为此大为叹息。[②]

幕府为派遣"千岁丸"赴沪准备了30000美元，其中27000美元由荷兰人代为兑换成清朝货币，从事贸易活动，手头经费仅为3000美元，而英国船长的单程报酬便用去100美元，全部15名英国雇佣者的总开支可想而知是很大的；返程时，又雇佣10名荷兰人驾驶船舶，支付460两；逗留上海期间，拜访上海道台和外国领事馆的交际费当然亦不菲；使节团一行人在上海60天的

① 《集成》第11卷，第76～78页。

② 见《中牟田仓之助传》，第232～236页。

开支，更是一笔大数字。这些用度，估计将资金消耗多半。加上日本人在上海“试卖”货品，因种种局限，难有收益，而关税支出却不小。另外，据研究者统计，长崎商人在上海卖出货物，总额 1513 贯 189 匁；购入货物，总额 113 贯 5 匁。购返日本的货物价值，不到带往上海货物价值的 1/10。[①] 这一悬殊数字比，当然不能简单归结为长崎商人在上海营业亏损，却起码可以表明，长崎商人对于从上海购买货物返日的热情低落。这是日本锁国二百年后，首次出航清国开展“出贸易”的锋芒小挫。

由于财务支绌，使节团主事的幕吏决定不去上海之外的港口（如天津、宁波、香港、广州），这其间当然还有中国正发生战乱的缘故，但经费不足则是主因。第三章第一节引述，名仓予何人抱怨幕吏无大志，“不得游支那有名之诸港”，毕竟是局外人的牢骚，不知当家者的苦衷。

① ［日］川岛元次郎:《开国以后最初の上海贸易》,《商业与经济》第 2 册，长崎高等商业学校研究馆年报。

第七章　东亚文化圈内的协奏与变奏

临敌练磨文与武，他年应有建功勋；
孤生千里归乡后，每遇患难又思君。
——高杉晋作《留别陈汝钦》

一、东亚文化圈内涵

1862年夏天，往返于“长崎—上海”之间的日本幕府官船“千岁丸”，是由“西力东渐”造成的“开国”大势所驱动的一次航行，甚至这艘三桅帆船的船长等驾驶者也是西方人——来时是英国人，返时是荷兰人。但尽管如此，“千岁丸”上的日本乘员仍然显示出地道的东方人特色，他们的思维方式和行为方式，都打上了深深的东亚文化烙印。1862年6月5日（文久二年五月八日），“千岁丸”抵沪后乘员上陆的第二天，高杉晋作吟诗云：

梦迷指月山头月，人在东洋万里船。
地中千里万泉下，不识孔翁奈何情。
蛮樯林立穿云处，独抚宝刀对日明。
……[1]

这种以“蛮樯”（西洋船舶）为异域风景，勾起对乡邦的思绪，是一种典型的东亚士人情致。诸藩士的见闻录中，此类意趣俯拾皆是。而且，无论对中国时局怎样失望与困惑，藩士们都怀着一种与中国人同气相求的情感，正如纳富介次郎所说——“倭汉一心”。这除了因为当时日中两国处境类似，唇齿相依之

① 《高杉晋作全集》下。

外，还有更深层的缘由——两国人民在长期的历史生活中形成了深刻的文化相通性。

在人类文明发展史上，国家并非唯一的空间划分标准，地球上的某些连续地段（往往包括若干个国家），因为地理环境的邻近，经济、政治、军事上的频繁交往与碰撞，以及思想上的授受关系，形成一种深刻而久远的文化共性，诸如文字的、宗教的、学术的、典章制度的相似性和相通性。这种文化共性总是突破国家疆域界限，在整个地段延绵生长，从而构成一种既有相对稳定的地理领域，而边际又不十分确定的“文化圈”。

学者通常把旧大陆分作四大文化圈：以古希腊、罗马为基点的西方文化圈，从希伯来到伊斯兰时期的闪族文化圈，以印度为主体的南亚文化圈，以中国为主体的东亚文化圈。如果从全球范围而言，大的文化圈有五个——西方文化圈、闪族文化圈、南亚文化圈、东亚文化圈、中南美文化圈。每个文化圈在历史上又各有盈缩。以西方文化圈为例，它以东地中海为起点，从埃及—克里特，传延到希腊、罗马，达到古典的辉煌，经中世纪的分裂、变异，终于发展成主导近代世界的北大西洋文化（即西方文化）。而拼音文字、基督教、民主政体（古典的与近代的）、科学精神在这个如变形虫般异动着的地域范围内，是时隐时现的共通性文化要素。

与亚欧大陆西侧的西方文化圈相对应，在亚欧大陆东侧，数千年间形成颇具特色的东亚文化圈，其核心区在中国大陆（黄河流域和长江流域），边缘带则有越南、朝鲜、日本。汉字、儒学、中国化佛教、中国式律令制度，构成这一区域文化的特色。

汉字是世界上最古老的文字之一，约有6000年历史，至今还保有旺盛的生命活力，被广为使用。汉字经过复杂的历史演变过程（如从甲骨文、金文到秦篆、汉隶、宋楷），没有走上其他大多数文字的拼音化道路，在形体上逐渐由图形变为笔画，象形变为象征，复杂变为简单；在造字原则上从表形、表意到形声。一个字一个音节，大多数是形声字。汉字不仅通行于广土众民的中国，而且很早便传入越南、朝鲜和日本，在相当长时间内成为这些国家的通用文字。东亚各国语言各异，而汉字是超越各种语言的共识符号，因此，东亚文化圈又称“汉字文化圈”。日本古代没有文字，斋部广成著《古语拾遗》称，（日本）“上古之世，未有文字”，而已经成熟了的汉字很早便传入日本，公元

57 年（建武中元二年）后汉光武帝把镌有“汉委奴国王”的金印赐给日本九州北部倭奴国首领，这一金印在 1784 年（天明四年）被志贺岛农民甚兵卫挖掘出来，这是汉字传入日本的较早实物证据。[①] 笔者 2000 年初与刘柏林君同游福冈郊区的志贺岛，该岛建有“金印公园”，纪念此地发现汉光武帝赐倭奴国王金印。东汉以降，以汉字记事的大量中国典籍传入日本，日本官方和文化人自四五世纪以降，逐渐使用汉字。日本平安时代创造“假名”作拼音字母用，但假名也是从汉字偏旁和草书笔画中脱衍而成。假名出现后，日本还继续使用汉字，视其为“真名”。日本文字成为汉字与假名的混合。而且，一些重要典籍，如《日本书纪》、《续日本书纪》、《日本后纪》、《续日本后纪》、《文德实录》、《三代实录》六部日本正史，全用汉字、汉文。东京帝国大学藏版，东京帝国大学文学部史料编纂挂大正十一年三月编纂的《大日本史料》十一编共数百卷，载有从 59 代宇多天皇至 106 代正亲町天皇（9 世纪至 16 世纪）的官方文书，基本上都是汉字、汉文，愈往后，加入假名愈多，但直到正亲町天皇时代，其文书仍以汉字为主体。

概略言之，历史上日本对汉字的采用方式或袭用汉字的意义，或用汉字、汉语表达日本语的意义和借用汉字来注日本语的音。直到现代，日本还保留着 3000 个“当用汉字”，汉字仍然在其文字系统中发挥骨干作用。而日本人使用汉字，也是与中国人交往的一个便利条件。“千岁丸”乘员在上海访问，对这一点深有感触。纳富介次郎说，他在沪上交结不少书生——

> 他们听说皇邦与诸洋人不同，崇圣教，彼此文字相通，故有不少人乐于来访，诗话笔语，交流感情……[②]

汉字确乎是日中两国人民交往并建立友谊的桥梁。

佛教本起源于南亚次大陆（今尼泊尔与印度交界处）。小乘佛教经由锡兰（今斯里兰卡）传往东南亚，大乘佛教则沿丝绸之路，先入中亚，于两汉之际传入中国，经魏晋南北朝、隋唐，佛教逐渐中国化，这种中国化的佛教及汉译

---

① 此一考古实物，与文献记载相吻合。《后汉书·东夷传》称：“建武中元二年，倭奴国奉贡朝贺，使人自称大夫，倭国之极南界也。光武赐以印绶。”

② 《集成》第 1 卷，第 20 页。

佛经传入朝鲜、日本，构成东亚文化圈的一个要素。故东亚文化圈又称“汉译佛典圈”。就日本而言，佛教与儒学、神道鼎立而三，在朝野间影响深远。虽然在日本历史上佛教或被提倡，或遇禁毁，但总体而论，“神佛合习”成为日本的文化传统。明治初年，在日本曾有过一段废佛毁释的潮流，但在此前的幕末，佛教尚处在一种比较平稳的状态，故1862年访沪的藩士较少注意上海的佛教情形，但偶尔探讨佛教教理问题。日比野的《没鼻笔语》记有日比野与中国士人李步瀛议论儒、释、道三者关系的言论，两人大体都站在儒家立场上，对佛教作出评析[①]，从中可以看出日比野对佛教精神的把握有相当水平。此外，名仓予何人曾拜访上海县城南门内的佛寺，对寺庙建筑、僧人服饰有所考究，结论是“与本邦同，唯觉衣裳略异”[②]。

儒学是中国文化中强劲的一支，官方长期以其为思想主轴，东亚各国均深受儒学影响，故东亚文化圈又有“儒教文化圈”之称。儒学与佛教一起，是导引日本从野蛮走向文明的重要精神支柱，力倡“脱亚入欧”的福泽谕吉在《劝学篇》中也肯认这一点，他指出：

> 把我国人民从野蛮世界救出来，而引导到今天这样的文明境界，这不能不归功于佛教与儒教。

关于“儒教”，福泽特别看重其在建设社会的道德秩序方面所起的作用。儒学，尤其是朱子学，在江户时代成为官方哲学。日本武士对儒学十分尊崇，这在幕末访沪的藩士那里表现得相当鲜明。本书第四章第八节已论及，日本藩士们对于英法联军占据孔庙万分愤慨，并对中国人居然容忍深表不解，显示出一种相当执著的尊儒情感。

中国的典章制度自隋唐以降传往日本，被仿效，也被改造，但一直是日本人注意研讨的对象。幕末访沪的藩士们对此仍兴趣浓厚。日比野辉宽在同中国儒士交谈时，开宗明义讲道：

---

① 《集成》第1卷，第160～161页。

② 《集成》第11卷，第117～118页。

> 弟葵向贵邦之文物，有日于兹，即今遂素志，何等幸。①

他向中国士人方瑶卿、顾蔼、顾麟等仔细询问中国的学校制度、科举制度、学田制度、文武官制、官员回避制度、医药制度、劝农之典、旌表节孝方式、司法审讯制度、育婴堂设置、捕蝗办法、官吏薪俸、学校择师标准等。② 询问间还不断与日本国内的做法相比较。这种两国士人间就典章制度的承袭关系、异同比较相互切磋的情景，生动表现了东亚文化圈在制度文化层面的相通性。

峰洁在向中国士人探询典章制度时，尤重细节，从官员服装，武试、文试状况，入试年龄，乡举之法，延师费用，祭祀仪式及年月等，一一详询，中国士人也反问日本情形，彼此切磋——

> 问曰：衣服色样随所好而无妨乎？
>
> 顾麟曰：常服无妨。至于功名之衣服等级各不同。
>
> 顾麟问曰：贵邦有科场考试乎？
>
> 曰：有之。然特文试又有武技之考矣。
>
> 又问曰：重文试乎抑重武技乎？
>
> 曰：最重武技矣。
>
> 麟曰：敝处重文试不重武技矣。中国以文场出身不比贵邦有世禄，故不重武技而重文试。今逆匪扰乱，亦稍重武技矣。③

从这一对话，峰洁引申出一段评论：

> 按当今清国风习，文弱流衍，遂至夷蛮恃力而至。这是万邦之殷鉴。④

由此可见，日本人了解中国现行典章制度，除知识性目的外，更着眼于对经验教训的汲取。清朝内忧外患交迫，国势日衰，日本藩士试图从制度文化

---

①② 《集成》第1卷，第141、142～152页。

③④ 《集成》第11卷，第28～30页。

层面追索其原因。这同当年遣唐使学习先进的唐朝律令制度的心情，已大相径庭。

二、笔语

中日两国语言各异，而文字又有相通之处，汉字在其间起了桥梁作用。于是，中日两国通晓汉字、汉文的士人相聚之际，当口舌无法交流时，以笔代语便成为日中士人间行之有效的沟通办法。

这种被称为“笔语”、“笔谈”的方式，在同属汉字文化圈的中日人士间运用已久。明清之际中国学者朱之瑜（号舜水），（1600—1682）于17世纪60至80年代旅日20余年，先在长崎讲学，后被水户藩主德川光国聘为宾师，授徒江户。在日本期间，朱氏用“笔语”方式向德川光国、安东守约、安积觉、小宅生顺等日本藩主、士人讲授中国经典，并解答疑难，成就了当年中日文化交流的伟业。由其日本门人辑集、德川光国父子刊印的《舜水遗书》中，便有“笔语”多篇，记录着朱氏与日本士人用汉文应答、酬和的诸多内容。[①] 这是汉字文化圈内的一桩美谈。笔者也有类似感受：若欲与日本朋友作较深入的学术性探讨，即使对方能讲汉语，每每通过“笔语”方可取得更好的效果。这乃是因为，汉字所包蕴的丰富文化内涵，早已被中日两国人民所深切领悟。

1862年夏天访沪的日本藩士们，也普遍使用“笔语”方式同中国人相交流。名仓予何人的《支那闻见录》记载，他一次独行，到中国官员家中访问，以“笔语”交谈，所获不少。[②] 这种笔语，当然不是那么顺畅，发生误差、引起笑话也在所难免。名仓说：

> 和汉字同，音训殊，言语不通，深以为怪。有时我请对方笔语，又请对方将汉字读出，我用邦读（日本音读——引者）。彼此朗朗读出，互相以为怪异，都抚掌而笑。[③]

这种交流方式虽然有别扭、可笑之处，但毕竟能够起到沟通信息的作用，

① 见朱谦之编《朱舜水集》，中华书局1981年版。

②③ 《集成》第11卷，第172、208～209页。

所以在高杉晋作、峰洁、名仓予何人、日比野辉宽等藩士的见闻录中，都留下笔语的记录。仅以高杉晋作为例，其纪行文便多处记载笔语情形，例如，他6月3日（五月六日）陪同幕吏到荷兰领事馆，“官吏登楼上，从臣待于楼下，予与清人三两名笔话（笔话付别录）”①；6月12日（五月十五日），“此日清人三四名到于寓居，为笔话（笔话录别册）”②；6月13日（五月十六日），“与伊藤军八访清人家，笔话（笔话别录）”③；6月17日（五月廿日），“又访西门兵衙陈汝钦。汝钦有气概，与予气能合，笔谈甚愉快”④；6月20日（五月廿三日），“此日清一两生来谈，笔话付别录”⑤。此后，这类笔语还有多次。他的《外情探索卷录之贰》，便是在上海与中国人笔谈的记录。

藩士们认为笔语是日中两国人士亲近的一大法门。纳富介次郎说：

> 当地人对我们与在那儿常住的西洋人根本不一样，对初次渡海到访的我们十分亲切，一见如故。这可能是经过我们笔谈，意思相通的缘故。⑥

日比野辉宽更看重笔语的价值，他是“千岁丸”乘员中唯一留下长篇笔语作品（《没鼻笔语》）的一位。日比野在同浙江巡察方瑶卿相交时，方氏说“惜乎，言语两不会意”，为语言不通而遗憾，而日比野答曰：

> 笔端有舌，何待言语。⑦

充分肯定笔语的效能。

从诸藩士所记录的笔语看，日中两国士人通过笔语不仅交换一些表浅层次的情况，也能深入到学术领域，作较富思辨性的讨论（本章第三节将展开这方面内容），并且还能作颇微妙的思想情感交流，从而结成有深度的友谊关系。名仓予何人在《官船千岁丸海外日录》中记载了同寓的高杉晋作与时任城防官的浙江儒生陈汝钦的一段对话，颇能显示当年关心天下大事的中日两国士子试

---

① ［日］高杉晋作：《游清五录 · 航海日录》。

②③④⑤ ［日］高杉晋作：《游清五录 · 上海淹留日录》。

⑥⑦ 《集成》第1卷，第18、141页。

图摆脱政府控制，私下交结异邦友人的意愿：

陈：仆亦好谈时事，然此乃吾邦官吏所在，故默焉。请兄书其姓名，其居处而去，幸甚……

高杉：仆姓源名春风，通称高杉晋作，读书且好武事，常钦慕贵邦奇士王守仁之为人。一个（介）书生而已矣。

陈：妙极，妙极。①

这番笔语，因缺乏前后说明文字，具体情景不得其详，但从字里行间可以揣度：高杉与陈氏曾在上海某官府见过面，高杉在那一场合大概发表过意见，陈氏（经翻译）得闻，颇起共鸣，但碍于官府，不敢当场结交高杉，于是到“宏记馆”名仓、高杉寓室造访，遂留下这些文字。

1999 年 4 月出版的《高杉晋作の 29 年》一书，披露藏于东行庵的高杉晋作的《上海笔谈录》手稿，内有高杉与一中国士人间的笔语问答（中国士人问，高杉答）：

（问）君处是琉球抑是日本？

（答）日本人，非琉球人也。

（问）兄一向是何业？

（答）弟是一个书生，好读书，漫游天下，访奇人伟士，要去胸间尘埃。同行人，俗物多，更无雅逸之风，弟甚穷焉。

（问）如此说来，兄到尔是吾辈中人……②

这番笔语，高杉吐露了对日本同行者庸俗的不满，表述了自己高远的志愿，而中国士人立即引为同调，双方大有异国逢知己之慨。

名仓予何人的《官船千岁丸海外日录》则记有通过“笔语”与中国士人深交的隐秘之情：

① 《集成》第 11 卷，第 111～112 页。

② 《高杉晋作の 29 年》，第 76 页。

此日在王互甫家看珍龟……此亦详见于笔谈也。互甫更携《武备志》来，看见《日本略记》，有许多质问，互甫曾云其欲将所闻贵邦之现状加于日记中。余亦向互甫问战场之情态，于兵术得益不少。余与互甫情好日亲，有种种问答，然其中不可闻之于他人处亦不少，故其书入火中矣。[①]

《上海笔谈录》手稿

看来，名仓与王互甫之间的笔谈，涉及若干日中两国有忌讳的问题，两国的专制政治不能容，所以此类“笔语”只能付之一炬。名仓还专门就此加以说明：

官吏常诫余，云归朝之后，若有自支那送来之书柬落入长崎或横浜、箱根等镇台之手，此将即送至阁老执政处，其间难料，其时将引出不虞之大祸矣。既如此，即将所送支那人之答书录于此，他日若有不虑之事，以此一证。[②]

高杉晋作与陈汝钦、名仓予何人与王互甫之间的“笔语”触及日本幕府忌讳，可见“笔语”的社会及政治内涵，已进入相当的深度。这种深层次的、微妙的思想交流，可以借助“笔语”进行，说明汉字文化圈内的日中两国确实有着文化相通性、思想共识性。

访沪的藩士们还曾试图向下层民众做调查，但因后者不通文字而未能如愿。如日比野在与江苏商贾春舲笔语时得悉，春舲的从仆曾被太平军俘获，在南京见过洪秀全，后从苏州逃来上海。日比野当即向春舲提出：“欲与从者笔语，可乎？”春舲答曰：“彼不知一丁字。”[③] 故与从仆交流未果。

①② 《集成》第 11 卷，第 76、146～147 页。

③ 《集成》第 1 卷，第 166 页。

三、书画弈棋交往·古董鉴赏买卖·诗文酬唱应和

中国书法和中国绘画，是独具特色和魅力的艺术，它们不仅行之于中国，而且在越南、朝鲜、日本也有广泛影响，成为汉字文化圈内人们（主要是士人）相与操习、共同欣赏的妙品。乘“千岁丸”访问上海的日本藩士，也多有爱好于此者，在上海期间，同沪上文士不免书画往还，颇获鉴赏之乐。纳富介次郎是专业画师，这方面的经历尤多，他写道：

> 在停港中求我画画的人很多，有人亲切地到我的住处交流翰墨。[①]

由书画挥洒，交流技艺，进而更有书画及古董交易。纳富描述中日人士间热络的书画文物贸易，这在西洋人与华人间是不曾有过的：

> 上海是各国洋人通商贸易的口岸城市，不过只有书画和文房洋人不感兴趣，所以他们对这类商贾漠不关心。清国人听说皇邦的人很珍视书画，每天带来很多书籍、轴画、挂幅、古器等，一个劲地推销。[②]

既然作书画古董交易，就有真伪鉴别和高下品赏问题，于是，在中国贩卖者与日本购买者之间，展开了辨析和讨价还价，这是一幅典型的东亚人之间的论辩——

> 不言而喻，假货很多。可是对方辩解说是真货，劝买。我们说日本人都具慧眼，岂能骗过我们。对方终于吐出真言：“如此明鉴，怎能骗得了你们。若是真货不会如此便宜，倒不如实话实说。”[③]

纳富因有相当的鉴赏能力，故自己买得一批佳品，还为其他日本人买得一张钱舜举的勾勒花鸟，回长崎后颇得专家好评。纳富的《上海杂记》还详列在上海

---

①②③ 《集成》第1卷，第19、21、21～22页。

购买书画的清单。[①]

除纳富外，其他藩士也有书画品评及交易活动。如峰洁与中国文士姚云洲往来，姚送自画山水扇面给峰洁[②]；山崎、深川有钱，“买了很多铜器、陶器，还买了一点玉器、书画、文具”[③]；又如名仓予何人曾“出北新门，过兴圣街扇铺，为他人买扇面若干”[④]。高杉晋作与中国士人一起鉴赏古董、书画往还，颇为频繁，略举其见闻录所记：

(五月)十八日，雨降，始为梅雨之景。午后与同馆清人张棣香至古玩店，求鼎样香炉，共归馆。棣香饮予于美酒，乘兴豪谈，颇觉愉快。棣香为予书孔明《出师表》云。[⑤]

廿一日，到古玩店，看过书画……此日作书牍，托名仓赠陈汝钦。[⑥]

念六日，风静雨晴，晚日照轩，清人马诠来，话颇有文事，又能书，为予书“楠树书屋”四字。[⑦]

六月十六日……访清人某，某求予书，予不愧拙笔，录旧诗于扇面。[⑧]

廿日……与陈汝钦谈……又为予书“默生”二字。[⑨]

从名仓予何人、高杉晋作等日本藩士的这些记载看，他们的文化底蕴和兴趣爱好，与中国士子何其相似乃尔！如果不看篇题和署名，还会误以为这些徜徉于书画之间的文字出自中国雅士之手。

中国文人以琴棋书画为雅道，文化素养、兴趣爱好均寄寓其间。此类雅道自平安时代以降，即渐次传往日本，日本武士自幼多受此熏陶。以高杉晋作为例，1862年他的注意力已转向洋学，以谋求富国强兵之道，到上海来的目的主要也在观摩西洋文化，但少时获得的汉学功夫，使其情志意趣不自觉地投向中国传统文化，此正所谓“理智向着西方，情感向着东方”。他在中国士人马诠寓所盘桓时，即被中国画所深深吸引，并抒发相当内行的品赏文字——

壁上所画之梅树，颇觉妙笔，虽在五方杂处之地，朝暮对此画梅树，

①③《集成》第1卷，第23～25、22页。

②④《集成》第11卷，第20～21、114页。

⑤⑥⑦⑧⑨［日］高杉晋作：《游清五录·上海淹留日录》。

神殆如泛静山幽谷之中。此系蜀人刘斗山所画，其人已回乡去矣。①

高杉在上海市面主要求索西洋书刊和中国时政之书，这显然与他当时的政治活动相关，但潜在的兴趣也驱使他在上海寻觅书画，纪行文对此有所记述：

所属愿芷卿处之画，吾昨见伊画好，明日想可呈奉。画山水也，花卉也。②

我要求贵邦扇，到何处可？

在西吉祥街锦润堂内有之。

君友人有能书者，则见录王阳明诗。幸甚，幸甚，明日当觅之。③

这类记录，又显现了一位对东亚文化情深意切的高杉晋作。

弈道是中国文人雅趣之一，围棋和象棋传往日本很早，特别是围棋，尤为日本人所喜，与“花道”、“茶道”、“剑道”相并列，有“棋道”之称。访沪的日本藩士在与中国士人作书画鉴赏的同时，也难免棋艺切磋。中国文士李步瀛与日比野辉宽曾就弈道交谈，当李步瀛得知日比野的弟弟“幼而能弈”，立即追问“今在此馆乎？”大有比试之意，当知悉其弟没有来沪，李氏又问“今在馆何人能弈？”直欲找一日本下棋对手。④ 名仓予何人更有关于沪上行弈的文字。某日，名仓到王互甫家，王互甫邀约“能琴棋书画者均早来相会”，其情景颇盛大——

余既至互甫之家，出迎者甚众，又门前有车马，可谓快事……既而互甫劝余围棋。与余对弈者汪氏，乃一老翁。余谓戏试一局，起坐至设棋之所，就席观之，棋盘亦与本朝异，无脚，棋子亦小而厚。既及围坐，汪氏取黑子四子点于局上，余敬谢不敏，汪氏遂取黑白子交互　如此置于局上，故觉棋法略有差异。然业已临局，焉得中途作罢，余取白子，互下数子，及其下子则与本朝棋法无异。及至终局，算子目时其法稍有

①②③ ［日］高杉晋作：《游清五录·外情探索录卷之贰》。

④《集成》第1卷，第159～160页。

> 不同。戏二局罢。又闻弹琵琶，其曲甚觉雅致。其他满堂佳客，书字赠余。互甫之弟描数张画，寓意送别，赠余。[1]

名仓的记述，勾勒了一幅东亚雅文化的典型图景，中日两国士子优游于琴棋书画之间，其乐融融。

尤能显示中日文人间相通性的，是两国士子可以作汉文、汉诗相互酬唱。1936年，周作人论及黄遵宪的《日本杂事诗》时曾说："日本人作汉诗，可以来同中国人唱和，这是中国文人所觉得顶高兴的一件事，大有吾道东矣之叹。"在日本人方面，也以能作汉文、汉诗为荣耀——这是汉学有功底、文化素养深的表现。总之，诗文唱和，是东亚文化圈内的一桩盛事，中日两国士子都乐此不疲。1862年访沪的日本藩士与他们的中国朋友也不例外。名仓予何人与侯仪之间、名仓予何人与王互甫之间互赠诗文，可见之于名仓予何人的《官船千岁丸海外日录》[2]；高杉晋作与马诠、陈汝钦、曾省三之间的诗文唱和甚多，但高杉因另有追求，对此类交往记述不详，他的纪行文说：

> 此日之笔多嘱诗文章之事，故不录。[3]

但尽管如此，高杉的笔记中还是透露出他与中国士人诗文唱和的状况，请看高杉所记的一段与中国士人的对话：

> 拙作不堪入目，乞改之。
>
> 高作且挥毫，又带磊落之气，多谢多谢。弟归乡之后，题此记于壁上，朝夕间读，可以发郁屈之气。海外得知己，殆如梦。
>
> 前承雅命，不敢不运，笔砚粗疏，君览之诗亦曲，原之矣，何敢再当过誉。[4]

这种诗文唱和，彼此推崇的情形，是东亚文人圈所特有的氛围。高杉晋作

①② 《集成》第11卷，第140～141、143页。

③④ ［日］高杉晋作：《游清五录·外情探索录卷之贰》。

未能详记他与中国士人相互赠答的诗文，从仅存的高杉题赠陈汝钦的一首七言诗，即可见其诗文唱和的大貌：

留别陈汝钦

临敌练磨武与文，他年应有建功勋；
孤生千里归乡后，每遇患难又思君。①

这种血性文字，已非一般性的应酬之作，而流露出真挚、深切的情谊。

喜爱作汉诗的日比野辉宽，对于与中国士人的文字交往十分重视，他所撰《没鼻笔语》详细记载了这方面的情节。他与顾氏兄弟笔语、诗文酬唱颇为热络——

欢成（日比野号欢成——引者）：万里隔绝，不期而相会，何幸。我日本狂生，同学相求，请战笔舌。

顾麟：甚是，甚是。

欢成：兄有诗文，则毋悭一示。②

以下，顾麟录呈明代文学家赵南星（1550—1627）的诗作，顾翯录呈自己写太平战事的《闻雁杂感》，日比野连呼“绝妙”。顾翯请日比野一示诗文，日比野赋诗云：

碧栏槛外玉簾悬，清唱能弹廿五弦；
粉态朦胧何所比，水烟遥隔一枝莲。（帘内美人）

顾麟赞曰“如闻桓子清歌，辄唤奈何”；顾翯则夸为“尽态极妍，如初日芙蓉，清丽罕匹”③。

彼此唱和、相互推崇，又敬索文稿，取方直说“赐读”，赠方连称“领

① ［日］高杉晋作：《游清五录·续航海日录》。

②③《集成》第1卷，第142、143页。

正”，好一派东亚文坛雅士酬唱景象。

四、认同与离异

19世纪中叶访沪的日本藩士，处在从中古武士向近代知识分子过渡的阶段。他们受过儒学和国学教育，承袭着东亚文化的思想传统和审美意趣，其喜怒哀乐间无不洋溢着东亚文士特有的情怀。当他们来到东亚文化圈的核心地带——中国，一种文化认同感便油然而生。前文所述，日本藩士与中国士人间的诗文唱和、书画往还，便是生动表现。再从藩士们在上海查访文物制度时的认真和内行，也显示出对中国文化历史状况的熟悉和对现状的切肤之情。

峰洁在向顾麟探询中国教育状况时，有这样一番问答：

> 问曰：古昔八岁入小学，当今如何?
>
> 麟曰：当今六七岁乃入小学。
>
> 曰：商家子弟亦入学乎?
>
> 曰：但讲究耳。
>
> 又问曰：古乡举之法令尚在乎?
>
> 曰：各省皆行。江南以寇乱已停两三科。
>
> 曰：乡举之法如何?
>
> 麟曰：初学童子试取中曰秀才，应省举中选曰孝廉，然后进京试礼部曰进士，然后殿试。
>
> 麟曰：刻今栽培子弟自六七岁必延明师教读，无力者以次而降。大凡书家无论延师自训，必加考究，至商农等多竹卒，故所学多不成。
>
> 洁曰：延师一月所费几何?
>
> 曰：价无定，有才学者一月约银贰拾两。[1]

从峰洁的问话中可以看出，他对中国古代教育相当熟悉，并由此出发，关切中国的当下教育，各类细节一一追问。他在作了这一番调查后，还有所评析：

① 《集成》第11卷，第28～29页。

> 按，唐土文学大盛，四方不及，然近世疲弊，只注意空文而实用知识很少研习。[①]

对中国古典文化怀有敬意，对中国文化的现状颇不满意，是访沪日本藩士的共同倾向。

日比野辉宽询问中国文物典章尤为详细，其《没鼻笔语》载：

> 欢成：欲问数事，可否？
>
> 顾滠：不敢当。
>
> 欢成：乡邑闾巷，学校之设，犹古乎？
>
> 顾滠：已不如古，惟有家塾耳。
>
> 欢成：学官有若干人，而管理之，其爵位何如？
>
> 顾滠：有教授，有训导，从七品，衔翰林院教授，则用侍读学士，国士监则有祭酒司业，位皆四五品。
>
> 欢成：擢拔人于学中，应试之文法，详问。
>
> 顾滠：应试之文，与传世之文迥别，取圆熟不取高古，字数限五六百，不可犯庙讳及先圣讳，诗不可失平仄，如此便得其法矣。
>
> 欢成：贵邦学校之法，想与我国大同小异。[②]

因为日本文教制度学自中国唐宋，后来有所变通，故两相比较，结论是“大同小异”。

日比野关于文教制度的探询，还涉及学田制度、朱熹所订白鹿洞学规仍传习其法否、当今文藻博者为何人、学生学诗文的方法何如，等等；关于政治、经济、军事、司法制度的探询，则涉及边塞防御、专用兵法、赋敛规则、国家大禁、官员服饰、选官是以才能还是以门阀为重、捉拿罪犯的方法、盗铸假币者当罚何罪、罪犯处决的方法，等等。[③]问答之间，日中两国士子相互切磋、互为补充，充分显示了同一文化圈内认识系统的同一性。日本藩士此刻表现了

---

① 《集成》第11卷，第29页。

②③ 《集成》第1卷，第144页。

对中国文化传统的认同。

然而，在认同之外，幕末藩士们对中国文化传统也发生些许疑问，表露出某种程度的离异倾向。

日本藩士对中国文化的离异倾向，首先是出于日本民族的自尊感，认定日本人及其文化有超乎中国的地方。如日比野辉宽与中国儒生汪士伟从关羽重义讨论到“义”在中日两国的表现时，汪士伟认为“重义”是中国人所独有的，他国人皆不重义。日比野立即反驳道：

> 不然，我国贵义，秀于万国，故论义不敢苟。兄未知日本胆者，岂有受人之鞭挞而不耻者！①

日比野不仅谈及日本最重勇义，而且举例批评中国人缺乏勇义精神——受人鞭挞而不敢抗争。藩士们在上海时常见到中国老百姓任官欺侮或受西洋人凌辱而不思反抗，这在藩士们看来，都有悖勇义精神，他们进而认为，这表现出中国文化传统有弱点，故不能对其盲从。

日本藩士对中国文化的离异感，还尤其针对中国社会现状的低迷、沉溺，使其对中国文化的优越性产生怀疑。纳富介次郎说：

> 清国本是文学无双之国，却无以治国之论。因此近世之风，有志者无一不是为己者，一味贪求中举。为中举煞费苦心于制科时文，成为虚骛徒劳的弊端。既是尊从优雅艺文，又何必耗资那么大，将自己陷入到虚文卑弱的地步，如此岂能治理国家，以致被长匪苦害，外来夷狄控制。清国危如累卵，实在可怜。②

这是从清朝的内忧外患，追溯中国文化的弊端，如科举时文导引士子为追求个人名利而学问空疏以致误国。对于这样的文化传统，日本人当然无意认同，而决心离异。

日本藩士对中国文化产生离异倾向，更强烈的刺激源来自洋学。幕末日本

①② 《集成》第1卷，第162~163、19页。

武士大多不同程度地受洋学影响，从而取得与中国传统文化作比较的一个参照系。中国自鸦片战争以来的日趋衰弱，西洋人在东亚各国显示出来的强劲实力，都使藩士们意识到固守中国传统教条，无助于国家富强，其间的某些东西必须加以扬弃。高杉晋作在与中国士人温忠彦等讨论朱子学时，便将朱子学放在新时代作考量，而中国士人还一味背诵教条，论证朱熹的格物穷理之学将圣人的齐家修身推进一层，万分精湛，洋学则仅是术数之学，不可相提并论。高杉晋作则鲜明指出，拘守于朱子学已不能适应新时代的需要。[①] 高杉晋作显然已不满足于对朱子学格物穷理的教义作老一套诠释，他认为研习航海炮术，以应对新形势，方是当今急务，忽视这些，则“修齐治平”全为空论。他所说“口虽唱圣人之言，身已为夷狄之所奴仆”，实际上是对清朝现状的描摹，也是对幕末日本的警告。

由于幕末藩士多有洋学素养，对于近代国际关系中的强权政治有较真切的认识，故对中国儒士的迂腐颇不以为然。如高杉晋作曾几次询问：中俄关系是否真如传说那样友好？中国儒士答曰：“俄罗斯国，在敝国通商，感我朝厚恩，所以助兵助饷。”高杉将此说讥为“齐东野语”[②]。从中可以清楚看出他对东亚传统文化的离异倾向。正是从这种认识出发，有着深厚汉学修养的高杉晋作来到上海，虽偶尔忘情于书画古董之间，但其主要时间精力投入对清朝实政的考析、太平战事的观察，尤其是尽量寻觅洋学书刊，研习西洋技艺，向洋人虚心求教，包括对于洋教，固然痛恶，却决不放弃向有学问的传教士一再请益。

至于访沪藩士中最西洋化的五代才助，基本跳出了中国传统文化的圈子，他在上海几乎完全致力于对洋学、洋械、洋人的考察。这可以说是他几年后率萨摩藩青年留学欧洲的一次先期预演。

“千岁丸”1862年访问上海，并不是一次学者的学术之旅，日本使节团的幕吏和藩士们也谈不上是思想家，但从这批日本武士的价值取向来看，既保存有对东亚传统文化的认同（主要在审美情趣方面），也初露出对东亚传统文化的离异（由对清朝国势衰微而引发出对虚文空疏的失望以至否定），这真实地反映了幕末日本社会及文化发生近代转型之际的精神动向。此后不久的明治维新，在“文明开化”旗帜下大兴洋学，日本思想界也风靡“脱亚入欧”论，但

①② ［日］高杉晋作：《游清五录·外情探索录卷之贰》。

其间又有“国粹”论和“兴亚”论的反拨，呈现出对东亚文化传统离异与认同并存的状态。而这类现象的初现端绪，在“千岁丸”乘员们的纪行文字中便可以看见蛛丝马迹。研究中日两国文化近代转型者，对此不可失察。

五、友谊与摩擦

“千岁丸”乘员1862年夏季的上海之行，虽然只逗留了两个月，但幕吏、藩士与中国人交游甚广，从其纪行文记载统计，日本人在上海交往的中国人，留下姓名的共55人。其中有上海道台吴煦，知府周存柏、王叔彝，苏州司马温忠彦，奉贤县知县杨薄，在籍县令马诠等地方官员，华翼纶、张山樵、陈汝钦、阮松、侯仪、刘文汇、侯小山、王互甫等清军军官，管庆棋、顾麟、顾嚣、周士锦、万克勤、李步瀛、方瑶卿、姚云洲、曾省三、汪士伟、舒怿庵、许霍生、浦祝山、浦西山、浦丽山、施渭南等儒生，张叙秀、李溟南、张棣香等买办，周兰、春舲、温麟、王朝山、李翼周、钱少号、胡兴裔、王洵南等商贾，钱钟彝等学者，革敏庆等难民，另有画家、医师、道士各色人等。日本人与有些中国人还建立了真挚的友谊，辞别时大有难分难舍之慨。这除了因为此时的日中两国唇齿相依、患难与共之外，更得益于两国文化的相通性。名仓予何人记曰：

> 余闻，前年公使到美利坚时，诫官吏随从之人，不许随意独行，且文字亦与本邦异，是以若非精其学者，则探索渠之事情实非容易云云。今番支那行幸许随意他出，得与沪城在任之人员及其他西浙巡查等官员邂逅，得以探索支那形势事情十分之一，实可谓吾辈之幸。[①]

可见，上海之行对于日本人来说，比访美之行舒展自如得多。

此外，中国主人的宽厚好客，也是中日士子能很快建立友谊的条件。纳富介次郎曾谈及此点：

> 即使是五品以上的官吏也与我国完全不同，没有同行人或他人介绍

---

① 《集成》第11卷，第161～162页。

就去登门造访也不感到奇怪，乐于和我们笔谈，以宾相待。由此可见唐人宽以待人之习。[①]

正因为中国人的宽厚好客，方有高杉晋作、名仓予何人、日比野辉宽等藩士四处穿行于中国官民家庭造访的情形。

此外，上海作为开放港口，又历来是中日贸易的主要口岸，因此这里不乏访问过日本长崎等地的中国商民，有的还可以讲日语，这也增加了交往的亲切感。名仓予何人记曰：

未牌，陪侍官吏逍遥于本城内外。观者甚多，见吾辈，以吾邦语曰“你何时到来?”甚为亲昵。[②]

总之，日本来访者的普遍印象是，当地人“对初次渡海到访的我们十分亲切，一见如故”[③]。“唐人与吾辈亲近，远胜于西洋人，尤其是儿童们与我们最亲狎”[④]。

藩士们在上海滞留渐久，与中国人士相交渐深，都分别结交了朋友，有的还能肺腑相见、肝胆相照，连隐秘之思都彼此倾诉。名仓予何人同上海城守城军官侯仪、陈汝钦交谊甚笃，“与侯仪特相亲”[⑤]，同陈汝钦往来频繁，“颇称莫逆”[⑥]，尤其与王互甫“情好日亲”，王互甫数次带名仓参观淮军阵营，彼此交谈颇深，有些内容触及两国忌讳，只得将这样的笔语付之一炬。王互甫还赠给名仓予何人手撰条幅，名仓的复函充溢着赞赏和友情，并对当时的日本限制与国外交往的做法颇有微词：

弟谨阅高制，笔采墨光璨然夺目，至立意之妙，字句之音，则弟辈实不能赞一辞也。恩赐之厚孰大焉。弟将奉之归故国，为轴子悬之于坐右，朝朝暮暮视之，以慰一日三秋之情焉。但一别万里，后会难期，奈胡之恨不知绝期也。加之敝邦有禁，不许通信问于异域，又不许受域外之信

①③ 《集成》第1卷，第18页。

②④⑤⑥ 《集成》第11卷，第104、179、109、111页。

问也。犯禁之罪，受祸不测，是特以为憾。愿大兄为国自爱，以身报国，片言不尽意，头与泪共垂。六月念三日。日本辱交名仓敦再拜。[①]

名仓离沪时，与中国友人依依难舍——

余回帆期既迫近，沪城诸友王叔彝、王互甫、侯仪、陈汝钦、刘文汇辈皆送别，诗文相赠，且云东洋胸襟，互为笔端知己，情系万里外，永交厚谊。余答吾邦严禁游历域外，此一别离难得重见，惜别之情难耐。[②]

日比野辉宽与儒生顾氏兄弟、商人春舲、官员华翼纶等也友谊不浅，日比野患病，春舲特意咨询医生，求药送上。[③] 两人分别前颇为依依，又因难以重逢而惆怅：

春舲：日本到此，几多海面，远否？
欢成：海面三千九百里。
春舲：先生去后，何时来？
欢成：难期。[④]

顾氏兄弟也希望日比野能重新游沪，但日比野深知出国之难，说“弟不得再游”，“弟有骏马之志，未得千里之具也”。顾麟则提出“明后年，拟游贵邦”的计划，日比野十分高兴，连说：“兄若来，则共遨游。”[⑤]

从中国人而言，当时对日本人有很好的印象，认为日本人通晓中国典籍文物，正如一位书店老板对高杉晋作所说：“闻贵邦深究敝国之书，钦佩之至。”[⑥] 并在同西洋人作比较中，感到日本人可亲可敬。请看日中两国士人的对话：

欢成：我国与外国，其为人何如？

---

①② 《集成》第 11 卷，第 147、216～217 页。

③④⑤ 《集成》第 1 卷，第 170、171、151 页。

⑥ ［日］高杉晋作：《游清五录·外情探索录卷之贰》。

春舲：贵邦人情与西洋人大相违矣。贵邦淳厚可风，西洋全是霸道，我国称彼洋鬼子，黑鬼最不好。①

这正是19世纪60年代中国人的西洋观和东洋观。

就日本藩士方面论之，他们仍然视中国为其文化母国，对中国文化深怀认同，虽然痛心于清朝的衰弱，却是从“唇亡齿寒”这种切肤之感出发的，因此他们与中国人的交谊是真诚而深切的。以性格孤傲的高杉晋作为例，对同行的日本幕吏颇蔑视，与多数藩士也难以亲近，但他在上海短短60天间，却与洋行职员李翼周、西门城防官陈汝钦、大南门卫士阮松、退职县令马诠、书店老板温麟等建立友谊，其中尤与陈汝钦堪称莫逆。分别时，高杉赠以日本石砚，两人有这样一番笔语——

（高杉）：弟磊落书生，不敢赍东洋戏玩之物，固古砚一具呈于足下，是弟常所用之砚。石固疏，然是亦东洋之产，乃赠兄报知己之恩而已。

（陈）：弟承阁下为知己，亦是一生大快事，何敢再承厚赐，况此砚为大兄所常用，此物谅亦甚珍，赐送与弟恐不得其人也。然却之，恐蹈不恭之诮。谨拜谢，登受。②

二人又相互告以别号名，陈汝钦别号“勉生”，出典于朱熹《四书集注》的“有私欲则改之，无天理则加勉”；高杉晋作别号“默生”，取义于王阳明所云“人多言气浮故也，气浮诚心放失，放心是非本心”。因书“默”一字。题于架上，以自警。高杉对陈说：“看兄以勉生为号，弟亦以为，我又以‘默生’为号矣。”并请陈书写“默生”二字留念，陈当即挥毫，高杉赞曰：“书更妙，字亦以英气建之。”③

这类交谊已不能看作文人间的虚套，二人诚然有深层次的思想沟通，彼此以朱子学相砥砺，以阳明学作补充，其交流决非泛泛。困于日中两国的专制政治，这些交流内容未能以文字记录、流传，从高杉笔记中的如下简语可

① 《集成》第1卷，第169页。

②③ ［日］高杉晋作：《游清五录·外情探索录卷之贰》。

见隐情——

> 六月廿日访陈汝钦，告别，笔话。
> 此日予与陈汝钦谈素志，不可记之事甚多，因不录。[①]

两人交谈“不可记之事甚多”，表明谈话多有触及当道忌讳之处，正显示两人心交之深及见解超迈时政。古语云“此时无声胜有声”，高杉晋作与陈汝钦辞别之笔谈，则可谓“此时无字胜有字”。日中两国士子的心灵相通达到一种微妙境界！

日中两国士子交游，当然并非一味亲善、和谐，其间也不时出现分歧、摩擦。在表浅层次，日中两国人士就发式衣冠之异，彼此嘲弄取笑，常有发生。如日比野辉宽记曰：

> 唐船频与我船靠近，对方指点我辈的头型发式，大笑绝倒。我们看到对方蓄辫数尺，像尾巴，也抱腹大笑，彼此嘲笑不止。[②]

这仅是外观上的歧异引起的互失礼貌。双方间的摩擦更由两国士人不同的国家理念而引起。纳富介次郎记述了一件颇为典型的事例：

> 一天，一个叫施渭南的人来，赋诗书写在扇面上，诗中有纳贡的事和蛮王等字句。会津侯的藩臣林三郎勃然大怒，当即扔掉那把扇子说：“我们神国的天皇，万古无变，世上无与伦比。你岂能将他与北虏王相提并论。你这个可恨的腐儒，实在失礼。”渭南忙站起道歉，删改那诗句。林三郎好像昔日玄宗在蓬莱宫宴请我国使节时，大伴古麿席间争论一样威风凛凛，胆量十足。[③]

这场发生在中日两国士人间的冲突，可以说是两种历史文化观、两种国家理念

---

① ［日］高杉晋作：《游清五录·外情探索录卷之贰》。

②③ 《集成》第1卷，第66、19页。

之间的冲突。在中国方面，自古即以“中华”自居，视周边诸国、诸族为四夷，称其国主为“蛮王”，外国人前来，自然一概理解为向天朝“纳贡”、“称臣”，包括18世纪末叶来华要求通商、建交的英国马戛尔尼使团，也照例被乾隆皇帝列为“贡使”。直到19世纪中叶以降，中国已被西方列强侵略，割地赔款，主权丧失，但清朝从皇帝到臣民仍没有放弃天朝架子，往往还以“夷狄蛮貊”称呼外国人。施渭南显然是此类腐儒，他赠送给日本人的扇面，题诗中有“纳贡”、“蛮王”之类字样是毫不足怪的，这是中国千百年来形成的天朝上国观念的自然流露。然而，施渭南写者无意，日本观者有心，题诗大大触犯了日本武士的自尊。殊不知，施氏面对的日本人素以强烈的荣誉感著称。早在圣德太子派出遣隋使时，其国书上直书“东天皇敬白西皇帝”[1]，日本天皇与中国皇帝平起平坐，分庭抗礼，这使接国书的隋炀帝颇不高兴。唐玄宗在接待日本遣唐使时，也以天朝俯视夷狄的口吻讲话，当即被遣唐使大伴古麿所批驳，大伴古麿成为日本史书歌颂的外交英雄。江户时代以来，“神国天下第一”的理念在日本更有发展，并改变室町幕府接受明朝册封，纳入中国“华夷体制”的做法，日本自命“中华”，将周边各国，如朝鲜、琉球，有时甚至包括清朝都称之为“四夷”，企图建立自己的“华夷体制”。乘“千岁丸”访沪的会津藩士林三郎便是这种日式“华夷体制”的信奉者，有着强烈的“神国天下第一”观念，他当然不会容忍施渭南题诗中的“纳贡”、“蛮王”之说，遂演出了上述冲突。而记载这一场面的纳富介次郎显然是赞赏林三郎的态度与反应的。类似林三郎这样的观念，在访沪藩士中普遍存在。如日比野辉宽同多位中国士子笔谈，开始态度谦恭有礼，颇有虚心求教之诚，但相交熟悉后，便以“我国万世一统，所以冠万国也”[2]自诩。这种自傲心态，难免在日中士人交往过程中引起摩擦与不快。

如果说，林三郎与施渭南之间的冲突，是日中两国历史形成的各执一端的“华夷体制”相互牴牾的结果，彼此都带有民族自大倾向，而且，冲突毕竟是中国儒生的无礼诗句引起的，日本武士不过做出了激昂的反应，那么，日本藩士峰洁的下述观感则带有强烈进攻色彩。峰洁在《清国上海见闻录》中写道：

---

① 见《日本书纪》卷二十二，推古朝十六年九月。

② ［日］日比野辉宽:《没鼻笔语》,《集成》第1卷，第176页。

> 洁现在上海军营看到，（清国的）兵卒敝衣、垢面、徒跣、露头、无刀，皆乞食，没有一个有英勇气概可见。像这样的士兵，我一人可敌五名。若给我一万骑，率之征战，可纵横清国。①

日本人强烈的民族自尊心，是其维系国家独立，进而走向富强的精神动力之一。然而，日本民族精神中又埋伏着蔑视外国、自我膨胀的倾向，江户时期即有“德化宇内”的设想。幕末学者佐藤渊信（1769—1850）曾提出“宇内混同秘策”，认为日本是“大地最初生成之国，世界万国之本”，“世界当为郡县，万国之君长当为臣仆”，“安抚万国之苍生，自始便是皇国（指日本——引者）君主之要务”②。此种理念曾是支撑幕末爱国攘夷运动的精神支柱。在19世纪中叶，日本尚处在被侵略地位，爱国攘夷运动的基本取向是维护国家主权和民族尊严，正义性不可置疑，但同时又潜伏着对外扩张的因子。作为这场运动思想导师的吉田松阴，以其开国论和献身精神，赢得世人景仰，但我们不应忽略，吉田松阴同时又是力倡对外扩张的先驱，他曾于1855年在狱中撰文，提出：

> 蓄养国力，割取易取的中国东北。
> 失之于美俄者，取偿于朝鲜和中国。③

这种被欧美欺侮，又转而欺侮更衰弱的中国、朝鲜的主张，全然是弱肉强食理念。而此种理念并非仅仅发明于少数思想家和政治寡头，在普通日本武士的潜意识中也隐然存在，以“千岁丸”上海行成员为例，就颇能说明问题。使节团从者峰洁，本是一名地位不彰的下层武士，当他在沪上目睹清军装备低劣、士气颓衰的状态后，申言此等士兵他“一人可敌五名”，进而口出狂言：“若给我一万骑，率之征战，可纵横清国。”须知，此言发于日本幕末国力衰弱之际，可见，在日本武士文化中，久已包藏武力扩张、征服邻邦的基因，一旦发现邻邦虚弱，这种基因便会孳殖、膨胀。数十年后日本一再大举侵华，决非事出偶

① 《集成》第11卷，第30页。
② 《日本思想大系》第45卷，岩波书店1978年版，第426页。
③ ［日］井上清：《日本的军国主义》第2册，第6页。

然，而实可谓草灰蛇线，伏笔于千里之外。

明治维新后，随着日本国力渐强，其追随西方，走侵略中、朝等亚洲诸国的道路，成为既定国策，这不仅由日本政府、军部的言行所昭示，也毕现于民间。如 1885 年 10 月出版的畅销小说《佳人之奇遇》里的主人公说：“方今燃眉之急，与其内伸十尺之自由，毋宁外张一尺之国权。”力主缓行国内民权自由的争取，而致力于对外扩张。这也正是近代日本内政外交实际情状的写照。被尊为“日本伏尔泰”的福泽谕吉，其启蒙之功不可没，但人们也不应忘却，正是这位“福翁”，力倡效法西方列强，侵华、侵朝。福泽谕吉发表于 1885 年 3 月 16 日《时事新报》的“脱亚论”，对此作过明白宣示：

> 我国不可犹疑，与其坐等邻邦之进步而与之共同复兴东亚，不如脱离其行伍，而与西洋各文明国家共进退。对待中国、朝鲜之办法，不必因其为邻邦而稍有顾虑，只能按西洋人对待此类国家之办法对待之。

而所谓“按西洋人对待此类国家之办法对待之”，正是乘“千岁丸”出使上海的日本藩士亲见的英、法等西方列强侵霸中国主权、鱼肉中国人民的那一套强权政治。这种强权政治虽然曾经激起访沪的日本藩士如高杉晋作的愤怒与不平，然而，此后的历史进程却是，日本并没有为弱者打抱不平，而是仿效强者去欺凌弱者，其程度较西洋列强甚至有过之而无不及。

六、日本武士与中国儒生比较

1862 年访沪的日本藩士结交的多为中国儒生，这两类人隔离两个多世纪后走到一起，能在短短的两个月间成为朋友，有的还情谊匪浅，确乎表明东亚文化圈内两国士子间存在着彼此吸引的因子，正所谓同类相聚，同气相求。然而，在这聚合的盛况中，又不时透现出日本武士与中国儒生之间存在的气质差异，仅从日本藩士的纪行文字里便可以得见如下侧面：

其一，尚武精神的保有与丧失。

日本的武士阶层是封建（本义上的“封建”——“封土建国”）军事贵族政治的产物。自镰仓幕府开始，武士阶层取代平安时期的文人贵族，成为社会统治势力。将军与大名通过人身依附关系，将“忠节”与“武勇”这两大精神灌输给武士，尚武便成为历代武士的基本品性。江户初年（1615）颁布的《武家诸法度》，第一条便是“文武弓马之道，应专心爱好事”；江户中期（1710）再次颁布的《武家诸法度》，第一条仍为“应修文武之道”。在这类“法度”支配下，武士以武勇为德，杀伐为荣，他们腰插锋利的长短两刀，除显示特权身份外，还意味着随时可以为主君、皇国或藩邦拔刀厮杀。他们还认定日本刀不见血不算武士。这里的“刀须见血”，既指敌人的血，也指武士为了荣誉切腹自杀的血。演练剑术、弓道、马技和其他武艺，成为武士的必修功课。以江户末期的高杉晋作为例，其少年时专门拜剑术师傅学习击剑，青年时代更为“剑术试合”（比练剑术）而出行关东，作“试击行”。访沪藩士们的纪行文中，多处表现他们为自己所配倭刀的锋利而自豪，对清朝官兵刀枪的钝劣投以轻蔑。他们还在西洋人面前展示宝刀，高杉写道：

> 时英兵卒看予刀，欲看其内，予一拔之，使之看如霜雪之宝刀，彼大惊。[①]

这种对刀剑的崇奉、自豪，正是日本武士特有的意趣。20世纪40年代，美国文化人类学家本尼迪克特撰写研讨日本民族性格的著作，便以《菊与刀》命名，正是把握了日本民族既尚礼又尚武的特性。这种生活方式和文化传统培养了日本藩士威勇顽强、视死如归的尚武精神。

中国士人也曾尚武，先秦时的教育内容分“礼乐射御书数”六门，其中“射”（射箭）、“御”（驾车，多指驾战车）都与武术有关。《史记》中描写的白起、廉颇、李广等勇将及游侠、刺客，将那一时代士子的尚武精神发挥得淋漓尽致。汉以后，儒士的教育内容定为“六艺”——诗、书、礼、乐、易、春秋，变成对儒学六部经典（因乐经亡佚，实为五经）的研读，习武则成了余事。但直至汉唐间，士人仍保有尚武精神，西汉名将霍去病（前140—前117），“匈奴不灭，无以家为”的壮语还拨动着男儿的心弦；东汉名将班超（32—102）的投笔从戎，也指示着儒士的一条建功立业的出路；唐代充满阳刚之气的边塞诗，昭显着那一时期男儿的勇武豪强。应当说，自宋代推行“右

① ［日］高杉晋作：《游清五录·外情探索录卷之贰》。

文”政策以降，尚武精神方大为低落，虽然士子中不乏读书习剑的文武全才(如岳飞)，但“书中自有黄金屋，书中自有颜如玉”的诱惑，使多数儒生皓首穷经，变得手无缚鸡之力，正所谓“制艺文墨，雌了男儿”。

1862年访沪的日本藩士所见中国儒生，多是偃武修文的产物，其尚武精神的衰微，原因在朝廷制度，中国士人也承认“我中土废武事有年”[①]。前文已引述，峰洁在向顾麟询问中国的科举制度时，顾氏谈及中国重文轻武之弊。日本藩士峰洁则发表评论道，尚武精神的丧失，将导致国力衰弱，遭外敌欺凌，此为“万国殷鉴”[②]。可见，日本藩士是把尚武精神与国力盛衰联系起来看待的。而且，近代日本武士的尚武，已不单是逞一人之勇力，而包含着对战略战术的研究，正如高杉晋作在赴日本关东作“试击行”时友人的题辞所称，高杉并不满足于学“一人敌”，而志在“讲万人敌”[③]。

与此同类，日比野辉宽常以“日本勇义胆”自负，但这种“勇义胆”并非匹夫之勇，而讲究文武全才。他在答复中国儒生“贵邦取士，以文章诗赋否？”的问话时，气宇轩昂地说：

> 我国取士，以实行才略，不以诗文。然能诗文者不乏。[④]

既不赞成以诗文取士，也表明并不忽略文才。

日本因保留封建一世禄制，虽采纳过隋唐的班田制、均田制、中央官制等许多律令制度，却一直没有仿效中国诗赋文章取士的科举制，论者多从日本社会的“封建性”阐明此种取舍的原因，但应予补充的是，不以诗赋文章取士，对于强悍民性和尚武精神无意间起到保护作用。而民性强悍及尚武精神的保持，恰恰又是近代转型之际受到外敌威胁的弱国所特别需要的，是其生存与振起的重要精神条件，也是外人不敢轻易冒犯的因素。在近代转型之际，中国人民对西方列强的侵略进行了顽强反抗，这是中国没有沦为殖民地、国家没有被大规模肢解的原因之一。西方人从中国人的反抗中，也体验到中国人还保有一定程度的尚武精神。当然，由于宋以来“右文”政策的长期消解作用，中国

---

①④ 《集成》第1卷，第165、176页。

② 《集成》第11卷，第28页。

③ ［日］一坂太郎：《高杉晋作の29年》，第69页。

人，特别是士人的尚武精神衰落也是一个事实，本书第三章第五节曾论及，沪上某些中国儒生一见洋人即退避道旁，甚至吓得战战兢兢，腰都直不起来，日本藩士对此有所观察和记述。而相形之下，日本武士在洋人面前则较为强硬、自尊。名仓予何人讲到，一天他到孔庙参观，得见英军在大成殿内燃火烤肉，饮酒作乐，并强邀名仓，名仓的态度是——

> 英虏之头目向余强劝酒，故余傲然平坐于众虏之枪炮白刃中，独倾一太白。[①]

“傲然平坐”，“独倾一太白”，活画出日本武士在气焰嚣张、放浪形骸的洋兵面前保持着武士的尊严，这与中国儒生施渭南遇洋人时，“一见脸色陡然变土，颤抖着站在那里礼拜”[②]，形成鲜明对比。

保有强悍的民性，士人威勇尚武，是日本幕末维新和明治维新所依凭的精神资源，是日本在列强环伺、危机四伏的境遇间得以振起的动因之一。当然，在建立强大的现代国家以后，尚武精神又成为日本走向军国主义、穷兵黩武、对外侵略的动力。而尚武精神在日本建立现代国家初期显示的功能，曾对19世纪末20世纪初的中国人颇有感召力，一些有识者针对宋代以降“右文偃武”导致民气低迷，力倡“尚武”，以竞存于当今世界。著名者如蔡元培（1868—1940）的“军国民教育”主张；青年毛泽东（1893—1976）的“文明其思想，野蛮其体魄”之议论。

其二，实技、实学精神的强弱之别。

日本武士阶层崛起为国家统治力量，是9世纪中期以后的事情。在内战、镇压农民、对抗国司的过程中，乡领主组建私家武装，谓之武士团。又历经镰仓、室町、江户三个幕府时期，武士阶层日益成为实际支配日本社会的力量。武士既是一种身份，也是一种职业，围绕战争的各类技艺（从武器制作、使用，到武技、战术的演练）是他们的专业技能，由此形成的武士文化便与以朝廷为中心的贵族文化大相径庭，具有技术性和实用性，并较为接近大众文

---

① 《集成》第11卷，第120页。

② 《集成》第1卷，第19页。

化。武士是战争的产物，而战争是实力的竞争，武士在操作性很强的战争实践中被磨炼为手与脑结合的阶层，劳力与劳心并重是其特征。而中国很早就文武分途，儒士只劳心不劳力，只动笔墨不劳筋骨，其生活方式、思维方式均与日本武士有着明显差异，对于实际技艺的态度也很不相同。清中叶思想家魏源（1794—1857）是中国士子里特别重视社会实际问题的，所著《海国图志》涉及多种实际学问，但魏源毕竟未脱儒生积习，于技艺层面仍颇为隔膜。时代与魏源相近的日本幕末思想家佐久间象山（1811—1864）研讨的问题同魏源颇为近似（如西洋史地、海防等），并对魏源的《海国图志》评价很高，引魏源为“海外同志”。二人的差异在于，佐久间象山不像魏源那样漠视实际技艺，而于海防学、炮术、船舰学有深入研究，并亲自动手造船、制械，有坐言起行的践履风范。他虽竭力推许《海国图志》，却又很不满意于此书在技艺层面的粗疏，他指出：

> 海防之要在于炮与舰，而舰最居首。魏氏之《海国图志》中所辑枪炮之说，多系粗漏无稽，如同儿戏。凡事不自为之，则不能得其要领。以魏之才识亦未能察之。[1]

佐久间与魏氏的差异，正典型地代表了日本武士与中国儒生实技、实学精神的强弱之别。

1862年访问上海的日本藩士，多有佐久间象山那样重视实际技艺、勤于践履的特色。他们在上海两月间，踏访市场，实勘军营，凡事务须躬亲。对于西洋船舰、枪炮，更是深入内里，口问笔录，绘画描图，并从洋人那里学习实际操作方法。有关这些，前文已多有引述。另举一例，如名仓予何人在上海参观广东人经营的修船厂，该厂后来卖给美国人，名仓便详考其工艺流程：

> 其修理之方法，将船引入并掘沟，又其沟口有一制作为船形之大水门状物。欲修船时，即打开其水门状物，自黄江将船引入沟内，又将水

---

① ［日］佐久间象山：《省諐录》。

门关闭，将船所在之处水去干，即可修理。[①]

类似这样的实际技艺，中国士大夫视之“小道”、“末技”，很少有人注意。而日本武士则普遍予以关注。这是因为他们同中国儒生对技艺（尤其是西洋技艺）在整个文化系统中的地位，有着大不相同的认识。请看高杉晋作与苏州司马温忠彦之间的对话：

（高杉）请问，宋朱文公所说格物穷理，与西洋人之所说穷理者异否？

（温）朱文公之格物穷理，即圣人之齐家修身，推进一层，不外乎诚之一字，贵乎实践，不取钩深。至西人所讲，虽本乎理茅，近于术数，未免尚隔一层尘障。此论虽僻，鄙见如此，请教。[②]

温忠彦所说，颇能代表中国儒生的普遍见解：认定朱熹的“格物穷理”是“修齐治平”的“大道”，讲的是人伦政治问题，而西洋人的“穷理”，不过在技艺层面，属于术数，是等而下之的“小道”。这种“重人伦政务，轻自然技艺”的观念，以及误以为西洋学术不研习人伦政务的观念，大大阻碍着中国士人学习西洋文化，阻碍着中国士人实现文化的近代转型。而日本武士对此的认识则另辟蹊径，高杉晋作说：

为义为利天地隔绝，不待言论而明，然治天下齐一家，内自诚心诚意工夫，外以至航海、炮术、器械等，尽不研穷其至理，则不能治天下也，不能齐一家也。不能穷航海、炮术等之理，则所以诚心诚意工夫之不至也，故以所为利之器械为义是用，乃取舍折中之道也。不然则口虽唱圣人之言，身已为夷狄之所奴仆矣。[③]

高杉对西洋学术没有中国儒士那么多的偏见，他将航海、炮术、器械等西

① 《集成》第 11 卷，第 181 页。

②③ ［日］高杉晋作：《游清五录·外情探索录卷之贰》。

洋技艺之学纳入到“穷理”的正轨之内，并不将其贬为“小道”。而且认为，不学航海、炮术等实务，便不能治国平天下，诚心诚意等高远目标便失去依托。高杉进而尖锐指出，不学习航海、炮术等西洋技艺，只空喊圣人之言，结局是沦为洋人奴隶。这种论说的背后，有日中两国近代遭遇的事实作支撑，故有说服力，在一旁倾听的陈汝钦也称叹道：“语多识，佩！”但温忠彦并未接受高杉的论点，他还是认为——

> 诚意正心乃修身、齐家、治国、平天下之本源，浅而约之，则诚正，推而致之则治平，道贯古今，理周中外，至航海、炮术等事不过格物之一端。圣人治天下以仁，不得已用兵、戢暴，正所以全仁了。然否？[①]

看来，温氏与高杉的歧见不是一次讨论所能弥合的。这实际上是中日两国士人不同文化观念的论争。限于时空条件，高杉与温氏的讨论未能充分展开，两人也算不上日中思想界的代表人物，但交锋涉及的义利之辨、道器之辨、东西文化关系之辨，正是近代中日两国思想界探讨的前沿问题，故高杉与温氏的辩论昭示了日中两国士人处在近代转型关键时刻的不同认识。而这种认识的歧异，正是两国在此后的近代化历程中差别巨大的精神原因之一。

日本武士与中国儒生的差异，还表现在对西洋文化研习的热情高低之别，民族尊严的强弱之别。本书前面章节已有所论，这里不再重述。

总之，日中两国士人均属东亚文化圈的产物，类同性使其聚合、交谊；又由于社会条件、文化传统的差异，两国士人又颇有气质之别。19 世纪 60 年代初两国士子的上海相逢，使这种类同性和差异性得到具体呈现，无疑有助于两国士人间的相互了解。而在社会及文化近代转型之际，一个国家的民气（士人之气是其中活跃的一部分）状态如何，至关紧要。而对于本国民气（包括士人之气）的认识，需要同异国作比较方能昭显。近代中国思想界健将梁启超（1873—1929）倡导“新民说”，邹容（1885—1905）呼吁一变“国民之根性”，鲁迅（1881—1936）青年时代即强调“故将生存两间，角逐列国是务，其首在

---

① ［日］高杉晋作：《游清五录·外情探索录卷之贰》。

立人，人立而后凡事举”[1]，并终生为改造“国民性”而努力，都与他们作过深入的中外（包括中日）民性、士性比较有关。而“千岁丸”上海行可以说最先展示了近代中日两国士性、民性异同的大貌，具有研讨价值。

① 鲁迅：《文化偏至论》，《鲁迅全集》，人民文学出版社 1981 年版，第 57 页。

结语 “千岁丸”上海行的历史定位

一、开17世纪30年代以来日本人踏访中国之先河

中日两国作为“一衣带水”的邻邦，千百年来经济、文化交流密切，人员往来频繁，日本人为亲炙中国文化，前往踏访者络绎不绝。其中奈良时期、平安时期遣隋使（4次）、遣唐使（19次）的出行尤为盛举。吉备真备（693—775）、阿倍仲麻吕（698—770）、空海（774—835）等遣唐留学生、游学僧都在长安等地生活多年，与唐代朝野人士交游甚广，对中国文化有着深切体验和精深研究。他们带回日本的，是感性与知性相结合的、有血有肉的中国文化。这种日本人实地访问中国、亲历中国社会及文化的情形，一直延续到室町幕府时期，14世纪释中岩（1298—1375）、释义堂（1325—1388）等一批日本禅僧留学中国，写作大量汉诗文，成就了著名的“五山文化”，并推动程朱理学在日本的传播。

自17世纪30年代江户幕府厉行禁海之后，日本人在两个多世纪间完全中止了中国之游，晚期明朝和继起的清朝成了可望而不可即的西方邻邦。但有趣的是，江户幕府从其专制政治的需要出发，将从中国传入的朱子学推尊为官方哲学，阳明学也在朝野士人中颇有影响，本书多有论及的幕末藩士吉田松阴、高杉晋作都是王阳明的崇拜者。与儒学相联系的中国文化的诸多侧面（如汉诗文、绘画等）也在日本受到尊崇。不过，江户时期流传的中国文化全然来自书本，从普通人到顶尖的文化巨子，关于中国的知识都得自于典籍文物。藤原惺窝（1561—1619）、林罗山（1583—1657）、中江藤树（1608—1648）、新井白石（1657—1725）、荻生徂徕（1666—1728）、太宰春台（1680—1747）等名儒，虽撰写过阐发朱子学或阳明学或古文辞的精辟论著，其汉诗文造诣不让

于中国名士，但他们终生未能到过中国，只能算作书本中国的研究者。1660—1682年在日本授徒讲学的朱之瑜（1600—1682），以及稍前授业日本的陈元赟（1587—1671），是江户时期日本人难得亲见的中国文化匠师。至于普通日本商民，有机会在长崎同中国商人交往，却绝无可能亲赴清朝贸易。本书第六章已述，1862年初，幕府为派遣第一个商业性使团渡航上海，曾着力寻找有访清经历的日本商人参加，但在日本唯一的“开放”港口长崎（实为“半开放”——只接纳中国、荷兰商船，而不允许日本商船渡航海外），竟然遍寻而不得，足见江户时期锁国政策的彻底。

1862年（文久二年）举帆西航的“千岁丸”，是1633年江户幕府实行禁海政策230年以后，第一个驶往中国港口的日本官船。以此为端绪，日本船航行中国一发而不可收。踏上中国国土，目睹身历中国社会及文化的日本人与日俱增。这些踏访中国的日本人，留下卷帙浩繁的见闻录，详细报道中国社会生活的各个侧面。1997年（平成九年），日本的めまに（尤玛尼）书房出版东京大学名誉教授、神奈川大学特任教授小岛晋治监修的《幕末明治中国见闻录集成》20卷；1999年（平成十一年），该书房又出版小岛晋治监修的《大正中国见闻录集成》10卷，即为这些浩如烟海的中国见闻录的精选本。而其中，“千岁丸”1862年访沪乘员所撰见闻录，是这些中国见闻录的嚆矢；高杉晋作、五代才助、中牟田仓之助、名仓予何人、日比野辉宽、纳富介次郎、峰洁、松田屋伴吉……这些年轻的藩士及商人，是两个世纪后第一批踏上中国国土的日本人，他们亲眼目睹了这里急剧的社会动荡，从中国文化的器物层面、制度层面、行为层面和精神层面获得了鲜活的动态的印象；他们以青年知识分子特有的敏感，捕捉到东方巨港上海古今中西大交会的种种表象，并由此领悟到不可阻遏的世界性近代化趋向，他们回国后大多积极投身于幕末维新，有的还成为明治维新的健将。

二、近代日本人中国观转折的起点

日本著名史学家，东洋史“京都学派”创始人内藤湖南（1866—1934）曾以“做豆腐”的过程，比喻中国文化对日本的影响。他说：

> 豆浆中确实具有豆腐的素质，可是如果不加进使它凝聚的外力，就不

能成为豆腐。日本文化是豆浆，中国文化就是使它凝成豆腐的盐卤。如果再举一例说明的话，就像孩子天然具有获得知识的能力，然而要使孩子有真知识，就必须靠先进长辈的教导。①

中国文化确实为日本文化的形成发挥了“盐卤”式的点化作用，充当过日本文化的“先进长辈”。中国理所当然地长期被日本人所崇敬，中国文化在整个古代一直是日本人学习的对象。平安时期学者庆兹保胤称汉文帝是“异代之主”，白居易是“异代之师”，东晋竹林七贤是“异代之友”，“余遇贤主、贤师、贤友，一日三遇，一生有三乐”②。

这种“开书卷，逢古贤”，从中国典籍里求师友、寻型范的情形，自平安时期延至江户时期，一以贯之。江户幕府两百余年间实行禁海锁国，日本人不得游历中国，但明清两朝的典籍文物输入日本数量巨大③，对日本文化的影响力并未消减。虽然明清鼎革，汉族社会被北方的少数民族满族所征服，曾引起一些日本士人的困惑和拒绝认同，以至幕末的高杉晋作仍以“鞑”称满洲，表现了部分日本士子服膺儒家“正统观”和“华夷观”。然而，清朝盛世（康熙、雍正、乾隆）的雄伟格局仍使日本士子敬佩，有些日本儒学者称雍正帝为“希世仁君”④，赞乾隆帝的业绩为“希代盛事”⑤。就总体而言，江户幕府时期受清朝文化影响甚大，当年一些日本人的崇华，与明治时期日本人的崇洋别无二致。如有的学者连姓名都中国化，荻生徂徕本姓物部，改称物徂徕，其门徒服部南郭改称服子迁，平野金华改称平子和。地名易为中国式的也很普遍，如京都称洛阳，武藏称武昌或五陵，东海道称长安道，相模川称湘水，和泉叫酒泉郡，目黑命名骊山。江户时期，士子获得清人赠诗赐序，则喜不自胜。

总之，截至开国前夕，日本人对中国仍充满仰慕之情，视为“圣贤之邦”。

---

① ［日］内藤湖南：《日本文化史研究》，商务印书馆 1997 年版，第 7 页。

② ［日］庆兹保胤：《池亭记》。

③ 大庭脩从事“江户时代唐船舶来书籍”研究，发现江户时代从长崎大量进口中国书籍，程序是日方先行预订，中国商人照单在国内购置，多由南京船、宁波船运来长崎。以 1711 年（正德元年）为例，共有 6 艘唐船载中国书籍至长崎，一船所载书籍少则数箱，多则 93 箱。见大庭脩《江户时代中国典籍流播日本之研究》，杭州大学出版社 1998 年版。

④ 《翁草》卷五十六。

⑤ ［日］桔南溪：《北窗琐谈》坤卷。

当然，这种中国观涂上了理想主义色彩，来自书本文物，并非通过实际观察体验获得。

19世纪中叶日本开国之际，不断从西邻中国传来鸦片战争和太平战事消息，幕府及武士始而惊诧，继而思索对策，一些日本人把泱泱大国清朝陷于内忧外患，视作日本的“天赐前鉴”[①]，力图从中吸取教训。当然，走向衰落的“中国形象”是通过“风传书”透露给日本人的，毕竟知之者甚少，而且知之者也缺乏切身体验。1862年，将一批幕吏、藩士、商人直接送到中国土地上，使其目睹、身历中国社会，他们以往来自书本的中国观，开始接受实地观察感受的检验。

首次访华的“千岁丸”乘员，大多熟悉中国经典，曾视中国为圣土。但在上海所见，则是一片兵荒马乱：太平军围攻，洋兵横行无忌，市井肮脏，江面难民如潮。日比野辉宽作诗，记其在上海郊外村庄所见惨状——

> 民家仅五六，壁落无完墙……屋多为灰烬，人又倒搀枪。野草含腥气，白骨积作岗。寇气犹未已，征鼓响镗镗。[②]

峰洁通过在上海的见闻，对清朝全局性的衰落有所体察：

> 窥一斑知全豹，名医把手脉知心腹之病。清国病在腹心，其面目、四体均有表现，一指一肤之痛也是外在形式。我们在上海一处，可以推断十八省之大概。当今上海形势，内有长贼威迫，外受制于洋人……其情形可哀，可大堪叹息。[③]

纳富介次郎多次称清朝是“文学无双国”，但如今却落得“虚文卑弱”，“内受长匪之苦，外为夷狄挟制”，形势“危如累卵”，他一再感慨道：“可叹之至。”[④] 高杉晋作一向敬重中国为“尧舜以来堂堂正气之国”，但近代竟被西洋人所欺凌，他一再为此叹息。[⑤] 藩士们从中国社会混乱、人民陷入水深

---

① ［日］枫江钓人：《海外新话》序。

②③④ 《集成》第1卷，第96、30、19页。

⑤ ［日］高杉晋作：《游清五录·外情探索录卷之贰》。

火热之中的表象背后，看到政治的腐败和低能，高杉晋作称之为“君臣之不得其道故也”[①]。其他诸藩士也都有类似见解。总之，藩士们昔日对“文化母国”的景仰，在亲眼目睹的现实面前，发生了动摇。兼之他们所遇的中国人，不乏丧失气节、言行卑下者，这更引起藩士们的小视心理。

幕府使节团逗留上海期间，正值中国黑暗时期，民众陷入水深火热之中，龚自珍曾谓之“不祥之气，郁于天地之间，郁之久乃必发为兵燹，为疫疠，生民噍类，靡有孑遗”[②]。此际的中国当然也积聚着上升性能量，却如地火潜行，隐而未彰，不大可能被匆匆来去的日本观察者发现，扑入他们眼帘的只是一派破落景象。经过两个世纪锁国后，首次亲历中国社会的幕末日本人，看到的是一个内忧外患交迫、民生凋敝的老迈国家，这与往昔从书本中获得的“天朝”印象当然形成巨大反差。此时的日本尚处在与中国相类似的境况中，所以藩士们对中国更多地抱有同情心、痛惜感。首次造访上海的日本人获得的总体印象是——广土众民、文化传统悠久的清国确乎已经国势衰微，民气低迷。而这个泱泱大国之所以褪尽昔日辉煌，败落如此，以致被西方列强凌辱、宰割，皆因于闭关锁国、民风否塞、政治腐败。这种观察在日本人中引发出两条结论，均对此后日本的走向发生重大影响。

第一，曾是日本“文化母国”的近邻中国的沉沦，给日本人敲响了警钟，他们获得的共识是——不能重蹈中国之覆辙，必须改弦更张。高杉等下层武士因见识所囿，早年曾陷入排外的“攘夷主义”，但走出国门后，眼界顿开，政治理念为之一变，诚如日本史学家井上清所说：

> （高杉等人）发端于排外主义的攘夷，开始具有为保卫祖国而斗争的意义了。高杉本人早在1861年（应为1862年——引者）曾到中国上海考察过，目睹殖民地人民受难情形，非常痛心，因而从排外主义的攘夷派转变为保卫民族的立场。[③]

幕末日本的社会思潮，呈现过“锁国佐幕”、“锁国倒幕”、“开国佐幕”、“开

---

① ［日］高杉晋作：《游清五录·外情探索录卷之贰》。

② 《龚自珍全集》，上海人民出版社1975年版，第78页。

③ ［日］井上清、铃木正四：《日本近代史》，杨辉译，商务印书馆1972年版，第57页。

国倒幕”等几种形态，总趋向是由“锁国”到“开国”，由“佐幕”到“倒幕”，导致这种变化的原因当然是多方面的，来自清国的教训也是其中之一，“千岁丸”上海行直接观察所获得的“开国不可缓”、“改革弊政不可缓”一类感想，又尤为真切。当其反馈回日本，自然会发生相当影响。

第二，清国内政外交的衰败，引发了来访日本藩士对往昔尊崇的中国产生藐视心理，这使深蕴于武士文化之中的对外扩张性得以发酵。峰洁欲率一万骑纵横中国，便是典型表现。

“千岁丸”乘员中国观的转折，仅仅是一个开端。明治维新后，来华踏访的日本学者、商人、政客、军人络绎不绝，其对中国社会及中国人的评析也层出不穷，总的倾向是，侧重看到中国社会的衰微、政治的腐朽和民气的低迷。如19世纪70年代以百余天踏访黄河流域和长江流域的汉学家竹添光鸿，将中国比喻为患“寒疾”的病人，而清政府又是“庸医”，一再误诊，使中国“荏苒弥日，色瘁而形槁”①。80年代，另一汉学家冈千仞到中国考察10个月，会见李鸿章、盛宣怀等洋务大吏，王韬、俞樾、杨守敬等文士，对中国社会各层面作了较深入的观察，认为中国被“三毒”（烟毒、贪毒、六经毒）所害，已入膏肓。②

与竹添光鸿、冈千仞相类似，19世纪90年代安东不二雄称中国为“病重的老爷”，日本为“活泼的少年”③。还有日本人游历中国后，称中国为生病的“巨象”，日本为生气勃勃的“猴子”。宫内猪三郎所著《清国事情探检录》，将中国的基本特点概括为：“国民怯弱”、“开国最旧”、“版图最大”、“民口最多”、“古圣贤英杰辈出”、“文物最早”。④这种说法颇能代表近代日本人的中国观——对古中国保有敬仰，对现中国充满蔑视。

概言之，幕末至明治时期日本人的中国观已由崇仰转为鄙薄，19世纪80—90年代终于形成以“脱亚论”和“兴亚论”为两极的对华认识。作为露骨的侵华理论的“脱亚论”，第七章第五节已有引述评析，此不另述。“兴亚论”以复兴亚洲与欧美抗衡为目标，但要领在于以日本做盟主，其基本理念

---

① ［日］竹添光鸿：《栈云峡雨日记》，《集成》第19卷。

② ［日］冈千仞：《观光纪游》，《集成》第20卷。

③ ［日］安东不二雄：《支那漫游实记》，《集成》第11卷。

④ 《集成》第11卷，第511页。

是以日本凌驾中国、朝鲜之上。如兴亚论者荒尾精（1858—1896）认为朝鲜贫弱、中国老朽，唯日本强大，日本对于“朝鲜的贫弱，纵令不为朝鲜忧之，亦应为我国忧之；中国的老朽，纵令不为清国悲之，亦应深为我国悲之”[①]。他还力倡日本人“雄飞海外”，实现“宇内统一”，而“完成统一六合……是为上天赋给我国的天职”[②]。故其名为“兴亚”，实为鼓动日本人起来争做亚洲盟主，称霸世界。山县有朋在19世纪90年代更提出“主权线”与“利益线”，把侵略矛头直指中国和朝鲜。可见，近代日本的中国观的转变，是以中国贫弱遭西方宰割的现状为基点，激发日本国民奋起富国强兵，以摆脱中国似的厄运；进而又从弱肉强食的理念出发，力主日本加入西方列强行列，参加对中国的瓜分豆剖，以后更发展为企图独占中国。近代日本中国观的这种走向，当然是对西方列强的社会达尔文主义和帝国主义的效法，但也与日本武士文化的某些因素大有干系。“千岁丸”上海行，时在幕末，日本尚处弱国地位，但从诸藩士的纪行文字中已时常透露出日本民族特有的优越感，如日比野辉宽一天离“千岁丸”上陆，反观江面——

顾看我国日章旗招展，辉映着数千艘番船。[③]

这寥寥数言，隐约表现了日本武士以日本凌驾万国的心态。高杉晋作对中国人民怀着深厚同情，但同时又有强烈的日本至上思想，他于沪上感受战争氛围之后，更激发出日本武道昂然于世的情怀。高杉在上海撰写的题为《晓步西门外》的七绝云：

枪铳轰空晓月明，鼓声先报道台城；
自许皇国刀锋锐，五大洲中可独行。

面对日趋衰弱的清朝，日本藩士们除唇亡齿寒之感以外，武士道优越感也油然而生，甚至闪现出征服中国之想，峰洁等日本藩士的此类文字在第七章第

---

①② 黑龙会：《东亚先觉志士记传》（上），第361、65页。

③ 《集成》第1卷，第67页。

五节已有引述。如果比照幕末日本皇道思想家佐藤信渊等人先取朝鲜、满洲，进而吞并中国的计划（见本书第一章第三节引述），尚处在弱国地位的日本武士在上海发出“纵横中国”的狂言，并非偶然。

从历史的纵深度观之，可否这样评估——1862年，“千岁丸”上海行作为日本走向开国的一步，显示了日本人求知识于世界与发愤图强的民族精神，其对中国经济、军事、政治、社会、风俗的调查之实、之细，以及对西洋文明的研习之勤、之精，均令人钦佩。百余年后，我们阅读记载这些行迹的文字，还为其历史认识价值所吸引。又因日中两国当时的处境相似，加之两国深厚的文化渊源关系，访沪日本人在短短两月间，与中国士子建立了真挚友谊，今天吟诵其赠答诗文，我们仍被双方的深情厚谊所感染。当然，由于日本武士文化的特性所使然，在访沪藩士的观察与感想中，也不时跃动着蔑华情绪。这既是外国观察者对衰微、腐朽的清朝社会的一种必然性反应，所谓“王气中原竭，八维纷似麻”[①]，但由中国之衰弱引申出中国可以任其纵横欺凌的意念，则令中国人警惕。披阅幕末明治日本人的中国见闻录可以得见，这种偏执狂妄的意念由隐而显，由弱而强，这是包括中国和日本在内的整个东亚文化圈的悲剧，值得认真反省。

青年时代的鲁迅于20世纪初在日本生活了9年，他亲身感受到祖国的衰弱和日本的恃强凌弱。具有现代开放意识的青年鲁迅，欢迎外国人了解中国、研究中国，但坚拒外国人为侵略中国而窥探中国，他留下的名言是——

> 中国者，中国人之中国。可容外族之研究，不容外族之探捡；可容外族之赞叹，不容外族之觊觎者也。[②]

综观1862年，“千岁丸”上海行，日本使团是带着友善的目的前来研究中国的，因此方能与众多的中国人结成深厚友谊。至于其间包蕴的某些“探捡”、“觊觎”因子，在当时尚属枝节。就总体而言，这是一次值得纪念的友好之旅。而且，纵览数千年中日关系史，友好交往是主潮，战争冲突是支流，

① ［日］幸德秋水：《送内藤湖南游清国》，见内藤湖南《支那漫游　燕山楚水》。
② 鲁迅：《中国地质略论》，《鲁迅全集》第8卷，人民文学出版社1981年版，第4页。

正可谓“两千年玉帛，一百载干戈”。中日两国从两千年友好交往里获益匪浅，这既指平城—平安时代以降日本人大规模汲纳中华文化精粹，也指明治维新以后中国人热切研习日本近代化经验。这种互为师生的关系，当然是中日两国社会进步之福。而战争冲突则使中日两国人民创巨痛深。历史正反两面的教训理应深刻记取。

中日两国和好则双美，争战则两伤。这是包括“千岁丸”上海行在内的历史所昭显的法则。

1998 年 9 月始　酝酿构思、搜集资料于日本名古屋、京都、山口

1999 年 6 月至 2000 年 2 月　撰稿于爱知大学名古屋校舍现代中国学部

2001 年 3 月　定稿于名古屋中区爱知县图书馆

“千岁丸”乘员上海纪行文选辑

日本自19世纪50年代被美、英、法、俄等西方国家打开门户后，其学习异域的重心已由中国转向欧美，但对其“文化母国”——西邻中国仍深为关切，并引作借鉴。江户幕府在锁国两个多世纪后于1862年首次派遣使团访沪，即是这种关切的具体表现。访沪使团中的一批藩士和商人，留下多篇见闻录，对清代同治年间上海的社情政况，特别是关于上海开埠后的租界状貌、英法等欧洲殖民者的行迹、太平天国战事均有直接观察，其记述文字质朴细致，有一定史料价值，特选辑如次，以供参考。在对这些日文或汉文材料作翻译或点校时，均保存原貌。幕末日本关于外国的称呼尚未统一，故“千岁丸”乘员纪行文对一个国家往往有多种表述，如中国有“清国”“唐国”“支那”“中国”等，法国有“佛国”“佛兰西”“法国”等，俄国有“露国”“露西亚”“鲁国”“俄国”等，美国有“米国”“花旗”“亚米利加”“亚国”等，选辑一仍其旧，以透现当年实况。原文中出现的轻蔑中国的用语，请读者结合前后语境和本书正文，予以辨析。

上海杂记

纳富介次郎

此次受幕府之命，水路去上海，乘坐的是英国船。据说该船建造于八年前，是用三万四千银元购买的。船名“千岁丸”。船长二十余间（约36米——译者），宽四间（7.2米——译者），共乘五十一人。

御勘定	根立助七郎殿	从者	林三郎	会津藩
			纳富介次郎	御　国
调役并	沼间平六郎	从者	深川长右卫门	御　国
			松本卯兵卫	肥　后
支配勘定	金子兵吉	从者	伊藤军八	大阪书生
			日比野掬治	尾州藩
员外	山右门太	从者	山崎卯兵卫	御　国
			樱木源藏	四　国
御步士目附	锅田三郎右卫门	从者	名仓予何人	浜松藩
			木村传之助	江　户
御小人目附	盐泽彦次郎	从者	中牟田仓之助	御　国
御小人目附	犬塚鉡三郎	从者	高杉晋作	萩　藩
状役	中村良平	从仆	芳　藏	平　户
医师	尾本公同村大	从仆	峰　源藏	大村藩
长崎会所吟味并役	森寅之助	仆长	藏	
唐小通词	周恒十郎	仆藤	太郎	
唐小通并	蔡善太郎	仆福	松	
阿兰小通并	岩濑弥四郎	仆	硕太郎	大村藩
药种目利头取	渡边舆八郎	仆	传次郎	
笔者格	松山兵次郎	仆	卯　市	
长崎商人	永井屋喜代助	仆	物　吉	
长崎商人	铁屋利助	仆	忠　助	
炊夫	嘉吉　清助　善吉　嘉市　吉藏　兵吉			
水手	五代才助　萨州藩　忠次郎同上　元右卫门　纹藏			

介次郎就是本人。同船还有十五名英国人和一名荷兰人。英国人是船的卖主，荷兰人则是以货主之名雇来的。

文久二年（1862）四月二十九日，“千岁丸”从长崎港起航，次日通过女岛，五月四日才看到唐国的鞍岛，当晚进入扬子江。端午停泊于吴淞江，六日由蒸汽江艇拖进上海黄浦港。经荷兰顾问与法国顾问联系，八日我们受邀上岸进城，得到道台吴煦的接待。九日下船，住进供外国人用的宏记馆。英国人和荷兰人离去。

古时，上海作为《禹贡》扬州之地，隶属吴国。吴灭后，属越国，越灭后归楚国。秦朝开始设郡县，属会稽郡。元朝时设松江府，隶属松江府，至今未改。上海地理位于入海口的上游，流经港口的河川叫扬子江。此江很大，看其左岸大约有三十多町（约 30 万平方米——译者），右岸一望无际，只隐约可见两三个洲渚。但由于水浅，所以军舰能通过的地方只有一里半宽，水色为泥浆赭色。从该江行十里左右，左侧有一处叫吴淞江。从吴淞江再向前行六里左右就可抵上海沪渎城。上海的前江叫黄浦。《上海县志》记载着：“黄浦在县东，大海喉吭也。相传黄歇所凿”，故又名春申浦。此前名叫杨家洪，是条小河。吴淞江是流经城北的大河，楚国春申君将杨家洪凿宽，使吴淞江由城东通向西南，因此城北的主流就自然变成支流，即现在有新大桥处。

新大桥是英国人所建，桥中间可以向两侧打开。听说唐船来往时，英国人要收银钱一枚后方给打开。

据说，枫桥在该河上游，寒山寺的遗址还在，但那里已经成为长毛贼的巢窟。

上海位于东经一百二十一度二十分四十五秒，北纬十一度十四分三十秒，比我国长崎纬度短一度半，气候温暖。

黄浦江面最宽处约有二十町（约 20 万平方米——译者）。

来黄浦停泊的外国船有百余艘，其中军舰约有十四五艘，停泊的唐船据说有数千艘，其数不详。桅杆之多如万顷之麻。

据说上海沪渎城建于明嘉靖三十年（一说该城是古时吴国孙权最先在此建造的）。城围约有一里半，城墙高约一丈五六尺。楼橹上飘着清国大旗，架着大炮。英法士兵在此互助，警卫森严。城门内外常有五六个肩扛步枪的唐、西士兵站立守卫。城门大小共有七处：东有两处，西有一处，南有两处，北有两处。据说北面原来只有一处，后来法国人又新建了一处。除此以外还有四个水门，两座敌楼，三座层台（万军台、制胜台、武台），有三千六百多垛，箭台二十处，但是没有外廓。据说非省城便无廓，看来上海由于是县，所以无外廓。

辛酉年春，唐、西彻底达成和议，由英法两国士兵负责把守城门。

我对清国人说：“中国为何借外国人之力来守城？”他们都沉默不语。过了片刻，有一人说：“前几年，长毛贼进攻上海时，新抚台李鸿章尚未到达。当时的兵勇都在远离上海七百里外的安庆，无奈只好借助英法之兵力。”我又问：“那么为何不制止洋人专横跋扈，是不是因为清朝反为外国人所控制？”无人回答。

上海市坊道路之脏无法形容。特别是像中小街道的通道，到处是垃圾粪堆，无插足之地，人们也不清扫。

有人说，一出城区就是野外，荒草盖路，棺材纵横，有的死尸用草席一卷到处乱扔。当时正值炎暑之际，臭气冲鼻。由此可见清国之乱政。

上海东西有一里多，南北二里多，到处都是人家。城北都是英、法、花旗租借地，洋房鳞次栉比。据说当地人在此建房，需要向洋人交地租。上海共有房屋约十万户。

宏记馆每间月租洋银一百三十块。

此次上海之行，感到最艰苦的是饮水混浊。据说古时扬子江、吴淞江都是清流，但是到了中叶，北部黄河淮济南移，汇入大江，水才变得如此混浊。黄浦原处下游末端，江尾潮汐涨落泥沙积淀，地势非常平坦。而且，当地人把死猫烂狗、死马死猪死羊之类，以及所有的脏东西都扔入江中，这些都漂浮到岸边。江上还时常漂浮着人尸。当时霍乱流行，难民得不到治疗，很多人死于饥渴，又无力于安葬而将尸体投到江中。此景真是目不忍睹。再加上数万条船舶上的屎尿使江水变得更脏。据说上海街里只有五六口水井，而且井水非常混浊，因此人们都饮江水。人们把水装入大瓶内，放进石膏或矾石，数小时后水就会变清。宏记旅馆就靠江边，所以也学着早晚饮用此水。本来就喝不惯此地的恶水，所以无不得病。特别是像我们这样得过麻疹病的人，怎能经得起如此恶水。而且又是在特别炎热之际，硕太郎、传次郎和纹藏都病死了。我也危在旦夕，幸亏同乡中牟田的热心看护，才得以大难不死。去遥远的绝域，不了解当地的地理水土，不考虑季节，就会遇到如此大难。如果谨慎从事就不会发生此类事情。因此我想难得到唐土来一趟，应不限上海一地，应溯江而上，停泊住宿在城市里，或去天津、香港等地，就不会遇到这种灾害，见识会更广。为如此苦难而叹息。

有人说上海的西面都是农村，房屋非常矮小，房顶是用茅草、麦秆、稻草做的，墙是用竹子编的，而且不糊泥。

据说此地冬天暖和，很少下雪，否则无法抵御寒风密雪。

据人记录，历访城内学舍，屋内一尘不染，房梁顶上挂着匾额，最上面的匾额上写着“德齐帱载”，其下写着“圣协时中”，再下面是“圣集大成”（宸翰），再下面是“生民未有”，再下面是“万世师表”（雍正三年御书，皆行书，未署名）。外门是石门，门上写有“德星”二字。左门上写着“德配天地”，右边写着“道冠古今”。在其两边的墙上有下马碑，碑上写着“文武官民到此下马”。其东侧是一个叫做明伦堂的讲习所，外门上挂着写有“儒学”的匾，门两侧挂着牌子，一个写有“六百里育贤之地”，一个写有“第一入圣之门”，都很庄严。

据说当今此处已被英国人管理，没有一个典器，不许清国人入拜。可叹之至。

清国风俗，敬关羽胜过敬宣圣。家家都挂着关羽的画像，以示祭祈。据说西门内有关帝庙，极其壮丽，祈祷者每日不断。然而近几年来天主教和耶稣教也盛行起来，愚民们信此二教已超过信孔圣关帝。

清国贸易港口原有五处。可是如今外商来船增多，开放达十三处。这十三处是广州、福州、厦门、宁波、上海、牛庄、登州、台湾、潮州、镇江、琼州、汉口、天津。

清国有十八个省，一百九十一个府，二百三十二个州，一千二百八十六个县。从上海到北京有三千余里（相当于日本的三百余里），到南京九百余里（相当于日本的九十余里），到姑苏城三百余里（相当于日本的三十余里）。

据说，即使是五品以上的官吏也与我国完全不同，没有同行人或他人引见就去登门造访并不感到奇怪，乐于和我们笔谈，以宾相待。由此可见唐人宽以待人之习。

当地人对我们与在那儿常住的西洋人根本不一样，对初次渡海到访的我们十分亲切，一见如故。这可能是经过我们笔谈意思相通的缘故。船一靠岸，我们刚一登陆，围观者云集，孩子们你一拉他们的手就会跟你过来。可以说这是倭、汉心心相印的缘故吧。

清国儿童六七岁进学校，必从明师。教师的费用不等，据说一个月大约需要银二十两（一两等于八百文）。商家的孩子也上学，但并不太讲究。

清国本是文学无双之国，却无以治国之论。因此近世之风则是有志者无一不是为己者，一味贪求中举。为中举煞费苦心于制科时文，成为虚骛徒劳的弊端。既是尊从优雅艺文，又何必耗资如此之大，将自己陷入到虚文卑弱的地步，照此下去岂能治理国家，以致被长匪苦害，外来夷狄控制。清国危如累卵，实在可怜。

停泊港中求我画画的人很多，有人亲切地到我的住处交流翰墨。一天，一个叫施渭南的人来，赋诗书写在扇面上，诗中有纳贡的事和蛮王等字句。会津侯的藩臣林三郎勃然大怒，当即扔掉那把扇子说：“我们神国的天皇，万古无变，世上无与伦比。你岂能将他与北虏王相提并论。你这个可恨的腐儒，实在失礼。”渭南忙站起道歉，删改那诗句。林三郎好像昔日玄宗在蓬莱宫宴请我国使节时，大伴古麿席间争论一样威风凛凛，胆量十足。施渭南从此天天来聊天，为我们逆旅遣闷。一日，荷兰领事有事来，渭南一见脸色陡然变土，颤抖着站在那儿礼拜。我感到奇怪，问其缘故，他说：“荷兰人走过去时瞪着我，大概是讨厌我来这儿和贵国人交谈，我在此待长恐怕会使他们发怒。”说着起身回去。事过二三天，渭南派其子来述说疏情。施渭南在北京的学校是知名人士，如此知名者还这么怕洋人，可见恐洋已成清国势态，实在令人慨叹。

我感到遗憾的是偶然踏上唐土，本应游历名山大川和城市，目睹各种事情，进行实地速写，以图文记录，有助于探察，为官方做一点有用之事。可是，船刚到岸不久就病倒在床，良久难起。起来后又很难恢复外出。不过，幸运的是，上海是边境，离贼远，所以从各地来避难的人很多，其中有不少是书生，他们听说皇邦与诸洋人不同，崇圣教，彼此文字相通，故有不少人乐于来访，诗话笔语，交流感情，我从中了解了不少事情。其中，同乡中牟田仓之助、长州的高杉晋作、会津的林太郎、远州的名仓予何人、大阪的伊藤军八、尾州的日比野掬治等本来就是书生，善于笔谈。遗憾的是，本来曾随洋人航过海的像仓之助这样的擅长西洋学的人，向洋人询问诸事，而且对航海等早就很精通，但对诗文等却不擅长，得不到要领，自己也在叹息。予何人喜欢兵法，探听到不少有关军事方面的事。同乡山崎卯兵卫、深川长右卫门虽不是书生，但很快就习惯了翻译，得以详细地了解到官府事情和商法等。最令人感到意外的是萨州的五代才助，一开始扮作水手，待在船底，当人们还在谈论时，他却偷偷地出远门，去看在浦东一带围剿长毛贼的交战。此事回到长崎以后大家才知道。由此我又想到，如果把此次同船的几十个人的各自见闻汇集起来集大成的话，肯定会有不少有益的东西，只叹我力不从心。

上海是各国洋人通商贸易的口岸城市，不过只有书画和文房洋人并不感兴趣，所以他们对这类商贾漠不关心。清国人听说皇邦的人很珍视书画，每天带来很多书籍、轴画、挂幅、古器等，一个劲地推销。不言而喻，假货颇多。但是对方辩解说是真货，劝买。我们说日本人都具慧眼，岂能骗过我们。对方终于吐出真言："如此明鉴，怎能骗得了你们。若是真货不会如此便宜，倒不如实话实说。"他们虽有商贾的狡黠俗气，但也有一些直率之处，可见与洋人不同。其中有的好像是逃难者沽卖的东西，偶尔也有真品。商人习气是常以假充真兜售。但也有其本身也不识货的时候，而将真货以廉价卖出。有的人因未标有作者姓名，不知其物的贵重，轻易卖出。有一次，根立君让我帮他找一张大幅的群仙图，看到一幅画功力讲究、字迹整齐，落款是吴道元，因与时代不相符，没有让他买，反而劝他买了一张钱舜举的勾勒花鸟。对我这个晚辈的愚鉴，人们半信半疑，但画的精妙高雅之处不是凡笔所能及的。像以前在长崎的老家见过笔意一样，我很有自信。回国后，在长崎请水平高的人给鉴别，大家都很赞赏，我也因此露了脸。其他人各自都买了一些，我也没都详细看，只是同乡山崎、深川二人颇有钱，所以买了很多铜器、陶器，还买了一点儿玉器、书画、文具。我钱不多，而且很少外出，不能像一般人那样去买东西，但是买到了几件使人心里发痒的好作品。幸运的是在一个店里，我偶然发现了一捆裹着旧纸、用草绳系着的东西。便让拿给我看，对方推辞说都是不值得看的，我硬要看。有的裱纸已破，有的古帖册页脱落，有的屏上杂贴剥落，数目很多。我选了一些中意的。回国后请前辈鉴定，大家都很欣赏，我也不胜惬意。为向各位好友介绍，特列清单如下：

一、元代高彦敬水墨米法云山帖册　　一页

缣厚密。像我国的双重羽。既不是米元章的正锋，也不是米元章的卧笔点。以皴法画山骨，泗墨晖浮动，不能说是甚妙。落款清高。

一、明代王复元滕王阁图销金折扇　　一面

《无声诗史》上写道：文徵明门下，精于鉴古，山水类似陈淳，写生模仿陆治，书法学于米元章。

一、明代陆绍景书书俗漱金纨扇　　一面

一、明代陈嘉言写意花鸟纸卧轴　　一卷

《图绘宝鉴续纂》上说：其韂秀可爱。落款是七十三叟。

一、丁华国（时代未考）细楷销金折扇　　一面

一、曼仲（名寿格，姓氏时代未考）没骨莲花永之修来（姓氏时代未考）

莲花诗漱金纨扇　　共二面

一、清代周芝岩竹石寿带鸟大全纸　　一幅

一、黄山老人（时代姓名未考）钱绛山水王兆梦七言古诗题后卧轴　　一卷

画拙但古朴雅健。题后诗中的徐公也许指的是画者。卷中和卷末有春申裔的印，是个黄姓的人。但这也许是鉴赏人的印。

一、显鉴墨牡丹大全纸　　一幅

画颇古雅，非凡笔。印章处有还昭氏字样。姓氏时代未考证。按照五行相生的顺序取字的偏旁起名，常见于明代宗室或孔子的裔孙。我想也许属于此类。

一、坚翁墨描渔樵问答竖缣　　一幅

图似唐伯虎一代人，山石等完全是南宗的笔意。姓名时代未考证。

一、清代关里孔继涑行书一行纸　　双幅

孔圣的裔孙。服务于雍正、乾隆两个朝代，官至中书令。是行布张照的女婿。松江知府孔继之父。

一、清代新罗山人着色兔芍药竖缣　　一幅

一、清代陆愚卿墨写松兰图纸卧轴　　一卷

《娄水琴人集》上有：父听松山人，精于鉴赏，收藏甚富。

因此得以窥见奥秘。是山水花鸟逸品。嗜好兰，著有国香志。格外重视松兰。

一、清代胡海画欧阳新题诗潇湘八景纸卧轴　　一卷

一、清代玉壶山人改璋白描兰销金折扇　　一面

有一次，一个二十四五岁的穷书生带来了一个旧时的木制砚台漆套要卖，人们只评论其价格，但谁都不肯买。其书生对我哭诉：“我邑遭贼，携老母漂流至此，无家无业，无法糊口，到了屡屡断炊、山穷水尽的地步，求您买下这漆套吧，我好拿钱换米，以救老母于饥饿。”说完悲泣。我不忍闻其悲苦，最后提高价钱买下。书生拜谢而归。第二天，他又拿来一块水晶印材，对我说：“昨日多亏了您，使我救了家母。然而物轻价贵，实在有负于心，所以今天再给您加上这个。”似乎要以此来抵偿。我说昨日的东西就足够了。他执意不肯，我便收下了。我佩服他的正直。那时凡为躲避贼乱的难民来到上海，均无固定的住处，有的站在路旁，有的把船作为栖身之地，雨淋露晒，困于饥渴，为算计着每日的生计，为此而拼命挣扎，真是可怜至极。

据说难民大多来自苏州，约有十万人。而官府无能救助于他们，每天都有很多人死于饥饿。

上海本是俗地，搞文学艺术的人并不多，有时到我们旅馆来显露风雅的都是难民。其中有一秀才，他哀叹清朝的衰败，景仰我国，对我说：“现在有不少难民去了贵国的长崎，古时也有这样的事，知贵国本是仁义之邦，而且与我国唇齿相依。若诸位可怜我辈，救我们出这个苦难深渊，召为民，便能长期得到恩泽，得以安居。”说着流出了眼泪，显得很悲伤。于是我想，若救助他们成为皇国国民，变为百工，叫农民去海岛上开拓山林，有才干的人量材使用，这样他们就不会因战乱而饿死，也有益于国家。

上海附近的农村景象我没亲自看过，不知怎样，回国前爬上桅杆四处眺望时看到，地势平坦，一望无际，有的地方有村子，有的像街市砖瓦粉墙建筑，耕地很少，丛林狼藉。用望远镜细看，看到很多像棺材一样的东西，我想这恐怕是洪水过后的景象吧。大概都是因为贼乱，农民们不得安心生产，而使土地荒废。连上海这样战争灾难少的地方也都成了如此样子，更何况辽阔的清国，十八个省中平安无事的除了北京以外，还有三四个省，其余的地方都是贼乱不止，商人等又怎么能营业呢？在上海，当地人和逃难来的十余万难民一起消耗粮食很多，好在上海水路运输方便，运来的粮食不会穷尽。可是米价天天暴涨，难民们买不起，成了叫花子也没有人给他们吃的，最后只有饿死。由此我

想，其他地区也为躲贼乱，而那个地方粮食少，运输又不方便的话，即使储有黄金，迫于饥渴，饿死的人会比上海还要多。清朝当今的衰败实在可叹。

一天，有两个书生来访，我病卧在床。同屋的朋友们和他俩笔谈，谈话之余，书生问：“贵国信天主耶稣教吗？”回答：“过去该教传到我国，与我朝结仇，因此我国禁止此教。”书生说：“先生们尚未看过《圣经》吧？我们今天带来了，想呈进给你们。”我的朋友拿过来一看，是耶稣的邪教书，大怒，将其书扔掉，大家争论起来，最后把他们推出了门。然而，转天他们再次来访，我们不允许他们进来，他们就站在门外。这时知己书生马诠来笔谈。那两位耶稣教徒找同乡书生马诠，托他把书交给我们，马诠也想将《圣经》偷偷地给我们。我的朋友们便更加生气，大声谴责，大家都出去，将那两个书生赶走。在此之前他们也曾来过几次，找到机会就劝我们，要给我们书。这两天终于被赶了出去。大概是因为吃了苦头，从此他们再也不来了。唉！清国连读书人都尊奉这个，更何况愚民们呢？

一个叫春舲的清国医生来说：“在你们船尚未靠岸时，上海民间就风传，说此次英国人请来东洋援兵，清倭英法要联合消灭长毛贼。东洋的军舰何日到？我们已经等了很久。而且还有一个奇怪的说法，说东洋兵中有两个人有奇术，一人能日行千里，另一个人能腾云驾雾。今日见到你们，觉得没有什么奇异之处。”听了他的话，我想，我们的船刚刚靠港，大家上岸时，观者云集，大概就是因为有这谣传的缘故。

清国人的打扮，即使是武官也不总是佩剑。衣冠有数种，但常着便服，因此官民似乎没有什么差别。不过正式场合时，武官佩剑，文官不佩剑。帽子上戴貂尾冠，民则不戴。

清人看上去身体都很柔弱，当然，历经多次战斗的人略带英武风骨。

五月八日，和荷兰、法国领事等同路到城中道署（十八个省中每省都设有军备节度观察使，称为道尊道爷，其公馆称为道署，当地人叫道台，盖台为尊称）。到了吴煦官邸（吴煦位三品，任布政使司之职，兼兵备道）。我国官吏和领事一样乘轿子到了道署大门口，鸣礼炮三发，随即开门。门外的小木屋里响起喇叭。进门内，下轿，站在那里。领事先到内门，吴煦在此迎接。拜礼后领我们到厅堂，此处为客厅。侍从在此恭候，拿出茶果、梅酒、杏仁汤等珍味。官吏在别的殿堂备宴。看到一帮情体下贱，又不懂礼节，衣着打扮寒碜的下等仆人，不分主客座位，吵闹观看。另在客厅的屏风后有几十个人窥视，有的甚至跑到我们身旁抚摸衣服评其价钱，或拿起木屐笑称与中国不同。他们最感稀奇的是刀剑，一再请求让其观看，不让看他们便想偷偷摸摸地从鞘中把刀拔出来。其状，别提有多粗野。此后我来过两三次，见院内晾晒着旧衣服，廊下放着几个大小便桶，根本无打扫过的迹象。待客人临走时，他们偷拿盘中剩果，或将残酒喝掉，真是如同猫狗一般。有一天的笔记里记着：一天，见吴煦带很多兵卒到荷兰领事的处所，戟好像是用钉子做的，其柄是用未刨光的苏木，弯弯曲曲。盖伞是用几根破开的竹子支撑着旧布面，士兵们戴的是在竹笼子上糊着纸的帽子。其状宛如狐狸的行装。官府之穷由此可见。

清国妇女崇尚身体柔弱，所以即使不是富贵人家的女子，也从幼年时就不让其脚长大。到了成年时，其脚也如同四五岁的孩子一般。她们只待在闺房中，轻易不出门。偶尔外出时一定乘轿子。至于婢女等也有很多人在街上走，他们也都是小脚，步行极不方便。女子不论贵贱，耳朵上一定戴金银耳环，很多人手指上也同样戴着金、银、玉的戒指。

妇女和小孩都不上厕所，闺房里放着虎子，其形状像桶，有铁提梁。

抽烟时先将一尺长的纸捻儿点燃，然后用它点烟，他们把这叫做纸捻，又叫纸煤。

酒店旁边一定有茶店。人们从酒店出来时必到茶店喝茶。酒店挂的匾额上写着“随意小酌”。

清人喜好吸鼻烟，平时总放在小瓶里带着。鼻烟是细粉末状，用手指沾一点儿，用鼻子吸进去。我试了试，颇有风味。没听说我国人用过鼻烟。但据说产于西洋。

据说清人信耶稣天主教，曾有人到西洋去学习耶稣天主教。

清国近几年有很多人吸鸦片烟，官府最终也无法制止。现在在上海以吴煦为首的官吏也都吸鸦片。因此，虽说对百姓施行严禁，但无人遵守。

清人说：鸦片烟味儿极美，但是其害极大，可致人命。然而，心气不爽，或做事感到疲倦时，吸口鸦片会顿觉精神振奋。因此，人们最终还是废止不了鸦片。可是，吸上一个月必定成瘾，岂能戒得了。

七月五日，离开上海港，停泊在吴淞江。此期间又像先前那样用蒸汽江艇牵引。我们又雇了一个引航人，费用是八十银元。此人是当地人，年龄三十左右，会英语。从黄浦出发前，中牟田仓之助问他：“你每月有几次这种活？”回答说：“有时两三次，有时四五次。”中牟田又问：“你有父母妻儿吗？”回答说：“没有。”又问：“那么，你是喜欢赌博或沉溺于女色了？否则，你挣那么多钱，怎么衣着如此不整，而且身体又那么瘦弱？”他答道：“我不好别的，只嗜好吸鸦片。挣的钱虽多，但还不够吸鸦片的呢。”我们听后都不相信。鸦片价格虽贵，吸它能花销多少钱？过了一会儿，此人来到我们住处，从一个精美的盒子里取出烟具，平卧着抽起来，约半刻钟，大家都凑过来看稀奇。其烟充满了屋内，其味很难闻。因此就制止他吸烟，可他根本听不进去，眸神荡漾，如醉如睡。过了一会儿，恐有事故，仓之助大喝一声，把手放到刀把上，脸上露出怒色。见此，那人吃了一惊，匆忙收起烟具走了。我曾听清国人说过，官军之所以屡次打败仗，原因是军中都吸鸦片，大敌临头，还躺在床上吸鸦片。吸鸦片是定时性的，一到时间，即使是在战场上也得吸，否则就受不了。我听了尚半信半疑，但看到这个人的所作所为，才认识到那人所说不是假话。可怜的是这烟又戒不掉。

三品以上叫大员，其礼节是前头有二三面旗，接下来是伞，其后面是偃月刀，再后面是二三个佩剑的兵卒，接着是肩扛大员的轿，有五六个轿夫，侧面有二三个步兵，后面又是肩扛轿。随从有一二个人。

但并非千篇一律，根据位品高低有多有少。也有的枪戟像白刃一样地拿着。

大员通过时，路上的人只要站在左右两旁把路让开即可。出入城门时，守城卫兵都出来列队，这就等于我国的门下座。听说同治帝年仅七岁，因尚年幼，皇叔亲王辅政，掌管大权。

据说在清国称为大儒者有贾中堂、周祖培二人。现今都在北京任大学士。

听说清朝有规定，比如姑苏省的人不能当姑苏省的官，必须选用其他省人，以此避嫌。

据说，大南门外李抚军（李鸿章）统率的军营有几十个。有三千骑兵，五千水兵，一万陆军。

清国的军阵中虽有使用洋铳的，但多数是古时汉制的，放铳时需用三个人。一个人把铳头扛在肩上，一个人把住铳尾，一个人用火绳点火。装火药由扛铳头的人干。持铳尾者负责瞄准。我深感遗憾的是因病卧床，最终未能看到李鸿章部队的操练。因此，对详情一无所知，只能将道听途说的情况略记下来。

我跟随官吏来到英国领事馆。领事馆院内极大，里面有百余个用帆布搭起来的东西，大概每个里面有四五个士兵。其形状如下左图。有人说清国的军营也用这种东西，但制作的略有不同，像我国古代的帐篷。在现在的阵地，比建木房简便。

乡勇不着戎服，上身穿无袖服。前胸和后背有五寸左右的圆形，上面写着某营亲兵或某营某兵等。还把竹子削成尺子状，写上同样的字，插在领子处，如下右图所示。

据说清国的阵营是兵少勇多。兵指的是士林以上，勇是征用的乡民。因此操练也主要是练好记的要领，不要说步法，就连队伍都不整齐，全靠鼓声的急缓和指挥旗来调整。

帐篷图

乡勇图

我们的船到岸，人尚未登陆，就看到挂着旗子的清船来往。每面旗上都写着“军需公务”，一看这旗就知道清国忙于备战。

打听天津战争一事，其概要如下。遗憾的是纸有损缺，末尾不清楚。

英夷自咸串九年四月，兵至天津大沽，为僧王格林沁挫败之后，志图报复。十年六月十五日，英法二夷舟抵大沽时，僧王早为拒敌之计，南北塘有炮台，防守甚严，复于北塘埋有地雷火炮。有土富沙姓，世居其地，于彼不利，阴泄其谋于夷人，夷人即将所埋之处发掘，遂登北塘。或云某为所获，以刃胁之，乃以实告。僧王初意要俟其登北塘，以火雷尽歼之，自此策不行，而夷人得计。从此始二十日，夷船进搁浅，恐为我军所击，高悬白旗，中书“免战”二字，旁书“暂止干戈两国交和”八字，并以和约诱我，我军遂不击。二十六日夷船得水浮动，遽大进兵，轰击我师，势甚张。巳初出队至酉止，新河德与河营失陷，我兵受伤六七百人。二十七日夷人由北塘进占新河。宝坻之间，大沽之后僧王腹背受敌矣。二十八日进占唐儿沽。七月初一日瑞相国麒奉命带兵一万，驻通州以备不虞，初五日夷人攻破大沽，夺备炮台。是日夷人至北炮台下，杀看守一人，余皆惊走，北炮台遂失。提督乐善中炮死，乐为良将，僧素所倚赖，猝以身殉，王如失右手。时僧王南炮台未动，以北炮既失，欲自尽，上命退驻通州，大沽之防尽撤。

《粤匪纪略》上说：杨大朋者，湖南衡州府来阳县民，道光乙巳二十五年间，因犯案拟斩邑宰某，并捕其子杨秀清，同治罪秀清，惧潜逃广东，转入广西，匿迹郁林州边境，与土匪萧朝贵、冯云山、韦振、石达开、李振法、黄生才七人结盟，起意为盗。（略中）互招为命，啸聚成群，渐有千人，在郁林江，上下劫掠。贼之踪迹水陆无定云云。这是长毛贼的起源。

杨秀清自称东王，招集众多贼徒，专搞暴乱。一日，抓来一个书生，便要将其留在军中。书生推辞说：“我只知读书，不懂军事，恐怕留在这儿也难以起作用。”秀清说：“那么，你会作诗吧？我出一个题，天下皆东王地。”书生提笔写道：

“率土皆清地，何为恣跳梁。国为红巾败，患同黑发长。破贼偏倚向，虐民总是杨。避秦何处是，回首问斜阳。”

向指的是征贼将军向荣。秀清看后大怒，立即将书生杀死。这件事传到城乡，成为美谈。此事若是事实，那个书生与我国的伊企傩相比也不逊色。

报纸上报道，贼匪打到了离上海三五里的地方，李鸿章屡屡出兵征伐。另外，在浦东（指黄浦东面）贼起，英军帮助上海的清兵讨伐，打败了贼匪。这是五月份的事，就发生在我们驻上海期间。

长毛贼攻陷湖州时，张贴告示，清人抄写给我，内容如下：

出示安民事。本师承奉主命，师兵伐暴，志在扫荡贪官污吏，并勿扰害良民。所在当地土匪，趁机抢夺劫掠奸淫妇女，被累之家许即赴辕申报，立提大兵，剿灭枭首，示众以复地方。尔等居民各案本业，所在恶官蠹役逃匿，隐避善良之家，立即赴辕首命。如果藏匿不报，察出一体同罪，为此示。仰该处军民人等，知悉各邑藏歉之后，惨被贪勒扰害难延。是以奉主命，一应赋税粮，全行蠲免。可应在案人犯，概行赦归田里，商贾仍旧往来，店铺不得闭歇。所在土恶势豪，向为不法之徒，速宜改过，着该地方，怺仝耆老，到辕所给免究。自示之后，仍为不法，察出重办。其各凛毋违，特示。

长毛贼起初以反清复明的名义，但现在完全奉行天主教，以此来让愚民们服从，不从者诛杀勿论。他们纠集贼徒，抓来骏夫充当兵勇，可谓是乱暴狼藉。这都是因为贼中的将领有的战死，有的投降，法令也自然坠入邪道。不过，逆势盛行，其结果只能是清朝衰弱，暴臣取政。一旦改变这些，四海施仁政，即使不动兵革，灭贼消匪易如反掌。

上海海关由英国人掌管，并收取进入黄浦船只的船税。问其原因，二十年前这里刚开港，集聚各国商客贸易而繁荣，但是洋商等欺负清人软弱，动辄不遵守法规，搞不法行为，清人就依靠英国人让商人缴纳关税。然而，那年天津战争时，清朝被英军打败，决定付巨额赔款。从此以后，上海的税金作为赔款每年都由英国人征收。

有次，在城内走了一天，傍晚要回去时城门已关，不能出入。法国人看我是日本人，就打开城门让我通过。当地人也想趁机通过，法国人不允许。这时，一个官人乘轿子从城外要进城，他不听法国人的制止硬要往里进，法国人发怒，用手杖连击数下，终于让他退了回去。呜呼，清国已衰弱到如此地步，令人哀叹。（据说，城门共有七座，都分别由英法两国士兵守卫，清晨六时开，傍晚五时关）洋人在上海首建的耶稣教堂是在道光廿年。为了让愚民们加入教会，先发给他们很多金银，因此有很多穷苦人不管宗教的善恶，如能有助于糊口就信奉。所以，该教终于在天下兴盛起来。又听说洋人在上海建医院，招来很多病人给予治疗。药剂等都说是奉上帝之命发给的，病愈也是上帝的拯救，未必是医生的功劳，以此让人们明白是天主的恩惠。洋人本来就精通医术，这是清国的庸医望尘莫及的。愚民们生命得以保住非常高兴，真认为这是上帝的拯救，便自觉地崇拜起耶稣来了。

我打听来上海停泊的商船情况，说是红毛的最多，其次是花旗的。

当地人看我们，有不少人说我们是琉球人。我暗想，琉球使船来聘或商船到来时，萨人等悄悄乘船同来，可伪称自己是琉球人。

我把樱花画给清国人看，都很欣赏。只是说花像海棠花。与唐土称为樱花的大不相同。有一个人说在浦东看到过一棵樱花树，这人说的樱花和另一个在花旗国看到的樱花一样，都是淡红色单瓣花。大概近似我国的桦樱。可惜，我们去时不是春季花开的时节。

在上海，值得赞赏的是夏天的冰水。在路旁等处有人卖存储的冰，把冰和刚要融化的冰水一起盛到碗里，拌上糖卖，格外止渴。

上海街坊的鱼多是咸鱼。活鱼都是河鱼，绝无海鱼。不过鳗鱼很多，而且价格最便宜，有时他们拿到船上来卖。

西瓜有三种。一种是黄瓤的，一种是白中略带红色的，还有一种和我国的西瓜一样是深红色的。黄瓤的味最好，价格也稍贵一些。还有鲜荔枝是最稀罕的水果，卖价比较贵。

当地人在街上行走时，手里都握着一个佛手柑，问其缘故，说是为了避邪。

夏天的蔬菜和我国一样。仆人、雇夫等在街上行走时也吃生的茄子、木瓜之类的东西。

听说纸是用棉花、竹子、稻草、桑、蜡制造的。但是用稻草造的纸色发黄，人们管它叫玄书。用竹子造的纸色白，叫做浆录。有名品数种，其中用桑造的纸不易破。

清国人带的宝剑是用于单手击的剑，只有二尺长，相当钝。有的人花很多钱买我国的钝刀珍藏。还有他们制造的长矛相当粗糙，旌旗头上一定有戟，把柄多用竹竿，也有用苏木做的。

我笑长枪的竹竿太粗糙，予何人说，《武备志》上评论说，东南诸州使用竹竿枪，西北诸州认为竹子性恶，所以用木杆制的。现今上海是江南地区，所以用竹竿制的枪，也符合古时说法。只是枪刃太钝，这本来就是唐土的短处，不想在此评论。

目前只有洋银通用。虽说偶尔也有金锭，但多用银锭。金银锭有几种，使用时称分量。铜钱都是一文的，因铸造的年代不同，大的、小的、美的、丑的都有。都混在一起用绳串起来，为一百文。咸丰年间十文或二十文就可通用，现在不通用了。

黄金有两种。一种叫足赤金，一种叫标金。我没见过足赤金，标金即是右图中的金锭。足赤金的分量每十钱是银钱二十枚（等于和银七百九十六钱多）。标金分量一百目为银钱二百一十三枚（相当于银约七贯六百六十八钱），计算时用一两一钱一分。一两等于铜线八百文，一钱等于八十文，一分等于八文。洋银汉名称元。一元当时相当于铜钱约一贯二百文。还有的叫一角、二角，十角是一元。

有一个人试拿我国的一分银子去换铜钱，说是相当于三百五十文。但是要按挂牌的洋银折合才行。

在上海看到的马有数种，体小耳朵长的叫驴，这种马性情温和劲小，虽然也有人骑，但多数是用于拉车。还有一种比我国的马稍小的是唐土的马，当地人都骑这种马。还有一种身材强壮毛色柔润的是欧洲马，外国人都骑这种马，或让这种马拉三四个人乘坐的铁车，跑起来飞快如风，用作军马最佳。

上海附近的农村养有很多水牛，这种牛比一般的牛稍大一些，牛角很长，颈上有毛，而且既能负重，又能耕作。

通货图

在上海滞留期间，五六月份根本听不到杜鹃的叫声，大概是十五里以内，连座小山都没有的缘故。萤火虫偶尔微微发出一点亮光。我试捉了一只看看，长得很小，翅膀是黄色的。

回国时雇的是荷兰人，船长和水手共九人。七月五日起航，出洋九天才看到女岛，十三日在长崎神岛旁边抛锚，因风很大，次日十四日傍晚才由导航船拖进港内，通过驳船上岸。

（译者：刘柏林）

赘 肮 录

（上）

日比野辉宽

文久壬戌四月二十七日，我们乘舢板离开长崎港，行一里多（清国的里数）后，换乘“千岁丸”。“千岁丸”原是英国人的船，上月中旬用三万四千洋元购入，此次是首次试航。船有三根桅杆，其帆如蜘蛛网般，船身长二十一间（一间六尺——译者注），宽四间四尺，深三间五尺。船底至船舷均用铁皮包裹，非常坚固。船内乘坐五十一人，另外还有十五个英国人，一个荷兰人（船长顾问），共有六十七人。八名官员住在船室（该船室在船尾，一人一间，宽四尺，长六尺多），室内非常漂亮。我等十二个人在船中半部左侧的位置，右侧是医生、翻译和会所官员，其余是船员及厨师的位置。一入夜，人们便躺下聊天。四周堆放着东西，头上方有三尺多高，而且只有梯子口可通一点风，舱内部热得像蒸笼一样，叫人无法入睡。脱衣挥扇仍是酷暑难熬，确有窒息之感，其辛苦使人难言。甲板上，海风轻拂，炎热消除，其快无比。并且海岸风景甚佳，数千只小灯笼映入水中，叫人不由称快。过了一会儿，从梯子下去，又觉胸闷，喘不过气来。上下往返五六次，时至四更炎热稍减我才入睡。

二十八日 晴 把锅盆盐酱之类的东西搬上舢板装到“千岁丸”上。巳时两条供水船来给船送水。船中半部六尺见方处，从船底用铁皮围起来，其外部用木板包着，作为储水箱。其取水口很狭窄，仅有一二尺见方，除此以外还有六尺见方的皮箱，也用来存水。官员们商定次日出航。日落时大家各自分别聚到甲板上，中村在读一张纸上的规章条例，其法甚严。其大意是“若有侵法者，则不许登陆，登陆时必告之，勿妄徘徊。在船中勿点纸灯，勿吸烟，勿戏谈争论。许一人用一升水。”吸烟是我此生的嗜好，对此我很担忧。不过在甲板上的茶炉处许可吸烟。入夜炎热更甚。

二十九日 晴 拂晓英国人发出很怪的起锚叫声。过了一会儿，舢板不断地破浪而来，我不知其故。已有四十条舢板聚到了“千岁丸”的左右，稍过片刻，英国人从船上投下缆绳，这些舢板便左右分开，缆绳系在舢板上，人们摇着橹往西拖拉“千岁丸”。这时不断地有人从崎阳泛舟来告别。呜呼，万里之别不知何日再相会。一会儿向西南行十里后，又向西北行三十里，舢板离去，送别的船也离去，其踪影消失在远方。左侧看到了高锋、鬼界、冲岛，右侧看到了福田崎、三重、神乐等岛屿。神乐岛是神后征服三韩时在此岛上停留过一段，故得此名。从长崎到鬼界岛有五十余里，其间经过两关（此关设有炮台，南北相对，肥筑两侯交替管理），鬼界岛有四个台场，都设有大炮。岛的突出处有瞭望台，用红白旗报告各国的来船。另外还有新台场。因是要地所以摆放的大炮最多。过了片刻，回过头看，正面北方看得到大村诸岛。这一天风平浪静，日落后到达野母海角，行海路一百二十多里。半夜风力变大，觉得船摇晃得很大，船速很快。

长　　崎　北纬三十二度四十五分
　　　　　东经一百二十九度五十二分
野母海角　北纬三十二度三十五分十秒
　　　　　东经一百二十九度四十二分三十秒

三十日 雨 风大船摇晃得厉害，使人坐不稳，很多人晕船。但因顺风，船行驶得很快。巳时隐隐约约看到女岛男岛。船行驶在岛的南面。顺潮势船向西南行驶二三十里。中午雨停雾大，看不清前方。长崎距此岛有九百余里。离开此岛我勇气百倍，因为离开此岛就是离开了日本海，进入渺渺浩海，不见一岛。勇气凛凛，得诗一首：

万里何管海路厄，巨舰冲破涛波剧。
航海不特为壮观，唯期一点国家策。
君不知朝衡宏才鸣一时，吉备博学青史垂。
元是千古文治世，尔今世变属艰危，
壮士此行自有意，何厌饥饿刲股啖。

腰间秋水不可夸，只存日本勇义胆。

时间	里数	船向	风向
晓七	九十八	西南西	北北东
六	同	西南二分一	北　东
五	九十一	同	同
四	同	同	东北东
午	八十四半	同	同
推　测	北纬三十二度四分		
	东经一百二十七度四十六分五秒		
实　测	北纬三十一度五十分		
	东经一百二十八度五分		
八	六十二	同	南东
七	四十九	同	同
六	四十五半	同	同
夜五	三十九	西南　南	同
四	四十五半	西南	同
九	六十八	西南　西	同
八	六十五	西南　西	南南东

五月一日　风雨见大，掀起数丈波涛，船几乎要颠覆，狂风吹得风帆作响，几乎要把桅杆吹断。下午，风雨更加变大，将大小船帆都放下，只留一个小帆。船内的人们都鸦雀无声。人们因船的剧烈摇晃身子像散了架，很难做饭，以面包来充饥。呜呼，大丈夫受饿也到了吃面包的地步。吾辈移动时，头脚碰到铁板上，前后摇滚，其苦无法比喻。物架倾斜，东西也倾落，瓷器破碎声闹人。并轻微地听得到呕吐和向神祈祷声，真是哀情至极。我在崎阳准备了酒石酸，有时含在嘴里，避免了呕吐，但胸部有说不出的烦闷感。甲板上只能听到鸡鸣和英国人指挥调整桅杆时发出的怪声。我国的船师都晕倒躺下，连头也抬不起来。这是个适应的问题。有志当航海者都必须学航海，深夜风路尚好，开帆行进。

时间	里数	船向	风向
晓七	三十九	西南西	南南东
六	三十八	同	同
五	五十二	西二分以南	北北东
四	六十五	同	同
午	同	同	同
推　测	北纬三十一度十六分		
	东经一百二十六度三十二分		
八	六十五	同	北
七	五十二	同	同
六	风力减小向西南十三里		
夜五	同		
四	十九半	西	北
九	同	同	同
八	五十二	同	北北东

二日　晴　早起互道无恙，诉说辛苦，每人脸色发青。时至中午仍有人晕船躺着不能吃东西。时至吃饭时，风路变好，船帆全部挂起。

时间	里数	船向	风向
晓七	四十六	西西南	北北东
六	四十五半	西南西	北　西
五	五十二	同	同
四	同	同	南　西
午	四十五半	同	同
推　测	北纬三十度五十六分		
	东经一百二十五度十四分		
实　测	北纬三十度四十八分		
	东经一百二十四度四十七分		
八	四十五半	西北二分一北	西南南

七	同	同	同
六	三十九	西北西	同
夜五	同	北西西	
四	二十六	南　西	风向万变
九	同	同	
八	同	南南西	

三日　晴　风平浪静船行驶缓慢。官员们谈论蓄水减少，所以从现在开始每人应减少五合水，因此不能随意喝茶。并且要用海水洗脸、漱口。我从崎阳存了三壶水，因此未渴着。下午风平稳，鲨鱼跳出水面，大得令人吃惊。过了一会儿，数不清的松鱼在船的左右跳跃。船师往竹竿上系上绳，以猪肉做诱饵，夸口说钓到一条鱼就够全船人饱餐一顿。过了半天还是没钓到。忽然看见船的左侧有什么东西漂浮在水面上，形状是圆的，在水上的甲壳有五六尺，头比我的头还大。仔细一看是乌龟。其他的异鱼万怪出没，其形状不详。有人在悄悄地弹单弦琴，其声音如唱歌。大家都捧腹大笑，排忧解闷。过了一会儿，我靠在桅杆上看到夕阳落入大海，景色极美。

浩荡一碧与天通，夕阳半轮浴海红。
光耀射波波不动，舟行万里镜函中。

时间	里数	船向	风向
晓七	二十六	南南西	微风万变
六	同	北　西	
五	同	同	
四	同	北西二分一北	
午	同	西　南	

推　测　北纬三十度五十八分三秒
东经一百二十三度五十五分
实　测　北纬三十度五十八分
东经一百二十四度三十八分

八	十九半	西	北偏西
七	风住船停		
六			
夜五	三十三	西	南　西
四	四十五半	同	同
九	三十二半	同	同
八	三十九	同	同

四日　阴　拂晓揉眼试找有无岛屿。巳时，见西面有屹立的东西，似云又似山，很难看清楚。船上的人拍手说是岛屿。用望远镜看不是云，也不是山，是一条船。船上有三根桅杆，帆色不白，我想可能是从清国去朝鲜的商船。大家都很失望，不过远处有水鸟在波浪的上空飞翔，见此景知道已距岛屿不远。过了一会儿，见有一条西洋船从左侧通过。此时船顺风行驶速度很快，瞬间就相隔数十里。下午我靠着桅杆睡着了，被朋友的几声大叫惊醒，愕然擦眼，看到西面二分之一处有一缕烟。都说是岛，不言而喻大家都很高兴。船长说是鞍岛。由于形状像马鞍，所以得有此名。

万里苍苍海气凉，檣根曲臂午眠长。
噌然呼觉如何事，翠嶂遥分天一方。

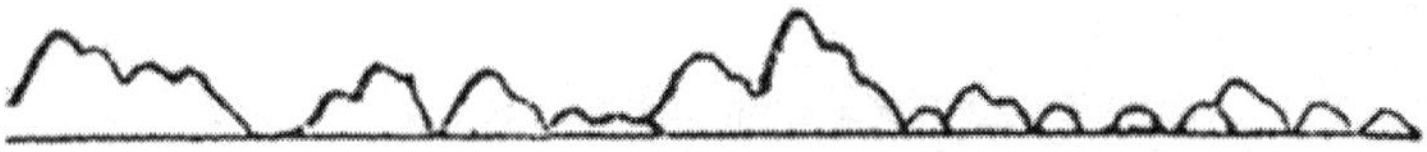

鞍　岛

过了一会儿，离岛屿有百余里，大小岛屿星星点点，尽收眼底。看到各种山容。将此状省略。吃饭时晴雨交错。英国人已将链子拿到甲板上准备下锚。入夜，中牟田、林、高杉、名仓、伊藤和我六人聊天，出门还要防不虞，何况我们是我国遣唐后初渡西土，而且听说这里有海盗，不能不防备。我们腰间插有日本刀，要用满腔的勇义去指挥它。小股海盗有何可怕，防备不虞是先哲所尊崇的。今日甲板上的大炮由谁来放，火药由谁来管理，还有二十支步枪由谁来使用等，大家议论纷纷。书生相聚，议论度日。从二十九日至今晚风很凉，几件衣服套穿在身上。这大概是因在海上的缘故。

航海三千里，
初看数点山。
峰峦小如豆，
出没怒涛间。

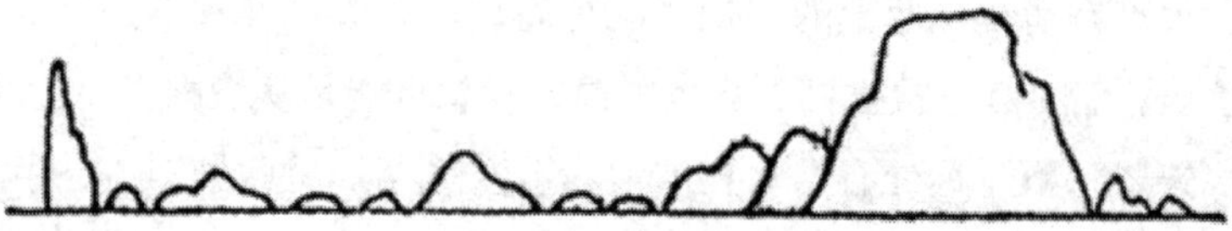

时间	里数	船向	风向
晓七	五十八半	西	南　西
六	六十五	同	同
五	同	同	同
四	七十一半	同	同
午	八十四半	同	南　西
推　测	北纬三十一度三分 东经一百二十三度六分		
实　测	北纬三十一度三分 东经一百二十三度十分		
八	七十一半	西　北	南　西
七	六十五	西	同
六	五十二	同	南　西
夜五	四十六	西　北	南南西
四	七十一半	同	同
九	六十五	同	同

八	同	同	同

五日 阴 有时有雨 五更起来，揉揉眼睛，看到船的左侧有六七处灯光，不知是何灯火。过了一会儿，一艘西洋船点着灯从船的左侧通过。船长声大如雷地和人交谈，是在问这一带海水的深浅。睡了一觉天明，已离江口不远。这一带海底很浅，只有七寻。并且自古以来波涛汹涌，无鱼无盐，因此被叫做穷海。过了一会儿，一看南方地脉相连，树木苍郁，河有标志，高高耸立。用石头堆起来，足高九丈多。江口宽几百里，两岸渺茫看不清楚。但是水很混浊并不深。此时船行速度很快。西洋船已下锚，唐船行在左右。我们的船在西南行驶，进了江后下锚。此时已到中午。这一带水深，锚链二十四寻。江宽十里多，四面都是船，其数有成百上千。问此江名，回答说叫吴淞江，吴淞江是唐音。南岸炮台相连，呈现出凸凹形，要地看起来修得很坚固，然而没有装设大炮。船长说，二十年前这里不仅备有大炮，而且房屋鳞次栉比。当时英国人要进上海港，因被提防没能进来。为抵御英国人，放火烧掉了住房，大炮也被拿走了，所以现在只剩下了炮台。人们不应该相信那种恐吓，未下荷兰人开船来到，他们是荷兰馆来的使者。又有两条船驶来，一条是水路的主人。我们的船到江口时，桅杆上挂了一面小旗，这是示意请主人来的旗帜，因此主人来了，约好次日进港。另一条船是清国的官吏，有探查我们船的意思。西面火焰映天，船长说大概是长毛贼在烧住房。此事难知。

时间	里数	船向	风向
晓七	六十五	西　北	东　南
六	八十四	北　西	同
五	九十七	同	同
四	一百零二	同	同
午	同	同	同

推　测　北纬三十二度一分

东经一百二十一度十四分

从长崎直方位七十八度西西南

六日 晴 早起洗脸，太阳从海上升起，其景色极佳。通往下游的汽船吐着黑烟突然飞驰而来。英国人用缆绳将船和汽船拴住，朝西南方向驶去。领水人站在高架上指引船的行驶方向，船长在甲板上指挥航向。从停泊处大概航行十多里路处，有一座亚国（美国——译者注）的商馆，非常别致高大。馆前有汽船，汽船也很大。船接着又向南行驶，左右的村落、树木与我国的不同，田里细麦青青，牛在堤上闲走，时常可看到晾晒的渔网，其形状像我国的四方形抬网，虽无其他别样，但看上去觉得很雅致。船向西南行驶，江面宽窄不一。此时船已经离港口不远。各国商馆相连，停泊的船只之多难以形容。南面连樯林立，一望无际。“千岁丸”在各国船间行十里多抛锚。江面几乎被船只覆盖。陆地房屋鳞次栉比，这是何等昌盛之景。

帆樯林立渺无边，终日来去多少船。
请看街衢人不断，红尘四合与云连。
忆从曾有大沽患，市利网收老狒奸。
休言上海繁华地，多少蕃船捆载还。

未下荷兰人乘船来，三个官员和一个翻译登上陆地来到荷兰馆，让向新关的官吏报告船已靠岸，并订了旅馆。我在船上看他们上岸，只见从四方聚来很多人，馆前如集市。过了一会儿，唐人来和我们笔谈。我问起他们昨天在西边生起的火焰，王诚斋答道：“听说在一个叫七保镇的地方发生贼战。”突然王诚斋说：“你送东洋蛋糕，我吃。”说话没有礼貌极卑劣。我想此人大概不是书生而是商人，故未深问其罪。我说：“犹有余屑，再来与之。”我谈论文事，他不再答话，脸非常红，用笔回答说：“论文事场合甚少。”然后不再言语。实在可笑。过了一会儿，厉德顺、宁亚良来，我问西洋船数，答有一百多，唐船有三千多。问道江名，说叫申江或叫黄浦江，也叫吴淞江。我查看此江图，此江战国时是由黄歇所挖掘，所以叫黄浦，又叫春申浦，省略第一个字就叫申江。《明史·河渠志》上有大黄浦，其水源于杭州嘉兴，从秀州起，嘉禾以东、太湖以南的水都集中流到这里。平湖县北境水也向北流入此江，因此叫吴淞江也。明永乐年间，吴淞江堵塞，水灾多起，于是一个叫夏原吉的人按照叶宗行所说，将江扩大，与黄浦江汇合流入海，因此叫吴淞江。江水非常混浊，为淡红色，不能饮用。然而潮势很猛，起潮落潮都在转眼之间。吕光洵著《水利议》中写道，浦势湍悍入海。今附黄浦江图，可看到黄浦吴淞江的合流处。

过了一会儿，唐船不断地靠近我船，指着我们的头笑得前仰后合。我则看到他们头上垂着数尺长的尾巴而捧腹大笑，双方互笑对方愚蠢之举。在长崎有人使劲地诽谤唐人梳辫子不巧，有一个人在旁边笑着说，头上垂着尾巴，有什么巧不巧的，左右的人都笑起来。唐人说，贵国的人让头发倒在额头上，有何巧否之说，然而还常论其发结的巧拙，又从何谈起，大家都捧腹大笑。实际上这都是风俗所致，很难说出谁笑得对。饭后，英国人在船上练兵，鼓声笛声掺杂在一起，使人感到很奇怪。而且唐人练长矛的声音特别喧嚷，其声之奇难以形容。有一个丑女人蓬头敝衣在摇橹，其容貌无法形容。据说是因贫苦所迫，难以养活父子而干此活。入夜，数千条船只上都点着一只灯笼，景色很壮观。

上　海　北纬三十一度十四分三十秒

东经一百二十一度二十八分四十五秒

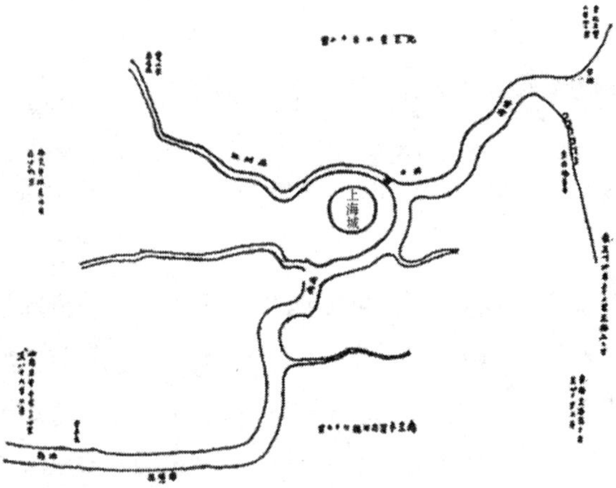

黄浦图

七日　晴　拂晓听得见放炮声，喧嚣至极，是士兵在野外操练。我在甲板上梳着头，仔细观看唐船上用白色或黑色写着“军需公务”，大概船上装着器械或粮食。清国船虽都不坚固，但帆橹进退颇灵。过了一会儿，有一舢板损坏被水冲走，舢板类似于我国的“传马船”和西洋的小船。唐朝山水画上的小船上有个小圆篷，非常雅致。舢板损坏，船主在水中时起时浮，从左右驶来五六条舢板，其中的一条去救船主，其余的则去抢被冲走的木板。不仅如此，我国人把烟袋掉到水里，舢板过来捞起来就拿走了，实在可恨。哪个国家都是港口周围的人比较轻浮不太受欢迎，但我们由此足以窥到其风俗乱的一面。我国雇了两条舢板，船上挂着各国的国旗，但是每一条船上须有船主跟着。一个月十块洋元（相当于我国的五两一朱）。午后上岸，回头看到我国的太阳旗在阳光下辉映，好像在照耀着数千条外国船。离岸后不久，我们来到荷兰馆，有一匾额上写着“碧身点耶”，进到里面又有匾额，上面写着“点耶洋行”。该馆极大，馆内有五六个唐人，他们受雇于荷兰人。我与李溟南笔谈时谈到点耶洋行，他说点耶只是块招牌，洋行类属于我国的什么屋。问道西洋馆，说有一百三四十。江岸及南北商馆鳞次栉比。过了一会儿我们又来到宏记馆，这里虽是唐人的旅馆，但是座洋式建筑。这里住着各国人，我国订好住在此馆的楼上一区、楼下三区及有厨房的一区。此馆里有十四个唐人，忙忙碌碌难以交谈。过了一会儿，我们走出旅馆，往左拐到了街上。我们一停步就被围观者挡住去路，你要站在那不动就会被围得水泄不通。其炎热难忍，可是叫你一步也迈不了。因此不能慢步细看市内店铺，只能粗略看一个匾额上的招牌。我感到不解的是跟在我后面看我们的几千人中妇女非常少，在一百人中敞衣蓬发的老年妇女和五六岁的女孩只有五六人，还不到男人的十分之一，只是在楼上或门缝露出半张脸偷看，在街上的店铺里也很少见到女人。这并非是因为男人多女人少。圣人教曰，男女有别，女人不许出大门，治内。这是件重要的事。我国陋习是女人只许往返于婚丧嫁娶，亲戚之间更是如此。清国虽乱，但男女有别。我在市内徘徊了片刻，又回到了西洋馆前，一个六七岁的小女孩对我们说：早上好。我想她可能去过长崎或横滨。我们在路上常能看到马，马身很小，耳朵很长，是诗句中说的跨于驴马之间的有黑白杂色和各种毛色。过了一会儿，我们又乘舢板回到了“千岁丸”。看今日的新报，五日南翔的百姓为躲避长毛贼扶老携幼来到上海，途中露宿，万分辛苦。因此，法国士兵四处搜寻强贼，不见其踪影，只好回师。我深叹，为何清国士兵不能去侦察呢？国内的强贼让外国人去找，岂不是太失策了吗？我们并听说奸商平日在宁波用军需器械与长毛贼搞交易，获得厚利。西洋士兵得知，夺了奸商的一条船，船里有两个西洋人，马上将其抓住，检查船内，有八十四箱洋枪，十一万五十匣子弹，有大量手枪、刀剑。将其带到了上海，在英国领事馆审讯。这也太甚了。清国官吏为何不能审讯呢？呜呼怪哉。

八日 晴 清晨上岸到荷兰馆，然后到市内走走。有一种纯白色的圆形的东西，大小有二尺见方，仔细一看是豆腐，质地很细，切成小块，每块价钱四钱。我又来到理发店前，其背后挂着四幅书画，在画前梳头为佳。从剃头到刮脸不等你说话，连眼皮都给刮到，最后还给你按摩一下肩背，价钱才要三十五钱。过了一会儿，仔细观察左右的店铺，和我国的大同小异，不同之处就是家号都写在匾额上，屋内没有地板，左右设有货架，上面摆着东西，地上铺着石头，或把土夯实，人们多住在楼上。楼的构造多数有栏杆，都涂着青漆红漆，而且每家都挂关羽像，祭祀关羽。与日本大不相同的就是妇女不进商店。古董店里珍品颇多，所见物品皆不相同，玉石、蜡石、珊瑚类最多。又过了一会儿，我们来到了道台。据说道台是大官，分巡苏松太仓兵备兼管水利事务，其官位是从二品，姓吴名煦，浙江钱塘县人。为养廉每年银三千两（唐银）。此外，官吏有知县、县丞、教谕、主簿、黄浦司巡检、吴淞江巡检、典史等类。也许是由于我国是初次来清国，所以荷兰人为东道主，和官员们一起乘人力轿子，轿子虽小但很轻便。所以，轿夫们一路小跑。穿过街道，从小东门进城，城郭与我国的大不相同，城内店铺有万余个，可是城里的街道又窄又脏，左右围观的人如堵，对我们评头论足发笑。穿过弯曲的街道，通过西辕门、东辕门，右侧有一瓮城。随着喇叭声，突然从地面发出三声炮响，远处传来钟声，来到了第三道朱门。此门很大，左右有岗。乘轿者在门前下轿，道台已在门前迎接，我们都各鞠一躬进去。这里是用石、瓦所建。官吏公役站在前面迎接，道台在后面。我们仔细观察他的厚厚的衣冠，并未发现他的服装与他人不同，只是冠上有块大小一寸多的珊瑚珠，冠后垂着羽毛，其颜色为浅黑色，尖上有块玉石。据说这是二品以上者所戴。清国是以帽子上的装饰来区别官位的大小。

从道台到翻译都没着正装，着燕服表示歉意。在我国都不属正装，实在可叹。因为衣冠楚楚有时叫人感到不好意思，有时叫人感到帅气。官员无正装值得深思，我至今仍不知其故。官员们已进入前面的书院，前面是石头铺路，上面铺着木板，左右有涂着红漆的栏杆，栏杆外面的院子，立着奇石。我们走进栏杆里，这里设有官吏的下榻，我们坐着交谈。过了一会儿，接待完毕。在另一个院子里设有宴会，官吏们将我们安排在前面的桌子，摆上花碗喝茶。每个人都有一个茶托，其杯盖很大，打开盖儿见碗底有很多茶叶，我们斜视笑饮。过了一会儿，每人案子上又摆上一个酒杯和两支筷子，上来四个下酒菜、一瓶酒，我们拿起酒杯，官吏给斟上酒，喝了一点又给斟满，不知不觉地喝了数杯，此酒是梅酒，清淡而味香，很合口。下酒的都是些小点心，其中一个叫云片糕，有一寸见方，是纯白色的，味道极美。放在手上摆弄，一片忽然变成几十片，非常罕见。此时，官吏们围在我们的左右，看我们的刀或摸我们的衣服，指着外褂上的家徽，又惊奇又好笑。一个人站在我面前口中有声，好像在说话，我拿起笔与他交谈了片刻。此人是方春瑶乡人，与诸官吏衣冠不同。过了一会儿，又往桌子上摆茶碗，看到里面是纯白色的并冒着泡，有臭味儿，我想大概是牛酪或羊酪。这在清国是难以搞到的东西。我只用舌尖舔了舔，我一滴也未喝。接着又上红茶，其味难以形容。我也未喝。最后上的是绿茶，像柳叶，非常绿。酒宴结束撤酒肴，我注意地观察官吏们退席，酒后让人叹息。在撤我们吃剩下的点心时，有两三个人在途中把点心偷放到袖兜里，呜呼野哉，卑哉。我想大概是贱魂驱使，所以风俗如此败坏，或是被珍果夺去了心魂。过了一会儿，我横挎着刀走出了朱门，道台像先前一样送到门外，分别行礼上轿。又到了第二道门，吹起了喇叭。轿夫加快脚步，围观者有数万人，大概城里的人听说我国人来道台，所以聚集的人无法形容。傍晚，我们出了城门到荷兰馆抽烟，然后又到街上闲逛，来到瓷器坊。此处珍品很多，有我国产的酒杯，有的上面画着丑女人，有的画着美人，有的画着富士山，放在桐木盒内。我想买几件瓷器，到坊前去看，从四周聚来很多人，就像集市一样。举起鞭子就散开，但马上又聚集过来，真是可笑又可恨。出了瓷器坊散步，唐人跑来围观，因而烟尘四起，汗流满面，更觉得热，最后用扇子掩面。因此我们出了市区到江边散步。看到骏马，听说是欧洲马，在西洋中数第一。过了一会儿，乘舢板回到“千岁丸”。入夜，问翻译道台的致词，说日本是一个特别注意礼节的国家，西洋人在道台处根本没受过宴请，他们好像对我国人很有好感。月色清朗，得诗一首：

虎头龙颜近跋扈，蕃船满抹不忍睹。
天边只有大月明，腥气吹散自清苦。

岂图身在松江舟，唯看红毛兼黄晓。
将问月慰此感慨，月步西空水东流。

（中）

五月九日 晴 拂晓我们将榻榻米运到宏记馆。午饭后乘舢板去宏记馆住。此馆很大，住着各国人，里面腥膻味很浓。根立、金子和我等四人住在楼上。四面是白墙，前面有二扇六尺见方的窗户，后面有两个门，屋顶很高，约有两丈。然而四面的墙壁挡住了风路，使人感到非常炎热。下了楼仔细观看旅馆内，里面有我国产的江湖团扇、鸣海染布、彩线、浅草紫菜、小人型、漆器等。西洋的玩具颇多，有蒸汽船的小模型，长三尺，帆樯、帆绳齐全。见到这些小模型，就会了解到船的制造、帆桅的使用方法。过了一会儿，我们来到旅馆的后面。这里有厨房，厨房里的器具奇而雅。后边是放蔬菜的地方，有茄子、大葱、萝卜、绿叶菜、裙带豆、黄瓜、白薯、冬瓜等，这些与我国的相同。再往后面走是屠宰场，屠夫蹲在架上，前面放着八九尺长的大板子，有四五个人帮打下手，宰牛羊猪。我问那个屠夫的姓名，回答说叫张云，其貌相当特别而健壮。我想樊哙也是屠夫出身，不可一概鄙视。过了一会儿回到楼上，听张棣香说，上海市内水井非常少，人们都是把黄浦江水用矾石膏滤清后饮用。因此，我们无奈只好买来个大瓶子，用良药将污浊的水滤清后饮用。到了晚饭时间，我们将煎茶倒在饭上，呈现出青绿色，实在难吃。入夜后，听说在淞江青浦长毛贼越境掠夺，因此激怒了美国人的华尔兵卒，他们奋勇追剿长毛贼，杀伤多人。因此西路长毛贼大伤锐气。但他们还是担心兵力不足，来上海请援兵，严加防守。

十日 晴 早起下楼洗脸，一个法国人站在我旁边，嘴里好像在说什么。其人相貌长得很怪，秃顶穿一件佛衣，脸型长得像个鬼。这时，张棣香走来。我问他那个人是干什么的，棣香说是法兰西宣传耶稣教的僧人，住在此楼。我听后愕然，怒发冲冠，非常感慨，仰天哀叹，有诗一首：

夺国资基在此楼，满堂诸士果知否。
试凭栏槛看黄浦，浊浪排天万里流。

但是，清国废除了禁止耶稣教的规定，在上海有三座耶稣教堂。长毛贼兴起，以复兴明末大义起兵。只是用耶稣教来蒙蔽愚民，终于酿成大乱，灾难波及十个省。然而又为何不禁耶稣教呢？即使清国乱世之极恐怕无人出来承担责任。虽然清国很乱，也会有一二人出来负起责任，如今朝廷的国策未能实施又是何原因？外面洋夷猖獗，内有长毛贼煽起动乱，灾难并至。既是有善人，该如何收拾此局面呢？我们来到清国看到如此一番景象，对外土地出借，开放五个港口，唉，殷鉴不远。近在一水之外，真叫人可怕。下午走出旅馆，往右拐来到街上闲逛，到了一家古董店。店里有书画、玉石、珊瑚珠、瓷器等。我看到货架上有《佩文韵府》，上面落有一寸多灰，问其价格，说是二十五元（相当于我国的十三两）。由此可知很多书籍都很价廉。我们所到之处语言都不通，用笔代舌谈话很快就能沟通，很有趣。在此列举两例。我写“此墨价若干”，答“一元”。我又写“虚价”，回答“真正实价”，或“实价不二”。“墨色不好，且不香，想近制”，回答“都是陈货，香在内”。让便宜一点儿，答“遵命”。非常有趣。唯一讨厌的是那些围观我们笔语的人，他们从四面聚来，离我们很近，以至不得挥笔。过了一会儿，我们回到旅馆。晚上，张棣香来笔语。我给他烟袋，棣香欣然接过，作揖不止。学生作揖时必站起来彬彬有礼，而商人只是拱拱手而已。

十一日　晴　下午穿上裤裙戴上草帽，横挎长刀，挥着拳头，得意扬扬地走在街上，行人都给我们让路。不过人们都跑到左右两侧，或跟在后面，或站到前面观看。我摘下草帽，人们就指着我的头发大笑。一个十四五岁的少年拉着我的衣袖，让我进了笔店。过了一会儿，我从笔店出来告别了少年，又接着在街上行走，唐人又尾随过来，有好几百人。因为我讨厌这些人，就快步跑。突然迷失了方向，不知旅馆在何处，差点儿掉进沼泽地里。我借助笔舌回到了大街上，终于找到了旅馆。吃饭时听说当月初，湖城被长毛贼攻陷。当时城里断粮，很难听到鼠雀叫声。肉一千文大钱一斤，而且还很难到手，兵民饿死者达数万人。城主赵公计穷力尽，最后殉难。后来，兵民仍决心死守。长毛贼向城内通告，在湖地我们的敌人只有赵公一人，如今赵公已死，我们不以百姓为敌，与你们又有何仇呢？速开城门投降则不伤一人。因此，士兵们打开了城门，任长毛贼进城。他们进城后守信用，一个未伤害。近日有一个姓王的南翔人，为躲长毛贼，带着家眷以舟为家，流荡江湖，朝东暮西，整天住在浦西。当地只是岸上有几间茅屋。姓王的人想要买酒，上岸刚走了几步，看到一个少妇出入于树林，远远望去其样子很像自己的儿媳。他有一个儿子，结婚不久，儿媳回了娘家。之后突起贼乱，父母兄弟无法相互照顾，逃奔南北。后来贼退，各自回家，只有儿媳未归。父母兄弟四处寻找，不知去向。今天姓王的从远处看出那人长相像是自己的儿媳，高兴地走近树林，少妇也走了过来，确认是否公公。她问：“您是来找我的吗？”姓王的看到是自己的儿媳，喜出望外握着她的手说：“无恙吗？”他们相互述离散之苦。少妇问公公现在住在何处，姓王的指着船说：“这就是我们的家。”少妇说：“长毛贼来时，父母兄弟逃散，我一人也不识东西南北，望大路而跑。”同行的一位老妇说：“看娘子的风姿很弱，天黑行走露宿都有危险，怎能一人行走呢？我家离这不远，跟我一起来住吧。”其人说话和蔼情投意合，就到她家去了。她家中无男人，终日与老妇人一起织布，已一月有余。今日遇到公公，高兴的心情难言。姓王的人问那个老妇人家远吗？儿媳说：“很近。”姓王的跟着儿媳走进树林里，不见老妇家，只有竹间的风声。二人都很害怕，朝天拜了拜就往家走去。虽说这是一件奇事，可见离散隔绝之辛苦。关于匪贼我在《没鼻笔语》里写得很详细，在此只记录近日的事情。

十二日　晴　胸中烦闷，以至断绝饮食。下午全身发冷，腹部剧痛。到了晚饭时，腹泻得很厉害。然而，离厕所很远，在旅馆后面一百弓以外的地方。因此，来去的辛苦难以形容。入夜，手脚拘挛，舌端硬缩，脉搏难辨。医生说：“这是流行性霍乱。”我大吃一惊，赶紧吃药，温暖身体。把朋友叫来说：“今在万里之外，未能为国家效微力，白白死在病床上岂不遗憾。然而生死在命，毫无办法。兄要自爱，切勿染上这种病。”

十三日　晴　手脚拘挛，舌头出现的硬缩现象渐好。然而，腹泻仍很厉害，因此感到全身无力，得扶着栏杆才能下楼。我整天卧在床上，郁郁不乐。友人伊藤子固在吃饭前也得了霍乱，与我并排躺着。得这种病的原因不是别的，就是因为饮用了用凉药滤清的污水，因而促使腹泻，更何况霍乱流行，几个人都患了病。

十四日　晴　仍因病卧床。官员金子腹泻得厉害，趴在病床上。我国人有一半因泻肚而面色如土。这并非因为水土不服，完全是因污水而酿成。下午，离开病床，和张棣香笔语，忘记了烦闷。过了一会儿，蔡善太郎来说，今早一个船夫死了，悲哉。渡过了万里波涛，徒然化为西土。我幸好很快病愈，实在欣然。看今日的新报，西路长毛贼已经到达王家寺东面的郑家桥，南面快要到抚营了。因此，从营中放出数炮还击。长毛贼退往西北，烧掠村落，现在仍未走远。平日的常胜军来到青浦北门与长毛贼作战，尚未决出胜负。青城三面被长毛贼包围，只有南门无贼营。华的副将（是笔语中华翼纶的副将）回到淞江，和李的参将（李鸿章的参将）策划派一千二百名士兵到青浦南门扎营，打通青松路。可是，由于北簳山、朱家阁的士兵难以守住，移到广福林、塘桥防守。因此，北簳山被匪贼占领，其势大涨。所以，昨天十三日，清兵和英国人从上海率水师赶到淞江，淞江长毛贼听到消息后朝苏州方向退去。十二日未时从淞江派出的使者，十三日辰时到达上海，报告青浦已被解围，淞江长毛贼后退，广福林、塘桥等处没有扎营。可是，西门外大街房屋被烧，从塘桥到南金沙滩都被烧毁。因此，城外居民无家可归。城门仍在关闭着，只有南门可出入公文，道路尚不能通行。豆腐浜还停泊着六条轮船，市西边逐渐安静。又传闻南京城外三四里，有四五百艘清兵船，因此军势大振。城内的匪贼名叫英王率众投降，南京的长毛贼十分危急。

十五日　晴　早上来人说，昨晚船夫死了，其他得病人很多，要人们各自节制饮食，要自爱。过了一会儿，我下楼见一个唐人站在我面前想要说话，所以与他笔谈了一会儿。其中写了“蕃王贡使”几个字，这时林某在旁边和我一起翻了脸，责问他凭什么说蕃王贡使。他变得很害怕的样子要改写，我们将那张纸撕碎扔到地上，抚着刀斥责他。他很惊慌地作揖离去。他当时的表情和脸色实在难以形容。下午，有人带来《战国策》，我想大概是书坊的。问其姓名，说姓施，名熊，号渭南。问他是何人，说是作诗写文章的。这是我第一次认识文人，便跟他笔语。此人很有文才，笔语颇有趣。施熊写诗送我，我也作小诗送给他。他是渭水人，离上海很远，为了躲避长毛贼而来此地，是个老穷书生。过了一会儿，又来了两人，问其姓名，说是“松江府学优生顾麟，字祥甫、别号芷卿，今春避乱来沪，又号海巢生”“南汇县廪膳生顾嵩，字松亭、别号秋岩、又号卧松散人”。他们问我姓名，我答道：“大日本狂生，姓日比野、名辉宽、字辉宽、号欢成，一称卧龙峰外史。”可是他们好像不解日比野三个字，所以我把这三个字标上了点儿，写上复姓，他们才明白了。我们互相赠诗，很有趣。问其住处，说住在南马路万隆酱园街。约好次日再会，他们作揖后离去。饭后沐浴后到外面散步，月色清朗，清风拂面，水面的景色非常之美，令人心旷神怡。回到楼上，炎热仍如蒸笼，蚊子叮咬人很厉害。

十六日　晴　炎热如蒸，汗水湿衣。从出帆回来以后吃海物，觉得身体很疲乏。中午买来几斤牛肉吃，大家口中念着“牛羊荒菜田”，捧腹大笑。晚上张棣香、许霍生来笔语。许霍生虽才学疏浅，但对人很慷慨，向他打听长毛贼的情况，他热情地回答，使我们了解了当时的形势。棣香还带来名家字画，大大消除了我们的烦闷。

十七日　晴　和名仓、纳富一起到马路万隆酱园街打扑克。顾兄弟忙着将嘴中嚼的食物吐出来，歉意地说了声“失迎”。顾嵩拿出一个帖子，上面题有“刲股疗母”四个字，有很多名家的序赞及附诗，并有伺奉母亲图，图画得非常详细。我感叹不已。我还想更详细地了解其实情，很遗憾顾兄弟俩只是谈了海外的新闻。这时，从门缝里露出半张脸窥视我们，其艳丽如桃李。我想孝子也许就是他，我问棣香，棣香说已经死一年了。真是一笑倾国美而艳，写一首诗作乐。

沪上有秀色，不须朱粉施，肤白昆山玉，脸红芙蓉姿。
画扇半掩面，含笑傍箫帷，呜呼美而艳，更使疗吾饥。
（隋炀帝曰，古人谓秀色，若可食降仙者，可以疗饥矣）

顾氏兄弟很会作诗文，拿出四卷诗文稿嘱评论，还嘱孝子之诗。一会儿，纳富突然腹痛要泻肚，因此忙向顾氏兄弟告辞，正在兴头上只好赶回旅馆。我和名仓又去街上散步，来到城外，看见到处设庐搭棚当屋子，地上铺上粗草席。我问行人何人在这做什么？行人说是为了躲长毛贼而从远处逃来的穷苦人，而且有不少人还饿着肚子，实在使人怜悯。过了一会儿来到了城内，名仓站在大马路上与行人笔语，左右围着数层人。我不由得大笑起来。我迂回徘徊，和名仓分开独自行走，有几十人跟着我。我问书坊在何处？一人带我来到一座大厦前，我进去一看寂静无人。我很疑惑地回头看，带我来的人已离去不见其踪影。远处的门缝里有四五个美人露出半张脸含笑相视。我知道这里不是书坊赶紧出来，我根本不知道那是什么地方。城内路很窄，行人很多。古人说的“连衽成帷，举袂成幕，挥汗成雨”恐怕就是此样子，所以炎热无比，头昏胸闷，我吃了一块酒石酸薄荷，马上回到了旅馆。晚上，在前馆奏胡乐、跳舞很吵闹。我走出旅馆悄悄地观察，洋人手持短棒，虎目狼口，发出如同猴叫的声音，相互打闹。其神态特别奇怪。

十八日 阴 早上我和中牟田离开旅馆，往右拐走到江岸细看，见江岸的船首尾相咬连绵，多数是四五间的船，船篷比较长大。每条船上都有男女老幼，都在各行其事，他们似乎是居住在船上。我问行人那是何船，为何有那么多人？行人说都是为躲避长毛贼而来的。我听后又怜悯起来。过了一会儿，在江岸往右走，鱼市相连，看到那里的鱼多半是咸鱼和干鱼，活的有甲鱼、泥鳅、六六鱼、鲈鱼等。与我国的无不同，泥鳅长七八寸，是浅红色。我想买活鱼就和他们笔语，可是卖鱼的人目不识丁，写的字也很怪，我看不懂，相互大笑。因而未能知道鱼的价钱。他们把茭白放在筐里卖。我小时在家乡时到附近的村子里去玩，看到村童啃茭白根，大概唐人也啃吧。过了一会儿，来到城里找书坊，走了两里路，一个美少年拉着我的衣袖，领我走了半里路来到一条小街，那里连着有七八家书坊。我每个书坊都打听了，根本没有我要买的书。我每到一个书坊都必看图书目录，但不能仔细看，因为书籍多得实在难以形容。我在四牌楼的一家书坊喝着茶看书目录，突然感到腹痛要上厕所，那少年带我上楼，我怀疑楼上怎么会有厕所。少年拿了二三张纸，下了楼带我在街上走了二百弓，过了一间屋子有一个庭院，院里边有一个厕所，而且很大。后边一面是墙，三面无墙。少年拿着纸站在我身边，不仅如此，他从男女隔墙缝儿偷偷地窥视，我在厕所里忍不住笑。我出了厕所，少年给我拿来了水。在清国多数人都住在楼上，因此都用马桶解手。马桶早晚都得拿到黄浦去清洗，可知黄浦江水有多脏。过了一会儿，我和少年回到书坊，虽无我要买的书，但感受到少年的好意，我买了《国语》、《国策》、《庄子》三部书。走出书坊时下起雨来，路更难走。城内的街上都铺着石头，但行人很多，脚上都是泥土。一会儿我回到了旅馆，雷雨变得更大了。

十九日 阴 巳下，施渭南拿着诗稿和一把扇子来，我因杂事缠身，未能笔语，约他再来。下午有五六个商人带着戳料和笔墨到来，我白看了半天。听说在清国的五个港口都可通用洋银元，因此我们从长崎带来些洋银。一钱洋银在长崎是二方一朱，在上海则相当于一千二百五十文铜钱，加上此地物价低廉和银价的不同，价值增加了三倍。听说有人用一分银子在钱坊换钱给了二百五十文铜钱，由此可见银价的差异。考察清国银子的流通，和我国有很大不同。清国是根据重量来使用。重一百目就当一百目用。因此政府铸造的和民间铸造的都一样通用，但银子上的文字各异。人们只查看银子的品位。因此自古到今纯银都光辉闪烁。西洋墨西哥银一钱，其重量有七钱三，所以只能当七钱三通用。然而唐银品位好，若洋银一百钱的话，相当于唐银九十八，按九十八通用，比唐银少二钱。洋银一百钱的东西，付唐银九十八钱。可是最近比洋银的重量贵重了四五，七钱四五可相当于七八通用。所以有人把唐银加水使用与洋银虚位加水通用，和实际材料根本不同。金子也是凭重量通用。金银大小不同，大的需要用双手拿，小的只有七八分重，形状都似船。五六分的金子长有三寸多，制作得相当精致。铜钱只有政府铸造，如有偷造者判弃市之刑。所以，道光咸丰的钱比康熙的钱内侧小一圈。通过这也可窥见世间的盛衰。有关我国的金银已有先哲太宰翁详细论过，我就不再赘言。

二十日 阴 未前，顾麟、顾嵩写诗文带来，其诗很妙。同他们笔语了一会儿，我便拿出煎茶，他们很欣赏，喝了几碗。又给他们干果也吃了，拿上来酒只喝了一杯。我问其故，顾麟谢绝地说：贵国的酒味很美，只是担心喝醉醒不过来。因为清国的酒味儿淡，所以他才这样说。下午人们的说话声音很吵，说是船上着火。我靠着栏杆看黄浦，只见黑烟滚滚大火熊熊，火烧到了亚夷（指美国——译者注）蒸汽船上的煤炭，其火势真可怕，有时还夹杂着炮声般的巨响，可能是烧着了火药。舢板从四面八方赶来抢救，过了一会儿，船烧着了一半沉入水中。有一人带来了书画，是宋朝人的人物名画，上面有宋元人的跋语，还有一张马融纬帐图，其眉目如生。还有阙里孔继涑的字，写得很好，到底是圣人的子孙。过了一会儿，谢公桓来，他手拿一把团扇，其画技颇妙。我问是何人画的，他说是自己画的。我问近来有多少人常作画，他回答说："家兄调梅第一。"我叫他画三把扇面。公桓带着一个十二三岁的男孩，我把烟袋、烟草和锦囊给他，他很高兴。我不清楚松柏的柏是何树，有人说是扁柏，有人说是侧柏，又有人说是斛栎各说不一。因此我让公桓画棵柏树，这才弄清了柏树的枝叶。未下，我出了旅馆，去溜大街。穿过大马路来到了志雅堂书坊，有一个人站在我身旁说我国话，说的都是小孩话。我看书目时，从四邻拿来书画、瓷器之类的东西，实在是可笑又可气。之后我离开了这家书坊，到江边去散步，然后回到旅馆。

二十一日 阴 谢公桓带来了我托他画的三把扇面，其画绝妙。我听说西土没有樱花树，就送给他樱花纸，他很高兴。我们一起吃茶点，叙情，颇有趣。下午去法兰西馆。此馆很大，馆右侧有操练场，在馆后面工人正在盖房子，他们抹墙技术很高。用一尺多长的板子抹，一个人把泥土搅拌成团扔给抹泥的人，抹泥的人轻松地接过泥紧接着往墙上抹。动作非常麻利。据说涂最后一层使用镘。过了一会儿进馆内和唐人笔语，据说他们都是为躲避贼乱而来到上海的，陆地上有几十万，船上有几万。然而长毛贼堵住道路，水运不畅，因此粮食短缺。曾国荃率精兵讨贼，其势很大，南京城已危急。挫败了南京的长毛贼，水运就会畅通。如果现在的形势持续一两年，在上海的饥饿者不知会达到多少万人。过了一会儿，我们离开了法兰西馆，来到江边，有一人领我们到一间茅草屋，在那我笑着看书画，然后回到旅馆。

二十二日 晴 肚子又开始疼，腹泻得厉害。医生说是流行病又加上痢疾，要自爱，不可大意。我大吃一惊，穿了很多衣服，汗流得浑身潮湿。我约好次日去看清兵操练，可是因病未能实现，非常遗憾。我每天吃粥养病，到二十五日才离开病床。但是四肢无力，对着镜子看自己眼圈发黑，尖下颚，使人叹息。在病中听到的新鲜事也无力去写，在此记录其中的一件。二十三日在荷兰馆我国宴请道台，那时道台的卫兵很简单。前面有二面红旗、一人骑马、有两人扛长枪、后面还有二面红旗，其后是道台乘坐的轿子，左右有八个佩刀人，再后面有两人骑马，三支长枪，对行人一点也不戒备。道台是二位苏松奉行，然而如此简单，其他人就可想而知了。二十五日，张棣香带三个人来，我想可能是学生，就与其笔语，只是戏谈未论文事。他们应该知道这一点。夜里雷雨交加闪电穿壁，射进碧城。

二十六日 晴 早起结发。一会儿顾麟来到之后，我们不谈文事，聊人情世故，聊得大家开颜大笑。下午来了个商人，我想要详细了解清国的量具情况，向他提问，他回答：“称有官秤、规银秤、库秤、广秤四种，政府使用官秤和库秤。因此市上多使用这两种秤。规银秤只是用来称银子，广秤在广东和广西使用。尺有官尺、木尺、苏尺和西尺四种。政府使用官尺，是我国念佛尺长一尺一寸七分。木尺是手艺人使用，相当于念佛尺的一尺六分八厘。苏尺是在苏州开始制作的，供商人使用，是念佛尺的一尺一寸三分。西尺是在西方制造，西方商人使用的。用西尺量绸布多不合适，所以都以官尺为标准。听说在上海都使用官尺，不用西尺，西尺是念佛尺的一尺一寸四厘。

二十七日 阴有时有雨 早起又腹痛，泻肚厉害。医生说病未痊愈就结发，所以才会这样。我的腹泻完全是因为饮用混浊水，我担心我的身体会逐渐地衰弱下去。早晚喝粥，胸中郁闷。到六月二日才离开病床。这期间有四五个学生来打听我的病情，有的拿来药方，有的投药，我深感他们的厚意。一个朋友来说，今早在城外走路，看见三个被饿死的人，是我们前日一起见到那些住在草屋里躲乱的人，实在可怜。吃饭前，商人不断地拿书画来让看，有时我一天竟然看了七八十幅，避乱者拿来书画作为糊口的费用，所以有很多是名画。

六月三日 晴 病愈后第一次结发去访问顾氏兄弟。顾嵩病情很重，顾麟的父亲要和我一起吃午饭，我客气一下后同他共进午餐。我看他们吃的食物和我国的相似，桌子上摆着一盘炒菜，旁边还有一盘蔬菜，坐在榻上吃，饭碗相当大，筷子是象牙的而且很长，仆人站在旁边盛饭。过了一会儿，仆人撤去餐具，拿来手巾和热水擦脸。据说他们饭后一定要擦脸。我受感动的是，父母兄弟子孙吃饭是男女座位分开，女人和孩子在里屋吃，区分得很严格。顾麟的父亲对我的到来感到很高兴，并拿出茶点，站在旁边看我们笔语。过了一会儿，顾麟拿出一把刀子，很自豪地说：“这是贵国的刀，利钝如何？”我笑着说：“你知道我国刀剑优于万国，这刀子能裁纸削木，可以万用。不足以论其利钝。我佩带的刀才是真正的日本刀，只要拔出鞘，就会像老虎一样咆哮，猛兽也会应手而倒，强于干将莫邪数十倍。”顾麟面有不悦之色，过了一会儿说：“这把刀值多少钱？”我笑着答：“日本刀价值百金或千金，而这把刀不值钱。”顾麟更加不悦，要求看我的刀。我严肃地说：“我国禁止拔刀出鞘，脱鞘必见血，兄弟肯给血吗？”顾麟又不高兴，只是摆弄刀子。的确，我国的刀剑很特殊，世间传言，日本人和蔼亲切，可是不能接近其腰间的东西。去道台那儿时，看到他们把日本刀藏在锦囊内，落了不少灰。我和朋友一看，刀已生锈，不知利钝。不仅是刀剑，所有的刀子都很贵重，只是唐人不晓而已。上月二十日，我靠着栏杆看船着火，一个法国人站在我身旁，打着手势让我把刀拔出来，一个劲地要看。我虽然很生气，但小不忍则乱大谋，而且跟他交谈笔语也不通。因此，把刀拔出一半儿，伸到他面前。他非常害怕，往后退出了四五尺。在海上一个英国人持一把短刀面露骄色，说是从长崎买来的。我一看是把极钝的刀。听说洋人都很讨厌生锈，有一点儿锈就用利刀刮掉，只要是没有锈即使是钝刀也值钱。这也太愚蠢了。过了一会儿，在田野间闲走，晚饭时返回到旅馆。

四日　阴　天未亮渔夫就拿来了吴淞江的鳗鱼，我买来亲自杀后烤熟，饱餐一顿。吴淞江水虽污浊，但鳗鱼味道很好，胜过木曾川的。我们出帆后第一次吃生鱼，香得直流口水。

> 自割又自炙，饱吃松江鳗。膏密齿间滑，香浓鼻头酸。
> 张翰嗜鲈鱼，何不试之餐。若使知此味，转向江南叹。

昨天马诠来，看到我们吃鳗鱼说：“怎么吃那种淡薄的东西，为何不吃洋菜？”由此可见马诠对我们在清国街上吃蔬菜、豆腐、干鱼、干菜有疑问。若是到我国来不应请他吃淡薄的东西。清国人和洋人的食物与我国的无不同，只不过是油用得比较多而已。牛羊、猪肉常吃。马诠所说的洋菜是指我国的寒天（洋粉——译者注）。唐人对寒天很看重，回长崎时官吏们都拿出钱来说要买几袋子寒天。其实寒天是很淡薄的东西。通过马诠所讲，我知道了我们在清国吃的都是淡薄的东西。我还听到贼首是四眼狗，姓陈名玉成。在寿州被苗沛霖所骗受擒，送到胜保大师的营中。其人是广西梧州府藤县人，十四岁就跟洪秀全从广西到金陵。之后被封为英王，指挥天朝九门羽林军。从咸丰四年至今，他征战南北势如破竹，万没想到如今当了俘虏。他说：“我代替受天朝之恩的大众负重，岂能投降。败将脸上无求生，唯我所带的士兵都是百战百胜，刚有今日，实在惋惜。我罪过之大，刀锯斧砍应我一人受，与众人无关。”所以金陵危急兵临城下，上月还曾谣传英王率兵投降。

五日　晴　渔夫带来鳗鱼，又饱餐了一顿。过了一会儿，下楼和汪士伟笔语。我过分地追问他，他勃然变色。我进一步追问他，他更加生气，颇有趣。下午，出了旅馆到洋夷馆前散步。我观察地面，从北门外到一条叫做洋泾桥的小河。以这条河为界是法国人的地盘，从小河到苏州河出水口的虹口是英国人的地盘，从虹口到桥对面是亚人的地盘。其他地方的洋人商馆也到处都可见。这都是用银子买下来的。一亩地价是一千五百文铜钱到三十贯二十贯左右，我不胜感慨。我打听那场天津之战得知，咸丰九年四月，英国兵到达天津大沽，被僧格林沁挫败。之后又立志再次举兵，十年六月十五日，英、法两国战船开到了天津大沽，僧王已有防备，在南北塘设立了炮台，还在北塘埋设了地雷、火炮，防守甚严。僧王打算等英法登上北塘后，用火雷把他们全部炸死，此计已布好。可是，当地一个姓沙的地主，世代居住在那，因对自家不利，就偷偷地把计谋泄露给英法。因此，英法把埋设的地雷都挖了出来，迅速地登上北塘。有人说姓沙的是被英法抓去用刀威胁下才道出了实情。僧王的计谋因姓沙的一人而未能成功，使英法人得志。二十日，夷船进港搁浅。他们恐清军攻击，白旗高挂，中间写着“免战”二字，旁边写着“暂止干戈，两国交和”八个字，又以和约欺骗清军，清军中计而未攻击。二十六日，夷船快速轰击清军，大张其势，这时清军才出兵。新河德兴阿营陷落，清军死伤六七百人。二十七日，英法从北塘进攻占领了新河。新河位于宁河、宝坻之间，僧王腹背受敌。二十八日，英法进军占领塘沽，僧王无奈。七月一日，瑞相国奉命率一万精兵驻通州，以备不虞。五日，英法进攻大沽，夺得北炮台。这天，英国人在北炮台杀死一看守，其余人皆败逃。失掉北炮台，提督乐善申中炮身亡。乐善申是位好将领，僧王一向信任他，而他突然殉难，僧王如失去左膀右臂。当时，南炮台虽未动，但因北炮台失守，僧王欲自尽。有命令叫退到通州，所以防守天津的将士都撤走，英法得志大举进军，乃至清军大败。鄂人（指俄国人——译者注）提出和约，与英法签订条约，赔偿金一千六百万两。

六日　晴　拂晓有商人来，到了下午人越来越多。开始，我以看书画消除郁闷。然而现在我已看厌。未下，买来荔枝饱餐一顿。荔枝肉白又甜，水分很多，带点酸味，一枝上结好几颗。据说这是杨贵妃嗜好的东西，设驿站千里送长安，是个非常稀罕的水果。

万里游西土，初看荔枝丹。�笼三百颗，一只几团团。
割壳白肉露，恰似水晶丸。含口甘液滴，啮了一点酸。
更忆妃子笑，健马送长安。今日须饱吃，归来焉得餐。

我把籽藏在怀里，打算带回国种在院子里。据说，前几日在台湾有土匪作乱，通往台湾的道路已有土匪。而且台湾北部的地震相当厉害，使人感到很不稳定。

七日　晴　清晨约好绕城郭一周，出了旅馆往左拐。唐人做东道主，通过岸边，又走过潮州会馆，过了座小桥。这一带的干菜、蔬菜特别多，有我国的煎海鼠、干鲍鱼、鲱鳍等之类的东西。所有的店铺都有匾额，写着各自的店号。路面狭窄臭气熏天，我们捏着鼻子走过去。过了一会儿，路右侧有一座庙，匾额上写着“天后圣母”，说是水神。这里有许多米行、棉行，还有油物店，把鸡鸭整个用油炸，说是很好吃。我们闲逛一圈后离开市里来到城西南，有时还遇到士兵，衣服后背上有白色或红色的圆形图案，上面写着“亲兵”、“淮勇”或“楚勇”，看其容貌都不强壮。过了一会儿来到田间，那里有很多为避乱而暂居在那的人。田地里种的作物和我国的一样，有黄瓜、茄子、蜀黍、夏萝卜、冬瓜、大豆、裙带豆、紫苏、藜子等。野外有数目很多的木箱，长六七尺，臭气熏人。问行人那是什么，说是棺材。因为恶病流行，死人很多，所以才有此情景。那里也有的立着石碑，有的是用瓦堆起来的，有的露出了棺材，随着岁月流逝都破露在外，其形状像马鬃封，封土短而土层很薄。走一会儿往左看，红旗林立，我打听到这是抚军营地，是李鸿章的营地，为防御长毛贼而在这野外宿营。我前几天约好去看此营中的操练，但因病未能如愿，非常遗憾。最近在郊野进行的战斗很妙，我左顾右看，感慨无限，得诗一首：

曾从日月欠光明，瘴气蕃烟锁沪城。
立杖腰刀决双眦，腥风吹送鼓声声。

过了一会儿，来到老百姓家，那家房后是个寺庙。我蹲在竹床上吸烟，有一个儿童在读书。我看他读的是《中庸》、《论语》，另一本是什么书我未见过。我和田翁笔语，问他这里的地名，他说叫斜桥。问寺名说叫钱加庵，我又问，“为何房屋倾斜、田地荒芜？”老人叹息着说：“前年七月一日，长毛贼入侵掠夺过这一带，因此人们携眷属远逃浦东，贼匪走后回来，家中米粟皆被劫走。现在匪贼退到十里以外的地方不再来了，但是干戈未止，所以如此荒凉。”

民家仅五六，壁落无完墙。问翁何如此，翁云罹惨殃。
贼来二三万，其暴似虎狼。屋多为灰烬，人又倒搀枪。
野草含腥气，白骨积作岗。寇气犹未已，征鼓响镗镗。

虽然房屋破损严重，但还是让子孙读书，这是乡下纯朴的一面，值得赞赏。这与市里那些洋化而狡猾的人大不相同。看他们吃的午饭，非常简单，无何菜肴。但是仍保持着男女有别，这一点毫不含糊。实在令人感慨。过了一会儿，我们又在田间继续行走。有一个小孩尾随而来，他佩戴着一把刀，我让他给我看看，小孩笑眯眯地从刀鞘拔出刀来，其刀很钝，让人感到刀匠的手艺并不高。有十四五个兵士手持步枪，但都不是洋枪，像我国的火绳枪。一会儿过了万生桥，从西门进城。此门是由清兵和英国人共守，设有大炮以防长毛贼。我举目看去，不胜感慨。

引兽更驱兽，奇功果有无，纵夷尽狐貉，何使虎依嵎。

走出西门来到街上，往左走再往右拐有一个庙门，门上涂着丹漆，此庙很大。门上的匾额上写着“关圣庙”。门的左右有石表，上面刻着“文武官员民人等至此下马”，关着门。从左侧走过去，右面有一个小门，进了此门往右拐，来到了庙里。有两个梳椎发的人，他们衣着古雅。寺庙非常壮观，正面挂着关羽画像，里面好像有木雕像。左右有四个木雕像，高六七尺，关平和周仓相对，王甫和晁雷相对。在关羽的画像上面有块匾额，写着“万世人极”，是咸丰帝所写，字写得很好。过了一会儿，梳椎发头的两个人对着关羽像敲木鱼，诵祈祷文，其声音很特别。那个木鱼是用白木制作的，很罕见。现在把这个用在神前定为异说。听说大智度论婆沙论里有“任何木鱼都应放在佛前”，但经论中没有。木鱼是放在佛前用于敲打的东西这一说法是妄说。甚至有人说木鱼是鱼脊里长出来的木头。《古今源史》中写道：隋朝的世僧志林最先制作木鱼。《三才图绘》中写道：“木鱼是用木头刻成鱼的形状，把中间掏空，敲击有声。”《百丈清规》上写道：“鱼昼夜常醒，刻木象形击之，所以警昏惰也。”今在关庙使用木鱼，说明它不是只用于佛前之物，大概都是为了警怠惰的。过了一会儿，看到左右两侧有钟，刻有康熙五年的字样。其旁边有一尊木雕像，打听说是叫廖化。往那前走通过回廊往右拐，与关庙相对。匾额上写着“至大至刚”，是睢阳王澄所书。另一匾额上写着“汉寿寿汉”，为宁贵所写，字写得都很妙。另外还有两个匾额，忘记了上面写的是什么字。庙前的石头院子里有一个宝鼎，古雅可掬。鼎的左右两侧有树，问其树名说是叫柏树。我得以首次看到柏树。这种树我国虽没有，但枝叶类似我国的扁柏，把柏树解释成扁柏，虽说不十分准确也相差无几。从明末到清朝人们非常敬关羽，说是神灵最多。过了一会儿，我们出了关帝庙到街上边闲逛边找圣庙。走了一里多路，我们走迷了路，又向西走转来转去，来到了英国人馆前，其西北就是圣庙，这使我更疑惑。英国人在那手持步枪把守圣庙。我们要进去，英国人拦住不让进去。通过翻译向他们解释，过了一些时候才带我们进去。走过儒子门，举目一看无限感慨。岂知这座堂堂的孔子庙竟成了英国人驻地，学校里没有咿唔的读书声，只有练兵的喇叭声。嗨，世间变化如此之大。李鸿章率领数万士兵在野外防贼，这岂不是驱狐养虎吗？实在是太失策了。

瘴气蓄烟天地昏，大成殿里虎狼蹲。
男儿决眦不堪感，叱咤李鸿万马屯。

进了庙内，不见有圣像，但有六块匾额。一块写着“万世之表”，是康熙皇帝手笔；一块写着“生民未有”，是雍正皇帝手笔；一块写着“与天地参”，是乾隆皇帝手笔；一块写着“圣集大成”，为嘉庆皇帝手笔；一块写着“德齐帱载”，为咸丰皇帝手笔。然而，就在这前面，英国人那无礼无法的样子，实在是可恶又可叹。我们来到戟门看到英国人正在喝甜茶。满腹感慨难忍，只有望天兴叹。过了一会儿，我们走过西门，拐来拐去，在吃晚饭前回到了旅馆。晚上，我靠着桌子把所看到学校城郭的情况追记下来。上海的学校在宋朝时是诸生学习的地方，元朝至元三十一年，知县周汝揖改叫县学。以后，一直延续到明朝。然而元朝时在小东门内，现在的学校在西门内，与古学校不同，可知上海设立学校已久。我打听到庙中的位次是，孔夫子为正位朝南，东配为复圣颜子、述圣子思子朝西，西配宗圣曾子、亚圣孟子向东。东哲有先贤闵子损、冉子雍、端木子赐、仲子由、卜子商、有子若向西。西哲有先贤冉子耕、宰子予、冉子求、言子偃、瑞孙子师、朱子熹向东。有子原在东庑的位子，乾隆七年根据徐元梦的请求进升为东哲，康熙五十三年朱子进升到西哲。东庑先贤蘧瑗、詹台等，西庑先贤林放、宓不齐等数十人。可是现在竟成为英国人的驻地。春秋的释菜无法进行，实在可叹。城郭周长四十余里，壁垒高二丈四尺很坚固，壕有三四丈窄而浅，有六座城门窄而坚固。水门有四处，两座敌楼，三个层台。面积有三千六百多坪，都和我国的大不相同。墙垒城门坚固很难攻下，但城内极不坚固。店铺有一万多个，如果攻破了城门城墙，一支火箭或一个火炮就能烧歼。看略图可知大概。

上海建城始于明朝。明嘉靖三十二年顾从礼奏请建城。其奏文略：“上海宋市舶司所住之地。元至元二十九年设县，治原无城垣可守。盖一则事出草创，库藏钱粮未多。一则地方之人半是海洋贸易之辈，武艺素所通习，海寇不敢轻犯。虽未设城，自无他患。今编户六百余里，殷实家率多在市，钱粮

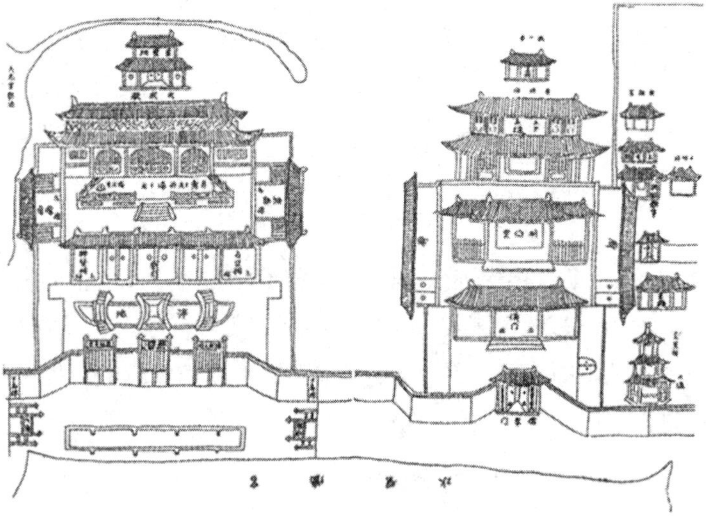

圣庙图

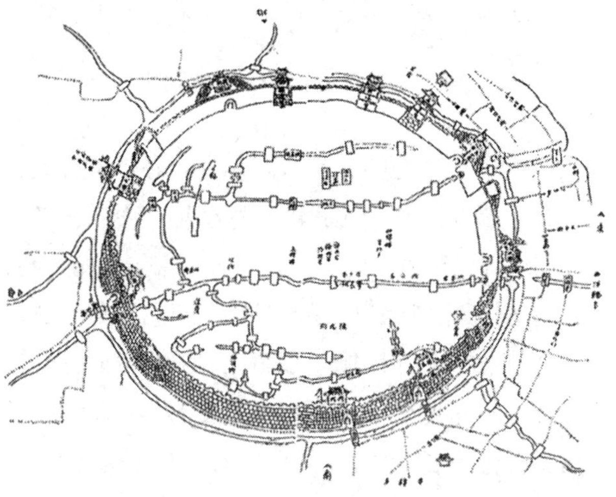

上海县城图

四十万余，四方辐辏，货物尤多。而县内外不过一里，即黄浦潮势迅急，最难防御。所以嘉靖戊子等年屡被贼劫烧杀伤，地方乡官商人居民不下百有余家。盖贼自海入乘潮劫掠，如取囊中。皆由无城之故。伏望建城云云。”由此可知这是知府方廉开始建城，后来知县徐可求，刘一圹增修，万历三十五年落成。上海在三代时是扬州的一部分，春秋时属吴，后来属越，战国时归楚，秦时开始设县叫娄，属会稽郡，汉时未变，后汉永建四年属吴郡，晋宋齐时未变，梁时叫信义县，属信义郡，隋开皇九年属苏州，唐朝时同上。清朝时属松江府，元朝时，东西四十八里，南北一百里。明时东西一百六十里，南北九十里，清朝时东西八十六里，南北九十里。

（下）

六月八日　晴　早起擦过脸，因心情烦闷未吃早饭。夜里非常热，好似坐在罐中被蒸炒一般，整夜翻来覆去不能入睡。到了中午才对付着吃了点面条，其味道与我国的无不同，只觉得面的颜色有些红。旅馆的童子请我下楼，来到一个房间，里面有一个五六尺长的箱子，箱子里面放着冰，他送给我满满一盆冰。我欣然回到自己的房间，吃着冰，并把冰放到头上，还用冰来冰镇葛汤，这样使我大大地忘却了炎热。

六月暑威不可当，汗珠如雨湿蕉裳。
小童知我炎蒸苦，乞与寒冰洗热肠。

未下，在黄浦第一次响起了一声炮响。已和洋人协商好除了有大的庆典以外，禁止放炮。为的是尽量不损坏玻璃。在我国长崎港早、中、晚必各放炮一次。我在长崎港每次听到炮声都很感慨。晚上，张棣香带来了六箱书画，画上的人物画得栩栩如生。我问他收藏这些画的人是何人？他说这都是从很远的地方为躲避贼乱而来的人们所带来的，因书画比较轻便，所以只能带些书画来。今日因无法糊口，为了活命想把这些卖掉，实在令人哀伤。不仅如此，今天早晨，有一个十二三岁的男孩，带来了一块古砚说：“为了避乱从远处逃来，现在面临着饥饿，救救我吧。”咳！是谁叫他们在这水深火热中受苦呢？

九日　晴　没等早饭吃完，施渭南就带着诗文来到。我吐出口中的食物与他笔谈。渭南一个劲地要我给他写字。所以我写了两三张给他。过了一会儿，马诠又来了。他是个有点文才的人，还值得和他一起交谈，只不过此人有些轻浮、虚伪。他自己说：“我是官人，曾和长毛贼打过多次仗。长毛贼无大志，只是好掠夺。”看他那得意扬扬的样子，毫无忧国之色，可知此人如何。过了一会儿，来了两个学生，我与他们笔谈说：“我是有要了解的事，才来贵国旅行的，请给指点。”我们笔谈了一会儿。马诠说：“贵国人乱谈学问，他们是鬼奴，不足与他们共论。”那两个人未看到他写的“鬼奴”两个字。因为有马诠在旁边阻拦，因此离去后未再来过，我很感遗憾。我觉得真正的鬼奴应该是马诠。有很多学生吸鼻烟，把烟弄成粉末，往鼻孔里吸，把鼻子下面弄得很脏。看到他们那个样子真令人发笑。我想这也属于鸦片之类的东西，可能是从西洋进口的，但其颜色和鸦片大不相同。他们劝我也用一用，但我不喜好新奇的东西，所以根本没碰。过了一会儿，画家谢公桓来一起笔谈。谢公桓再三约我去茶店，到野外散步，还劝我喝酒。但是，我破万里波涛而来，只是想为国家尽点寸志，而无意跟他们去喝酒游玩，因此谢绝了他们的邀请。谢公桓把字写在漆器上送给我们，我们虽然对他很感激，但我们曾发誓过不接受唐人一针一线。所以未能接受他给的礼物，辜负了谢公桓的厚意，这只是因为我们还有更重要的事。过了一会儿，他带来了志雅堂书籍和书画。与我们打交道的人很多，实在令人厌烦。因此，除了文武书生以外，其他一概不让进来。

十日　晴　周士锦、尤克勤来打扑克。

常州府学廪生周士锦端

常州府金匮县国学生尤克勤

纸用的是红纸，三寸宽，五六寸长，很别致。我因泻肚胸闷，懒得笔谈。虽感有些遗憾，但还是谢绝了，约好再会。中午，有一人，脸色大变，用手指着楼下。我大生疑惑，左顾右盼，看到一个人用手按着额头，满脸鲜血，衣服上血迹斑斑。因我对事实真相不了解，在此就不写了。

十一日　晴　春舲带来一仆人，他指着那个仆人对我说：“他被长毛贼抓去过，上月才从苏州逃出来。”我想知道那里的事，和那个仆人进行笔谈。春舲说，他目不识丁，不足共语，我感到很遗憾。但通过和春舲的笔谈，比较详细地了解到了那里的情况。下午我走出旅馆，往左拐走了一百来步，过了一座小桥来到了新关。这个新关在上海港的运输站上，规模很大。里面住着清国人和英国人。问其人数多少，说是有四十二个英国人，九十九个清国官吏，一共一百四十一人。清政府派来一个高官来做管理，英国人为司长是最高的头，司长的年薪是八千块洋银（相当于我国的四千多两）。为何由英国人来掌管新关呢？因为天津之战后签订了条约，以一千六百万两银子作为赔偿金，并获得四十年五个港口的运输权，甚哉。竟有此事。上海港是清国的第一大港，每天船舶的运输就能收六百多两洋银，所有的运输加在一起那数额就更庞大了。然而其利都被洋人所夺，实在令人哀叹。我细想了一下，比如利益都属清国，也难以变为自己的利益。市场都是互通有无的，这虽是圣人的教导，但这例外。圣人告诫少接触洋人，其覆辙昭昭。进口货都是些日用品，唯有使愚者耳目惊疑、新奇的陶器或使人奢侈的玩物，岂有互通有无之物。即使有一两件，其害如此之严重。洋人是垂涎三尺乘万里波涛赶来，这岂不是受利益的驱使。其根本目的就是以“交易和亲”为名目，占其土地建房修城。在这标榜资金用于民，恐吓百姓，接着就是以邪教鸦片来掩人耳目动摇民心。施展其骗术，逐渐蚕食吞并此国之目的已昭然若揭。清国已陷入其骗术中，邪教横行，沉迷于鸦片，是何等危险。这邪教如此盛行已讲过。仅鸦片，在上海每年进口二十万斤，价值洋银二十万两。咳，这实在让人哀叹。看到天津条约有一二处值得一提。西洋各国的书函不都用汉文解字通告，这似乎小事一段无关紧要，我认为这是很重要的大事。若清国官吏敢不学解字的话，洋人就要学汉字，这显而易见是件关系到国体的大事。夜里有人说，英国的蒸汽船进港，在日本伏见有大战，这些洋鬼子为什么知道伏见的变化呢？但是天津的沙姓地主之类还偷偷地告密，真是相隔万里，知其虚实，传说洋人很快地就知道我国的情况，真是可恶可怕。嗟嗟。

十二日　晴　天未明商人就接连不断地来。我斥责他们，不放他们进来。春舲来说他要回江苏一段时间，请求我赠他一首诗，我把一首芜诗写在一把扇面上送给他。过了一会儿施渭南来，席间相互赠诗很有雅兴。尤克勤来，谈论我的诗长短句子不一，裨益不少。下午春舲来发信，清国的书信都是把宽三寸五分、长六寸五分的信纸折成四折，在信封上面写姓名。在此仅举一例。

今有舍亲王翼如兄。问得贵邦到此，欲趋
前拜观一切。故特指引彼来贵寓。谨聆雅教。
渠有捎扇一柄，欲求先生大笔，即希大笔
一挥为感。弟大约早则念后可回，再当趋候。所
要之书丹桂堂香粉店内孚卿舍弟处。弟
已知见在店奉候。烦驾临彼仝去可也。此请
辉宽先生道安　　　　　　　六月十二日春　　花押

十三日　晴　天未明施渭南、马诠来，其后春舲、尤克勤来。此外还来了两三个学生。来客太多，一直笔谈无闲暇，有点厌烦。而且大家围坐一圈，炎热难忍，我客气一下离开座位，去靠栏杆对望江岸纳凉。过了一会儿又回到座位笔谈，马诠要看我的诗，我已经受到顾麟、顾翯的评论，又请马诠斧正。未下闻得李鸿章的副将张山蕉上月率二百精兵打败数万长毛贼，清兵仅死伤四人。李鸿章是统率曾国藩第二等兵的大将，现驻扎在上海南门外，在斜桥边设营扎寨以防长毛贼。

十四日　晴　春舲来。我对他毫无节度地多次来只是相对而笑。官员来报说，荷兰翻译的弟弟已死，翻译的弟弟是大村藩人。啊，来到这万里之外而化为西土，实在令人伤心。下午乘舢板到“千岁丸”，海风徐徐很凉爽，炎热程度大减。我们在甲板上支起幔子，在下面睡了一觉。船上的温度计达到九十三度，然而我们感到凉爽的原因是因为有风浪。过了一些时候，我们又乘舢板返回旅馆，晚饭后洗过澡，在门前散步。月色明朗令我心情舒畅，追忆古人：

出户步松江，天清月色苦。更怀千古人，却恨独空睹。

十五日　晴　早饭尚未吃完，就有人来打扑克。

大清朝敕授文林郎江西永新县甲辰科举人华翼纶端肃拜

我来到门外一看，有七个人跟随在后。华翼纶是率有七万人的大将，很有勇相

并颇有文才，他曾与长毛贼战斗过四十余次，与他笔谈感到很愉快。当时，他来上海为了和李鸿章谈论军事。除此之外，还要治疗在前次战斗中受伤的人，所以要停留一段时间。他听说我国人在沪就眷恋而来。此人很谦虚不谈军事，只讲自己什么也没干好，自幼喜爱绘画，高兴了就在纸上随便画画。我欣然拿出两三张纸给他，周士锦与华翼纶是好友，也一起来笔谈，这两位人品可尊可亲。周士锦说他喜欢篆刻，愿为我刻图章。我即欣然拿出三四块戳料请他给刻。我们一起吃茶果，彼此倾诉情感颇有雅兴。过了一会儿施渭南来，另外还来了三人，其中一位风度与众不同。我问施渭南他是何人？渭南说是湘江矦辅的知府葛雅侯，是个有地位的人。一位是学生殿卿，顾翯托此人带来了《權成堂记》。我和雅侯笔谈觉得他文才很贫乏。过了一会儿春舲又来到，我们吃饭时喝葡萄酒，味淡而酸，颜色黑红，还吃了用糖淹渍的东西，一种像是葡萄，一种像是柿子，味儿很甜美。

十六日　晴　清晨很热。昨日问华翼纶说是有九十六度，下午无来客，喜得闲暇，准备写日记，然后到街上走走。这时顾麟来给我写权成堂的诗三阕。所以无奈只好和他笑谈戏笑解颐，内容实在猥杂。因不知情感的异同，而笔谈娓娓。过了一会儿春舲又带一朋友来访，我推辞约好下次再来。

十七日　晴　为了解物价贵贱，我买了一些干果。我用五十孔买了大小十二个，都有油腻味。只有一种像糖一样的东西味很美。吃了一个角黍，油味最浓。据说鸡蛋一个二十四孔，牛肉一斤一百五十到一百七十孔，鸭子五百孔，白薯大小七个五十孔，茄子七孔或十孔一个。其他都是平价，但由于银价不同，并不便宜。我每天早上吃一个鸡蛋，二十四孔铜钱，合日本的六十孔，也难能轻易吃到。有关米价说是因暴涨，所以九十文铜钱一升。清国平价的一升斗合我国的五余合，可知米价并不便宜。茶叶一斤一百到两千孔，两千铜钱相当于六千孔日本钱。唯有书籍、书画、字帖之类的东西特别便宜，笔墨很贵。有一人买军弓，一张弓六支箭花了十三块银元（我国的六两二分多），可见一点儿也不便宜。

十八日　晴　下午到街上闲逛，我想去一个炼铁厂，因酷暑未能如愿。到志雅堂喝茶，翻了翻图书目录，晚饭时回到旅馆。

十九日　晴　华翼纶、周士锦带来了我托他们写画的书画和戳子，每件都相当好。我们一起吃茶果、笔谈。我送给他们光氏游宴的锦画，华翼纶一再怀疑说是谁抄写的。我回答说：“古时有人因沉溺于酒色而葬送一生，后人画了此画以告诫后人。”华翼纶点了点头。

二十日 晴 顾麟来说他要去游浦东，特意来告别。我们笔谈时都面带忧愁，娓娓而谈。晚饭后，我腹泻得厉害，胸部郁闷。

二十一日 雨 腹泻不止，因此闷闷不乐。周士锦来看望我。晚上洋人在前馆跳舞很吵闹，使人不能入睡。

二十二日 晴 钱仲彝乘轿来，有仆人跟着。他让轿停在门外，一人悄悄地走进来。他人品不坏，颇富学力，而且精通《诗经》。我向他打听学校的制例，大获其益。然而，我躺在病床上不能随心所欲地笔谈。仲彝把《诗经》中的卓见写在扇面上送给我。中午，他暂时回家一趟后又返回来。此人笔谈兴起嗓音很高，到了晚饭时间仍不肯停止笔语。官员嫌仲彝长谈大笑声音太吵，很生气地催他回去。过了一会儿，官吏对仲彝的长谈和笑声发火，撵他回去。过后，仲彝送来了亲笔信，上面写道：“高谈大兴，可惜突然狂风大作，深感遗憾。”不过，在仲彝回去时正赶上起风要下雷阵雨。依照规定要把信给官员看，或许官员把信上的狂风会理解成真正的风呢。传说仲彝遇上了大雨，我和子固偷偷地笑。晚饭后，下起雨来，雷声大作。

二十三日 晴 渔民带鳗鱼来卖。我用六百个铜钱买了二十目到六十目的十六条。鳗鱼是味美价廉。周士锦来说：“看兄脸色很好，病是否痊愈？”周士锦每天来都打听我的病情，我感受到他的厚意，我感谢他并告知我的病已痊愈。我们笔谈了一会儿，我问他洋人和长毛贼的事，他推辞说，秀才不许谈国事，我们应谈海外的奇事来消遣。他不问我国的事，也不谈清国的事务。我觉得有很多唐人拿笔乱写国家的事，然而周士锦到底是濂溪先生的第二十八代末孙，又考中了秀才，在我所交往的人中他的人品文才最好。他写诗送我，其诗书绝妙。下午听到的消息，清国第一武将曾国藩上奏其大意是：官军不断攻下贼垒，攻克太平、石埭、泾县城，鲍超的军队取下青阳后，三月二十一日由龙口率精兵乘胜追击，直至石埭城下。匪贼关门死守，官军分五路包围，投火器过壕沟，大力杀敌前进，短时间占领十四座贼垒。为的是防止城上匪贼雨点般的射箭和石头。总兵由娄云庆等率军士直逼城根，从西北二门攻入。匪贼大败狂奔，追击二十里歼灭众贼五千余人，俘获四百余人，迅速攻克石埭县城。可是逆贼纠合在甘棠镇防备官军。二十二日，官军三路进击，从山后重整队伍突然攻击，匪贼招架不住弃掉甘棠的十七个堡垒逃跑。官军追击，逼近太平城的西门夺取高山四个堡垒。这四个堡垒很高，可俯视城内，可像雨点般地放出火箭。飞贼在烟雾中弃城逃跑，官军追击，击毙匪贼多人，活捉匪贼头三十七人，迅速攻克太平城。然而，溃败的匪贼企图蹿进泾县城与张遇春战斗，二十八日官军驰骋湾滩，分路夹击迅速打到泾县城下，毁其西门或毁其东门堡垒进城，长毛贼大败，攻克泾县城。这时鲍超的军队可从青阳撤出，七日内攻克三城，能得到很大的力量，应予奖赏。所以曾国藩发令，鲍超乘胜追击歼灭宁国一带的长毛贼。又听说昨日商人张勇福受贼害而逃来。当月初，从洋泾浜往船上装洋货，运往江北塔到达刘河口时，风停天晚，因此靠岸。忽然，匪贼数十人手持刀枪火器，蜂拥而上，把船上的东西抢得一干二净。并将船破坏当柴烧，其暴力实在可恨。

二十四日 阴 志雅堂带书籍来。有人要《二十四史》,《万历》汲古本相半，其价格低廉。我在寻找的是我国尚未进口的珍本，但是特别好的不多。入夜前，在馆前拉胡琴跳舞声喧嚣。我从墙缝窥视，看到那些姿容和脸色实在让人惊诧。据说在江阴地区，方圆五六里蝗虫飞扬弥漫天空。当我打听捕捉蝗虫时，说政府计划出钱召集民士捕捉蝗虫埋到地下。又听说近日瘟疫流行，死者无数，死尸一直摆放到静安寺大路。时赶盛暑，臭气熏天，传染病盛行。所以，人们将死尸堆放成一堆焚烧掉。但是，在清国的风俗里无火化，死人太多无奈从简。所以，官吏告诉人们火化是违背圣教的，严格禁止。我国愚民受佛氏愚弄都进行火化，实在令人悲叹。

二十五日 晴 李步瀛来。带来了前日委托的周士锦、李步瀛的诗，因此，我已知其姓名。他是通过周士锦介绍而来。我们纵谈古今，他带来了瞿光芮、葛桐衔署名诗，笔谈很有兴致。我请李步瀛抄写我父亲署名的孔明诗，葛桐衔拿出纸来要我写秋夜读书的诗，我接受后彼此告别。过些日子，知府葛稚侯来，让我给他写扇面，我答应后和他一起笔谈。这时厨房的人拿来了午饭，因此他告辞，我们约好再见。夜里，从远处传来了哭声，其声音似歌声又似叫声，又像眷恋的声音。我不由地产生了伤感，这是在哭死去的人。听说松江城外的军营都部署了队伍，安抚生灵，要上下一心剿贼，既能使民安居乐业，又能得到找贼的力量。然而，贼匪的骑兵有一千多人，步兵无数，都带着金皮大帽，号衣边儿是红色的，黑心中间是新白的月光，旗帜是红蓝两种颜色，每日练兵。察其贼情，大有侵犯清军之意。因此，松江制定严防之策，如果遇到这贼匪的队伍要迅速开炮轰击。贼匪势力相当大，因此在防御上不得有一点儿疏忽。上海城的各个营地尚不详细了解此情，我们是从松江那边知道的。下午，已经有五十个英国人经过旅馆前奔赴营地，其行装如下图。

英国人五十人为一队，每队一天一换。法国人也同样，只是行装颜色是纯红色的，肩上搭的东西是皮制的，里面装着弹药，晚上在棚子里当枕头用，每人腰上都背着一把刀。啊，这是用野兽来驱逐野兽。

二十六日　晴　早起打开窗户又听到哭声，大概还是昨夜哭的人，真令人哀感之极。不过，哭的时间很短，这也许就是所谓的哀哭有节。巳下怃然靠着桌子追思往事，感慨万千。我如此碌碌无为地打发光阴，岂能实现夙志。今在万里之外，又能干何事。我来到西土，不就是要为国家而实现自己的寸志吗？然而，古人云，“黄金不多，交往不深”。不只是在交往上，探听首先也需要金银，为此未能如愿的事也不少。大丈夫虽不拘区区小事，但像我如此这般拙劣愚蠢的人到何时才能遂愿。虽然我本来就是对国家无用的人，但我的志向除了丹心报国以外，别无所求。实现志向有大小迟缓，我听天由命。古人云：“诚心一到何事不济”，我念这句话时也不如意，每次都只是叹气。未下，看到长毛战争实录，贼乱起因，万国一辙，因循姑息酿成大乱。为了能给同志们看，对国家有用，于是我不分昼夜地挥汗抄写。有时一个妙龄美女从门外看我抄写，其容貌可赛婵娟桃李，她是旅馆老板的亲戚。清国女人以腰细小脚为美，所以脚都小得无法形容。据说幼时就被穿上小鞋，因此，走路好似家鸭，出门大多乘人抬轿子。广东妇女大不一样，腰粗脚大，服装也不相同，并且用一种奇特的东西把头缠上，仿佛西洋人。但是清国女子的打扮与我国出乎意料的不同，不剃眉，不染牙。所以成年妇女也像少女般，很难分辨出是媳妇还是姑娘。我暗中打听到，把额头的发际

英国士兵图

剃成圆形的是媳妇，没剃成圆形的就是处女。头发前边不分，类似于日本年轻女子的发髻。笄多用玉石的，处女也用珊瑚花簪，而且手戴银镯，多者戴两三个，这不仅为装饰，还有备于不虞。有的耳朵上戴着金环，此风俗实在令人可笑。不知道别人看到我国人染牙又会说什么。晡时离开旅馆到江畔闲走，忘记了炎热尽观晚景。

飘然散短筇，四顾松江矣。风吹潮声喧，日落澹江水。
远树笼炊烟，堤上牛归矣。我亦将兹归，渔唱烟中起。

耳闻清军守城，匪贼大败从西门逃走，清军追杀数万。

二十七日 阴 即将起锚，尘事鞅掌。下午，周士锦、李步瀛来仆鲋，笔谈了一会儿。告辞后走出旅馆，迂曲徘徊来到斜桥。在郊外田野里走了几百步，窥看清军兵营，因无人介绍不能进去，实在遗憾。军营四面都用土围起高六七尺。我试打听到，五十间见方处为一营，五百人为一队。南北设有牙门，每个门处都放有大炮。晚上用帆布罩起小屋，把这个叫棚子，里面埋伏着三四个人。营内的设备，因是点看所知不详，记录大概如下：

一旗　一铳　一长矛——甲士　一殿　一辎重
　　　　　　　　——甲士　　　　甲士的前后有旗
一铳　一弓　一长矛——甲士　—　　—

大体如上所记红白旗颇多。操练时步调不整无规律。五百人为一营一队的话，斜桥的人数是一万五千人，即三十营三十队。我因病未能看到营中操练，实感遗憾。我问华翼纶，他说号令准确，随机应变。的确运用之妙在一心，不应是只株守一法。清国根本没有洋人的器械，都使用沉重的铳和钝笨的枪刀。当问到此事时，他说：觉得洋人的火器军舰很方便，但是我们清国尊崇勇敢，兵不应以武器为主要，惟以勇敢而战斗。如果使用洋人的武器，就会自然地变得俗气，抛弃英勇战斗，只能是变成以武器为主，所以不使用这些。这些话似乎有其道理。我们日本国的勇敢冠宇内，辫子军之辈岂能与我们相比。以其勇敢，挥舞充满正气的刀枪，宇内都会屈从在其下。然而，学了汉学，变成汉人，留恋西土，蔑视我国，沉溺于洋人的器械，学习西方的语言，甚至着其服装，奉其元旦，真不知皇国是何国家，不知道勇敢是何东西。饭后回到旅馆，见瞿光芮来。此时从门外飞进一只喜鹊，我把它抓住放到笼里玩。有一人来说是刚从他家飞出的鸟，请求还给他，我因鸟名可喜，把它放在座位的右侧，想用它来抚慰感慨，但这不是我的东西，即使一会儿也不应该放在我这儿。晚上下雨，我抄书至三更。

二十九日　晴　巳下，和金子某出了旅馆到街上闲逛，走过了洋人馆前。天气非常炎热，我们在翠柳下休息了片刻，又走到街上。有一人拉我的袖子，我问他为何拉我的袖子，他回答说：“贵国人不熟悉我国的路，因此，我应该来做东道主人。”我跟在其后，东拐西拐，来到一个茅屋看古笛。古笛很像尺八，孔儿很小，声音很清脆。过了一会儿，来到大楼前，此建筑极其雄伟壮丽。楼上是用丹青漆涂抹的栏杆，显得很辉煌。有一妙龄女子靠在栏杆上扇着扇子，容貌极美，楼下门很多。一进门见有一个十三四岁的少女站在帷幔外。其容貌几乎不同。我看到帷幔内有一美人正对着镜子化妆。我回头看领我进来的人说：“这不是妓院吗？”带路人笑着说是，我赶紧走到门外，带路人大笑。我细看那幢楼，有三十余间，装饰得的确豪华。在别处也有幢楼，其装饰略差些。我打听洋人是否来玩？说是洋人不许来这里玩，所以洋人娶广州妇女为妾。这和我以前听说的一样，大概确实如此。过了一会儿，又到街上闲走，我口很渴，让带路人买桃。七个桃花了五十个铜钱，我正要付钱，奸商知道带路人要的和他要的钱不一样，就改变价钱，说是一百个铜钱。我恨奸商的狡猾和贪婪，扔桃而走。无论在哪个国家，港口附近的人都很贪婪，也许是被洋人的俗气所同化，变成如此地步。我们又继续走，来到城外的米店，查看斗的大小，看了下页略图，就会知道。未下，回到旅馆。我给了带路人一个烟袋表示慰劳。过了一会儿，来了三个学生，因气候炎热，我非常疲倦，因此约好改日再会。但所接触的学生并画工、医生，均不是上海人。他们是江南江左淮南或渭水人，听说我国人来到沪，从远道赶来。我刚上岸时没有特别的人物，而现在益友颇多。如能逗留一年，可实现寸志。但归期迫近，反而让人感到叹息。

三十日　晴　天未亮就吃过。走过迂曲的街道，来到大马路街。此街很宽，在上海是首屈一指。我是清早来到这里，所以两边是鱼市菜市，人声喧嚣。乞丐站在路旁向行人乞讨求救。有的商人敲着裂开的竹筒在叫卖白玉糖水，这与我国繁华地方相同。我又往左走，然后又往右拐，来到志雅堂。途中有不少人在路边搭起铺板，在卖其上面摆着的瓷器、玩物、书籍等东西，这也与我国的情况相同。在志雅堂浏览一下书籍后又继续往前走，最后回到旅馆。厨师拿来汤药，因天太热，官员命令医生跟大家一起喝汤药。下午，跟官员一起去向道台告别。如同前些日子，走过西辕东辕门，在魏门放响三声炮，吹起喇叭。此时远处传来钟声，朱门被打开，道台在朱门前来迎接公役，我们跟在道台的后面来到内书院，蹲在榻上吃茶果。细看左右，庭前的岩石、树木极其

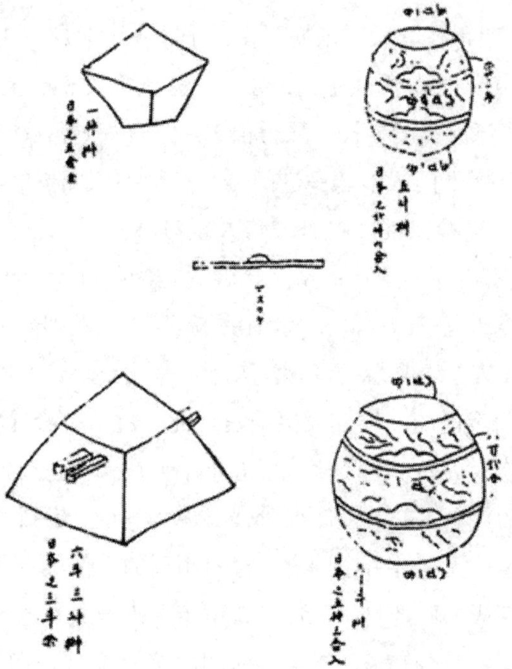

量斗图

雅致。然而，将衣服穿在竹竿上，或把袜子晾在岩石上，这的确该说是不敬。但是，看那道台非常恭敬的样子，只能说这是思维不同罢了。我拿出几张纸来请他写诗，过了一会儿，告过万里之别，我们又到城里去走，到吃饭时回到旅馆。这其间围观者如堵。

七月一日　晴　因定下午乘船，尘事鞅掌。早饭尚未吃完，顾麟带百字

韵来告别。他说:"万里别离,使人泪湿双袖,明春一定到崎阳去与你相会。"他带来了笔谈时我要的志雅堂的书来告别。周士锦、华翼纶也来告别,还来了四五个学生,祝贺我们归帆。大家都要等到我乘船,送我们的人站在门前,惜惜相别使人愁伤,其深情胜过青梅竹马之友。时至中午,我们乘舢板回到"千岁丸"。在清国只逗留了两三个月,下次很难再来,憾事很多。岸边风浪拂拂,凉味溢溢。进了船舱内非常炎热,使人彻夜难眠。

二日 晴 早起洗脸,感到头重胸闷,这别无它原因,就是因船舱内像蒸笼般闷热的缘故。渔民送来了鳗鱼,有十三斤多,饱餐了一顿,我想以后难以吃到淞江鳗鱼。晚上非常炎热,但借助酒力睡了一觉。

三日 晴 仍旧下锚在申江。巳下,从梯子上摔到船室,手脚一个劲地疼,让医生用药水给按摩,疼得难忍。午下吃的西瓜,非常甜而且水分多。吃饭时,突然乌云密布,雷光闪射。这时,运载饮用水的船到来,给"千岁丸"蓄水。装水的器具做得很巧妙,是用皮革做成的一个四五丈长的小筒,四个人相对转动机器,水就流了,其速度快得惊人。晚上,朋友带来了甜瓜,我们一起在甲板上吃。瓜很甜,而且大得用手捧着吃。有一个人弹起了一弦琴,其歌声很怪,我一直听到深夜。

四日 阴 天未亮,运载饮用水的船又来到了"千岁丸"。到了大海上,水就变得宝贵起来,真是滴水值千金。听说有让海水去掉咸味或用水晶造水的办法,但我们到现在对此还一无所知。立志航海的人应该广泛学习,详细打听,搞清这种办法。即使能多储存些水,但在盛夏时节,过了一个月后水就会变味难喝。这是生活之本,不应含糊。船仍停在申江,我们专心做出海的准备工作。吃晚饭时打雷、下起雨来。

五日 晴雨间错 公役在甲板上集合,核对人数。过了一会儿,蒸汽船冒着黑烟开来,荷兰人用缆绳拴在蒸汽船上,未时起锚。回头望去,在宏记馆楼上有数十人望着我们的船在挥手,一定是前日来惜别的人们。"千岁丸"在外国船中间穿驶,领水主人站在船头上,船长站在船尾指挥,和进港时一样,潮势很大。当我们的船离开港口十余里时,一艘唐船被潮水冲来,碰到蒸汽船上几乎要颠覆,有一船员落入水中,时沉时浮。一艘商船快速赶来救起了那个船员。如果被卷到水轮下那该多危险,就在这相差咫尺时被救了上来,真应该说他是很幸运的。"千岁丸"朝东北方向行驶,吃晚饭时在吴淞江下锚,离港口七十余里，有各国的洋船也在这里下锚，蒸汽船解开“千岁丸”上的缆绳，朝申江开去。我们的船准备在这里停留一夜，待天亮时起航。这里临近大海，炎热劲大减，得以很好地睡上一觉。收帆时，雇用十名荷兰人，工钱是：船长一百块洋银（我国的五十多两），船头三十五块（我国的十八两左右），伙夫三十二块（十六两多），船员每人三十元（十五两多），商议好船到达长崎后搭便船送他们回上海。蒸汽拖船的费用是二百两洋银（我国的一百两），领水人是六十块，其费用不少。

六日　晴雨交错　天未亮就起锚驶向大海。西北风很大，风满帆船跑得很快。领水人仍把船系在“千岁丸”上尚未回去。他来到我们身边抽鸦片，我非常气愤，但想知道详情，就没有斥责他。领水人靠在枕头上拿出烟袋和鸦片，往烟管头里装上鸦片，躺下来吸。看他脸上表情，闭着眼睛张着嘴，很舒服的样子。我大喝一声并摇晃他，可他却一动也不动，好似死了过去一样。过了一会儿，他睁开了眼睛，又抽了起来。有一人手握着刀斥责他，他很害怕不再抽了。我暗地听说领水人一个月的工钱是二百块金子，但他还是很穷。因为抽鸦片花销巨大，不只是穷，他是早上能抽上大烟，晚上即使死了也不怕。咳，害处之大可以使人沉溺，实在可怕。过了一会儿，领水人扬起帆，朝海上驶去。吃晚饭时在船的右方看到一些岛屿。夜里西北风很大，船晃动得厉害。已经到了海上，丝毫也不觉炎热。

七日　晴　风大，船摇晃得厉害，有的人摇晃得都吐出了血。伙夫也晕了船，只有一个叫静助的人忙着做饭。我们即使不晕船，但也泻肚，在摇晃中为了上厕所从梯子爬上爬下，其辛苦劲难言。夜里天气晴朗，万里无云，风平浪静。仰头望着天河，映照着万里水疆。四面一望无际的茫茫大海，其景色极佳。在海上赶上七夕，可以说是奇会。选词作诗到深夜。

月没西风露收，众星耿耿水悠悠。
更讶身如渡银汉，卧看波上女兼牛。
莫言牛女少佳期，却胜我身多别离。
归帆忽自向东海，沪上再游知几时。

八日　晴　风减弱船行驶速度变慢。一小时只能行二三里。有时船还摇晃。在大海上即使无风也有八九尺浪，使人感到很不舒服。据说，不容易晕船的人，反倒经不起这此起彼伏的颠簸而晕船。我泻肚越来越厉害，上厕所的次数无数，请医生看吃药。医生是阿州人，叫樱木源藏，他人很能干，很喜欢喝酒。我送给他酒喝，他以按摩来报答我。他的按摩技术很好，我感觉似乎好了一些。

九日　晴　风弱船行驶缓慢。用望远镜试找我国的岛屿，四面海水茫茫不见一岛。大家或下围棋，或掰腕子，或摔跤，一直到日落。晚上，我和樱木等谈论军事，以此来解在船上的烦闷。过了一会儿，到甲板上借着月光钓鱼，有的人钓到了乌贼。

十日　晴　仍是风弱船行缓慢。我因泻肚，心情不好，懒得学航海术，只是在寻找岛屿。下午，发现东边远处有两座岛屿，大家都说是男岛和女岛，因相隔有八九十里，还看不清其山貌。晚饭时浪很平静，松鱼在船头船尾跳跃，大伙都给鱼扔食饵。说如能得一条鱼就可做成一道菜，可以喝个一醉方休。过了一会儿，太阳西落，太阳在海上时升时落，其景色可掬。夜里刮起北风，船行驶得很快，凉气逼人。

十一日　晴　早起后来到甲板上。在离船不远的左方模模糊糊地看到两个岛。其山平坦，离船好像有五六间远。一会儿东方发白，见两山相对屹立在海上。离船有几十里，我很愕然。我看见岛屿的首尾有三四条船，听船里的人说，从四月到九月，五岛的人都来到该岛盖房捕松鱼，做成干鱼运往各国。“千岁丸”在两岛的西北方向，旭日升起时是在岛的右方，照射着波涛，其景难以形容。“千岁丸”从早到晚在两岛的南北行进，每当船改变方向，山貌就变大。两个岛屿重叠时就变成了一个岛，有时出现数个小岛，其景观实在奇妙。晚上月光清澈。

十二日　晴　北风很大，船行加快。在船的左侧望见岛屿，男、女岛在船的右侧，五岛在船的左前方，相隔有百余里。从昨天起船没行多少路。男、女两岛改变了峰容，出现了鸟岛、五岛。海上的奇景可想而知。过了一会儿，鸟岛隐没了，男、女岛转到了船的后方，相隔很远。“千岁丸”朝着五岛向北行驶。这一带鱼船很多，都是两根帆或三根帆的船。千百只水鸟在浪上飞翔。晚饭时，东北风很大，船行时速四十余里，已接近五岛。在东北方的远处可望见孤岛，这是属大村领地的平岛。该岛之小、五岛之大实在令人愕然。夜里东北风逐渐变大，船摇晃在波涛的山尖上。

十三日　晴雨间错　天未亮去厕所时，看见数百盏灯光映在波涛中，此景真是绝景。这是在崎阳倭王海上捕鱼的船。

> 云动晓风冷，月低水接天，更讶波上火，出没几百千。
> 恍如萤火点，灿似星烨然。烟雾全晴后，初看渔船连。

过了一会儿，东方发白，露出了倭王岛、福田岛和其他岛屿，屹立在船左边的是肥田岛，船右边一侧是天草山，五岛变得模糊不清。我们拍手为已接近崎阳

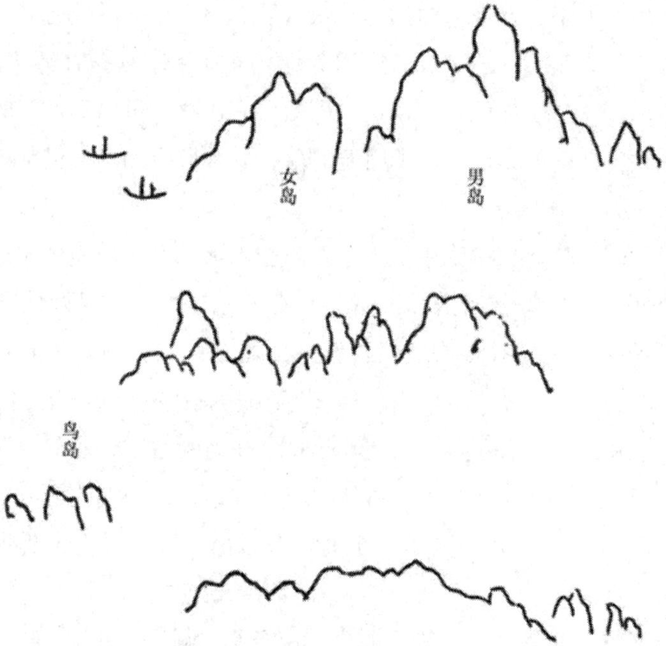

男岛女岛图

而高兴。然而，东风怒发，似乎不让我们到倭王海上。从早上到傍晚，船行进又退了回来，晚饭时才行驶到福田海上下锚。仔细察看，各岛的景色极其雅致。北方远处有一岛，是属大村管的松岛。肥田的人说，在松岛港口，有一百五六十户人家，娼妓很多，是船员撒钱的地方。右边倭王岛的景色很好，

有五个台场。左边是福田的风穴，左贺侯的筑岛。东边有高峰岛，该岛蓊郁，岛中间设有台场，放有大炮，这是长崎第一道关。

十四日　晴　巳前，从小濑户有几十艘哨船扬着布帆朝“千岁丸”开来，过了一会儿，“千岁丸”起锚。哨船拖着“千岁丸”。但东北风很大，船随水而动不能向前行驶，因此又抛了锚。船里鸣乎声不停。我和金子登上了哨船，破浪向前，在日落时抵达崎港。到了西厅，过了片刻，来到立山厅报告船已进港。我在其门前一看，满山如被火烧着一般，是人们把数十万盏灯供放在墓前的缘故。长崎的风俗是带上好酒佳肴，在墓前点上几十盏灯以祭祖先，饱餐足喝一顿。由于全市人都到墓地去，以至市内街上无行人。过了一会儿，回到西厅，从多日辛苦中解脱出来，吃上美味佳肴一醉方休。

十五日　晴　早起洗脸，水又清洁又凉爽，我对水而叹。我是怎么多日吃黄浦的浊水，以致泻肚，使五脏疲劳，要是有这里的水让我在上海该有多好啊。这时，崎阳的人来祝贺我们靠岸，他们看着我们的脸说，不问便知你们在西土的辛劳。因为我们的眼窝都深陷，面如土色。我对着镜子看也很吃惊。午下，乘哨船回到“千岁丸”。“千岁丸”已过两关，在前面下锚。我们把行李拿到哨船上。晚饭时回到西厅。吃饭时靠着窗户，灯火又像把山烧着般，景色很好。二更时灯火减少，三更时，锣鼓声和人的呼喊声惊天动地。我吃惊地打开窗户，见几十个人扛着船。船是用稻草做的，大的四五十间，小的三尺或七八尺，都扬纸帆。我问此举为何？说是十三、十四、十五这三个晚上在墓前点灯祭祖，把这些灯系在船的前后左右放到海上，船和灯有几千万。从三更到五更在我的窗前通过的锣鼓声人声一直不断。这是崎阳最大的节日，堪称一奇。

十六日　晴　写信告家乡船已到达，心情很舒畅。

（译者：刘柏林）

没鼻笔语

日比野辉宽

没鼻笔语　引

天地不能自语，必假物以语；物不能自语，必假人以语焉。岂有人与人不能相语而假物者乎？而其有之者，余没鼻笔语是也。初余之游支那国也，在上海港，其所逢之人，不下数十人，言语不通，瞠乎相对而已。于是不得已，假笔以语彼是之情，而得气味相投者六人，以笔日语，遂作小册二卷。自今观之，多戏言谑语，唯益汗愧耳。然壮游难逢，奇会难再，因更不整顿，一仍旧，亦欲以存其真也。但恐世之老儒先生，或观之，则大怒掷卷曰：“此琐琐小册，犹小虫语草间耳。”

时文久壬戌十月上干

藤原辉宽识

没鼻笔语　乾

高须　日比野辉宽著

〔欢成〕弟葵向贵邦之文物，有日于兹，即今遂素志，何等幸。

〔方春瑶卿〕敝处仰望贵国之才有年，今日在上洋舍面，实遂思慕之心。若果兄在此地，耽搁再行，趋教也。

〔欢成〕古语曰：“倾盖如故”，是所情愿也。

〔方春瑶卿〕接阅来字，可谓一见如故。如不相弃，客日定当面领教言也。惜乎，言语两不会意。

〔欢成〕笔端有舌，何待言语。

〔方春瑶卿〕言之尊重，彼此相交，不可客气。

〔欢成〕兄何等人，而来此旅馆。

〔顾麟〕弟松江府学优生，今春避乱来沪，偶听兄等在此地，趋教也。

〔顾翯〕弟南淮县廪膳生，与兄麟，避乱来沪。

〔欢成〕万里隔绝，不期而相会，何幸。我日本狂生，同学相求，请战笔舌。

〔顾麟〕甚是，甚是。

〔欢成〕兄有诗文，则毋悭一示。

〔顾麟〕有明赵忠毅公《铁如意》之诗，录呈。

黑云压日日无色，玉殿阴森走鬼蜮。举朝鼎沸附貂珰，太阿倒持收不得。赵公謇谔立朝端，抗论四害披忠肝。手持一柄铁如意，鹰鹯搏击风霜寒。二十六言题款识，籀文幡屈蟠虬字。河洛周围太极图，云雷长护坚贞气。一击啸虎狼，二击走狐狗。不为朱云之剑斩佞头，即为司农之笏碎奸首。吁嗟乎茄花委鬼腥薰天，一网打尽天下贤。蜚语塞聪十罪劾，天威震怒投穷边。边风草条日月暗，九阍回坐愁云断。天王明圣悟臣言，冤成遐荒死不憾。党籍未辞九鼎迁，一枝瘦铁霾寒烟。风霆入握尚怒吼，照人碧血苔花缠。铁乎铁乎不久人间住，令须化作青龙去。

〔顾嚣〕《闻雁杂感》，时奉贤金山被寇。

搔首中原百感生，控边幽蓟壮神京。车书大统三藩款，龙虎各王八部兵。一自平林惊啸聚，翻劳回纥助专征。捷书几日驰难得，忍听秋空朔雁鸣。三藩八部用国初事

大漠瞑沉世路难，朔风衰草莽阴山。北齐将士惊明月，南山关河怆伯颜。阵底沙虫迷战垒，愁边玉帛冷朝班。凄凉升地羁栖客，云路回朔那得攀。

中泽荒凉彻夜鳌，万家飘泊散江皋。蔡姬悲愤参笳拍，苏武沉沦感鬓毛。尽日稻粱谋苦拙，全巢骨肉寄难牢。再堪碪杵敌秋急，妻恻寒风闵战袍。

〔欢成〕绝妙，投笔不评得。

〔顾嚣〕不好，不好。兄必有诗文，请一示。

〔欢成〕戏录一诗，供一嘘。

碧栏槛外玉帘悬，清唱能弹廿五弦；
粉态朦胧何所比，水烟遥隔一枝莲。帘内美人

〔顾麟〕如闻桓子清歌，辄唤奈何。

〔顾閬〕尽态极妍，如初日芙蓉，清丽罕匹。

〔欢成〕似被戏笑。

〔顾閬〕大谦极。

〔顾閬〕尊稿可赐读乎？

〔欢成〕有诗一小册，字句未联续，恐贻大方之笑。然领正，则瓦砾生光也。

〔顾閬〕不然。

〔欢成〕欲问数事，可否？

〔顾閬〕不敢当。

〔欢成〕乡邑闾巷，学校之设，犹古乎？

〔顾閬〕已不如古，惟有家塾耳。

〔欢成〕学官有若干人，而管理之，其爵位何如？

〔顾閬〕有教授，有训导，从七品，衔翰林院教授，则用侍读学士，国士监则有祭酒司业，位皆四五品。

〔欢成〕擢拔人于彀中，应试之文法，详问。

〔顾閬〕应试之文，与传世之文迥别，取圆熟不取高古。字数限五六百，不可犯庙讳及先圣讳，诗不可失平仄，如此便得其法矣。

〔欢成〕贵邦学校之法，想与我国大同小异。

〔顾閬〕童子初学作文应试，县官先试之，曰县试。其文两文一诗，不能完卷，或有文无诗，则榜上不录。试必三四五场，其文无出入者，居前列录，全榜送府。再试曰府试，亦必四五场。然后学使按临再试，曰院试，取其文之清切者，每县不过十余名，俗名进学，亦曰入泮。学使必用翰詹。官名或侍郎。入泮新生，至明年再逢学使按临，曰岁考。亦或大比之年，则曰科考。其榜分三等，一等必复试，二等三等则否。其三等十名外，不能应乡举，一等内可以补廪。每学长年有十五六人，缺一则补年，久满例则考贡，谓之贡生，岁科皆同。其乡举子午卯酉年为正科，或恩科则不拘其例，试必三场，首场作四书题

文三首，五言八韵诗一首，次五经题各一文，三场则策问五道。中试者曰举人，然后进京，应礼部试，试与乡试同，中试后应殿试，阅卷大臣进呈御览。然后定状元、榜眼、探花、传胪，以下有庶吉士，皆称翰林。

〔欢成〕学田地租有若干顷？

〔顾嵩〕州县有大小，户有贫富，学租无定额。

〔欢成〕传闻，在昔朱文公讲学于白鹿洞，为学规，方今犹传习其法乎？

〔顾嵩〕尚遵成例。学使按临时，必传廪保，讲□□书一章。

〔欢成〕贵邦讲学之时，伐鼓三，击钟三，司监宣白鹿洞规，左司监宣五教之目，然否？

〔顾嵩〕然。

〔欢成〕文藻该博，表章当今者，为何人？

〔顾嵩〕浙江顾访溪、江南张啸山、江西李小湖、河南周沐润。

〔欢成〕学生学诗文，其方法何如？

〔顾嵩〕诗探源汉魏，上溯三百篇；文必本六经及国语国策前后汉。或以取法太高，若难学步，则诗学唐，文学唐宋也。

〔欢成〕方今运筹帷幄，决胜千里外者，为何人？

〔顾嵩〕现以曾帅为最。曾名国藩，翰林出身，今官兵部尚书协办大学士。

〔欢成〕边塞之固御，尽土着欤，瓜期更守之欤？

〔顾嵩〕互有。

〔欢成〕方今所专用之兵法，何人法？

〔顾嵩〕有茅元仪所辑《武备志汇》，兵家之大全，此书极行。

〔欢成〕赋敛之规则，犹古制乎？

〔顾嵩〕犹尊什一之制。

〔欢成〕国家之大禁，以何等事件为第一？

〔顾嵩〕莫如杀人、蓄蛊、谋逆。

〔欢成〕是不待禁也，然汉高约法三章之意乎？

〔顾嵩〕然。

〔欢成〕观贵邦之人，似无衣服之别，以何等分位班？

〔顾嵩〕唯验帽顶及衣上补子。

〔欢成〕宰相之官，有贤才智能之者，即用之乎？有门阀者世之乎？

〔顾翯〕吾国入官，必由科第。或先世建大功，子孙荫袭，则食其禄，不必世其职。

〔欢成〕贵邦进士之法，分于文武之两途，以武弁进者，不得迁文弁；以文弁进者，不得迁武弁。果然乎？

〔顾翯〕间有文职兼兵部者，武官不能加文衔。

〔欢成〕贫乏不能育子，或有孖子者，抚育之，其法何如？

〔顾翯〕或送育婴堂，或出为他人义子。

〔欢成〕穷困卧病，不能药者，扶助之乎？

〔顾翯〕富民有赐医赐药局。

〔欢成〕尝闻贵邦有劝农之典，守令出于郊外，勤耕耘者，簪花饮酒，怠耕耘者酌水以耻之。今也果何如？

〔顾翯〕现此典已弛。

〔欢成〕十六以上属成丁乎？

〔顾翯〕然。

〔欢成〕旌表节孝，其定额详问。

〔顾翯〕叠石造节孝坊，必先请朝廷，旌奖坊，上勒圣旨两字，下勒姓字年月事实。

〔欢成〕蠹棍作事，其权术足以牢笼才智，足以恐吓庸愚，为其害甚矣，官长访拿之，其方法何如？

〔顾翯〕或据状词，或凭绅士公禀。

〔欢成〕堤根因水之折冲崩颓，修筑之何如？

〔顾翯〕建板实土，如筑城法。

〔欢成〕盗铸假银，其罚当何等罪？

〔顾翯〕弃市。

〔欢成〕贫民生子，力不能赡之，因而弃置之，则官吏抚之乎？

〔顾翯〕各州县皆置育婴堂。

〔欢成〕宋朝起建慈幼局，育养穷民之子弟，弟甚恋之。贵邦育婴之法，犹宋朝乎？

〔顾翯〕方今贼匪煽乱，不如古法。

〔欢成〕捕灭蝗蝻，其法何如?

〔顾謇〕久无此患，倘有蝗害稼，官出钱，使民捕捉，埋入土中尺许。

〔欢成〕贵邦监羁人犯，有死罪候决之犯，有军徒候遣之犯，其点验之法，详问。

〔顾謇〕必两造互勘质定。然后定其罪之等差。

〔欢成〕依令弟之言，则今学者不必于学校乎?

〔顾麟〕古者读书必在学校，今之学者拘父师所教，朝廷设官约束。学者原为当今急务，奈承平日久，学者日多，贤愚不等，纷杂出，非一学师耳目所能周知，因此各有父师，所教不过于课期到学校中角艺而已。

〔欢成〕浙江之人有文学超出乎众，则得为其地之官吏乎?

〔顾麟〕吾邦有文学而不仕者，亦有纳粟而做官者。若科第出身，仕官定例，拜学官外，必须隔省。学官不出省。

〔欢成〕然则浙江之人，虽有贤才知能，不得为其地之官乎?

〔顾麟〕不能。

〔欢成〕官人避乱来沪，所禀之俸，政府罚之乎?

〔顾麟〕刻下军需浩繁，官俸久缺，况避乱者乎。

〔欢成〕官吏若有丁忧，则其俸犹平日乎?将减之乎?

〔顾麟〕吾邦制度，文官丁忧，回籍守制停俸，有诖误则降级罚俸，大员回籍善亲停俸，大员年老致仕停俸。间有在家食俸，此异数也。

〔欢成〕贵邦二十七月，而免丧乎?

〔顾麟〕然。

〔欢成〕择武官，以何等科试之?

〔顾麟〕有秀才，有举人，有进士，选举同文。

〔欢成〕顷日所呈之诗卷，未加斧割乎?

〔顾麟〕弟明日欲回浦，在四五日再来，匆遽恐不暇推敲。若一时不能评，存弟处。闻来春兄仍来，可于是时奉，可乎?

〔欢成〕弟不得再游。

〔顾麟〕不妨再来，何兄言乃尔。

〔欢成〕弟欲再游，然人世不如意，十七八。弟已系枥下，不得驰郊原。今也游贵邦，幸甚极矣，又恶期再游。

〔顾麟〕兄读破万卷书，当壮游万里路，何至跼促系枥下。

〔欢成〕弟有骏马之志，未得千里之具也。

〔顾麟〕弟明后年，拟游贵邦。

〔欢成〕兄若来，则共遨游。

〔顾麟〕未可知也。

〔欢成〕顷日问顾霭兄，以学校之制，有所未详悉。今将劳先生，问其一二事，可乎？

〔舒怿庵〕可。

〔欢成〕学校尊齿乎，尊爵乎？

〔舒怿庵〕乡党尚齿，朝廷尚爵，通义也。学校取齿德爵皆尊者为师，学人以馆学为贵。有疏陋而弋取科名者，则虽贵不予以学人之名也。齿尊者自必加敬，然视之亦以学之深浅，为隆杀。

〔欢成〕大学校之定例，请赐知。

〔舒怿庵〕国学有课，郡邑庠序，学师仅评隲诗文。郡邑有书院，则郡大夫州大夫延齿德爵兼尊之乡先生掌教。省会则督抚司道为主，延名师掌教，学子皆以文求评隲，亦有以经义及史学请者。又有达官而诱掖后进者，弟生也。晚忆先君子曾执经于阮云台太傅之门，时太傅方抚湘也。

〔欢成〕童塾何如？且各廪膳乎？带饭乎？

〔舒怿庵〕富贵之家有子弟，自延名师教学子，不过数人。寒士不馆于富贵之家者，则开门授徒。学士或自饭，或予师之司厨者以金，今供膳各随其便。授徒有三等：

一、蒙师　授四子书句读耳。

一、经师　授五经。子弟质敏者，治九经十三经，然年已成童矣。

一、阅文之师　子弟以所作诗文，求严师，视其文之工拙，褒贬之，或改数语，以示程式。前辈课程密，今法不甚脩，以连年兵燹，子弟多避地故也。

〔欢成〕童子达经历编类，或善诗文者，加何等奖异？

〔舒怿庵〕治法者甚少，家塾子弟工诗文能通经，父兄多购书与之，子弟欣然，学日以进，如遇考试，则童子工文，便为郡邑学生员。

〔欢成〕方今鸿儒硕学、官位显达者，为何人？

〔舒怿庵〕鸿儒硕学，间世如出，弟腐儒，不克与订交也，有一二知交气味相投，请为先生言之。

周一庵，名思诚，湘江湖州人，布衣不应举，家贫课徒为生，性至孝，学宗陆象山、王阳明。此人自去年秋冬以来，不通音问，现城被贼陷，不知存亡，甚念之。

色芝生，亦湖人，饱学而不以博洽名，通古今而不以经济名，中介而外和，孝廉公也，而谦卑如酸子。此人现为粤中之游。

此二人与弟为性情交。若论济世之才，则如曾涤生使相，协办大学士，两江总督佩兵符。名国藩。湖南湘乡人。骆籥门制军，四川总督名秉章，广东花州人。最著矣。从前有林文忠公，号则徐，字少穆。闽中人，官总督，薨已十数年。胡文忠公，号林翼，字润之。楚南人，官巡抚，上年薨。经天纬地之人，世不多觏，然钜公能济人者，实不乏人，一时不能详写耳。又弟迂酸，不甚留心外事，故言之不详也。

〔欢成〕贵邦实不乏人也，想先生非经天纬地之人，则济世之鸿儒也。

〔舒怿庵〕弟腐儒也。

〔舒怿庵〕有俞理初先生燮，安徽黟州人，著《癸巳类稿》，内多考证经史旁通释典道藏及西洋之书。

此稿成于宣宗成皇帝之十四年，故名《癸巳类稿》。先生见其书否？此间亦难得。

〔欢成〕未见。

〔舒怿庵〕我国最重贵邦书，如《孝经》一种，则考证家以为越唐太宗本而已。

〔欢成〕方今何人著书最为翘？

〔舒怿庵〕近时山东栖霞人郝兰皋先生名懿行，著《尔雅义疏》，长洲人陈硕甫先生名奂，著《毛诗义疏》，皆专守汉学，不用宋以后之说者。

〔欢成〕弟病未痊愈，胸中烦闷，请期他日。

〔舒怿庵〕先生病愈，则尚可赐高谈，惜哉！

〔周士锦〕先生贵恙何如？

〔欢成〕频受先生之惠顾，厚意感之犹有余，弟病大痊，莫敢忧。

〔周士锦〕面色大好，知已痊愈。

〔欢成〕昨日之书及印刻，再三展之弄之。其绝妙实难譬。万谢万谢。

〔周士锦〕万不敢当，过誉之至。

〔欢成〕昨初知先生即濂溪先生之裔，益使弟钦慕不能止。想先生犹爱莲，昨日被写莲花颇妙。

〔周士锦〕吾祖爱莲，弟却未可为爱莲，稍欲慕之。

〔欢成〕传闻濂溪先生住江南，至今犹有其迹。

〔周士锦〕非也，住湖南道州，所居左笼山右豸岭，中有月岩，在此读书数年，作《太极图说》、《通书》等书。程明道伊川两先生皆亲受业于门下。宋南渡时子孙有迁至江南耳，弟即其二十八世孙也。其本宗嫡长一派，现有世袭翰林院五经博士一官，以奉春秋二祀。

欢成按《宋史》，濂溪先生居庐山莲花峰下，前有溪，合于湓江，乃取州营道，所居濂以名之，有终焉之意。今所答与之同欤，未详悉。

〔欢成〕《太极图说》我国已翻刻，想犹可有未传之书。

〔周士锦〕先祖为宋儒第一，著书不多，有《道国元公志》五册，系后人所裒集。自著之书，《通书》而外亦少传者。

〔欢成〕《道国元公志》，载何等事件？

〔周士锦〕所载年谱及《太极图说》、《通书》、崇祀碑铭题赞。

〔欢成〕不得一看乎？

〔周士锦〕坊间绝少，弟亦未得之。

〔欢成〕圣庙配从之别何如？

〔周士锦〕复圣颜子、宗圣曾子、述圣子思之、亚圣孟子为四配。以下皆从祀。

〔欢成〕濂溪先生之庙祀何如？

〔周士锦〕道州有濂溪书院，规模与孔子庙略同，特稍次耳，以二程夫子配。

〔欢成〕长短句转韵之法，详闻之。

〔周士锦〕古乐府无一定之韵，若江南可采莲，莲叶何田田一首，全是天籁。后人所作，不过借题敷衍。至唐人已然，长短句与乐府等分之，作者惟于中后或作变调，若平忽仄，若仄忽平，则觉调高兴逸，自有天马不可羁勒之势，或戛然而止，有悬崖勒马之势，则得之矣。

〔欢成〕贵邦以几步为里？弟问之诸人皆异。

〔周士锦〕以六尺为一步，百步为一里，前人之制如此，弟试之亦不尽然。有称百里而行之，不止百里者，亦不知其然。①

〔欢成〕旅行者，极日之力，约步几百里？

〔周士锦〕一日百里。然南边百里觉近，向北则愈远。号称百里，实不止百里。

〔欢成〕松江府去上海若干里？

〔周士锦〕百余里。松江系府城，上海即其所属。

〔欢成〕松江府城，英兵守之，果然乎？

〔周士锦〕现有官兵，英夷不肯离此地。

〔欢成〕沪城外之军营，李鸿章总理之。城内之军营，何人理之？

〔周士锦〕藩臬共理。

〔欢成〕军营之人约若干？

〔周士锦〕弟于军务不知，亦未敢擅问。定例秀才不准言事，辱在相爱，偶谈所闻，亦道闻而途说也。

〔欢成〕岂然哉，岂然哉。

〔周士锦〕如到贵邦欲招先生，从何处问询？

〔欢成〕到长崎问蔡善太郎，则可知也。

〔周士锦〕后日尚当音问相通，今秋尚有人到贵邦贸易，如蒙惠书可，即交与带至上海可达。

〔欢成〕与先生一面如故，如加数日，则其乐几多乎。弟拔锚不远，一别万里，会见难期，唯愿此笑话莫相忘耳。我国禁通音问，弟若生翼，则一举冲贵邦。

〔周士锦〕先生乘船日，再来告别。

〔欢成〕谢谢。

① 谢公桓以二百五十步为一里，春舲云，以二百步为一里。我国艺州以七十二丁为一里，奥州或以六丁为一里。清国亦然乎？未可知。——欢成按

没鼻笔语　坤

〔欢成〕兄之姓名，昨闻之周士兄，看被惠诗，约知其为人，今也面会，何幸！

〔李步瀛〕弟与周兄其交厚，闻兄等在沪，未得其缘，今遂思慕之心。弟浅学，不能纵谈古今，请领教。昨所呈之诗，涂鸦污纸，不堪入目。

〔欢成〕大谦。

〔李步瀛〕贵邦何人能弈？

〔欢成〕弈之为技小数也，然间有学之者，设其科，自一段至八段，其上曰名人，秀和者是其人。

〔李步瀛〕今敝国陈氏子仙为第一手，却饶弟三子。

〔欢成〕弟之愚弟幼而能弈，未成童，已登二段科。

〔李步瀛〕今在此馆乎？

〔欢成〕不来沪上。

〔李步瀛〕明年倘有来，再商。今在馆何人能弈？

〔欢成〕不知。

〔李步瀛〕贵国中有数学否？如诸葛武侯精于数学者也。

〔欢成〕其人不少，古有楠某者，想胜诸葛武侯一等。今也尤富其人。

〔李步瀛〕《易经》有否？

〔欢成〕有。

〔李步瀛〕贵国人有能知易理否？

〔欢成〕其人不乏，难搂数。弟学《易经》二年，昨于书坊得《周易补注》，兄知之乎？

〔李步瀛〕妙甚妙甚！弟未看之。若看此补注，可稍明易法。

〔欢成〕弟幼而好读书，去年有所感激，欲观天下之风俗，要济世之一助，而道途有山水绝景之区，则看之以养气，兄意何如？

〔李步瀛〕此语极好，意思亦佳，好学之士往往有此想。然推及其至一旦豁然以后，则全然销去矣，悟道则别有一境界。

〔欢成〕欲悟道，却隐山林而厌世，或入佛氏之境者有之，其敝都不为济世之用。

〔李步瀛〕佛氏之学，敝国却有此一端，弟亦读过其书。弟以为大量者用之则同，小智者执之即异。敝邦有儒释道，释道教其中皆有至理，弟却能圆而通之，不知释道两教极至，亦为之俗儒，又为迂儒也，以法口于世，皆由人心愚鲁，闲却二氏，而以儒教化之也。

〔欢成〕当时朱文公奔走于佛之间数十年，然后文公自云：“我殆溺矣。”即是也。

〔欢成〕父炼斋嘱弟曰，得孔明之画像或诗赞则幸甚。兄若赠一诗，则父之喜不可测也。

〔李步瀛〕孝意可嘉，愿示孝心，如玉之坚。

〔欢成〕圣庙在何处?

〔汪士伟〕在西门。

〔欢成〕英人屯于此乎?

〔汪士伟〕无此事。

〔欢成〕然则守其门乎?

〔汪士伟〕此是关圣帝庙，非孔圣庙也。

〔欢成〕何故屯关圣庙?

〔汪士伟〕以前地基彼卖去，故改为天主堂，现关圣庙建立在他处。

〔欢成〕不然，兄所言是孔圣庙也。弟昨一周城外，入西门内，遥看圣庙，则巍巍然，近之则腥气满袖，岂图为英夷所住。弟入其内，不觉慨叹，兄何遁辞之工而又拙。

〔汪士伟〕弟避乱来沪，未详悉。

〔欢成〕贵邦人何故祭关羽?

〔汪士伟〕五月十三日关圣诞，在汉时单刀赴会，与鲁肃争锋。

〔欢成〕有何余德敬之?

〔汪士伟〕一生义协千秋，伏义为天下明，震于四海，可谓忠义两全。

〔欢成〕关羽义则义也，然以其一论之，赤壁之战曹操败走，关羽帅兵防于山间，殆将掳操，而使操脱危急之厄，岂可谓之义哉!

〔汪士伟〕因彼时王嫂同避难曹操处，三日一大筵，五日一小筵，临归时赠金赐袍，虽斩颜良诛首而报之，孔明知操不绝，使云长公一馈，后来又使玄德讲情，亦属为义超见。

〔欢成〕以始终论关羽，固不可为忠义两全也。然贵邦人敬关羽之义犹可也，方今受戎夷之鞭挞，不敢耻，岂可谓之有义心乎？

〔汪士伟〕敝国信关公者，以重义，他国之人再恨义，再喜孑闺。

〔欢成〕不然，我国贵义，秀于万国，故论义不敢苟。兄未知日本胆者也，岂有受人之鞭挞而不耻者！

〔汪士伟〕自唐以来，和好至今，可喜情理相同。

〔欢成〕兄以弟所论，莫芥蒂。

〔欢成〕去日尘事鞅掌无寸暇，今夕甚闲，请无隔意可笔语。

〔许霍生〕愿请领教。

〔欢成〕昨炮声甚嚣，然似空炮，果然乎？

〔许霍生〕法兰西及大英兵操演阵法，进退皆发空枪虚炮。

〔欢成〕其人数若干？

〔许霍生〕刻下两国共约五千，明后日势有进口。

〔欢成〕长毛畏英乎，畏法乎？

〔许霍生〕英法兵所到之处，贼皆畏。法有落地开火之炮，贼尤畏之，故名振而不敢进攻上海。若贼必欲逆犯，百姓併力击之。

〔欢成〕不待言。

〔欢成〕贼将为何人？

〔许霍生〕忠王、英王。

〔欢成〕其为人何如？

〔许霍生〕忠王乃笑里藏刀，英王如项羽一般拙躁。

〔欢成〕其人原来何等人，而为大害？

〔许霍生〕此本跳梁小丑，礼貌不知，渠意欲削漕粮，缘县令不准，从此聚蚁，掳纵火，种种造恶，各处所遇百姓，皆遭荼毒，有不能逃者，皆被鞭笞，少女污淫，富者重捐。若此则人众地广，而害更大也。

〔欢成〕传闻明末之人，然否？

〔许霍生〕本在广西，乃开凿煤山之乡人，非大明朱氏之苗裔。

〔欢成〕贼之奸害，实可恶，割肉食之，其罪犹不容也。

〔许霍生〕然。关羽云：“生不能啖汝之肉，死当追吕贼之魂。”

〔欢成〕僧王在何处？

〔许霍生〕在天津。

〔欢成〕管外事乎，理内事乎？

〔许霍生〕外事托僧格林沁、曾国藩，内事托恭亲王任理，与张昭、公瑾同。

〔欢成〕贼势蔓延，殆及十省，去上海十里外皆贼也，然而不征之何乎？

〔许霍生〕我中土废武事有年。

〔欢成〕贵邦地广人众，必不乏武将强卒忠臣激烈之人，然而贼锋盛者，想进举不得其人也。

〔许霍生〕刻下官员不论功名而论财帛，虽文武兼修之人皆隐之。欢成云：甚哉斯言也，其为人可知也！

〔欢成〕借英法之兵，防长毛，何拙谋之甚乎。

〔许霍生〕惟与彼相守耳。

〔欢成〕长毛近何如？

〔春舲〕现长毛改名天京，苏州改名苏福省。吾从者去年被长毛掳去，南京天王，伊曾见过。后掳出江西、杭州等处，直至前月，方得由苏州逃来。

〔欢成〕为贼所掳者是其人乎？

〔春舲〕然。

〔欢成〕为贼所掳，其间为何事？

〔春舲〕执爱火食，赈幸而未吃亏。

〔欢成〕欲与从者笔语，可乎？

〔春舲〕彼不知一丁字。

〔欢成〕长毛何人为头首？

〔春舲〕杨秀清瞽目占卜出身，已死，被洪妒忌而杀。洪秀全，此二人以为辅助天王。

在内逃出者据云，此二人不坐正位，中间系设神位一座，上写太平天国天王之位，亦是七日一礼拜。

〔欢成〕方今长毛所夺，其州县详闻之。

〔春舲〕江宁府洪秀全居之上元、江宁、句容、溧水、江浦、六合、高淳

苏州府　吴、长洲、元和、昆山、新阳、昭文、吴江、震泽

常州府　武进、阳湖、无锡、金匮、江阴、宜兴、荆溪、靖江

镇江府　丹阳、金坛、溧阳
扬州府　仪征、宝应
徐州府　宿迁、睢宁
徽州府　歙、休宁、婺源弟之生处祁门、黟、绩溪
杭州府　钱塘、仁和、海宁、富阳、余杭、临安、於潜、新城、昌化
嘉兴府　嘉兴、秀水、嘉善、海盐、石门、平湖、桐乡
湖州府　乌程、归安、长兴、德清、武庸、孝丰
绍兴府　山阴、会稽、萧山、诸暨、余姚、上虞、嵊、新昌
严州府　建德、淳安、桐庐、遂安、寿昌、分水
黑龙江宁古塔兵马尤利害，现为僧王所用。

〔欢成〕其州县之民为何事？

〔春舲〕现长毛窝内做贸易，须得法兵全去方安。故我今日动身，亦带二人去也。

〔欢成〕何畏法之甚乎，弟闻之慨叹。

〔欢成〕上海之人尚往贼之窝内贸贸易乎？

〔春舲〕现百姓与长毛亦贸易，剃头者长毛见之尽云（去）。在上海做贸易不妨。上海至长毛窝内做贸易，胆小每商船十只，用法二人押船。每天英洋四元。二人，此省亦到过，现无事。

〔欢成〕弟闻之弥叹息。

〔春舲〕其势然也。

〔欢成〕传闻长毛之外，有一种之贼匪，果然乎？

〔春舲〕现北边都城一带亦有捻匪，比长毛无用，不过不受发，方今被僧王扫靖。

〔欢成〕其余种尽消灭乎？

〔春舲〕近日闻得，有捻匪到省城。

〔欢成〕何处州县尤肃清？

〔春舲〕现在广东、四川、云南长毛捻匪皆无。最安逸东洋。我有亲友五家，皆于去年搬去，弟本籍是此处，安庆省及太平庐州均被曾国藩先后（收复）。

〔欢成〕东洋属何州?

〔春舲〕东洋有唐人会馆，我国贸易者甚多，英国人亦去，想是地名也，弟未曾到过。

〔欢成〕长毛唯贪利乎?将有大望乎?

〔春舲〕吾国“國”字中间，均写“或”字，惟长毛俱写王字。系自称为王之故。长毛之事，吾友谢炳曾做《金陵摭谈》书一本，上面俱有。

〔欢成〕我国人初到贵邦，必有市间之风说，敢问。

〔春舲〕贵邦人初到此地，民间传言，英夷至东洋，借兵三万，合破万城。并云：内有法术二人。此谣连万城内，长毛亦闻此信。至今到先生处，方知一切，所谓十里无其信。信然!

〔欢成〕万城在何州，且贼匪之所据乎?

〔春舲〕在苏州，是系长毛驻扎之所。

〔欢成〕兄所闻二人者，其姓名何如?

〔春舲〕传言。贵邦人一云名克原额，一云名广真子。一能腾云杀人，一能一日行千里。

〔欢成〕传言可恶。我国严禁邪教，犯之者当死。

〔欢成〕我国与外国，其为人何如?

〔春舲〕贵邦人情与西洋人大相违矣。贵邦淳厚可风，西洋全是霸道，我国称彼洋鬼子，黑鬼最不好。

〔欢成〕外国之事，道台总理之乎，或奏之而后理乎?

〔春舲〕都中各省，时有奏章进京，在上海奏章，三品以上俱可拜奏。

〔欢成〕三品以上独奏乎，出奏于宰相乎?

〔春舲〕由宰相出奏皇帝，理同治皇上年七岁，太后辅政，奏章进京，由相奏读于皇上，再候硃批发各省。我国硃笔写字唯皇上用之。余均不准。余训蒙童者只用硃笔圈点，系孔圣之书也。

〔欢成〕三品以下有所建白，出之于何处?

〔春舲〕均归三品以上奏。

〔欢成〕僧王、恭亲王何等人?

〔春舲〕恭亲王天子之叔，僧王系蒙古人，天子之主人家。

〔春舲〕贵邦占卜一道可行否?

〔欢成〕有之。

〔春舲〕请为我占卜。

〔欢成〕弟病未痊愈，郁郁不乐，请待他日。

〔春舲〕弟早间询之医生，细言先生贵恙之源，据云想由水土各异之故。用生甘草广藿香生姜贵国泥土一块，船上可有？放药罐内，同煎一二沸，澄清服之，若得痊愈最好，否则请医看治可也。

〔欢成〕厚意感之，惟恨泥土一块难得耳，除之何如。

〔春舲〕无土水亦可，医者意也理也，亦取谊而已。

〔欢成〕藿香、甘草出何地？

〔春舲〕藿香出广东，甘草四川，此二品药，明旦早弟当送上。

〔欢成〕谢谢。

〔春舲〕日本到此，几多海面，远否？

〔欢成〕海面三千九百里。

〔春舲〕先生去后，何时来？

〔欢成〕难期。

〔华翼纶〕所属画及诗书已就，特送正览，不堪入目，祈谅之。鍊斋先生所属题武侯诗，特代乞秦君澹如为之，其人有诗名，我国所重也。

〔欢成〕书画共妙，万谢万谢。题武侯诗，厚意之至，父之喜可想。

〔华翼纶〕弟无所能，但幼时学画山水而已。

〔欢成〕弟复泻痢，笔语不如意，请恕之。

〔华翼纶〕千万珍重。

〔欢成〕弟能自爱，勿敢忧。

〔华翼纶〕今时天气甚热，未知贵邦天气与此间若何？

〔欢成〕我国极热，不过九十二三度，想贵邦之暑，可过四五度。

〔华翼纶〕此间极热，过九十六度，极冷过十九度。

〔欢成〕冷气可畏，我国北越寒气尤严。

〔华翼纶〕贵邦种植稻谷若何，与此间相同否？

〔欢成〕顷日步乎田间察之，早于贵邦一月。

〔华翼纶〕我邦江西、湖广亦早。

〔欢成〕贵邦以何纸为上品?

〔华翼纶〕我国作画纸，以宣城纸为上，名曰宣纸，极好者曰玉版宣。惟此时贼匪扰乱，此纸未易得也。

〔欢成〕被惠之书画是何纸?

〔华翼纶〕宣纸也。

〔欢成〕此烟草味何如，我国名曰国府，尤上品也。

〔华翼纶〕味大略如湖广之烟草。

〔欢成〕可呈乎?

〔华翼纶〕可。

〔欢成〕弟到此地，未看山水绝景之区，请赐知。

〔华翼纶〕上海有水无山，九峰在松江，今被兵火，不得游。

〔欢成〕鸦片、邪教之有害于国家，不鲜少，今也公行，然而往往看饥饿之人，兄何不献白而救之。

〔华翼纶〕心有余而（力）不足，为之一叹。

〔欢成〕奸贼掠寇，比前日其盛衰何如?

〔华翼纶〕今自金陵以下尚有之，以上已肃清矣，此是曾相之力也。

〔欢成〕长毛之头目据苏州万城，果然乎?

〔华翼纶〕贼首现占金陵，在苏者乃贼目李秀成也。

〔欢成〕贼首设神位，祭天惑众，果然乎?

〔华翼纶〕贼首洪秀全广西人，其设神祭天，名称天主。然不过借此以愚众，非若西人之有天主教也。

〔欢成〕闻得兄频与贼战。

〔华翼纶〕约有四十余次。

〔欢成〕贼锋强弱何如?且用何等阵法?

〔华翼纶〕贼惟掳良民为兵，并无阵法。弟率乡民，惟以截堵抄包为战，因乡间皆水田，桥梁杂出，不能如平原布阵。

〔欢成〕贵邦所用之军法何如?

〔华翼纶〕敝邦所用法，亦随时随地，各有变通，不能执一。今曾相所用，乃古扎硬寨打配伏之法，现颇得力。

〔欢成〕以一法应万变之兵，焉有其理，唯应机投变，能得胜也。

〔华翼纶〕然。

〔欢成〕兄顷日与贼战，帅乡民若干?

〔华翼纶〕帅乡民七万。

〔欢成〕贼兵约若干，死伤约若干?

〔华翼纶〕贼兵亦有三四万，死伤百余人。

〔欢成〕李鸿章是何等人?

〔华翼纶〕是翰林，在曾相营中者。

〔欢成〕所引率乡民乎?

〔华翼纶〕所帅即是曾相部下之兵。此尚是第二等兵，其第一等兵乃是曾国荃所统，是曾相之弟，今围困贼首于金陵。

〔欢成〕传闻李抚军帅精兵二百，败贼兵十万。

〔华翼纶〕有之。

〔华翼纶〕弟村人有一妇，寿至百四岁，此人甚贫，朝不及夕，劳苦之至，然享寿如此。可见此事或由天授，或由自索之气，不在境遇也。

〔欢成〕我国海滨之人多夭，山中之人多寿，或因地气，或因饮食，未可知也。

〔华翼纶〕大约山中人食山芋，故寿。

〔欢成〕未可知。

〔华翼纶〕我将归吃午饭，请辞。

〔欢成〕请再来。弟痊愈，则可访兄。

〔华翼纶〕当再来，不敢重劳。

〔鬼奴〕不知其名姓。马诠在旁曰:“彼等鬼奴，不足语学。”我们来贵寓，为请教数事，可否?

〔欢成〕不敢辞。

〔鬼奴〕久慕贵邦尚文，兄所读何书?

〔欢成〕读《四书》、《六经》，旁阅史历编类。

〔鬼奴〕贵邦取士，以文章诗赋否?

〔欢成〕我国取士，以实行才略，不以诗文，然能诗文者不乏。

〔鬼奴〕贵邦敬孔子否?

〔欢成〕我国敬孔夫子胜贵邦。

〔鬼奴〕何故？

〔欢成〕昨至城内拜圣庙，无圣像而有英人。

〔鬼奴〕贵邦敬何神？

〔欢成〕我国万世一统，所以冠万国也，生民皆倚天照皇太神之恩德，故敬之尤厚。

〔鬼奴〕贵邦敬天否？

〔欢成〕生育万物者天地也，岂有不敬其大父母者。

〔鬼奴〕苍苍之天，有形之天也，非生育万物者也，生育万物者乃灵明之天也，故宜敬者，非有形苍苍之天，乃天之灵明也。故敢问，贵邦所敬之天，乃有形之天，抑灵明之天？

〔欢成〕天之宜敬者灵明也，岂有他哉。

〔鬼奴〕请问贵国教法，首从何书？

〔欢成〕《孝经》、小学、《四书》、《六经》。

〔鬼奴〕《明史》载贵邦名肇于唐朝咸亨年间，唐以前是何制度？

〔欢成〕上古之制度贵质朴，与夏殷相去不远。乃大化白雉年间，斟酌唐之制度，文质大备。

〔鬼奴〕考朝史籍诗集，似唐宋时贵邦客来此者多，何元明不至耶？

〔欢成〕唐宋之时，使节相往来，虽明永乐年中互往来。

〔鬼奴〕欲往贵邦遨游，可乎？

〔欢成〕为何等游？

〔鬼奴〕为利出游小事耳，为博闻广见大事耳。如可到贵国以博见闻，则人生之大福耳。

〔欢成〕博学多才之人则可也，不然则首足异所。

（点校者：冯天瑜）

海外日录[1]

名仓予何人

文久二年四月之后　受台命，自江都（江户——译注）出发，到崎阳（长崎——译注）。江户至崎阳的纪行另行记录在西游日记，当地官吏数名至本月才解缆赴支那。余亦有幸为御步士目付锅田君之随从。但此举意在恢复宽永以前之朱印船，然受官吏之台命而入唐，乃室町幕府以来稀有之事，故参与此行者皆有奇异之思，岂非一大快事。大小官吏及从臣姓名如下：

御勘定	根立助七郎	从臣	林三郎	会津藩
			纳富介次郎	肥州藩
调役并	沼间平六郎	从臣	深川长右卫门	肥州藩
			松本卯兵卫	
支配勘定	金子兵吉	从臣	日比野掬次	尾州藩
			伊藤军八	
御徒士目付	锅田三郎右卫门	从臣	木村传之助	
			名仓予何人	浜松藩
员外	中山右门太	从臣	山崎卯兵卫	肥州藩
			樱木源藏	
定役	中村良平	从臣	芳藏	
御小人目付	盐泽彦次郎	从臣	中牟田仓之助	肥州藩
同上	犬冢铢三郎	从臣	高山晋作	长州藩
医师	尾本公内（“同”之误）	仆从	峰　源助	大村藩
长崎会所吟味役并	森寅之助	仆从	长藏	
唐小通词	周恒十郎	仆从	藤太郎	
同助	蔡善太郎	仆从	福松	
阿兰小通词并	岩濑弥四郎	仆从	硕太郎	大村藩

① 全称《官船千岁丸海外日录》。

药种目付头取	渡边与八郎	仆从	传次郎
笔者格	杉田兵次郎	仆从	卯市
长崎商人	永井屋喜代助	仆从	惣吉
同上	松田屋伴吉	仆从	甚三郎
同上	钱屋利助	仆	忠助
炊夫		佐吉　清助　善吉	
		嘉市　兵吉　吉藏	
水夫		才助　姓五代　萨州藩	
		忠次郎　萨州藩	
		元右卫门　纹藏	

四月廿七日　大晴　大小官吏及仆从总计五十一名齐乘官船船名千岁丸　此船于八年前于英新造，此番以洋银三万四千元购之，其大小约为长二十步，宽三步半。雇英国人十五名，荷兰人一名，但英国人中有妇人一名。舟中杂沓，终日拮据，不遑喘息。

廿八日　晴　全船检查以备解缆，期以清早出崎阳。

廿九日　晴北风　拂晓解缆，发于崎阳，小舟三十余艘分列左右，导官船出港口，两岸有肥筑两侯之驻防炮台，俨然相对峙。巳牌完全驶出港口此处即为伊王岬，此时小舟三十余艘断开链索回崎阳，浮于大洋，然终日眼中尽是肥州之山。及夜，至五岛之南十里许。

三十日　北风暴雨　风雨甚暴，船身大为颠簸，然舟行甚疾，午牌前已过男岛女岛之侧男女二岛系五岛侯之封内，位五岛之西海上五十里，然其实不过离五岛二十里云云。至日暮，四顾茫茫，不见男岛女岛。此日推测为正午时，推测船只所在处，后来称为经纬，此处亦效之：东经一百二十八度五分，北纬三十一度五分。

五月初一日　北风雨　风雨愈烈，船体倾侧动摇甚剧，舟中什物辗转，无不晕船呕吐。此日推测为东经一百二十六度三十六分，北纬三十一度十六分。

初二日　天晴南风　舟之动摇稍减，然午后风力甚微，舟行迟缓。此日实测一百二十四度四十分，北纬三十度四十八分。

初三日　晴　风候甚恶，至午后全息，船只漂浮于大洋中，丝毫未能前进。官吏相议，诚以不得妄用船桨。此日实测东经一百二十四度三十八分，北纬三十度五十八分。

初四日 云起西南风 风烈，舟行颇疾。正午实测东经一百二十三度十分，北纬三十一度三分。至晡后（申时以后——译注），始见支那之山，舟中之人喜色可掬。其山初见时如云如烟，虽用远镜，亦不甚分明。渐渐山形可认，有山五六座，此山名鞍岛洋名萨都。薄暮，至鞍岛之北，舟行愈速。夜入扬子江口，鞍岛至扬子江计约二十里云或曰三十里。天暗，别无所见，唯见远处许多灯光映照官船。

初五日 云起 于扬子江溯流而上。风顺，舟行甚便。舟近南岸，距约一里许，然北岸则烟雨茫茫，不可望及。至辰牌，见北岸小洲，然犹遥在数里之外。其江流之大，实足惊人，然大舰巨舶来往之水仅宽约英里二里许云。巳牌后，至吴淞，泊船。扬子江口至吴淞计英里三十里云我国十五里。须臾，唐人英人来。吴淞帆樯林立，两岸处处可见村落，南岸长堤凹凸，炮台并列，此处为大江与黄江合流之处，但大江之横幅为几许里数，未知其详，黄江则似觉约在三十町（1 町约为 109 米——译注）。午后天色小晴，晡时西方七八里处失火，或云为长毛贼放火，未知其虚实。

初六日 好天气 卯牌，所雇汽船到来，引官船离吴淞，向东南溯黄江行少许，右岸有美利坚之馆，结构甚为宏壮。两岸有村落田塍，极目远望，未见一山，江中华夷船舶来往如织。行约英里七八里许，水折而向南，行三四里，又折而向西，午牌至上海县城在江右，江左为浦东。吴淞至上海计英里十五六里云。港内者商舶军舰，大小辐辏，帆樯之多不知几千万云。就中英船最多，但支那船之多本不待言。右岸，西洋诸国之商船栉比，极为壮观，实为支那诸港中第一繁华之所，比之传闻犹有过之。同舟诸士中有两人曾于前年赴美利坚，据其所云，比之美利坚之华盛顿、纽约，其繁华犹远胜之。午后陪侍登陆，至点耶洋行荷兰商馆之名，未牌前出本行行乃批发商，旁城徘徊于街坊中本行唐人向导。纵横约二里许，再至点耶洋行，遂归官船。泊船处之水名曰黄江或申江，乃吴淞口之上游。

初七日 小晴 在官船，终日立于船头，四顾眺望，触目之处一草一木皆见珍奇，人皆疑为梦中。此日船长英人携其妻去上海，归英馆。

初八日 大晴 官船上所有英人皆去英馆。午后陪侍至点耶洋行，从此处开始，官吏皆乘轿坐于轿内，轿两边有两根棒，用双肩抬起，不像本朝用杖，故轿夫步行甚速。至道台府，见道台吴煦，对话。其宫室之制，有如本朝神社佛阁。从点耶洋行至道台府计约一里许与法兰西荷兰之领事官员同行。起先，出点耶洋行，经街坊，行数十町始至城内小东门，城门狭窄，仅容双轿并行。入门，街衢纵横通达。但街间之路虽窄，比之城外则各户结构更为壮丽。路幅不过八九尺，店铺亦窄，每店约有二步或一步半。其繁华杂沓与本朝江户无异。又行十余町，始至台府之门。入门，有警卫房。礼炮三发，喇叭声起。从此，便经三道府门，及于宫室数道府门皆打开，自第一门至第二门、三门之间不过十步或十四五步。官吏并法、兰两国领事列座于正殿，吾辈数名列于似长廊之处。正殿挂一匾，写“镜清堂”三字。左右两楹联“时雨乡云斯人所望”云。须臾，官吏并法、兰领事等又移于别厅。道台之衣冠颇为壮丽，冠头珊瑚之径寸许，冠后戴羽毛。既设茶果数品并酒类。初为平常之茶，中途又出杏仁茶、红茶。下酒物有珍果数品乃上品果子。吾辈与道台之属员笔谈。吴煦道台之名出台府，送官吏至门内，至第三门，礼炮二发，喇叭声起。官吏再乘轿，至点耶洋行。舍轿，徘徊于街坊，所到之处，观者如堵。及斜阳，归官船。此夜英人数名来官船。

初九日　好晴　午前离官船，移于法兰西人之高馆馆名宏记。行李之转运，馆内之洒扫，甚为匆忙。本馆之构造仿效西洋，每堂之租金每月洋银一百二十元。

初十日　晴　至点耶洋行，得《上海新报》数张。阅此，载本月初三日贼匪陷湖城，城将赵氏殉难，贼匪逼近上海，是以本地戒严等事。薄暮，兰人图莫卜林古同乘官船来上海之人来，听其所言，贼匪逼近上海与《新报》所载相符。

十一日　晴　余于馆门小立，唐人群集观余，向余写字，有人问曰“琉球人欤？”实为可笑。此日官吏数名至点耶洋行，大飨。未牌，陪侍官吏逍遥于本城内外。观者甚多，几觉眩晕。内有唐人曾至吾长崎、横滨等处，见吾辈，以吾邦语问曰你何时到来，甚为亲昵。遂出至江滨，帆樯林立，前岸不可望见。数万船舶泊于江中，绵延达二里余，本港之盛，非吾浪华（古时通称难波，即今大阪——译注）之比。黄昏归宏记馆。

十二日　好晴　午后陪侍至法兰西馆，有酒果之飨。其酒有黄黑二种，均有酸味，不适于口。馆内看法人卖物，皆极为奇观。晡时离法馆，再至点耶洋行。

十三日　晴　午前至点耶洋行，李溟南者，本行干事之人，赠余本日之《新报》。阅此，载昨日上海英馆发虏兵二百名赴松江，贼匪闻之退回苏州云云。此日官吏数员至英米两馆，余留守。据闻，英馆之警卫甚严。午后食荔枝，其实味甘，小有酸味，颇为适口。

十四日　天色如碧　正当支那之十五日，和汉之月份大小不同，故有一日之差。上海之气候比吾长崎犹觉稍暖。上海位于东经一百二十一度二十八分四十五厘、北纬三十一度十四分三十厘之处，故比吾长崎有北纬一度半之差。此日余于馆门小立，有视余为高丽人者，余于唐人之掌戏题数字，此人为之欢喜，不洗其字而归家。本日渡边与八郎之仆病故，谓其或为冷彻疫。其他同来之人卧病者过半。但上海之地井泉少，大抵汲取江水，江水浑浊，其色黄，故投明矾使之澄清，仅够充饮。故病人之多，乃饮浑浊江水所致云云。

十五日　晴　昨夜炊夫兵吉亦患病。闻此，同来之人有叹归去来兮者官吏中有其人。可知其人志向低微，安于小成，必意今番官船不至他港，此心不问可知。午牌与林三郎同出宏记馆，徘徊上海城中。吾辈得许以随意外出，乃自今日始。先，到马路街，至书坊，寻找新出兵书，无有珍书。此后，徘徊城外诸街，过英人驻防之所，虏兵戒严甚紧，此乃为征伐长贼之备也。又，旁城门向南，自新北门入，游观城内甚久，出大东门，过书坊名九思堂，见余阳借箸十二筹系顺治中所著。归路，出至薛家浜，过江边，见有逃难携妻子住于船中者，其舟不知有几千百艘，其愍然岂可堪耶。黄昏，归宏记馆。此日，余徘徊街坊，稍有伫足，则人群聚观，其炎气难堪。又，路旁有丝竹交响唱俗曲者，有设小摊卖古董者，有相面者，有卖卦者。城边之繁华，其光景宛然与吾江户无异。此夜，阅《上海新报》，载有本朝公使至西洋，自英国归路为南花旗人所阻，再至英国云云，未知确否。

十六日　好晴　连日晴天，暑气甚，甚热，几不可堪。此日留守，不出馆内，只有笔铺之人以及一笔生许氏来访。及夜，与馆内堂人笔谈。

十七日　晴　辰牌，与日比野掬次、纳富介次郎同出宏记馆，至南马路街，访读书生顾麟、顾翯兄弟。兄弟出迎，次第就席。须臾，纳富子病起，吾辈惊而扶之出顾氏之家，归寓所。再与日比野子一同出馆，自北新门入，将至文庙，余小立问路，忽与日比野子相失，遂独行到文庙之侧，遇避难之书生吴峨士，笔谈。余欲拜文庙，峨士告余现今文庙为英虏之临时驻防，夫子之圣像现移于南门内也是园。峨士导余旁庙徘徊，遂到西门驻防，见侯仪、陈汝钦两士。侯仪为五品司马之职，曾为浙江之儒者。此后余屡访此二士会晤。与侯仪特相亲。但，西门正当长毛贼之街路，是以防卫颇严。故见五品司马之职者常在于此指挥。归路逢英人。其人揖余，导过酒店，劝余酒，固然言语不通，但呼“甲般、甲般”，余按之，西人之称吾邦为“甲般”或“雅般”者，盖为唐音“日本（色般）”之误传者也。其意甚诚，可谓奇士。晡后，归寓所。此日炎热难堪。寒暖计及于八十二度。

十八日　降雨　辰牌，陪侍出本馆，自新北门入，徘徊城内，过灯铺、古董铺、书坊等。自此出北门，午前归宏记馆。

十九日　降雨　辰后出宏记馆，独行至西门，访侯仪、陈汝钦晤语。午前离西门，到新北门，与老练将士论时事。晡时归寓所。又，夜间，略有酒杯之兴。此日未牌，陈汝钦访余，至宏记馆。因余不在馆内，与同寓之士高杉晋作之笔谈。其文曰：

兄何故来寻名仓？高杉

仆驻紫西门，与名仓职事颇称莫逆。今午蒙被过访，谈论时事，情投气合，固特专诚到此拜谒。陈汝钦

名仓去他处，请再来。仆亦好谈时事，然此乃吾邦官吏所在，故默焉。请兄书其姓名其居处而去，幸甚。高杉

仆姓陈，名汝钦，号勉生，天台人也。名仓职事知之。请君代为转述焉。陈汝钦

请问君姓名，在贵邦所司何职。陈汝钦

仆姓源，名春风，通称高杉晋作。读书且好武，常钦慕贵邦奇士王守仁之为人。一个书生而已矣。高杉

妙极妙极。陈汝钦

廿日　细雨　午牌，花旗国之船失火。方盛，时另有汽船来，引失火之船至江之下游。此日托高杉子致《兵要录》与西门之友侯仪、陈汝钦两士。书牍文曰：

昨赐顾特厚如之，陈君被狂大驾于敝寓，会弟不在寓，此亦弟之不幸也。所约兵书托高杉氏致之陈侯两君机下。若蒙赐电览，幸甚。但弟辞故国之日，百事纷扰，所赍兵书录属残缺，是为遗憾耳。伏乞高评大批。陈君患今如何，愿为国自爱。小弟再拜。

廿一日　降雨　午后出寓所，径过城与隍之间，至西门。城与隍之间相去十余步，皆为田菜，内多坟墓。既至西门，会晤侯陈两士。离西门，经城内街坊，薄暮归寓所。

廿二日　细雨溟蒙　终日不出馆门，只于馆内与唐人会晤。

廿三日　天晴　辰牌出寓所，至新北门，访杨溥、方瑶卿两士此二人均属多经戎行者，故前日余会晤此二人，于兵法颇有发明之处。杨溥因任奉贤县知县而去，方瑶卿任浙江巡察之官，现今在上海。闻其今天不至本坊，因与在防之兵士刘文汇等数员谈论时事。遂去，访儒医张玉书玉书之家在北门内。此家有书生数十人。余入其塾内观之，多童子，有习书法者，亦有读书者。童子大抵学《劝学歌》、《劝悌歌》、《神童诗》等。盖使初学之童子习此等书，似乃其风俗也。此后出新北门，过兴圣街扇铺，为他人买扇面若干。归寓所，时晡，更出馆，徘徊街坊。时见童子，眉宇清秀，知其为不凡之童，余与之立谈，此儿仅为成童，其才实堪惊叹。遂相携过茶馆，笔谈久之分手，黄昏归寓所。

廿四日　小晴　午后，避难之人华毓庆来，所谈事详见于笔谈。此日天甚热，寒暖计及于八十六度。

廿五日　晴　终日在馆内。无事可录。

廿六日　好晴　午后到新北门，晤语刘文汇。去此，至西门关帝庙，适道士朱逸山。道士虽剃头之四边，然卷发插簪。其居所结构甚为壮丽。遂拜关帝之神像，左右有周仓、关平、赵来、皇甫四像。盖似为陪侍也。庙门有关帝庙三字匾，其上题奉旨崇祀。又，庙门之左右有下马碑，其文曰：文武官员军民人等至此下马。下马碑之文无论何处均同此。去此，到西门，访侯陈两士，汝钦患眼卧病，闻余来，勉起见余，然不能取午牌，与侯仪笔谈数番，出门，黄昏归寓所。

廿七日　小晴　辰后陪侍乘小舟浮于黄江，顺流而下约我一里（日本的1里——译注），到修船厂。此地名曰廿三堡二图。此厂乃七年前广东人所建，此后卖与花旗人云。其修理之方法，将船引入并掘沟，又其沟口有一制作为船形之大水门状物。欲修船时，即打开其水门状物，自黄江将船引入沟内，又将其水门关闭，将船所在之处水去干，即可修理。巳牌去此，复乘小舟，至浦东造船厂。其结构远劣于吾长崎制铁厂。于其旁园中见许多柏树吾邦传闻没有柏树，然日本之士五代才助见此，曰此于吾萨摩州甚多，有叶表白者，亦有叶里白者，称为表柏、里柏。据此，则难言吾邦无柏树也。午牌乘小舟归宏记馆。

廿八日　降雨　辰牌独行入新北门，到南门内名曰一云庵之梵刹。方丈喜设茶果汤面等飧余。详见笔谈中。方丈导余观堂内，结构颇为宏壮，僧徒有六十余人之多，然小门之矮小，僧之头秃，则与本邦同，唯觉衣裳略异，正堂安置药师佛，龛上题"佛光普照"四字，外堂安置周仓提大槌之木像。问此寺之宗门，答曰临济正宗。午前出本寺，至西门内，访关帝庙之道士，适见道士奏仙乐，道士数人列于左右，有击金者，有击鼓者，又有鼓琵琶者，中央有一道士，置金丝如斯之物四个，先取两个，极尽奇曲似吾邦之转陀螺也，又加一个，最终又加一个，共取四个，旋转自在，施种种妙技，乐终时，一士人马诠来，与之笔谈久之。出道士之家，至西门，城门既锁，因与侯仪立谈，匆匆去此，取北路，出新北门，归寓所，日正黄昏。

廿九日　大雨　午牌陪侍自新北门入，到西仓桥在西门内，访马诠，诠大设茶果，飧官吏及吾辈。此日，余司笔谈之事，与诠共谈时事。日斜，出诠家，过新北门，黄昏归寓所。本日以雨甚，道路泥泞颇深，尤于城内偏僻之处有草茅堆积不洁之所，步履甚苦。

六月初一日　雨蒙蒙　午后自新北门入，到西仓桥，代官吏访马诠。晡后，出马诠家，经太平街，黄昏归寓所。

初二日　天色溟蒙　馆门小立，路人群集观余如前。上海虽谓炎热难堪之所，然梅天霖雨如是，故颇觉清凉。

初三日　天始晴　辰牌独行过新北门，至一云庵，适逢本寺客众杂沓，因去此，至文庙时，英吏数人导余观庙内。余观之，其结构甚宏丽，大成殿等之匾额犹存圣像现移于南门内也是园之小字也，然晒英虏之白衣，各堂之腥风犷气难堪但闻文庙乃为英人之临时防所，西门内另建英人驻防之所，待告落成，则转移之。然其光景实可见支那之衰世、国势委靡不振之一端焉。英虏之头目向余强劝酒，故余傲然平坐于众虏之铳炮白刃中，独倾一太白。须臾，一虏携数张夷画来，示余，余观之，似乃此番赴西洋之公使等于英国之都府伦敦见英王之处之画。又一虏来，借余之墨盒，书汉文数字，余亦作数字示之，其作手势似略解文意。久之，去此，到西门，与侯仪笔谈。此后出西门，经英馆马路街，至斜阳，归宏记馆。

初四日　雨溟蒙　晚步，见黄江之水涯小舟栉比，大抵系避难之人，又有细民携家住舟为人转漕者。妇人尿时皆用桶，不独于舟中，似于各家中妇人亦大抵用尿桶。余尚未见如厕者。

初五日　天晴　看《粤匪记略》，详记长毛贼起事之所以，及掳掠之形势等。此书当时即绝版，此日馆内之唐人张云为余托人取来生柏树，赠余此书，此乃前日余谓吾邦无柏树，故渠为余如此安排也。

初六日　好晴　自五七日前，卖书卖画之人，鬻其他什物之唐人来寓所，日日杂沓，卖物满座狼藉。时而亦有文士武弁来访者。晡后，徘徊于小东门外诸街坊，过书坊见珍书《金陵癸申摭歌》此书记述长毛贼形势及广中年中之事。黄昏归寓所。此日途中见三品以上大官过。凡三品以上大官到，其仪仗大抵先有旗二三面或四五面，次伞，次偃月刀白刃也，次步兵之样者二三人或五六人，佩大刀，次大员之轿，轿夫六七人，旁有小姓士两三人，次有乘轿士一二人。本日甚为炎热，寒暖计及于九十度。

初七日　小晴　辰牌出本馆，到新北门，与防士刘文汇等会晤。时有一奴，来驻防，有种种说法，须臾防士大怒，命轻卒缚之，轻卒受命捉奸徒，取其辫，将其发缠缚于防所之柱，其辫发长垂，故无须另用缧绁即可缚之，可谓一奇。此后，出小东门，午牌归寓所。吃了饭，再出本馆，入北门，到西仓桥，访马诠，其举家出迎，遇余甚厚，晤语极欢。诠示余兵器数品。余先取佩刀观之，其长仅一尺五寸，觉为钝刀。继而看枪，杆长约一丈，刃长五六寸，似以钉锤扁而成。又有喷火筒，此乃与《武备志》所载无异。晡后，出诠家，到西门，会晤侯仪、陈汝钦等。须臾，英美通事来，入防就席。此人曾来我江户，故略会日本语。此后，出本门，黄昏归宏记馆。此夜，吃鳗饮酒，极有兴致。鳗之味甚美，且其价廉。

初八日　好晴　午后马诠来。

初九日　云起　辰前，唐人有罪，缚于馆门之扉，此亦以辫发缚之辫发之长者几于齐身，短亦过腰。午后过西门外，过诸村落，看民间之风俗。耕耘之样，田亩之形，居民之模样，都与吾邦无异，但水牛驴马多，又有客民避乱之人来假居。或仅有巍然之门，其内皆田塍，实乃乱世之光景，不堪愍然。此后到小东门外里仓桥，偶然过王互甫之家，与其叔父王叔彝共语。叔彝去后，互甫出迎，导余至一室，共谈时事。忽有一缙绅之目光炯炯者来就席，即二品武功将军侯小山是也侯小山乃互甫之岳父。侯将军与互甫均待余甚厚。余与互甫约一二日间到大南门外看李抚军之操练。斜阳，出王氏之家，沿城隍经东门外，黄昏归寓所。

初十日 好天气 辰后，陪侍经马路街，巡历夷场，处处有炮台西人所作之炮台。炮弹十四磅以上，设迦炮五七门。其有炮间涂成黑色者。此后，沿黄江，过海关前，归寓所。未后独行至新北门之防所，看刘文汇。须臾，一衣冠来，此乃四品知府名严伯雅者，文武兼全，杰士也。事见笔谈。后伯雅赠余诗集一部。观此，乃自著也。此后出小东门，斜日，归宏记馆。

十一日 晴 辰牌出本馆，访西门之友侯陈两士会晤，久之出防所，到西仓桥，看马诠。日正午，诠为余设牛豚鸡肉等之盛馔，此皆非余口所适，勉强下箸，且食且语，未前辞西仓桥，出小南门，到王互甫之家。互甫使人导余到李抚军之操场互甫有故不能伴余。此日适逢有故，晚操休假也每日有两度操练，辰操始于卯牌，终于辰牌，晚操始于申牌，终于黄昏云。余不得已，欲去此，营士侯德斋止余，使看操也。余又入营李公军营之外门称辕门，观之，兵勇皆在于似我兵家之所谓乐台之大帐内。此谓帐篷，每帐篷十人至十四五人，多者计容二十人也。又每营凡可容五百人，营内旌旗数多，列立迎风，颇为壮观。每营门备虎蹲炮二门于左右。每营之大小觉约为五十间（1 间等于 1.818 米——译注）见方。晡后出营门，与王氏之人别，黄昏归寓所。李公之营外多田塍古坟，自理仓桥至操场。计约我半里。

十二日 晴 午后，李抚军之营士侯德斋来详见笔谈。

十三日 晴 早起出本馆，到新北门，访诸友。此后徘徊城内街坊，出小东门，辰后归寓所。昨夜闻同馆之人语，支那之官军被创者四人入病院就医云。后闻此乃去上海我二里（日本之二里——译注）名红桥（即今虹桥——译注）处李抚军率兵与长毛战，破贼匪十万之众也。此四人之受创乃出战红桥之故也。晡后散步夜归。此日天热如焚。

十四日 小晴 长崎同来之兰人图莫卜林古乘英船再往崎阳，午前来告别。此日兰通事岩濑弥四郎仆硕太郎病故。

十五日 好天气 昧爽出宏记馆，独行过西门外，到李抚军之操场。此日亦因望日而休操之故，观兵勇皆齐衣冠，见长吏，述望日之贺。礼终后，与司马张氏笔谈。张氏云，除朔望两日之外，每日有晨晚两次操练，君可来看操云云。余谢其厚意，出军营，遂到南门外，访王互甫。互甫未起来，在门内外厅与家仆等笔谈。此时互甫出来，导至一室晤语。侯将军亦在座。及余归，侯将军送余到外厅，其他送余到门外。此后沿城隍过东门外，午时归宏记馆。午后又出馆，到西门，看陈汝钦。侯仪中暑卧病，未遇。遂到西仓桥，访马诠。及日斜，出新北门，黄昏归寓所。

十六日 快晴 留守，终日未出馆门。官吏数员到道台府。

十七日 快晴 昧爽出本馆，自西门到李抚军之操场。自马路街过英虏之驻防时，东方始白途中犬儿见余，吠甚，随来，逐之仍随来，大窘。渐到西门外，闻枪炮之声自西门至操场约二十余町。既到操场，操方盛也。数十营皆各自操练，旌旗之色，金鼓之声，铳炮之响，令人想战争之情。余先至张氏之营，幸操未始。于是，自营门鸣角，旌旗出，全军齐列至操地。操地每营门各有别。余观之，第一旌旗四五面，次长炮十门炮长一丈许，弹丸之大为玉目百钱至二百钱，一人持炮头，一人持炮尾，另有三人立于其后。每炮均如是。次旗二面，次小铳约二十门弹丸五七钱或八九钱，皆火绳铳也。次旗二面，次枪约二十杆长二步至二步半。次旗二三面，次长官，金鼓角备于前，左右侍兵五七名。此为一队。如此装备之队列，每营出四五个，行军之法皆列为一行。既至操地，长炮左右各列五门，列为竖行，其间相距五六步。次小铳左右各列十门，比长炮小，退而列于长炮之外成一行。皆旌旗先导。持旌旗者，指挥枪炮步，故乃我邦之组头、小头之类也。次枪手左右各列十人，竖列于铳外成一行。此亦旗手先导使就列。次长官，备金鼓角，立于长铳之内后，每队皆如此分布为四方形。但觉行军无鸣鼓角等事，亦无此步法之齐。诚然，全军如此徐徐而出至操地，以其磨练之功，步法自然甚觉整齐。全军列阵将终之时，有立而备之者，亦有坐而备之者，皆可随队长之意。但立坐进退皆以旌旗号令立时则旗竖，坐时则旗卧，进退亦效之。时角声起吹角发令甚少，长炮自前排左右发放发放时，持炮头者左足向前踏出，用力架于肩，持炮尾者瞄准，立于其后者以指持火绳点火。发放终，即自内面退于最后列，装火药装火药时，持炮头于肩者司之。前列既退，后列稍进发放，其法如前，发放完又退后列，又进而发放。如此两番之后，以旗导之退至后面。此时小铳稍进，左右均自前列发放，其旋转进退如长炮。但亦有许多阵于队内将小铳列成一行一齐发放，亦有排成竖行发放完即退者，或排小铳于圆阵，自前面次第发放，如此循环无端，极尽手法。小铳发放既终，枪手进，有单一人入枪者，亦有成横排入枪者。枪之舞法大约似《纪效新书》所见之形状。不用说，李抚军之阵法，兵制都以戚继光为法，八队列法似亦仿效戚子之鸳鸯阵而竖成一行金鼓旌旗等指令约束皆与《纪效新书》所载甚为相似。又，长炮发放既始，金鼓响击不已。队列进退之际金鼓响击多。诚然，金鼓之调有其缓急。此乃相当于吾兵家之所谓序破急（序破急为日本舞乐、能乐的三个不同节奏的构成部分——译注）之大鼓也。小铳发放之际无金鼓合击，乃随金声号令发放，此时金鼓均于士卒右列之头，略微隔开且退后，列队。每队操练之式大略如此，此即名为八卦阵。盖因队列分布八方之意而名之。在支那，以郡县之制度，兵少而勇多兵者谓列于士林以上者，勇者谓募乡民而为卒者。兵着戎衣，勇不着戎衣，只着披肩样物。李抚军之营中，大抵为湖南湖北招募之乡勇，全军一万六千驻扎于此云。以上，八卦阵之操练既终，每队成一行，行军退下，绕营地一周，又进，前数队合为一阵，左右成长列，为双龙之形，又将进时，士卒齐发声喊杀敌，跑步前进前进时步伐无规定，仅以势盛大步奔前而已。诚然，左右各一行，队伍不乱而进。忽集为双龙阵，其分合之皆依号令约束。如此一分一合两番之后，左右相向，齐放枪炮。但右龙发放时，左龙坐备，左龙发放时，右龙坐备。其后，双龙共向外面，左右枪炮齐放。此阵名双龙出水阵。将领坐于马上，引率亲兵于前后左右，排列于双龙之尾，枪炮发放毕，观麾下随金鼓之调而舞偃月刀。及观其终，全军成二行行军因双龙故而成二行也收兵于营内。以上所操者乃张氏一营之操练，兵勇亦不过五百人。余又四顾，望郡营内，旌旗迎风，炮声轰地。然余无暇皆观其操。此后，经他营之操地，行约我半里许，到大南门，入门，过街坊，过新北门防所，与刘文汇晤语，午前归寓所。余之同来之人，观李抚军之操练，有大为诽谤者。此可谓全然不懂兵法者之谈也此番支那之行，官吏以下士流之中熟知兵法者恐不多也。其故乃吾朝承平既久，无干戈之动，又虽有兵家者，仅学偃武以后之兵法，未曾知晓实地施行之兵法，偏又喜西洋法虏之阵法，火器之新奇，信之厚也，故其人常思吾邦之刀枪宇内无敌，又深信西洋火器之猛烈无可当者，如此等之人看支那之操练时，确实刀枪既钝，火器亦拙，故诽谤之，诚如所言也。然，李抚军屡从此营出兵破长毛，于实地施而试之，可谓磨炼之阵法也。又其进退分合之妙，殊堪惊人之处甚多。尤其平常如此布置军营，并置联络斥候远出我二三里外，略无间断，以防贼匪，此于本朝乃稀有之事，岂非可注目潜心玩味之事焉？余又窃谓，支那自道光鸦片之后，以来至咸丰之辛酉，与洋虏战屡屡致败，然阵法兵制依然仍其旧贯，决不仿效虏风，纵令世人有谓之非愚即狂者，余则赞赏其为守气节而不失者也余观其称夸西洋者，有气节者甚少。又，守气节者，其迹近顽固，故世人或有误认有气节者为非愚即狂者也。夫今以支那之弱兵，且以旧来之拙劣之火器，与西虏战而亦有取胜之时，何况以本朝武勇之兵，采用西虏之猖獗并军舰之制，此所谓如虎添翼，则西虏之猖獗不足深忧也。然，阵法兵制亦仿效西虏，则失气节而事大也，岂非惑甚耶？金鼓之击法与我诸兵家之所说不同，无定数，尽力击打响之而已，然其内自然有舒疾，乃存序破急之意也。用于实战似乎如此自然行之即可矣。大抵其号令约束比之本朝之操练似觉甚为简易。此皆实地施行之真正练法，余不敢非之。此日有西虏两三人来观看操练者。晡后，余出本馆，至新北门，访诸官。此后游步于南门外，至夜归寓所。

十八日　碧空无云　巳牌陪侍至官船。余即返陆，自小东门入，徘徊街坊，出新北门，午时归寓所。二三日前，官吏相议，以本月廿二日为乘舟之期回帆尚未有期。初，有到天津之议，后有欲至宁波、乍浦之议。其议最终皆以作罢，决径回东洋。于是有志之士皆有失望之色，有大为叹息者。此亦时势之不得已耳。

十九日　快晴　卯后出寓所，过新北门之防所，此后见西门之防士侯陈两士告别。午前到西仓桥，与马诠晤语分手。出大南门，欲访理仓桥之王互甫，误走至互甫之姻亲之家，其人大惊，速导余到理仓桥。前日余曾与互甫相约于本日午前至君家会晤尽欢分手，故互甫预使人奔走诸方，故此日缙绅家内能琴棋书画者均早来相会，候余到来事详见笔谈。余既至互甫之家，出迎者甚众，又门前有车马，可谓快事。余至花□就席时，众客皆来揖。既而互甫劝余围棋。与余对弈者姓汪氏，乃一老翁。余谓戏试一局，起坐至设棋之所，就席观之，棋盘亦与本朝异，无脚，棋子亦小而厚。既及围坐，汪氏取黑子四子点于局上，余敬谢不敏，汪氏遂取黑白子交互如此置于局上，故觉棋法略有差异。然业已临局，焉得中途作罢，余取白子，互下数子，及其下子则与本朝棋法无异。及至终局，算子目时其法稍有不同。戏二局罢。又闻弹琵琶，其曲甚觉雅致。其他满堂佳客，书字赠余。互甫之弟描数张画，寓意送别，赠余。黄昏分手，沿城隍过东门外，至夜归宏记馆。

廿日 好晴 昨夜至邻馆法国之旅馆也，看西人之歌舞。一人弹胡弓，有二三人唱。又，舞者皆两人成对，携手，但见脚动。脚步似滑，合胡弓之调而舞。此日留守，不出馆门。唯乘晚凉得以逍遥于江边。

廿一日 降雨 午前王互甫之使者来，送《兵家录》并评文一张。此乃十九日余至互甫家时，出《兵家录》，乞侯将军并王互甫两士批评，故本日送来。余作答写曰：乘舟之期稍有推后，是以明后天内欲再访互甫家。

廿二日 小晴 午前司马侯仪遣使赠送别诗一篇。侯仪乃余友人中最亲者。看其笔谈及其诗之序文即可知之。侯仪本为西术之儒员，然历官登庸司马之职者。其人淳良，且才学兵学颇有过人之处。后之亲者乃王互甫，互甫之才学看笔记可知。

廿三日 昨夜大雨今日雨罢 辰牌出馆，访新北门之友人。此后过城里，出小南门，到理仓桥，访王互甫，大有兴致。其兄弟姻亲之会文会武者遍会之。尤以互甫之舍弟申甫曾经咸丰中戎行，已二六岁也。余在上海，见过曾经戎行之人不少，然觉此人自带杀气，与承平之人不同。此日互甫在座，忽申甫自外而来，告云：得信即日曾抚军围攻金陵之官军都督也克复金陵云，未知此事确否。未后，出互甫家，沿城隍到西门，看陈汝钦。此后到李抚军所统之军营，看晚操。既系申半时辰，故诸营之操练大抵结束，然尚有残操两三队，余看其一操。其操法大略随鼓声之疾舒，自然士卒进退有序破急。紧敲则士卒步乱而大步奔进，当然队伍丝毫不乱也。又，旗之卷舒自由，枪炮手之进退皆从旌旗之所指。支那无吾邦之指挥刀类物，皆唯以旌旗指挥，此乃自古亦然，无庸吾之赘言也。乃击金时，旗止，炮手亦止，旗小伏。则炮手拟敌打放。旗手举旗，则炮手随之转身，后炮又进，如此打放数回，旗手随鼓声急步退转，又进，挥旗圆形，则炮手随之成圆形，自前面循环打放。本队之长官始终端坐于稍后方。一队之人员觉总计不过百人，然备旌旗十面。炮手打放未终，太阳既已迫于虞泉（太阳下山？——译注），故余匆匆去此，自小南门前过大小东门，夜归寓所。在余归寓之先，王叔彝送来自著诗集一部。此日在王互甫家看珍龟，互甫云此龟能制蛇，故自蓄龟以来数年之间庭园内未见有蛇。余观之，其形似鳖。此亦详见于笔谈也。互甫更携《武备志》来，看见《日本略记》，有许多质问，互甫曾云其欲将所闻贵邦之现状加于日记中。余亦向互甫问战场之情态，于兵术得益不少。余与互甫情好日亲，有种种问答，然其中不可闻之于他人处亦不少，故其书入火中矣。前日侯仪使人赍来送别之诗时，余作答书托其人官吏常诫余，云归朝之后，若有自支那送来之书柬落入长崎、或横滨箱根等镇台之手，此将即将至阁老执政处，其间难料，其时将引出不虞之大祸矣。既如此，即将所送支那人之答书录于此，他日若有不虑之事，以此一证。

> 弟谨阅高制，笔彩墨光粲然夺目，至立意之妙，字句之音，则弟辈实不能赞一辞也。恩赐之厚孰大焉。弟将奉之归故国，为轴子悬之于座右，朝朝暮暮视之，以慰一日三秋之情焉。但一别万里，后会难期，奈何之恨不知绝期也。加之敝邦有禁不许通信问于异域，又不许受域外之信问也，犯禁之罪，受祸不测，是特以为憾。愿大兄为国自爱，以身报国，片言不尽意，头与泪共垂。六月念三天　日本辱交名仓敦再拜。

廿四日　小晴　立于馆门，黄江一览。晚凉风景最佳也。上海之地驴马多，使驴马牵车，看其虽小，颇为强健。

廿五日　晴　晡时陪侍到道台府自大东门入。府门无礼炮喇叭等事。黄昏出大东门，归宏记馆。但官吏依旧乘轿。

廿六日　好天气　巳牌至新北门，会晤刘文汇。因知府周存伯其旧送余书及画。午牌归寓所。

廿七日　小晴　搬运支那物品诸产至官船。吾辈监之，终日匆忙。

廿八日　小雨午后晴　昧爽出寓所，独行过西门外，到李抚军之操场看晨操此时尚未降雨。其操法与前日所观略异。观之，铳手成一列横列，同放二三次，分左中右退至后面以备。枪手代而进前横列，一齐舞枪，终而金鼓合击而退。枪进退均架于肩，铳亦然但肩枪者与洋枪队做法不同。营门备虎蹲炮，火药藏于土窟之内。营门仅开前后二门。每营皆然。巳牌去此，至理仓桥，访王互甫。侯将军、王叔彝等均在，晤语尽欢。未牌告别分手，出王氏之家此日侯将军送到门内，其他送到门外。沿城隍，过大小东门，归寓所。

廿九日　晴　定以后日为登舟之期，是以行装纷扰，终日甚忙。

三十日　小晴　早起到小北门，欲逢刘文汇告别。文汇尚未来上本防，因去，归寓所。

七月初一日 好天气 巳前出宏记馆，至新北门，见刘文汇等告别。此后到西仓桥访马诠是乃代官吏到诠之家也。匆匆告别，出新北门，午牌归宏记馆。于诠家笔谈中谈及浴户之事，支那到浴户洗浴者仅为男子，女子即使为幼女亦绝无外出露出肌肤者。又问浴价，浴官盆其价九十文，其他有二十文、三十文云。此日归装既成，未牌上官船。晚来凉风起于船头，颇扫暑热。

初二日 晴 在官船。一官吏云：“此行欲巡历支那有名之五港，而仅于上海即回帆，甚为遗憾。所有长崎官吏商人均言：自然此行从最初开始就没有大玩一番之意。今番所雇兰人之船长、按针役共计十名，本朝大小官吏、从臣等总计四十八名五十一名之内三名故，加之兰人，在舟之人员有五十八名。

初三日 晴 尚未解缆。未牌上陆独行，漫步于东门外薛家浜地方，时吃杂果西瓜、甜瓜解热，晡后归官船。连日晴色炎热如焚，舟中特甚。上海之地，域外大抵汲黄江之浊水，蓄水大瓶，投明矾其中，待水清饮之。亦用过滤之水。吾辈皆饮此水，故同来之人遇其水土之异，未有不受病者。然上海多蓄冰块，和之以糖与水，有于路旁鬻之者，足以愈渴。此日于小南门外看巡抚院通行。其仪仗大概旗四面，枪四杆，步士十二三人，皆佩刀。观之，前无刀室，后无刀头，左手携之，横于腰边，轿夫七八人，轿之左右士四五人，后有乘轿之士二人。

初四日 晴 自昨日水舟来，蓄水于官船。看其移水，所用草囊为围约三尺余之长物，将其囊口插入进水处，舟上有机关，四五人摇动其机关，水溯上升，移水于官船。今朝亦移水。此日唐人官船来，闻其谈大尺之度，以吾念佛尺量其官尺，有一尺一寸七分，苏尺为念佛尺之一尺一寸二分，西尺为念佛尺之一尺一寸零四厘，木尺为念佛尺之一尺零六分八厘。与余之见闻录所记度量衡之条相比较，可知其审。晡后公事全毕，明日若非卯牌则为午牌有所雇汽船来，定以其时辰为回舟之期。半夜，舟中苦热，与高杉晋作起立船头纳凉。忽西北有失火。炎焰指天，然计其去此大约我五六里之遥也。

初五日 小雨 卯牌等候蒸汽船至，尚未到来。因降小雨，热气稍减。舟中同志诸士聚首，余谓曰：此行得益处唯有观李抚军之军营，李氏营中常如与敌军相对峙，其营形阵样实乃决非于本朝承平所能梦见也，施之实战正宜如此云云。友人之中有信余之言者。过午牌，蒸汽船来，有官船起碇之暇，及于未牌，官船出洋泾浜。黄江之流屈曲，故或向北，又向西，又向东北，行约我七里许，及于斜阳，到吴淞，碇泊。风自东北吹来，舟行盖不易也。蒸汽之引船到吴淞才解缆归上海。吴淞亦又一都会之地，人烟颇为稠密。然，吾辈不上陆，是以此地未能详也。有英人所著之黄江之密图，水之深浅，舟路之便宜，记之甚细，然时有暗沙之变幻，是以兰人雇用熟知上海水路之人，至吴淞。此日午后雨罢起风，颇为扫热生凉。

初六日　天有云　辰牌起碇离吴淞东北风。自此出于大江。至巳前，近南岸，约有一里许，而北岸远不可望，唯见有小岛洲渚于我数里之外，然以在江中，波清平静，舟之动摇甚少。时而看北岸，实如一发，江水之大，观之可知。午后出扬子江口水色犹浊。自此觉舟稍有动摇。辰初，取航路。水路向导之唐人到扬子江口解缆，乘小舟归去。黄昏到鞍岛洋名萨都之侧。鞍岛去扬子江口约我二十里之遥云。

初七日　好晴北风　取航路向东，舟行颇疾。四顾茫茫，不见寸碧。午后舟北一里许见有唐船，或谓来往于朝鲜之商船。海上凉风动，忘苦热。

初八日　好晴北风　舟行最疾，巳后渐微。过午牌，风全罢，唯漂于洋中。

初九日　晴风未起　无风，漂于洋中如昨夜。此夜月明，有舟中钓鱼之兴。

初十日　好晴丑寅风　风逆，舟行不自由。到巳牌当辰初，始遥见男女两岛男女岛系五岛侯之封内。到午时，山形渐见分明，然风微且逆，是以不能直指东方，只得略向东南取航路。及斜阳，风小转北。

十一日　晴丑寅风　早起立于船头翘望。所谓男女岛者，近在北方一二里之间。以此始达于大日本海，是以舟中之人皆有喜色。然风不顺，故舟不能进。午牌取航路向北，到女岛之西北六七里处，漂泊洋中。

十二日　好天气东北风　辰牌遥见五岛。然风犹微，是以或走南，或赴北，不能取航道于一方。午后到距五岛二三里处，见群岛处处散布，渔舟商船往来。晡时，风力颇烈，舟行如矢。

十三日　快晴寅风　晓来望东方，见野母崎肥前洲之山近在二三里之间。灯光点点照射官船，内景宛如画。须臾，旭光生，西肥之群山皆在眼中。然逆风如昨，是以舟行甚苦。及至巳牌，到距伊王岬近一二里处，舟漂流，舟不能进岬内，因走北一二里许，向东，犹不能进岬内，再走北一里，如此四回，始得以进伊王岬。过未牌，到四郎岛之边，投碇。此七八月之际，每每为飓风易起之时，是以舟中之人皆窃生危惧之心。幸无恙到长崎港口，故共相祝贺之。

十四日　晴风如昨　昨日官船着帆碇泊之事，海关已告之镇府，故今早有小舟数只来，供使用之便。巳牌，小舟三十余只赶来，欲导官船至长崎，然以风恶，中途而罢。晡前，与锅田君共乘小舟，过高锋岛，行二里余，到长崎埠码头，上陆，入西府同舟人员大小四十八名渐次上陆，至明天十五日全部着帆崎阳。此后至江户之纪行另载于西游日录。余闻，前年公使到美利坚时，诚官吏随从之人，不许随意独行，且文字亦与本邦异，是以若非精其学者，则探索渠之事情实非容易云云。今番支那行幸得许以随意他出，得与沪城在任之人员及其他西浙巡抚等官员邂逅，得以探索支那形势事情十分之一，实可谓吾辈之幸。唯惜安于小成之辈多，不得游支那有名之诸港，不能遂素志也。

（译者：皮细庚）

游清五录[①]

高杉晋作

游清日记五录序

予受承支那行之命乎，告家君曰：“儿性钝才疏，不计承此大命，且儿无兄弟，今远游于海外，无为家君膝下之养者也。”家君曰：“汝暗愚少年何以得当此大任，然君命一下不可如何也，汝勉强不以我为念，而可以死奉君命矣。”予因决策，发江户到崎港，陪从幕吏某，游支那上海港。其间所闻见录为一册子，谓《游清五录》：《航海日录》、《上海淹留日录》、《外情探索录》、《内情探索录》、《长崎淹留杂录》是也。初余发江户武城欲谨随过庭之教勉强以奉君命，而不计不幸游中罹疫疾，虽游中病不全痊渐，不能复平素，加之钝性疏才，遂至因循怠惰，负君父之命，实不堪慨叹也。唯区区日记杂录欲以备他日之遗忘，岂谓有益于国家乎。壬戌夏，默生春风书于崎港客舍。

① 《游清五录》中的《内情探索录》、《长崎淹留杂录》因主要记日本国内事，此处未收入。

此书，或以汉字，或以国字，随便取笔，务记实事，不敢用意于文字，唯要，使真知己知幕府支那行之始末，为他日我邦外国行之鉴，不欲博示诸友人也。

探形势察情实，智者之所难，非吾生之所及也，区区杂录记所闻见耳，他到写山水之景，吐风雅之言，予所不敢好，即乃托诗文诗家先生而已。

默　生　又志

航海日录

四月念七日，官吏及从臣奴仆总计五十一名尽乘船，予先是病疫疾，病未全痊，因入夜渐乘得到本船。送者木岛亀之进、半井春轩，两士皆留学于崎阳，故得送予。予后诸从臣至，未尽知其人。有一人，闻其言语，殆如旧知己，熟看之，乃浪速处士伊藤军八也。军八颇有文事，予尝于昌平塾同学一年，不计再逢于此地，况同船同行，谈话如旧，俱称，实可谓奇遇也。此夜船中杂沓，居室甚狭隘，加之予病中，终夜遂不得眠也。

［头书 1］盖此行，幕府欲渡支那为贸易，宽永以前朱章船以来未尝有之事。官吏皆拙于商法，因使英人及兰人为其介，官吏惟观商法形势，为他日之谋而已，所乘之船亦英船，船将英商亨利·里查多松，其余英人十四名乘船，皆关运用之事。

四月念八日，好晴。船中诸子云，今午后必可解缆，而终日匆匆，不发船。嗟日本人因循苟且，乏果断，是所以招外国人之侮，可叹可愧。

四月念九日，早晓甲板上舟子骚动，舟子皆登樯卷帆，已而号令一声，解缆发船，使小船数十艘引本船，船针向西南间，至上岛洋，小船皆落归于崎港，上岛肥前侯所预炮台也。

测量记行入

黄昏至野母岬，雨少催，入夜东北风起。

四月三十日，早晓船在后藤岛十里外，听昨夜船驶四十里，船针又向西西南之间，七时后藤岛看西女岛、男岛二岛，去崎阳一百里云。入夜风雨严烈，船中诸子困穷极矣。

测量记行入

五月朔旦，飓风狂雨，诸子甚穷，船每摇动行李与人转倒，醉于船之人犹醉酒，卧体殆如死人，终日闲默，无敢发谈者。予虽病中，不敢醉船，因得入强人党。夜半风稍静，诸子大喜。

测量记行入

五月二日，雨虽晴，风尚逆，午后风变，如顺风，船主测量度数，船所在去上海百二十里（英国里法），船主云：“明朝必可看上海山。”

测量记行入

五月三日，早朝诸子云，海上看得一山。水夫登樯看之，依旧茫茫不见山，前言属讹戏，诸子甚失力。英人水夫云：“昨夜来风死，船不得能进，何得看山。”日本人未习航海，故船中使水甚多，水已欲尽，官吏大警，命诸子“严禁使水”。此日始与同船水夫才助者谈。才助萨州藩五代才介也，变形为水夫，入此船云。才介向者访予于崎阳寓舍，予时在病，不得谈。一见如旧知，吐露肝胆，大谈志，亦妙。才助云：“我向者随主君到浪速，浪速边浪人狂士颇欲兴事。”予闻此言，心私疑焉。终日风弱，船中诸子徒为叹息而已，听夜半风必起。

测量记行入

五月四日，晴。如昨夜之言，朝来风甚好，官吏云：“水殆欲尽，自今朝浴必可用潮水。”诸子甚穷。从朔日至今朝，四面不见山，午后风愈好，诸子大喜。海上看出小岛，以远镜见之，非岛乃船也。英人云：“是唐船至朝鲜者也。”诸子甚失望，或喜曰，看唐船至朝鲜，乃可知支那近也，黄昏遂看。

测量记行入

鞍岛山，鞍岛去上海四十余里，诸子大踊跃，为入生地之思。

五月五日，天晴，风顺，船驰如矢，忽至扬子江，扬子江乃扬子江中小名也，北南观望，两岸相隔三四里计，四面茫茫草野，更不见山，外国船、唐船皆碇泊，樯花如林，本船亦碇泊于此。待明朝川蒸汽船来，而到上海去，上海去此才七里。

［头书 2］此地尝支那人与英人战争之地，故人家等尽，至吴淞江口，北岸尽炮台，炮台以土泥造之，此边昔时为英人所夺，故人家殆尽云。

五月六日，早朝。川蒸汽船来，引本船，左折溯江，两岸民家风景殆与我邦无异。右岸有米利坚商馆，尝长发贼与支那人战于此地云。午前渐到上海港，此支那第一繁津港，欧罗波诸邦商船军舰数千艘碇泊，樯花林森，欲埋津口。陆上则诸邦商馆纷壁千尺，殆如城阁，其广大严烈，不可以笔纸尽也。午后官吏上陆，至和兰馆，予亦陪从。官吏登楼上，从臣待于楼下。予与清人三两名笔话（笔话付别录）。官吏与兰人应接了，乃以清人为介者，徘徊街市，土人如土墙围我辈，其形异故也。每街门悬街名，酒店茶肆，与我邦大同小异，唯恐臭气之甚而已。黄昏归本船甲板上，极目四方，舟子欸乃之声与军舰发炮之音相应。其景如东武火灾之景，实一愉快之地也。入夜，两岸灯影泳水波，光景如画。

［头书 3］兰馆谓点耶洋行。

［头书 4］上海外国船碇泊，常三四百艘，其余军舰十余艘云。

［头书 5］支那人为外国人之所役，可怜。我邦遂不得不如此，务防是祈。

测量记行入

航海日录终

上海淹留日录

五月七日，拂晓。小铳声轰于陆上，皆云，是长毛贼与支那人作战的声音。予即认为：“此言如果可信，看实战便可得知，暗自喜悦。”官船所碇泊，谓申口（上海港中小名），川幅两岸相隔才十余町，川流浊水。英人云，数千碇泊船及支那人皆饮此浊水。予以为：“我邦人始来此地未（熟）地气，加之朝夕饮此浊水，必多可伤人。”黄昏小船过官船旁，旗号书“军需公务”四字，可知战争于役之忙也。

［头书 1］或云，是当长发贼袭支那之炮声，予乃以为，此言信，则予亦可得观实战，心私喜焉。

五月八日，官吏皆上陆，至道台，与支那人应接（道台，上海城内官厅名）。同寮士尽陪从，予有风疾，因请官吏，辞陪从。官吏皆出，船中更闲静，颇足慰旅愁。日暮官吏归船，同寮士皆谈论城内之是非。予别有志，则私叹笑焉。

五月九日，此日送行李及诸器物品于陆上。午后官吏上陆，寓居于宏记洋行。宏记洋行中国行名，馆主（姓张，名叙秀）支那人，宏记别号“保禄”即西洋名。宏记馆地名洋泾浜，居室狭隘，官吏甚不平，议论纷纷，同局相骂，其丑体不堪笑杀也。

五月十日，晴。官吏为巡见行李到点耶洋行，予亦陪从。黄昏和兰人来告曰，长发贼到上海三里外之地，明朝必可听炮声，官人闻之大警，予却喜焉。夜三更后，同寮肥前中牟田云：“外国船发于长崎，予欲送书翰于乡国，兄如何乎？”予因匆匆作奉家君之书，托中牟田。

十一日，官吏至官船，予陪从，午前归馆。午前官吏皆外行，予与中牟田在馆，共论航海有益之事。中牟田云：“欲为航海学，凡有五科课程：运用术、航海术、蒸汽术、炮术、船造术，是也。”

十二日，朝读英书。午后官吏尽至佛兰西馆，予陪从。佛兰西肯歇尔迎官吏于门前，官吏与肯歇尔登楼上，予辈待于楼下。遇予辈犹且以梅酒及佳果，因知遇官吏必可以美酒佳肴遇也。官吏应接了，至佛人商店，大小器械满店如山，有用器甚要求，唯恐价高耳。日暮归馆。

十三日，官吏到亚米利加、英吉利、西欧罗斯商馆。官吏初至英馆，兵卒并肩枪卫馆门，馆内张野陈，大炮小铳列在馆旁。闻英人为支那防御长毛贼，故如此云。去英馆于五六间计，有桥，名新大桥。去今七年前，古桥朽崩，支那人不能再建，因英人建此桥。支那人每通行，贡壹钱于英人云。至亚馆，亚人遇官吏，不如佛人，不敢设酒肴也。至鲁馆，鲁人遇官吏，甚有礼让，殆出于佛人上云。日暮归馆。

十四日，晴。自上陆日至今日已数一旬余，雨更无，实疑无雨国矣。终日闲居，读英书，阅记行，闻同行渡边与八郎从仆昨夜来急病，今朝冥行云。同行者病客甚多，诸子畏缩，有或促归思者。予以为，一步出国死已决矣，然空死无益，唯身自护吾体无他术也。此日佛兰西之兵卒数百人，自军舰上陆。队予有公事，遂不得看，甚以为遗憾。

十五日，今朝官船水夫兵吉急病，冥行。医师云，朝夕饮此恶水，故多伤人。此日清人三四名到于寓居，为笔话（笔话录别册）。

十六日，今晓又听炮声。同寮名仓予何人有诗作，予亦次其韵（诗付别录）。此日予外出至千岁丸，与五代才助谈。归馆，亦与伊藤军八访清人家，笔话（笔话别录）。又至马路外书坊，得书籍归。徘徊于街市，土人尾予辈来，土人臭气蒸人，犹炎热蒸人，予亦甚穷矣。

十七日，午前与中牟田、五代至川蒸汽船，看诸器械。船系英人所用。此日炎热如烧，流汗湿衣装。

十八日，雨降，始为梅雨之景。午后与同馆清人张棣香至古玩店，求鼎样香炉，共归馆。棣香饮予于美酒，乘兴豪谈，颇觉愉快。棣香为予书孔明《出师表》云。

十九日，雨。午后至马路外书坊，与店主人谈，看书籍归。

二十日，朝与中牟田至亚米利加商馆，商人名查尔斯，透予二人至其居室。查尔斯曰：“我淹留横滨三四年，少解贵邦语，明后天出航，又欲至贵邦，甚慕贵邦人。”遇予二人以佳酒。中牟田解英语，谈话分明，闻奇问，得益不少。予谓查尔斯曰：“弟近日读英书，未得与人谈，日夜勉强（学习），他日再逢，欲得与兄能谈。”查尔斯又曰：“弟亦与兄再逢日可能欲解贵邦语矣。”乃告礼去。归馆，吃午饭。又访西门兵衙陈汝钦。汝钦有气概，与予气心能合逢，笔谈甚愉快（笔话付别录）。日将暮，因与汝钦别。此日上海港口亚米利加蒸汽船过而失火（船名科尔特斯，船主名戴尔，船积高千百十七吨）。

二十一日，到古玩店，看过书画。此日终日闲坐，因熟观上海之形势，支那人尽为外国人之便役，英法之人步行街市，清人皆避旁让道。实上海之地虽属支那，谓英佛属地，又可也。北京去此三百里，必可存中国之风，使亲近及此地，嗟亦可为慨叹矣。因忆，吕蒙正谏宋太宗，以亲近，不及远，岂不宜也。虽我邦人，可不须心也，非支那之事也。此日作书牍，托名仓赠陈汝钦。

五月念二，无他奇问，终日办俗事。

五月念三日，朝与五代访英人缪尔赫茨特。缪尔赫茨特者耶苏教师，施耶苏教于上海士民。城内教堂，缪尔赫茨特之所关也，缪尔赫茨特之所常居，亦有教堂与病院，谓施医院。综西人教师之施教于外邦，必携医师，有士民病且穷者，乃（治）其病使入此教，是教师致教于外邦之术也。我邦之士君子不可不有预防也。需《联邦志略》等之书归。此日道台士官，于点耶洋行，与日本官吏应接，法兰西人一名，和兰肯歇尔为其媒云。

念四日，午后陪从官到官船。此日炎热如烧，试看寒暑计，八十六度也。此日清一两生来谈（笔话付别录）。

念五日，朝与五代访英人米纽海尔特，不在，空归馆。从黄昏风雨甚，此日花旗国蒸汽船一艘破裂，即死者凡二十二人（内清人十六名，花旗人十一名），船名欧尼·奥斯塔尔，积高百六十吨，此船自圣弗兰西斯科来云。

念六日，风静雨晴，晚日照轩。清人马诠来，话颇有文事，又能书，为予书“楠树书屋”四字。马诠本江州县令，只今居丧，故弃官云。此日官吏至和兰商船，幕府有需船之意，故至。中牟田陪从。此船长二十间，二本柱。中牟田归馆云：“颇精工，胜于千岁丸远。”五年前造制之船，船具价三万七千美元也，幕府不能需，予使我藩求此船，颇有益。然千里相隔，无如何，空叹息而已。

念七日，与中牟田至米纽海尔特，需《上海新报》、《数学启蒙》、《代数学》等之书归。

念八日，书坊来，需书籍。

念九日，访书坊，得书籍归。

六月朔旦，雨，有风疾，不得他出，同寮甚不平，唯有中牟田男士，予为之大得力。节及梅雨，天气甚恶。

六月二日。

六月三日，雨，陪从官吏到马诠家，城内街市狭隘，加之风雨，诸子皆穷（笔录别册）。

六月四日，书坊来，需《皇清全图》。

六月五日。

六月六日，晴，终日俗事。此日炎热甚，九十度云，终宵遂不能眠。

六月七日，晴，官吏徘徊道台城外郭，予亦陪从，至大南门小憩，左折入田间路，野菜（蔬菜）及粟米种法，与本朝更无异，茫茫田野，更不见山。左方旌旗卓立，是支那人防之阵营也。右折向西门行，有小寺，颇没落，为贼之所破云。入西门，到关帝庙，庙祭关道师护其庙，道师者本朝如所谓山伏者矣。去此到孔圣庙，庙堂有二，其间空地种草木，结宏颇备，然贼变以来英人居之，变为阵营。庙堂中，兵卒枕铳炮卧，观之实不堪慨叹也。英人为支那防贼，故支那迁圣孔子像他处，使英人居于此云。英士官导日本人于庙堂，与茶及砂糖，官吏受之，小憩，乃去。午后归馆。

六月八日，至千岁丸，访五代，五代云：“国书来，书中云，京摄间少有变，我藩亦关其事。”予听之，少警。五代云：“事决已填，兄勿忧。”予魂飞心走，千里海涛，难为如何，空望东方，慨然久之。午后到兰馆，求短铳及地图。

六月九日。

六月十日。

六月十一日。

六月十二日，至城内，徘徊街市。

六月十三日，与中牟田夜步游门外，有米利坚人，导予及中牟田至其寓舍，此米人向者来横滨，故能解日本形势，其话云：“大坂开港，则予复可至日本，然昨看新闻纸，大坂开港，大君已许之，而大名不欲许之，事起其间，故开港或可迟。闻大名中水户者最强大，信否？”中牟田巧言不对实而去。因忆，水藩府巳丑甲寅以来有志士死者数十人，外国人惧其雄，亦不宜矣。

六月十四日，晓天与中牟田到西门外，观支那人练兵，练兵处乃则防贼阵营，看其兵法，似戚南塘兵法而非者，铳队以金鼓为令，为操引操进，其余无变化。铳炮尽中国制，而甚不精巧，兵法与器械皆无西洋，唯阵屋用西洋。归路访大南门卫士阮松，寻（询）练兵之事，笔话付别录。阮松云：“向者请英佛法兵防长毛贼，近日又使我兵卒学西洋兵铳，因贼惧不能近。”由此言，支那兵术不能及西洋铳队之强坚可知也。十二点钟后归馆。

六月十五日，终日办俗事。

六月十六日，晴，与中牟田外行，至米利坚人店，求七穴铳。访清人某，某求予书，予不愧拙笔，录旧诗于扇面。去访米纽海尔特，不在，空归馆。

六月十七日，五代来谈，午后与中牟田到英人之所预之炮台，观阿姆斯特朗炮，此炮十二门。方今我邦所传大炮，大概自筒口入玉药，此炮不然，自筒后入玉药，故甚为便。英人阿姆斯特朗之所新制，以其名名其炮。此炮六口在上海云。

十九日，终日闲居，办俗事。

二十日，早朝，到西门，与陈汝钦谈，谈颇妙，勉生予"楠树书屋"记书与，又为予书"默生"二字。笔话数刻，告别去。去时指日本刀，看之曰："我心清洁乃如此。"午后城内街市徘徊。

二十一日，无事，腹痛，懒办俗事。

二十三日，同。

二十四日，虽他行日，不气分故，一寸外出而已。

二十五日，同。官吏道台之义，因去回答和询问先日应接及候事，回答亦宜铺故，说近日出帆。

［头书 2］应接及候一件者由五代闻，在胸中。

二十六日，少少风疾且腹痛，无奇问。

二十七日，把卖余之荷物返回官船，荷物两且，阅记行，雨天。

二十八日，与中牟田至时计师，又至新闻纸屋（报社），英人为其总管，总管呼予二人有话，英人让读从日本横滨送来的新报纸，因不分明，对交易之事有动摇，徒千余人退江户，大名皆京师江趣，归国之后参觐不致样子。举其大名，大者四个：萨州、细川、我藩、黑田。又英人云："另外的新报载，江户一大名已，幕府江打卦候由。"○英人云："所谓大名也，是说将外国人派往长崎、箱馆等地，敢于靠近大坂等江近处。对大君之方，将大坂边江开放亦可。"故夷人者皆被称之为大君之方，可惧可惧，黄昏归馆。

二十九日，晴，午后，与中牟田到时计师，修好时计（表）的误差后，说好以后一起付账，与中牟田分别至马路的书坊，老翁不在，故去。与米店杂谈，大得益（笔话录别记）。自夫至英人之处，黄昏归馆。

晦日，明朝乘船，因修收行李，午后官吏与荷兰人肯歇尔到道台，告别也。道台将入门，打小铳三发，笛鼓入门，道台官主追门共人，内设酒及佳果（点心），为应接佛通官至，道台之事在胸，黄昏归馆。

七月朔日，晴，朝送行李于本船，午后官吏皆乘组官船，船中杂沓，吾辈居室渐至黄昏至容膝矣。

二日，朝，与五代上陆，到字林洋行及施医院堂求书，午前归船。次日炎热，入夜尤严，终夜遂不得眠。

三日，晴，今朝日解缆，而海关贫舍官吏不能出，遂终日不得发船，官吏之心中可察。

四日，雨，皆云，今朝必可解缆，而官吏因循不得解缆，终日忽忽。从上海到吴淞江，引川蒸汽船以候事，是迄碇泊船出帆之规则，且港中多山，碇泊船有之候付，蒸汽船无而其中六个铺候处，已向船主将其事秉报得共，官吏指金蒸汽无……［以下欠］

续航海日录

五日，雨，午后蒸汽船来，引本船。支那人水先（领水员）代船主为号令，向逆潮下，碇泊船间，初船斜向北，渐至吴淞江，日已落。蒸汽船归于上海，本船少碇港口，遂不得发，风逆故也，水先此夜宿本船。

六日，雨，朝解缆，风从东北吹，船向东走，日本俗所谓比罗来者也，十二点钟至海口，水先归，听彼为外国船水先每月得四百元云。自上海至海口才十五六里，而其价六十元，津港之盛可以知也。日暮看鞍岛于南方驰，鞍岛岛有三四，其广狭殆与日本天草岛同。入夜北风愈强，船能驰。

七日，雨霁，风依旧自北东北吹，船针向东。八点钟风少衰，二点钟风稍起，甲板上回首四面不见地方，唯看大海浮于波涛而已，入夜船能进。

八日，雨霁，风落，船针向寅卯间，十二点风自西吹，然风弱，船不能进，唯动摇耳。此日与五代谈航海之事，话记别录，夜半风死。

九日，晴，船针依旧向寅卯间，五点钟前风变，自南吹，然风力尚弱，终日船不能进，甲板上众人皆回首，欲看得一点之岛，遂不得看，日已落海中。

十日，好晴，东风，然风弱，动摇于空海中，巳牌辰方看一点之如岛者，皆云，是必可男女岛，或曰，云烟耳，言语纷纷。随船进，愈知为男女岛矣，诸子大喜，入夜东北风少起。

十一日，晴，终日逆风，船漂流于女岛三四里外，更不进，俗所谓马科里者。

十二日，好晴，始看五岛，岛边渔舟散布，诸子看之，喜无限。自黄昏东北风大起，舟走如矢。

十三日，早起，昨夜来风未罢，船能走，经野母崎，既欲到伊王岬，风自他方吹，不能直进，或左或右，渐至四郎岛碇，日未落。

十四日，晴。昨夜海关告千岁丸归帆于镇台，镇台乃下命，小舟今朝来便用。

外情探索录卷之贰①

笔　谈

予始陪从官吏上陆，至点耶洋行，有和兰之所役清人两三生，予即取笔书之。

我日本书生，少解贵国语，问答凭笔，幸甚幸甚。

清人看予书之，倾头，为托的形，予亦取笔书之。

请问，尊姓大名。

李翼周，此名带问。林云逵，亦识。

我于崎阳闻林云逵颇有文事，而未得知其面，遗憾遗憾。

待下日拜览。翼周。

闻兄为林云逵之友，可知亦有文章之才，谨乞教。

黑蠢拙才，不足以施君子。翼周。

［头书 1］兰人居住上海互市，如同居住佛兰西的属地那样，日本人依属于兰人，得以居住并互市，就像兰人依靠佛兰西人那样。

闻北京宿儒有上疏于皇帝者，其文稿上梓者有否？

书坊有之。翼周。

上海书坊在何等处哉？

在马路外，或城内亦有。翼周。

贵邦近世豪杰甚么人？尝听，林则徐、陈化成颇为英杰，信否？

---

① 《外情探索录》卷之壹为“上海总论”，其第一页影印件见本书第 45 页。

则徐比陈化成更胜。

英吉利、欧罗斯、美利坚、佛兰西四国之里，以孰国为强？

欧罗斯为强。

予亦取笔欲问所以欧罗斯为强？某从臣来曰：“官吏今已归矣。”

予即匆匆投笔去。

〇弟要问上海之隐士逸民，请兄为语其名。

此地海滨之处，俗人多而隐逸者无，不敢具名，惟钱是欲，圣道陵夷，可慨叹矣。

是极是极，惟钱是命，廉耻不息，可笑可叹。

〇一日有清人寻名仓来。

兄，何故寻名仓来？

仆驻扎西门，与名仓职事颇称莫逆，今午蒙彼过访，谈论时事，情投气合，故特专诚到此看拜谒。

名仓去往他处，请再来。

弟亦好谈时事，然此乃我邦俗吏之所在，故默焉，请兄书其姓名与居处而去。

仆姓陈，名汝钦，号勉生，天台人也，名仓职事知之，请君代为转述焉。

请问，君姓名，在贵邦所司何职？

弟姓源，名春风，通称高杉晋作，读书好武，常钦慕贵邦奇士王守仁之为人，一个书生而已矣。

妙极。

仆顷与名仓职事，仆少顷即到宝馆拜谒他谈，我有同游有志之士，五十四人，今见吾兄所出一语已觇梗概，贵邦之文人学士当不减我邦也，钦佩之。

客吊曰，再谈。

名仓归馆，即以兄言告之，仆他日必访兄。

陈去。

马路外志雅堂玉坊。

近来遭寇乱，散失，殆尽矣。

闻之三叹。

江浙二省，最为藏书渊薮。

将内府所藏书籍各折一分，度之三阁，士林赖之，近被盗贼烧去，东拜秘籍无存。

○上海中土人有富者有贫者，富者必使贫者，贫者所以为富者所使者，得其金故也，富者与之以金若干？

每月八元，英人谓之西者。

上海中有浴室否？

有堂浴，每二十四文，客盆汤四十五，官盆九十。

［头书 2］上海人父母死必终三年丧否？是。

上海街市里正者有否？

有吾邦名图，又曰甲。

［头书 3］向者所得之鼎四足，所赍之鼎其足三，孰是为正体？有三足有四足。

所谓图者，每街市有否？

俱有。

张棣香赍《皇朝清直省地舆指掌述略》来。

［头书 4］饮一杯了，即满醉，淡极，磊磊落落丈夫心。

此书吾未尝读，卖物则吾求之。

禁止与外邦者，吾费半日之唇舌，方得借出，一观，五点钟即要还，彼若非重价则不动其心。

重价不厌，兄为吾办之。

此人乃湖北重阳县知县，足不出门，避难于此，吾亦非向所熟识者，今正月闻相交之新友，若言卖与公，其则断断不能，性情固执之人。

谋之更无术乎？

其人性嗜酒，吾与杯酒之间，缓缓商之，若卖必故造其欲。棣香去。

○与伊藤军八访 顾麟□ 。

闻，古国严书禁有诸？

更无。

闻兄读书之人，今避贼乱居此海隅地，其心中可思可思。

弟自旧冬避长毛贼至此，今春三月家室已被焚烧，家中书籍金石图画一并而空，惨难言状。

闻之，使人潸然落泪。

贵邦尧舜以来堂堂正气之国，而至近世，区区西洋夷蛮夷之所猖獗则何乎？

从是国运陵替，晋之五胡，唐之回纥，宋之辽金夏，千古同慨。国运陵替，君臣之不得其道故也。君臣得其道，何有国运陵替。贵邦清近世之衰微，自为灾而已矣，岂谓之天命乎。

甚是甚是。

英夷鸦片以来战争之事，书为史册者有否？

无。

阿片通中国，始于乾隆，盛于道光，鸿胪寺黄爵滋奏禁此物。英夷遂滋事，道光二十二年提督陈忠愍公化成死之后，遂解禁。

贵邦近世之人，钦慕陈化成、林则徐等之为人者多否？

二公名望，非特本地钦慕，四夷多想望风采，实为吾朝名臣。弟亦尝慕其为人。

闻上海中赏罚之权尽归英佛二夷，信否？

英佛只管英佛市民，至本国事务，自有本国官办理。

城外之地尽系英佛之所管欤？

北门外归英佛，余仍隶本朝。

贵国有画家否？

有。

贵邦何地最为繁华？

以帝京为繁华。

贵国处极东，夏间热甚否、冬间不冷否？

我邦去贵国不为甚远，故冬寒夏热殆与贵国同。

近日贵国有奇闻乎？

非无奇闻，然今午吾将到他处，期日再来，奇闻是谈。予去。

予一日访陈汝钦于西门，西门去宏记馆一里计，英佛兵卒肩铳，城门数十人，予乃入门，取笔书之。

陈汝钦兄在馆否？

请，兄少坐，陈兄在内吃饭。唐人。

吃饭了后及谈可。

好极。同。

《兵要录》并书牍，名仓氏之所托也，呈陈兄机下。

右《兵要录》，我邦已上梓板最好，所赍书邦人所手抄，字体甚疏，愿推读焉。

仆患眼病，恐不能一二日读毕，至命仆批评，仆不才，何敢班门弄斧，祈谅之。陈汝钦

何天之不怜此人，可忧可忧，诚心贯天，病何足惧，愿为国自爱焉。

《兵要录》经数日而读了可也。

久仰贵邦文明，幸获一晤，贵姓？温忠彦。

［头书 5］乘舆来。

弟姓源，名春风，通称高杉晋作，一个书生而已矣。

承询奉命，姓温，名忠彦，晋之太原人，由乙榜，官苏州司马，昔珂笔秘增，曾与朝鲜贡使姜新沙、李藕船为笔墨交，道及贵国文治，为东诸侯领袖，钦佩已久。贵使官名并几人？请教。

弟一个书生，不敢语官吏之事。

弟论兵，与名仓大同小异，请受教。

请问，宋朱文公所说格物穷理，与西洋人之所说穷者异否？

朱文公之格物穷理，即圣人之齐家修身，推进一层，不外乎诚之一字，贵乎实践，不取钩深。至西人所讲，虽本乎理茅，近于术数，未免尚隔一层尘障。此论虽僻，鄙见如此，请教。

为义为利天地隔绝，不待言论而明，然治天下齐一家，内自诚心诚意工夫，外以至航海炮术器械等，尽不研穷其至理，则不能治天下也，不能齐一家也。不能穷航海炮术之等之理，则所以诚心诚意工夫之不至也。故以所为利之器械为义是用，乃取舍折中之道也。不然则口虽唱圣人之言，身已为夷狄之所奴仆矣。

语事多识，佩。陈。

诚意正心修身齐家治天下之本源，浅而约之，则诚正，推而致之则治平，道贯古今，理周中外，至航海炮术等事不过格物之一端，圣人治天下以仁，不得已用兵、戢暴，正所以全仁了。然否？

予将取笔为答，时英人警卫之步卒五六名，至予辈为笔话之傍，因温忠彦乘舆去，故不能为答，以为遗憾。

弟颇狂生，乘兴发暴言，兄恕焉。

语大心细，是即圣人所谓吾党之小子也，狂简之狂也，钦佩钦佩。

采薇观菊皆是狂，近世无此狂，故圣道陵夷。

夷齐陶靖第一流，古今共仰，当今之世豪杰并起，隐则求志，行则达道，狂持其迹耳。

时英兵卒看予刀，欲看其内，予一拔之，使之看如霜雪之宝刀，彼大惊，再要看之，予乃辞，彼不敢，因书之去。

不知礼者甚多，吾去矣。

夷狄之人不可与处，上海僻处海隅，熙熙攘攘甚，是夷人客，别日觅一清净之所，高谈雄辩可也。

如尊命，乃去。

《上海县志》书要求，兄为我为办。

［头书 6］通宝。

我以明告人，在上海不肯将志书买，与邻国在贪利辈，难以同日而语，此语阁下亦为然，否？

此私心岂天理之心也，锁国严书即所以为衰世，圣人虽出不易吾言。

以理论之，我言似小，然在功令亦为良民。

天地间万事万物，自此一理生，离此理，即天地外之人不足论也。

书同文车不同轨。

此诸子之言，非圣人之语。

书坊主人去。

下　从官吏，到马诠寓居。

壁上所画之梅树，颇觉妙笔，虽在五方杂处之地，朝暮对此画梅树，神殆如泛静山幽谷之中，此系蜀人刘斗山所画，其人已回乡去矣。

此日之笔多嘱诗文章之事，故不录。

上　清人一人来话，其姓名曰马诠。

敝邦以孔圣为依归，贵处尊崇何教？取士作官是否考试诗文？我邦非不贵孔圣也，别有天照大神，士民皆奉尊崇，次及贵邦孔夫子。○取士多以武，故我邦多以武文之人为有道者，考试亦多以武，或有以文者也。

教人以忠孝道，非有天照大神与孔夫子异也，故我邦之人，素天神之道而学孔圣之道。

予时有公事，即别去。

闻，兄读书且谈兵，弟年少未博贵邦之书，请仅听高论。

承下问，弟等虽念书，年少寡闻，不敢长谈，闻贵邦深究敝国之书，钦服之至，现有《佩文韵府》贰部，请问，要否？

予闻，此清人能谈兵，故谦逊须之，岂计以谈兵为辞，要卖书于我也，因取笔为对。

《佩文韵府》等于我无要，有陈忠愍公、林文忠公两名将之著书，则我虽千金要求之矣。

贵邦与俄罗斯和亲最好，近世之事情如何？

俄罗斯国，在敝国通商，感我朝厚恩，所以助兵助饷之举，和亲之说，想是齐东野人语耳。

口唱圣贤之语，身为夷狄之所役，齐东野人。

真齐东野人耶，呜呼浮文空诗何足当，目无一丁字兵卒，可叹可忧。

看支那人操练，归路为大南门笔谈，记左。

我姓阮，名松，贵国何名，几时到此？

我姓高杉，名晋作，六月六日入上海港。

阁下到此，有公干共计几人？现住何处？

我陪从官吏来，无他公务，凡自官吏至奴仆五十有余人，现在北门外宏记洋行。

西门外所在军兵其数若干？

其人湖南北江西安徽皖南北等处兵数，现到陆路万余人，水路兵五千余人，马队兵约计千余匹。

军兵所操练，我以为多系戚将军兵法，或学西洋之铳炮阵法者有否？

阁下多知兵法，而此地所招募乡勇系农人多，现有英法二国惯用枪炮（中国枪，外国炮），贼见寒胆，大振军威。

贵邦与外国和亲最好是何国？

现在英法二国为总，以下小国不少，不知详细处。交易本系往来，现军兵共议中外会剿，名谓会防局。

点耶洋行访李翼周，笔话。

尝闻贵邦与欧罗斯和亲最好，又闻贸易多于陆路，信否？

和亲绝无，每年北口外交易。

北口外何州何地乎？

无州名，无地名，乃欧罗斯境。

翼周有他事去。

六月二十日，访陈汝钦，告别，笔话。

此日予与陈汝钦谈素志，不可记之事甚多，因不录。

拙作不堪入目，乞改之。

高作且挥毫，又带磊落之气，多谢多谢，弟归乡之后，题此记于壁上，朝夕间读，可以发郁屈之气，海外得知己，殆如梦。

前承雅命，不敢不运，笔砚粗疏，君览之诗亦曲，原之矣，何敢再当过誉。

弟磊落书生，不敢赍东洋戏玩之物，因古砚一具呈于足下，是弟常用之砚，石固疏，然是东洋之产，乃赠兄报知己之恩而已。

弟承阁下为知己，亦是一生大快事，何敢再承厚赐，况此砚为大兄所常用，此物谅亦甚珍，赐送与弟恐不得其人也，然却之，恐蹈不恭之诮，谨拜谢，登受。

区区物，兄勿须拜谢，我却愧焉。

弟常多言，因为默之工夫，勉强（学习）三四年，未得到真默之地。

王阳明云：“人多言，气浮故也，气浮诚心放失，放心是非本心。”因书“默”字，题于架上，以自警。看兄以勉生为号，弟亦以为，我又以默生为号矣，请兄，为弟被书默生二字，幸甚幸甚。

弟字省三，一字守曾，朱注云：“有私欲则改之，无天理则加勉”，故别号勉生。弟质甚愚鲁，故以勉字学曾子，但未能稍得一分。

委书尊号谨遵命，惜无大笔，又此纸之方圆可好否？

圣人云，学文有则改之，无则加勉，二语乃尽矣。

我取其人，不敢关其书美恶，况纸长短乎。

勉生书“默生”二字了。

书更妙，字亦以英气建之。

所属愿芷卿处之画，吾昨见伊画好，明日想可呈奉，画山水也，花卉也。

我要求贵邦扇，到何处可？

在西吉祥街锦润堂内有之。

君友人有能书者，则见录王阳明诗，幸甚幸甚。明日当觅之。

昨黄昏到兄店兄不在，乃带书籍去。

被赠雅扇雅笔，多谢多谢。

昨接回条，知尊寓在此，今晚是以奉候。

此扇系武臣兄所画□书尊款，是以再欲恳求一扇以赏武兄。

勿劳心，武臣与我两身一心，不敢异好。

请问，两兄尊姓大名？

三人乃愚弟兄也，予姓浦，名祝山，名酉山、丽山。

武臣去往他，遗憾遗憾。

今日愿无别事，缓缓再当奉候可也。

所有字条，予笔懒，是以尚未书就。

此地俗吏所在，居寓狭隘，非谈雅事之地，他日访兄居，高谈雄辩，以报来访之恩。

及□可以，弟当进城，恐关，停停再来候教。

是何人像？是张君祥河之像，官刑部尚书。名《秋宵玩月图》，贵邦金子、根立诸友俱见过。此扇面画大马路外书坊主人之所书，兄以为何如？画法与倪高士不对。大名中山直信兄在同处？不知。弟读书且好兵，一个书生，不愿与俗人交，故同行中不知人甚多。日比野辉宽所书，奈今日同纳富介堂俱病了。

请问，贵邦与欧罗斯和亲最好，真然否？陆路交易最多，是亦信否？现文书上俱是大英大法两国，书面可是，顷林维纯与兄言乎？

我画甚拙。

何复谦辞，速挥毫是愿，可有承，扇甚疏，兄恕焉，笔毛亦恶。

多谢多谢。

价若干，兄以多少与彼，只要不即不离。

我画甚拙，写字何如？

书画俱请，吾友喜饮酒，春册可有？我生磊磊落落书生，不敢赍器物，兄恕之。此书如何言，价若干，除去五角如何？一元五，此是讲究文墨者用之。楼上金子兄亦买过，为文墨之用我已知之，金子投几许买过，岂有一家说两价，兄谈出多少可买，则买不相欺也。

五角可以买，不然不敢求，一元可出，不敢出，我有许多。可有春册？五角可以，只要半元。可有日本玩要东西？可有英洋？伏愿兄画甚妙，被赐画《伯夷叔齐首阳山采薇图》，幸甚幸甚。兄归家而后取笔可。

可买，明日再来可也。今日为友有要事，尚去。

今日兄携去，我甚悦，佳扇可有？

傍及明末诸大家文，然弟最疏才，唯好读明人王阳明书，作文亦欲学道仁之文，请别有作文法则被教弟，幸甚幸甚。八股文以《论语》、《孟子》、《大学》、《中庸》为题，别有一法，不似古文。弟同暇时再来与兄赋诗。

讲语畅谈衷曲斯不愧为知己。

闻兄持书画帖来，我见之。

请问，贵邦米粟价若干？

往年太平之世，白米不过二千四五百文，今遭流寇之劫，昂贵异常，要八千有余。

白米几计钱二千四五百文。

白米斤数计几计二千四五百文，太平时则然，今岁白米要八千有余。

白米斤数若干，去去来不暇可。

有几部帖卖与尔，要不要？《九成宫灵飞经》、《圣教序》、《道德经》、《姚恭公墓志铭》。《九成宫灵飞经》教强不要，现君持来，我一看之，□□时。

此句我不晓，要与不要之间。

其物放在别处，君要不拘几时拿来看可也。

请一看，君所在何街，在新马路街敝友处。

今日我有公事，不能到，一二日之内，得间即到。

我本在外边洋行内做生意的，所以不拘几时本为此可，然其物不必君同去看待，弟带到此地。

兄赍来更妙，是也。

清河者赵子昂乎，或他人乎？请问。

然则非子昂乎。

价若干？五角，五角。

砚价若干？五元，大西洞旧水坑。

无我所要之书，请到我主人买之可。

昨日所赍小砚求。

昨所赍小砚尚有乎？有。昨日之砚尚在，二元可。

昨日之砚为乙元，则诸子有函亦可求，函价乙元五角。

乃所约之价。

［大久保利谦氏所藏］

李雪梅点校、翻译

后　记

日本作为中国“一衣带水”、“一苇可航”的邻邦，又是东亚文化圈，或曰汉字文化圈的成员，自古以来十分注重对中华文化、中国国情的考察。日本人除通过文物典籍间接了解中土外，还有多人前往中土身历踏查，亲炙中国风土人物、社情政况，并留下篇幅浩繁的纪行文字。以古代而言，著名者有“五大游记”（入唐日僧最澄大师的《历行钞》，谥号慈觉大师的圆仁的《入唐求法巡礼行记》，入宋日僧成寻阿阇梨的《参天台五台山记》，入明日僧瑞䜣和尚的《入唐记》，策彦和尚的《初渡集》、《再渡集》）。江户幕府时期，日本锁国二百余年，来华者绝少。至幕末开国后，访清者渐增，明治间更形热络。这些访问者的纪行文字数量之多，记述之详，非古代可比。1997 年（平成九年），日本めまに书房出版的小岛晋治监修的《幕末明治中国见闻录集成》20 卷，即为其精选本。这些见闻录既反映了近代日本人中国观的演变，更从外国观察者的视角，展现出晚清中国各个层面的景象，具有宝贵的史料价值，却因其结集于近期，尚鲜为中国学者寓目和利用。

应日本爱知大学之聘，笔者于 1998 年 4 月开始担任该校现代中国学部教职，讲授有关中国文化史方面的课程。同以往数度短期访日的匆匆来去不同，这次得以有三年时间体验日本社会，较从容地思考一直关注的中日文化比较和中日文化交互关系诸问题，并有可能利用日本丰富而便捷的藏书系统。上述《幕末明治中国见闻录集成》以及相关材料，便是此间的阅读物。笔者还与刘柏林、邓红两君同游西日本，踏访吉田松阴、高杉晋作、福泽谕吉、木户孝允、伊藤博文等幕末维新及明治维新志士故居。经过一段研习之后，笔者确定了“近代日本人禹域踏查”这一总课题，以为这既是探索中日关系的富于特色的角度，又能借助日本人周密、系统的实证考察，为近代史研究提供新材料和参照系，在方法论上，正可演运陈寅恪先生概括王国维先生“二重证据”的三条做法之两条——“取异族之故书与吾国之旧籍互相补正”，“取外来之观念，与固有之材料互相参证”。在前述总课题下，我首先着手于幕末日本第一次访清使团的研究，这便是呈献给读者诸君的《“千岁丸”上海行——日本人一八六二年的中国观察》。此书题旨及内容皆无奥义，读者翻阅即不难获知，故这里无须赘述。不过，这本小书特别为笔者所钟爱，除一般意义的“敝帚自珍”以外，还由于撰稿期间，笔者因病于1999年9月、12月两度住进名古屋第二赤十字病院，本书文稿的昼夜伴随与中日两国友人的探视慰问，是住院期间的两大乐事，手术前后的剧痛竟然也因改稿不辍而消解许多。护士小姐曾问我何以不像别的病人那样呻吟，我答曰：因为常服“阅稿剂”。此话以“笔语”示之，未知永远面带微笑的日本护士明白含意否？

本课题获“爱知大学研究助成”。刘柏林先生对笔者屡伸援手，彼此颇获切磋之乐。刘君又与皮细庚、李雪梅等先生翻译“千岁丸”乘员上海见闻录选辑；武汉大学丁忱教授夫妇翻译《高杉晋作的上海报告》部分章节供写作参考，肖致治教授通阅书稿，提出修正意见；湖北大学卢峰先生绘制地图，笔者在此一并深致谢忱。

笔　　者

2000年2月12日于名古屋市郊三好町野村三好丘6番馆402室

2001年5月27日补记于武汉大学珞珈山麓寓所

附录甲　书评

颇有奥义

——评冯天瑜著《“千岁丸”上海行——日本人一八六二年的中国观察》

茅家琦

（南京大学历史系，江苏南京 210093）

[**作者简介**] 茅家琦（1927—　），男，江苏镇江人，南京大学历史系教授，著名历史学家，主要从事中国近代史研究。

2001 年商务印书馆出版了冯天瑜教授的专著《“千岁丸”上海行——日本人一八六二年的中国观察》。作者在日本讲学期间，查阅丰富的藏书系统，研究了“近代日本人禹域踏查”这一颇有价值的课题。这本专著是这部丛书的第二本。

在国内系统介绍并研究这方面的文献还是第一次。

19 世纪 60 年代初期，上海已成为英、法、美侵略中国最重要的据点，上海的对外贸易迅速发展。太平军也于这时发动了对上海的进攻。1862 年 4 月初，李鸿章从安徽到达上海，随即被清政府任命为江苏巡抚，他指挥的湘、淮军也陆续到达。在上海的清军、常胜军以及英、法陆海军联成一体，由英国军官士迪佛立统一指挥。英法侵略军与清政府勾结共同防卫上海地区，干涉中国革命已成定局。5 月 17 日，李秀成率领大军在太仓打破清营 30 余座，击毙知府李庆琛，攻克嘉定。学者们将研究视线集中在英法与清王朝的关系以及共同打击太平军问题上是完全可以理解的。在这种情况下，1862 年日本幕府派遣使团乘幕府官船“千岁丸”赴沪，在上海逗留两个月一事，长期以来就被忽视了。

冯著是根据使团成员撰写的各种“见闻录”写成的，它对使团在上海的活动、所见所闻、思想动态做了多方面的论述，填补了中国近代史研究的一项空白。

1862年“千岁丸”上海之行的性质、任务是什么？冯著判明：它是1854年日美签订《神奈川条约》，日本被迫开放，“锁国体制”崩溃，追求现代化思想发展的结果。冯著说：“在被迫开放门户以后，日本‘开国’的力度和主动性，明显高于中国”（冯著第15～16页）；“幕府以重金购买英船，作为贸易官船出使上海，其直接任务自然是开展对清商贸”，但是，“具体的货品交易尚在其次，借此作广泛的商事及社情调查更为要紧”。冯著说：这是因为，“其一，上海是西洋人在远东最重要的商业、交通、军事据点”，日本“把上海视作西方各国在远东的支店和窗口，当然希望到这个近水楼台来观摩西洋文明”。其二，“日本民间把太平天国与大盐暴动联系起来……幕府此际遣使到清朝与太平军作战前线的上海，当然有实地观察太平战事的意图”。其三，“具体考察日清贸易诸细节，以及清朝与西洋人商贸关系诸问题”（冯著第49～51页）。

可见，“千岁丸”上海之行就是日本方面了解世界，寻求改革，走向现代化的一项具体行动。冯著以使团人员撰写的各种见闻录验证了上述观点，冯著写道：

> 翻阅上述见闻录，少有风花雪月的咏叹，多有对上海社会实态的记述与思考，从中可以看见年轻的下层武士们（年龄最小的纳富18岁，较大的中牟田25岁、五代27岁，居中的高杉、日比野23岁左右）席不暇暖、左右采获的身影，显示了近代日本人求知于世界的维新趋向和富国强兵的炽烈追求。（冯著第61页）

1862年“千岁丸”上海之行，的确又推动了日本改革维新思潮的发展。冯著写道：

> 曾是日本“文化母国”的近邻中国的沉沦，给日本人敲响了警钟，他们获得的共识是——不能重蹈中国的覆辙，必须改弦更张……幕末日本的社会思潮，呈现过“锁国佐幕”、“锁国倒幕”、“开国佐幕”、“开国倒幕”等几种形态，总趋向是由“锁国”到“开国”，由“佐幕”到“倒幕”，而导致这种变化的原因当然是多方面的，来自清国的教训也是其中之一。“千岁丸”上海行直接观察所获得的“开国不可缓”、“改革弊政不可缓”一类感想，又尤为真切。当其反馈回日本，自然会发生相当影响。（冯著第 80 页）

冯著以各种“见闻录”为依据提出了两个很有意义的问题。

一是太平天国农民战争与日本“开国”奉行的路线问题。

日本的幕末维新和明治维新采取拥戴天皇的自上而下井然有序的实行社会改革。冯著指出：1862 年“千岁丸”上海行以后形成的“太平天国否定观”，即对于自下而上的大规模农民战争的恐惧，“也在这种抉择中起了点化作用”。冯著写道：

> 日本藩士的见闻所及，无不在清方氛围之内，他们对太平天国的印象是：暴虐无理，杀人无数，破坏社会生产力，摧残传统文化，导致外国势力入侵……他们在上海对太平战事的观察和体验，集中到一点，便是认为农民战争必将导致内乱，并加剧西洋人入侵造成的外乱，使得国将不国。（冯著第 184~185 页）

冯著明确写道：

> 从高杉、中牟田、久坂等人的言论可以清楚看出，发生在西邻中国的太平战事，给日本维新志士的教训是：力避下层民众暴动，以杜绝社会动乱，尤其是谨防内乱、外患并作。正是出于这种考虑，维新志士……走上一条依靠天皇权威、自上而下、有秩序的变革路线。应当说，访沪藩士进一步强化的“太平天国否定论”，对于这一路线的择定是起作用的。（冯著第 87 页）

冯著就中国太平天国农民起义与日本“开国”路线形成之间的关联，作出如上判断是极富新意的。我个人赞成他的论断。

冯著写的另一个很有意义的问题是关于被迫开埠以后上海地区的道德沉沦。

访沪日本人士，对上海开埠以后的繁荣景致做了大量笔记。他们惊叹：日本的大阪远远比不上上海的繁华。同时各种“见闻录”也大量记载了当时上海官员的腐朽、社会道德的败坏。

日本使团访问了上海道台。冯著写道：从使团成员的记述中，“可以得见，处在兵荒马乱之际的上海道台府，礼炮、仪仗等官厅派头虽然还保持着，但内在的货色已经贫乏得可以，连在道台大人眼皮底下，招待外宾的场合也秩序混乱、内外无别，而且仆从们竟当着外宾之面小偷小摸，大失国格。这一切都显示着清朝官府权威的跌落”。（冯著第 119 页）

上海开埠以后，社会风气日益衰败。“千岁丸”访沪成员看到的是：秦楼楚馆，竞相开办；毒、赌、娼已成为上海的“三大毒瘤”。他们接触到的社会人士给他们的印象是贪利、庸俗、无耻。冯著中择引了下列几件事：

> 日比野宽记曰，他们乘船在黄浦江上，有人“把烟袋掉进水里，舢板过来捞起来就拿走了，实在可恨”。另一次日比野由一中国人引导寻路，日比野口渴，想吃桃子，引路者要日比野给五十文钱，买来桃子后，那人见日比野钱给得爽快，马上改口要一百文钱。日比野大骂此人“奸商狡猾、贪婪。投桃而去”。日比野将这种刁滑作风归结为“海港边人的贪婪，是洋夷风俗的结果”。

冯著还转述高杉晋作与一位中国士人的笔谈记录，说明中国士人也哀叹上海风俗之败坏：

> 高杉晋作问：“弟要问上海之隐士逸民，请兄为语其名。”
>
> 中国士人答：“此地海滨之地，俗人多而隐逸者无，不敢具名。惟钱是欲，圣道凌夷，可慨叹矣。”
>
> 高杉晋作说：“是极，是极。惟钱是命，廉耻不息，可笑可叹。”（冯

著第 227～228 页）

冯著写的这两个问题，就问题本身看，正如冯天瑜教授在“后记”中所说，“内容皆无奥义”。但是，如果考虑到访问团成员是在 1862 年提出这两个问题，联系到此后 140 年的风云变幻，学者们不能不产生如下思考：从中国太平天国农民战争中吸取什么样的经验教训，中日双方各不相同，中国方面，志士仁人热衷于做“洪秀全第二”，日本方面却从“太平天国否定论”中得到启示形成另一条“开国路线”。这条路线，虽然存在弊端，日本国的现代化走过的道路也曲折坎坷，但是取得的成就则是显著的：如何历史地、全面地认识、评价这一条路线，从而吸取有益的东西，仍然值得学者研究。学者们也不能不产生如下思考：文明古国，礼仪之邦，打开国门，一下子就变成如此贪利、庸俗、无耻，从 100 年的历史看，“经济发展、道德落后”，似乎是落后地区推动现代化必然要出现的一种现象。应如何认识并预防或治理这种现象？人们阅读冯著，对上述两个问题会得到若干启示，但问题的答案必将是多种多样的。从这个意义上说，冯著提出的内容，是“颇有奥义”的。

从边缘看中心

——评《“千岁丸”上海行——日本人一八六二年的中国观察》

谢贵安

（武汉大学历史学院）

以一次出使事件为引线，展开跨文明之间的比较和开掘，除了法国学者佩雷菲特《停滞的帝国——两个世界的撞击》（商务印书馆 2001 年版）以外，国内学者中冯天瑜的《“千岁丸”上海行——日本人一八六二年的中国观察》（商务印书馆，2001）也是一部十分精彩的专著。如果说佩著借马戛尔尼使团的眼光从一个文明中心打量另一个文明中心的话，那么冯著则借日本使团的目光从同一个文明内部的边缘去观察该文明的中心，由此揭示 1862 年前后东亚文化圈内部协奏与变奏的轨迹，以及该文化圈与西洋文化圈之间的力量对比及其文明差异。

与以前学术界研究中国文化近代转型多取宏观角度和“以论带史”方法不同，《“千岁丸”上海行》以微观的角度切入，以 1862 年日本幕府派遣的一个代表团为线索，通过具体史实的考察，逐步展开中日、中西之间的比较，从而上升到对整个中国文化近代转型的特点及命运的思考和总结。这种研究思路对此前的文化转型研究无疑是一个超越。历史固然由许多具体事件组成，但并非每个细小事件都具有研究价值，因此如何选择历史个案就成为史学家史识高下的重要考验。佩雷菲特选择 1793 年英国马戛尔尼使团访华及其遭遇，作为其对当时世界上两大帝国——英国和清朝的社会文明状况进行比较的切入点，就表现出作者非凡的史识。马戛尔尼访华，暴露了因固守天朝上国秩序而出现停滞的清朝与因工业革命驱动而蒸蒸日上的英国之间的发展距离，以及两个文明之间在国际贸易乃至世界秩序上面的本质差异。《“千岁丸”上海行》则选择 1862 年这样一个特定年代和日本德川幕府闭关锁国后第一次向中国派遣使团这样一次重要事件作为研究对象，也反映了作者具有高屋建瓴的史学识见。众所周知，尽管 1840 年发生的鸦片战争拉开了中国近代史的序幕，但 1858—

1860年发生的第二次鸦片战争才是真正促动中国社会步入近代的开端。这次战争促发了清政府内以肃慎为首的顽固派和以恭亲王奕䜣为首的洋务派之间的冲突，引起了“北京政变”和随之而后的同治改元。而同治元年就是1862年，是中国社会即将发生深刻变化的标志性年代。1862年对日本来说，同样是一个不平静的年份，发生了坂下门外之变、和宫下嫁、西南雄藩奏请尊王攘夷意欲倒幕、蕃书调所改为洋书调所等一系列重要事件。因此，日本在这一年派往上海的使团成员（不少属于日本重要的社会阶层——武士），不仅见证了中国社会“山雨欲来风满楼”的特殊状况，而且直接促使日本社会从东亚文化圈的边缘向西洋文化圈倾移。

《“千岁丸”上海行》通过处于东亚文化圈边缘的日本使团的目光，打量和观察了处在东亚文化圈中心的中国清朝的社会状貌。日本使团成员发现，上海呈现出中西文明的巨大差异，而清朝在西方文明的映衬下，显得日益衰败。首先，清廷在西方列强的打击和威慑下，已经得了恐洋症。无炮的吴淞炮台和壁垒森严的上海城垣，反映清朝统治集团一方面对外屈膝投降，一方面对内严格防范。使团成员纳富介次郎发现，像施渭南“如此知名者还这么怕洋人，可见恐洋已成清国势态”。高杉晋作发现华人见洋人皆让路躲避：“支那人尽为外国人之弁役，英法之人步行街市，清人皆避旁让道。实上海之地虽属支那，谓英佛（法）属地，又可也。”其次，上海的海关、桥梁等为英国人所控制。纳富介次郎指出：“上海海关由英国人掌管，并收取进入黄浦船只的船税。”日比野辉宽也说：“盖上海港系清国第一港，一日舟运收费洋银六百余金，然而都被洋夷夺去。”高杉发现英国人控制上海桥梁：“支那人每通行，贡壹钱于英人。”再次，华界在洋界的比照下，显得脏破不堪。使团成员峰洁指出：“此边夷人居住以来，新街区建起，街路纵横分割有序，道幅宽广，随处街面比较清洁。”而华界则“粪芥满路，泥土埋足，臭气穿鼻，其污秽不可言状”。冯天瑜据此总结道：“租界市政建设所示范的西方近代文明，与华界中古式落后状态，形成鲜明对比。”

由于处于相同的文化圈，日本对中国文化有一种本能的认同，如使团成员日比野辉宽在同中国儒士交谈时表白道：“弟葵向贵邦之文物，有日于兹，即今遂素志，何等幸。”并向中国士人仔细询问中国的学校制度、科举制度、学田制度、文武官制、官员回避制度、医药制度、劝农之典、旌表节孝方式、司法审讯制度、育婴堂设置、捕蝗办法、官吏薪俸、学校择师标准等，不断与日本国内的做法相比较。纳富介次郎指出：“当地人对我们与那儿常住的西洋人根本不一样，对初次渡海到访的我们十分亲切，一见如故。”生动表现了东亚文化圈制度、思想及情感的相通性。然而，自西洋文明扩张至东方后，在东亚文化圈内造成了深刻的影响和变化。处在边缘的日本，开始对中华文化产生离异心理。日本德川幕府二代将军以降，日本实行锁国政策，驱逐天主教传教士，限制贸易口岸，但东亚文化中心的中国在鸦片战争中失败的消息通过《唐风说书》等传到日本，日本幕府受到极大的震动。1853 年美国舰队叩关之后。日本与之签订了《日美神奈川条约》(《日美和亲条约》)。开放下田、箱馆、长崎等港口，其国民及武士的观念随之发生较大的转变，正如冯天瑜指出的那样：“在被迫开放门户以后，日本开国的力度和主动性，明显高于中国。”与中国人充满对撞开广州门户的英国人义律的愤慨有别，日本人对于 1853 年打开其门户的美国东印度舰队司令培理则看作日本文明开化的“恩人”。在其登陆处还建立了纪念馆和纪念碑，对西方文明从拒斥到拥抱，表明日本已经开始向儒家文化圈外逃逸。日本使团在上海目睹西洋人在清国的飞扬跋扈以及清朝的腐败没落，不禁流露出对清朝的蔑视。纳富介次郎发现，看守上海城门的法国人傍晚闭门后。让日本人通过而不让当地人通过，甚至官员也被法国人用手杖连击数下，阻于门外，不禁叹道：“呜呼，清国已衰弱到如此地步，令人哀叹。”更有甚者。使团成员峰洁产生了征服清国的狂想：“洁现在上海军营看到，(清国的)兵卒敝衣、垢面、徒跣、露头、无刀，皆乞食，没有一个有英勇气概可见。像这样的士兵，我一人可敌五名。若给我一万骑，率之征战，可纵横清国”。这种对东亚文化中心的离异，发展的结果便是“脱亚入欧”论的盛行和西方式社会改革——明治维新的发生。《“千岁丸”上海行》通过对日本使团的考察，指明日本与中国在西洋文明挑战的应对上面，已经形成了不同的态度并将由此产生不同的效果。

作者对日本幕末使团上海之行考察后，以一个历史学家的眼光，从日本的文化精神以及东亚文化圈的角度，对日本使团藩士的言行以及对中国的态度，作出了发人深省的结论：“从历史的纵深度观之，可否这样评估——1862 年的‘千岁丸’上海行，作为日本走向开国的一步，显示了日本人求知识于世界与发愤图强的民族精神，其对中国经济、军事、政治、社会、风俗的调查之实、之细，以及对西洋文明的研习之勤、之精，均令人钦佩。”对处于东亚文化圈边缘的日本，对处于该文化圈中心的中国，既认同又疏离的倾向有敏锐的觉察，指出：“因日中两国当时的处境相似，加之两国深厚的文化渊源关系，访沪日本人在短短两月间，与中国士子建立了真挚友谊，吟诵其赠答诗文，我们仍被双方的深情厚谊所感染。当然，由于日本武士文化的特性使然，在访沪藩士的观察与感想中，也不时跃动着蔑华情绪。这既是外国观察者对衰微、腐朽的清朝社会的一种必然性反应，所谓‘王气中原竭，八维纷似麻’。但由中国之衰弱引申出中国可以任其纵横欺凌的意念，则令中国人警惕。披阅幕末明治日本人的中国见闻录，可以得见，这种偏执狂妄的意念由隐而显，由弱而强，这是包括中国和日本在内的整个东亚文化圈的悲剧，值得认真反省。

最后，作者真诚地提出了对中日关系既往历史的看法及未来走向的预测，指出：“综观1862年‘千岁丸’上海行，日本使团是带着友善的目的前来研究中国的，因此方能与众多的中国人结成深厚友谊，至于其间包蕴的某些‘探险’、‘觊觎’因子，在当时尚属枝节，就总体而言。这是一次值得纪念的友好之旅，而且，纵览数千年中日关系史，友好交往是主潮，战争冲突是支流，正可谓‘两千年玉帛，一百载干戈’。中日两国从两千年友好交往里获益匪浅。这既指平城、平安时代以降日本人大规模汲纳中华文化精粹，也指明治维新以后中国人热切研习日本近代化经验。这种互为师生的关系，当然是中日两国社会进步之福，而战争冲突则使中日两国人民创巨痛深，历史正反两面的教训理应深刻汲取。”表现出作者对中日两国和整个东亚文化圈和睦相处及和谐发展的强烈的人文关怀。

《“千岁丸”上海行》不仅在研究视角和方法上独具特色，而且在史料发掘上也颇多收获。该书通过域外文献的挖掘和利用，丰富并加强了中日、中西文化之间的比较和研究，陈寅恪曾从材料应用的角度归纳出治学的三种基本方法，一是“取地下之实物与纸上之遗文互相释证”，二是“取异族之故书与吾国之旧籍互相补正”，三是“取外来之观念，与固有之材料互相参证”[1]。《“千岁丸”上海行》正可谓是取异族故书与中国旧籍、外来观念与固有材料进行相互参照和对比的一部典型之作，作者在担任日本爱知大学现代中国学部教授的三年时间里。收集了大量日本文献。如《幕末维新外交资料集成》、《幕末明治中国见闻录集成》、《上海居留民团三十五周年纪念志》、《游清五录》、

《东行先生遗文》、《幕末维新·洋学》等。特别是千岁丸使沪时使团成员高杉晋作、纳富介次郎、名仓予何人等人的日记和游记等，通过域外史料的发掘和应用，首次披露许许多多尚不为人知的历史事实，该书通过日本使团成员对上海的观察。从一个特殊的角度探讨了上海在第二次鸦片战争后的难民浪潮、鸦片泛滥、洋教传播等社会风貌。为以前的研究所未及，该书第四章“‘太平战事’与‘清洋会剿’”，也以日本使团成员的所见所闻为依据，填补了太平天国研究上的一些空白。

《“千岁丸”上海行》正是通过发掘日本文献，以日本使团锁国后的首次访华为线索，从东亚文化圈的边缘看中心，对 1862 年处在中西交汇背景下上海的社会风貌和晚清的社会心理进行考察和思索，展示了许多精彩的学术新景观，完成了一次有益的史学新探索。

参考文献

[1] 陈寅恪 . 金明馆丛稿二编：王静安先生遗书序 [C]. 上海：上海古籍出版社，1980.

（《湖北大学学报》2004 年第 3 期）

附录乙

（一）东亚同文书院中国调查报告的整理与研究*

中国者，中国人之中国，可容外族之研究，不容外族之探捡；可容外族之赞叹，不容外族之觊觎者也。

——鲁迅《中国地质略论》（1903）

一

古代中国曾长期雄踞东亚文化高势位，其物质文化、制度文化和观念文化领先于包括日本在内的周边诸国，成为滔滔不绝的文化输出源地。秦汉间中华文化即自发传入日本。隋唐（日本的推古朝至平城—平安时期）以降，作为文化受容国的日本，摄取中华文化更成为自觉的国策，受天皇政府派遣，阿倍仲麻吕（701—770）、吉备真备（695—775）、藤原清河（706—778）、玄昉（？—746）、空海（774—835）、圆珍（814—891）、荣西（1141—1215）等官员、游学生、游学僧竞相前往中国踏访，从中国汲纳汉字汉文、生产技术、典章制度、宗教教义教仪、艺文哲思等多方面的文明成果，并留下不少中国目击记，仅以入华高僧的纪行文而论，著名者便有“五大游记”——入唐日僧最澄大师（767—822）的《历行钞》，谥号慈觉大师的圆仁（794—867）的《入唐求法巡礼行记》，入宋日僧成寻阿阇梨的《参天台五台山记》，入明日僧瑞䜣和尚的《入唐记》，策彦和尚的《初渡记》、《再渡记》。古代日本人的中国踏

---

* 本文为笔者为《东亚同文书院中国调查资料选译》（冯天瑜、刘柏林、李少军选编，社会科学文献出版社2010年出版）所作导言。

访，是求教于先进文化的学习性考察。推古三十一年（623），日本入唐学问僧给天皇的奏本说："大唐国者，法式备定，珍国也，常须达。"（《日本书纪》卷二十二，推古天皇三十一年七月条）表述了向文化高势位的唐国学习的强烈愿望。这种运行达两千年之久的中—日文化传输大势，到近代发生了逆转——原来是汉字文化圈外缘和文化输入国的日本，因学习西洋、建设近代工业文明有成，社会发展走到中国的前头，占据了文化高势位。逐渐强盛起来的日本立即效法欧美，视中国为掠夺对象，日本人踏查中国的热情较之古时有增无减，而其目的，则由学习、师法中国，变为觊觎、侵略中国。

二

始于幕末，在明治维新正式展开的日本近代化进程，于资本原始积累、实现产业革命的资本主义初兴阶段，适逢世界资本主义向帝国主义转化时期，日本迫不及待地乘上帝国主义战车，跻身武力瓜分世界的行列。对外侵略本是帝国主义的固有特征，近代日本步欧美列强后尘，确立侵略扩张的国策。鉴于地缘特点和国力限定，日本的侵略矛头直指东亚，朝鲜首当其冲，中国则是主要目标。这使得近代日本演变为东亚的侵略战争策源地，军国主义构成近代日本的基本属性。

日本的军国主义，以疯狂扩张军备、对外侵略为最高国家目标，国家的一切政策都围绕其展开。军国主义在近代日本的恶性膨胀，既由帝国主义的固有性质所决定，同时还有着深刻的历史文化渊源。日本在建立近代国家体制之际，竭力保存并强化神权专制的天皇制度（即天皇绝对主义）和"武士道"精神，更使得近代日本具有强烈的对外侵略性。

作为日本中世（镰仓幕府、室町幕府时期）及近世（江户幕府时期）统治基础的封建武士，认定"武力为立国之基础"，穷兵黩武，以杀戮征伐为务。中世末期日本的军事强人丰臣秀吉（1536—1598）在初步实现国家统一后，立即向东亚大陆扩张。丰臣秀吉在致朝鲜国王的一封信中公然宣称："吾欲假道贵国，超越山海，直入大明，使其四百州尽化吾俗，以施王政于亿万斯年。"丰臣自视武功强大，称明朝为"长袖之国"（柔弱文士的国家），曾两次发动以明朝首都北京为攻掠目的地的侵朝战争，只是因为国力限制，被中朝联军击败，未能得逞。然而，此种对外扩张，以至称霸世界的狂想，如同病毒一样，在具有岛国文化根性的日本潜滋暗长，江户时期的某些国权论者，如平田笃胤（1776—1843）、佐藤信渊（1769—1850）对此种妄念有系统阐发。平田笃胤的《灵能真柱》提出：“皇国是万国的祖国，天皇是万国的大君。”佐藤信渊的《宇内混同秘策》更宣称：“我皇大国乃大地上最早成立之国，为世界万国之根本。根本一旦有序，则全世界应悉为郡县，万国之君应皆为臣仆。”佐藤设计“宇内混同”的步骤为——“必先自吞并支那国肇始”，即先侵入朝鲜、满洲，进迫北京；又从九州诸港直驱江南、浙江等地。佐藤信渊成书于1823年的《宇内混同秘策》的对外扩张计划，实为近代日本军国主义的精神先驱。从日本天皇1868年3月14日发表的御笔信所称“继承列祖列宗的伟业”，“开拓万里波涛，布国威于四方”（《明治文化全集》第2卷，日本评论社1928年版，第33～34页），到1927年7月25日日本首相田中义一（1863—1929）上呈昭和天皇秘密奏折所说：“唯欲征服支那，必先征服满蒙；如欲征服世界，必先征服支那。”（史称“田中奏折”）都贯穿着对外扩张、侵占东亚，进而称霸世界的设计。

如果说，佐藤信渊等江户时期人物发表的对外扩张言论，因与当时日本弱小的国力形成巨大反差，而被视作狂人妄想，那么，近代日本实现其侵略亚洲诸国的凶恶计划，则具备了现实的可操作性。此时日本的侵略设想，是以学习欧美列强先进工业文明，包括学习其先进的科学方法为前提与基础的。仅以对被侵略国国情的详尽了解而论，日本便追随欧美列强，实施令人震惊的大规模域外调查工程。

三

欧美列强是率先完成工业革命并掌握近代科学方法的先进国，在侵占和掠夺亚、非、拉美国家与地区时，总是伴之以对这些国家与地区的自然资源与社会状况作精密的考察。运用实证科学方法，特别是采用实地勘察的手段，对侵占、掠夺对象国作周详的调查，以掌握对象国国情诸方面的各种第一手或第二手材料，从而奠定侵占、掠夺的实施基础，这是西方列强为推行殖民主义、建立世界统一市场而从事的一项长期活动。日本作为后起的资本主义国家，深悉欧美列强此一玄机，并身体力行之，在有些方面较之欧美列强更有过之而无不及。而日本的域外踏查，又以东亚，特别是中国为首要对象，这是与其侵略范围相一致的。

中日两国是“一衣带水”、“一苇可航”的近邻，有着深刻的历史文化渊源，近代初期又都受到西方列强的殖民侵略，处境相似。日本自幕末“开国”之际，即十分关注在中国发生的鸦片战争、太平天国诸事态，以之作为日本决定国策的参考系数，并于19世纪60年代初中期，四次遣使上海等地，对中国情状作实地调查。冯天瑜著《“千岁丸”上海行——日本人一八六二年的中国观察》（商务印书馆2001年版）一书详论于此，书中指出，幕末日本的中国踏查，主要是试图汲取清朝衰败的教训，对中国受西洋凌辱尚有唇亡齿寒、惺惺相惜之慨，这在1862年访沪的高杉晋作（1839—1867）的《游清五录》等日本藩士纪行文中有所表述，然而，幕末踏查中国的某些藩士，面对清朝的衰朽，已流露出蔑华情绪，如与高杉晋作同行的峰洁甚至发出“若给我一万骑，率之征战，可纵横清国”的狂言。（见《“千岁丸”上海行——日本人一八六二年的中国观察》第283页。有关对于访沪日本藩士此类思想的评析，见上书第四章、第七章及结语）这正是前述日本自丰臣秀吉以来对外扩张传统在近代早期的初步昭显。明治维新以后，日本国势骤强，正式确立“经略中国”、“雄飞海外”的战略，形成以独占中国为目标的“大陆政策”。日本从“大陆政策”出发，又占据地近、文近、人种相近之利，其对中国调查的强度、规模和系统性，较之欧美诸国颇有后来居上之势。

早在19世纪80年代，日本已开始对中国作系统调查。哲学家三宅雪岭在《真善美日本人》（政教社1891年版）一书中宣称，“日本人系有为种族”，“亚细亚诸国相继败亡，而蕞尔岛国的日本却作为帝国屹立在绝海之东”。三宅雪岭指出，面对白种人的东侵，日本人肩负真、善、美三方面使命，其中“真”的使命是：进行史迹调查，向亚洲大陆派遣学术探险队，开展东洋文化、生物、地质学、人类学的研究。可见，近代日本把对以中国为主体的亚洲大陆的实证性探查，以掌握亚洲大陆的真实情状，视作日本与欧美列强竞争高下的“使命”。这是民间学者的论说。至于日本官方、军方、商界，出于军事、政治、经济目的，不断派出浪人、军人、商人、记者，潜入中国各地，对清朝国情作周密踏查，甲午战争前夕，日本根据这些踏查绘制出包括朝鲜、中国东北和渤海湾在内的军用详图，上面细致标明这些地区的每座山丘、每条道路、每条河流、每个渡口，为发动战争做了精到的调查准备。反观清朝军队使用的地图，大而化之，不仅粗略，而且讹误百出，以之策划战事，清军的溃败便在必然。中日甲午战争以后，日本以掠夺、侵占中国为矢的的中国调查，更成为日本政府、军方、民间有计划的、长期延续的行动。

四

近代日本的中国调查，留下卷帙浩繁的文献材料，较成系统的有如下几类。

（一）学者、官员、商人、军人、浪人的个人踏访记录。如19世纪中叶以降，高杉晋作、名仓予何人、竹添光鸿、冈千仞、安东不二雄、宇野哲人、内藤湖南等的中国旅行日记、随笔，日本尤玛尼书房于平成九年（1997）出版小岛晋治监修的《幕末明治中国见闻录集成》20卷本，平成十一年（1999）出版小岛晋治监修的《大正中国见闻录集成》10卷本，即为这批纪行文的精选本，从中可以得见近代日本武士、学者、商人、军人、记者的中国旅行见闻、评述的范围与深度。

（二）日本驻华领事对中国商情、工农业、政治、社会、文化所作的分区调查。日本外务省从明治十四年（1881）起，将领事报告编为《通商汇编》年刊，继而改为半年刊。农商务省还于明治十八至二十一年（1885—1888）办《农商工公报》（月刊），每号都载有“领事报告”。明治十九年（1886）以后外务省下属的《通商汇编》更名为《通商报告》，明治二十二年（1889）底停刊，明治二十七年（1894）以《通商汇纂》复刊。汉口总领事水野幸吉著《汉口》、内田左右吉著《武汉港史》之类书籍，则是领事系统调查的副产品。笔者在日本的爱知大学图书馆所见《特调班月报》（1941），是上海日本总领事馆特别调查班的调查报告汇编，与侵华战争关系密切。

（三）满铁调查。1906年组建的南满铁道株式会社，建立规模庞大的“满铁调查部”，在沈阳、吉林、哈尔滨、北京、上海等地设事务所，从事中国社会调查。1939年4月，为适应扩大的侵略战争的需要，满铁调查部改组、扩充，从事“支那抗战力调查”、“支那惯行调查”、“日满支工业立地条件调查”、“东亚重要物资自给力调查”、“世界情势调查”等。满铁调查部始于20世纪初，终于1945年的中国调查，历时近40年，调查范围是东北、华北、华东。已出版的《满铁调查资料》汗牛充栋。

（四）兴亚院的中国调查。1938年成立的兴亚院，由日本首相兼任总裁，陆军大臣、海军大臣、外务大臣、大藏大臣兼任副总裁，具体事务由总务长官负责。本院在东京，中国的北京、上海等地设有联络部，开展对中国的政治、经济、文化的“实态调查”，包括中国工业调查、重要国防资源调查、流通关系调查、社会调查等，发表2000份调查报告。

（五）“末次情报资料”。这是日本侵华军北平情报机关对中外报刊以剪报形式作的中国调查，累积数千万言，广西师范大学出版社1994年将该资料的中文部分出版。

（六）日本各实业团体作的中国经济、商情调查。笔者曾翻阅日本兴亚银行1942年、1943年、1944年的《调查月报》，以及南亚海运株式会社的《调查内报》16卷，关于中国经贸及交通的调查十分详细。类似的以“商战”为目标的调查报告甚多。

（七）东亚同文书院（1901—1945）及其前身汉口乐善堂（1886—1889）、上海日清贸易研究所（1890—1893）在长达半个多世纪间作的旅行调查。

五

对于近代日本的中国调查作历史观照，可以获得两重认定。

其一，近代日本进行的中国调查，多系“大陆政策”的产物，是为日本侵略中国的目标服务的。

20世纪初，鲁迅（1881—1936）留学日本之际，对外国人大规模展开的“觊觎”中国主权的踏查活动深怀忧患，他于1903年作《中国地质略论》一文，列举德国人利忒何芬1871年的中国踏查，匈牙利人式奚尼1880年的中国踏查，俄国人阿布导夫1884年的中国踏查，法国里昂商业会议所1887年的中国踏查，此后日本人神保、巨智部、铃木的辽东踏查，西和田的热河踏查，平林、井上、斋藤的中国南方踏查。鲁迅揭露这些外国人“入吾内地，狼顾而鹰睨”，怀着掠占中国的用心，进而尖锐指出：“中国者，中国人之中国。可容外族之研究，不容外族之探捡；可容外族之赞叹，不容外族之觊觎者也。”（《鲁迅全集》第8卷，人民文学出版社1981年版，第4页）湖北留日学生也有类似评议，认为“彼碧眼儿之入吾室以窥伺吾长短”，包藏祸心（见《辛亥革命前十年间时论选集》第1卷上册，三联书店1977年版，第445页）。而清末、民国间，“觇觎”中国，“入吾室以窥伺吾长短”的不止是“碧眼儿”（欧美人），近邻日本怀着更强烈的独占中国的野心，开展中国调查，窥探中国内里。对于这一历史真实，必须加以揭示。

其二，日本的官方与民间，在一个长时段运用近代实证科学方法开展周详细密的中国社会调查，有些是对当时中国官方及民间零散资料的集中与整理，有些是运用社会学的实证调查方法采集第一手材料。经数十年积累，日本人掌握了关于中国经济、政治、社会、文化方面的翔实资讯，留下卷帙浩繁的见闻录、考察报告，以及在此基础上编纂的志书、类书等文献，其历史认识价值不容忽视，可为从事晚清、民国的政治史、经济史、文化史、社会史研究提供直接或间接的资料；至于其调查方法的精密、系统，则非处于半殖民地状态的清政府、民国政府的国情调查工作所能比拟。

毛泽东（1893—1976）1941年在《〈农村调查〉的序言和跋》中，强调社会调查的重要性，并指出：“中国幼稚的资产阶级还没有来得及也永远不可能替我们预备关于社会情况的较完备的甚至起码的材料，如同欧美日本的资产阶级那样，所以我们自己非做搜集材料的工作不可。”（《毛泽东著作选读》下册，人民出版社1998年版，第467页）这里对“中国幼稚的资产阶级”来不及作较完备的社会调查的估量，大体符合历史实情。需要补充说明的是，自晚清以降，一些有识之士已开始重视并躬亲社会调查，如清末的湖北留日学生鉴于“各国人之于其国也，无一事不有调查会，或政府提创之，或人民自组织之”，在1903年成立“湖北调查部”，对在自国、自省开展社会调查有所规划，列举了“政法上之调查”、“教育上之调查”、“经济上之调查”、“实业上之调查”、“军事上之调查”、“历史上之调查”、“地理上之调查”、“民族上之调查”、“出产上之调查”、“交通上之调查”、“外人势力上之调查”诸方面的调查细目。（见《辛亥革命前十年间时论选集》第一卷上册，三联书店1977年版，第443～452页）限于条件，这一计划无法在晚清实现。民国时期，国民政府的某些部门，如地震局，曾组织力量作专题社会调查，留下一批宝贵材料。某些从西方学习社会学、民族学回归的中国学者，作过具有相当水平的社会调查研究，其成果如陈达的《南洋华侨与闽粤社会》（英文版1939年出版），费孝通的《江村经济》（英文版1938年出版）至今闪耀光辉，被视作社会调查研究的范本。20世纪30年代出版的“社会调查”丛书（中华平民教育促进会出版）也不乏佳作，如李景汉的《定县社会概况调查》（1932）便有较高价值。此后，各类调查研究报告续有面世，如费孝通等人的《乡土中国》（1945）、许烺光等人的《祖荫之下》（1945）、杨懋春的《中国乡村》（1945）、林耀华的《金鸡展翅——中国家族之社会学研究》（英文版 1944 年出版）。当然，就整体而言，清末、民国积贫积弱，战乱频仍，国家与民间无力作大规模、长时段、成系统的社会调查。而日本当年以强势的国力为依托，以侵霸中国为目的，对大江南北、黄河上下、白山黑水、西域大漠进行了地毯式的社会调查，其积累的调查材料，经过批判性辨析，可为研究清末及民国历史所用；其调查方法，亦可为我们今天开展国情、地情调查工作提供参考。

六

近代日本的中国调查，以满铁调查部所作的东北、华北、华东“惯行调查”最著声名，也较为广泛地被世界各国研究中国问题的机构和专家所使用。美籍华裔社会学家黄宗智关于华北小农经济研究（中华书局已出版该书中文本），关于长江三角洲小农家庭研究（中文本《民事审判与民间调解：清代的表达与实践》，中国社会科学出版社 1998 年出版），即依凭满铁调查材料。美国社会学家杜赞奇所著《文化、权力与国家——1900—1942 年的华北农村》（江苏人民出版社 1994 年出版王福明译本），研究华北地区村级结构，主要材料亦取自满铁调查。近年来，中国的近代史及社会史、经济史研究者也开始注意利用满铁调查材料。

自 20 世纪 50 年代开始，中国学术界已开始整理满铁调查材料，20 世纪 80 年代以降，满铁调查材料渐为学界重视并使用，日本驻华领事系统的中国调查等其他调查材料也进入研究者的视野。

在近代日本关于中国调查的诸多系统中，东亚同文书院及其前身汉口乐善堂、上海日清贸易研究所的中国旅行调查，持续时间最长（从 19 世纪 80 年代中期至 20 世纪 40 年代中期，几近 60 年，而满铁调查则不足 40 年），调查地域分布最广（除西藏、台湾之外的全部中国省区，还涉及邻近中国的西伯利亚、东南亚地区，满铁调查则限于东北、华北、华东），调查材料（主要是旅行记和调查报告两大类）又基本保存完好，而且相对集中（原件分别藏于日本丰桥的爱知大学图书馆和中国北京的国家图书馆）。但是，对于东亚同文书院及其前身在中国长达半世纪以上的办学活动，特别是其开展的持续、系统的中国旅行调查，中国研究者较少注意，相关的资料搜集整理、研究、利用尚未正式展开。

笔者 1996 年初开始接触到这批材料，当即著文《日本“中国学”的启示》（《江汉论坛》1996 年第 10 期）加以介绍，以引起学界对东亚同文书院及其中国调查的关注。1998—2001 年笔者在日本的爱知大学讲学期间，与同事刘柏林在名古屋、东京等处访问东亚同文书院在世老人，在爱知大学图书馆、北京图书馆（今国家图书馆）广泛查阅相关原始材料，并着手介绍、评析这一晚清、民国社会调查的资料渊薮，然因力薄势单，其间还遭遇意料之外的坎坷，故进展有限。但笔者始终以为，这一介绍工作的正当性与必要性是毋庸置疑的，它可以为晚清、民国研究敞开一个鲜为人知的资料库。这项工作既然有益于学术发展，有益于对近代中国、近代日本的认识，便应当坚持下去。由于我们人力、财力的局限，只能量力而行，先从原始材料的选译入手，一是将日本的沪友会所编《上海东亚同文书院大旅行记录》翻译出版（商务印书馆 2000 年），二是从浩如烟海的东亚同文书院的中国旅行调查材料中选择代表性篇目，延请李少军等翻译，成《东亚同文书院中国调查资料选译》一书，由社会科学文献出版社出版；与此同时，我们又着手开展对东亚同文书院及其中国调查的评析。希望通过这些译介、论析，使读者能对东亚同文书院及其中国调查观其大略，为进一步的评议及资料整理、利用略奠初基。

2008 年 5 月 11 日

于武汉大学中国传统文化研究中心

（二）《东亚同文书院中国调查篇目总汇》[1] 解说

东亚同文书院——日本明治末年至大正、昭和时期（1901—1945）在中国上海兴建的一所招收日本各府县学生的名校，其办学宗旨，号称“讲中外之实学，育中日之英才”[2]，实为培养掌握汉字文化、熟悉华人社情的“中国通”，系统调查中国，为日本经略东亚的“大陆政策”服务。该书院最突出的行为是，诸生组队前往中国各地，作专题实证考察。经四十余年积淀，其踏访线路之总和，密如蛛网，遍及中国南北东西。参加踏查的学生撰写游记性旅行日志和专科性调查报告，共同构成卷帙浩繁的文本系统，而书院方及相关机构利用这些调查获得的一、二手材料，编纂出版大量专门研究论著和刊物，周详记述并解析中国经济、政治、文化、社会、风俗诸方面实态。

第二次世界大战日本败降后，东亚同文书院大学被取缔，撤回到日本的东亚同文书院大学最后一任校长本间喜一和部分教员在爱知县丰桥市，会同从台北、汉城撤回的两所“帝国大学”的部分教员，于1946年11月组建日本中部地区一所文法科大学——爱知大学。书院当年的调查报告、旅行日志等原始文本和编纂出版的书刊文献，几经转徙，现分别集藏于中国北京的国家图书馆和日本的爱知大学丰桥校舍图书馆。笔者1998—2001年讲学爱知大学期间及其前后近十年间，浏览这批文献并作初步研究[3]，获得两层认知：一者，近代日本所作中国调查的巨细无遗、切入底里，应引起国人警醒；二者，这批文献提供的系统材料，是研考清末、民国社会的文献渊薮，理当加以利用，其展示的实证主义调查研究方法，也可供参酌借鉴。令人欣慰的是，国家图书馆深谋远

---

① 该书于2016年由国家图书馆出版社出版。

② 见《东亚同文书院兴学要旨》，东亚同文书院1901年印行。

③ 1996年，笔者初访爱知大学后，撰《日本“中国学”的启示——访问爱知大学有感》（《江汉论坛》1996年第10期），后又出版《上海东亚同文书院大旅行记录》（商务印书馆2000年）、《东亚同文书院中国调查资料选译》上中下三册（社会科学文献出版社2012年）。

虑，将该馆有关东亚同文书院中国调查的巨量藏本整编条贯，影印出版，这确乎是有益当下、惠泽来世的恢宏举措。

一

近邻日本注重研考中国，自古已然，近代尤烈。

古代中国曾长期雄踞文化高势位，其物质文化、制度文化和观念文化领先于包括日本在内的周边诸国，三千年间一直是文化输出源地。秦汉间中华文化即传往日本。隋唐（日本推古朝至平城—平安时期）以降，作为文化受容国的日本，摄取中华文化更成为自觉国策。受天皇政府派遣，阿倍仲麻吕（701—770）、吉备真备（695—775）、藤原清河（706—778）、玄昉（？—746）、空海（774—835）、圆珍（814—891）、荣西（1141—1215）等数以百计的官员、游学生、游学僧竞相前往唐宋踏访，结交华夏士子，研习汉字汉文、生产技术、典章制度、宗教教义教仪、艺文哲思等多方面文明成果，并留下不少目击记、闻见录，仅以入华高僧的纪行文而论，著名者便有“五大游记”——入唐日僧最澄大师（767—822）的《历行钞》，谥号慈觉大师的圆仁（794—867）的《入唐求法巡礼行记》，入宋日僧成寻阿阇梨的《参天台五台记》，入明日僧瑞䜣和尚的《入唐记》，策彦和尚的《初渡记》、《再渡记》。古代日本人的中国踏访，是求教于先进文化的学习性考察。日本推古三十一年（623），入唐学问僧给天皇的奏本说：“大唐国者，法式备定，珍国也，常须达。”① 表述了向文化先进的大唐学习的强烈愿望。

这种运行达两千年之久的中国向日本传输文化的趋势，到明治维新以后发生逆转——原来是汉字文化圈外缘和文化输入国的日本，因学习西洋、建设近代工业文明有成，社会发展走到中国前头。逐渐强盛起来的近代日本，踏查中国的热情较之古时有增无减，而其目的，则由学习、师法变为觊觎、侵略中国。

明治维新展开的日本近代化进程，于资本原始积累、实现产业革命的初始阶段，适逢世界资本主义向帝国主义转化时期，而日本古来即自视“神国”，素有“八纮一宇”雄心，在近代条件下，迫不及待地乘上帝国主义战车，参

① 《日本书纪》卷二十二，推古天皇三十一年七月条。

与瓜分乃至独占邻邦。鉴于地缘特点，日本的矛头直指东亚，朝鲜半岛首当其冲，中国则是主要目标。而多方面考察作为侵略对象的中国，遂成为近代日本持久的战略工程。这既是日本研习中国的两千年传统之近代转型，也是对欧美考察殖民地做法的直接仿效。

欧美列强率先完成工业革命并掌握近代科学方法，其殖民扩张总是伴以对掠占国家的周密考察。采取实地勘察手段，沿着文化人类学等近代学术理路，周详调查对象国的自然资源与社会—人文状况，是西方列强从事的一项长期活动。鲁迅留学日本之际，对外国人“入吾内地，狼顾而鹰睨”，觊觎中国主权的踏查活动深怀忧患，他于1903年作《中国地质略论》一文，列举德国人利忒何芬（通译李希霍芬）1868—1872年的七次中国踏查，匈牙利伯爵式奚尼1879—1880年的中国西部及西南踏查，俄国人阿布佉夫（通译奥勃鲁契夫）1884年的华北踏查，法国里昂商业会议所1887年的云贵川踏查。[①] 此外，史学界熟知的英国斯坦因、瑞典斯文赫定、德国格林韦德尔、法国伯希和、日本大谷光瑞等人的中国西北考古并将高昌、敦煌等处文物西传，也为此类显例。这些外人深入中国堂奥，都留有游记性或研究性著述，成为外人考察中国的范本。

日本作为后起的资本主义国家，深悉欧美列强此一旨趣，并身体力行，在有些方面较欧美更有过之而无不及。日本的域外踏查，以东亚，特别是中国为首要对象，这是与其侵略范围相一致的。

中日两国是“一衣带水”、“一苇可航”的近邻，有着深刻的历史文化渊源，近代初期又都受到西方列强的殖民侵略，处境相似。日本自幕末“开国”之际，即十分关注在中国发生的鸦片战争、太平天国诸事态，以之作为日本决定国策的参考系数，遂于19世纪60年代初中期，四次遣使上海等地，对中国情状作现地调查。[②] 幕末日本的中国踏查，主要是试图汲取清朝衰败的教训，对中国受西洋凌辱尚有唇亡齿寒、惺惺相惜之慨，这在1862年访沪的高杉晋作（1839—1867）的《游清五录》等日本藩士纪行文中有所表述。然而，幕末踏查中国的藩士们面对清朝的衰朽，已流露出蔑华情绪，如与高杉晋作同行的

① 见《鲁迅全集》第8卷，人民文学出版社1981年版，第4~6页。

② 见冯天瑜《“千岁丸”上海行——日本人一八六二年的中国观察》，商务印书馆2001年版。

峰洁甚至发出“若给我一万骑，率之征战，可纵横清国”的狂言。[①]这正是日本自丰臣秀吉以来对外扩张传统在近代早期的初步昭显。明治维新以后，日本国势骤强，正式确立“经略中国”、“雄飞海外”战略，形成以独占中国为目标的“大陆政策”。日本又有地近、文近、人种相近之利，其对中国调查的强度、规模和系统性，较之欧美诸国颇有后来居上之势。

早在 19 世纪 80 年代，日本已开始对中国作系统调查，以地质矿藏考察为例，便有神保、巨智部、铃木的辽东踏查，西和田的热河踏查，平林、井上、斋藤的南方踏查。在文物考古领域，稍晚于斯文赫定、斯坦因，20 世纪初年，有日本伊东忠太的云冈石窟调查、大谷光瑞考察队的新疆考古并窃取壁画文书（著名的“大谷文书”由此而来）。

二

近代日本把对以中国为主体的亚洲大陆的实证性探查，视作日本与欧美列强竞争高下的“使命”。日本官方、军方、商界，出于军事、政治、经济目的，不断派出浪人、军人、商人、记者，潜入中国各地作周密踏查。

（一）学者、官员、商人、军人、浪人的个人踏访

19 世纪中叶以降，高杉晋作、名仓予何人、安东不二雄、宇野哲人等相继作“禹域踏查”（日本人习称中国为“禹域”，即“大禹的国度”），留下大量纪行日记、随笔，竹添光鸿的《栈云峡雨日记》、冈千仞的《观光纪游》、内藤湖南的《燕山楚水》、德富苏峰的《中国漫游记》为传世名篇。日本尤玛尼书房于平成九年（1997）出版小岛晋治监修的《幕末明治中国见闻录集成》20 卷本，平成十一年（1999）出版小岛晋治监修的《大正中国见闻录集成》10 卷本，即为这批纪行文的精选，从中可以得见近代日本武士、学者、商人、军人、记者中国旅行见闻、评述的范围与深度。

（二）驻华领事的分区调查

日本外务省从明治十四年（1881）起，将领事报告编为《通商汇编》年刊，继而改为半年刊。农商务省还于明治十八至二十一年（1885—1888）办《农商工公报》（月刊），每号都载有“领事报告”。明治十九年（1886）以后，

---

① 冯天瑜：《“千岁丸”上海行——日本人一八六二年的中国观察》，商务印书馆 2001 年版，第 283 页。

外务省下属的《通商汇编》更名为《通商报告》，明治二十二年（1889）底停刊，明治二十七年（1894）以《通商汇纂》复刊。汉口总领事水野幸吉著《汉口：中央支那事情》、内田佐和吉著《武汉巷史》之类书籍，则是领事系统调查的副产品。上海日本总领事馆特别调查班的调查报告汇编《特调班月报》（1941），与侵华战争直接相关联。

（三）满铁调查

1906年组建的南满铁道株式会社，建立规模庞大的“南满铁道株式会社调查部”，在沈阳、吉林、哈尔滨、北京、上海等地设事务所，集中大批专家，从事中国社会调查。1939年4月，为适应扩大的侵略战争的需要，满铁调查部改组、扩充，从事“支那抗战力调查”“支那惯行调查”“日满支工业立地条件调查”“东亚重要物资自给力调查”“世界情势调查”等。三十余年间，满铁调查部搜集的各种情报、档案、书籍、杂志、剪报等，达二三十万件，并有数千种资料汇编、论著、刊物出版。

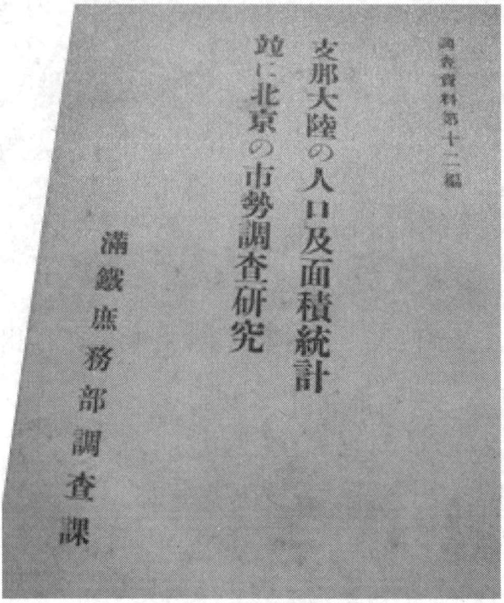

满铁调查部调查报告书影

（四）兴亚院调查

1938年成立的兴亚院，由日本首相兼任总裁，陆军大臣、海军大臣、外务大臣、大藏大臣兼任副总裁，具体事务由总务长官负责。本院在东京，中国的北京、上海等地设联络部，开展对中国的政治、经济、文化的“实态调查”，包括中国工业调查、重要国防资源调查、流通关系调查、社会调查等，发表了约两千份调查报告。

（五）“末次情报资料”

日本侵华军北平情报机关“末次研究所“（负责人末次政太郎）对中外报刊以剪报形式作中国调查，累计数千万条，2亿字，分755辑，广西师范大学

满铁调查部内景

出版社1994年将该资料的中文部分出版。

（六）各实业团体的经济、商情调查

日本兴亚银行1942年、1943年、1944年的《调查月报》，以及南亚海运株式会社的《调查内报》16卷，关于中国经贸及交通的调查十分详细。类似的以“商战”为目标的调查报告甚多，如汉口商工会议所编《汉口经济事情》（1936）。

（七）东亚同文书院的旅行调查（后文详介）

近代日本的中国调查，以满铁调查部所作的东北、华北、华东“惯行调查”最著声名。自20世纪50年代开始，中国学术界开始整理满铁调查材料，已出版的《满铁调查资料》汗牛充栋。20世纪70年代以降，满铁调查材料渐为世界各国研究中国问题的机构和专家使用。美籍华裔社会学家黄宗智关于华北小农经济研究[①]，关于长江三角洲小农家庭研究[②]，即依凭满铁调查材料；美国社会学家杜赞奇研究华北地区村级结构的论岩[③]，马若孟关于近代华北小

① 见黄宗智《华北小农经济与社会变迁》，中华书局1986年版。

② 见黄宗智《长江三角洲小农家庭与乡村发展》，中华书局1992年版。

③ 见杜赞奇著、王福明译《文化、权力与国家——1900—1942年的华北农村》，江苏人民出版社1994年版。

农经济之研究[1]，主要材料亦取自满铁调查。近30年来，中国的近代史及社会史、经济史学者也注意对满铁调查的研究。[2]

在近代日本关于中国调查的诸多系统中，踏访历时最长、覆盖面最广的，并非满铁调查部，而是“东亚同文会”组建的“东亚同文书院”。该书院及其前身汉口乐善堂、上海日清贸易研究所的中国踏查始于19世纪80年代中期，大体未间断地延续到20世纪40年代中期，几近60年（满铁调查不足40年）。其调查地域遍及除西藏之外的中国各省区的若干市、县、乡、镇乃至关隘、码头（虽未直接踏查西藏，东亚同文书院也有多种研究西藏的论著），还涉足俄罗斯西伯利亚及远东、法属印度支那半岛、南洋群岛（满铁调查限于东北、华北、华东）。东亚同文书院调查材料和编纂论著保存完整，然而基本状况是“藏在深闺少人识”，采选度远低于满铁调查。时下国家图书馆系统整理出版相关文献，或许将开辟利用东亚同文书院中国调查材料的新局面。

三

东亚同文书院的源头，可追溯到企图以日本为盟主对抗西方列强的兴亚论者荒尾精（1858—1897）。荒尾1886年创办汉口乐善堂，该堂是日本明治时期“经略中国”的传奇人物岸田吟香（1833—1905）所设上海乐善堂的支店，以营销眼药水、药材、书籍、杂货为掩护并提供经费，开展“中国调查的试行调查”，范围重点在中国西北、西南地区。汉口乐善堂《外员探查须知》规定，访查对象包括“君子、豪杰、长者、侠客、富豪”，并将其姓名、住址、年龄、行踪详加记载。调查内容则包括各地“山川土地形状、人口疏密、风俗良否、

① 见马若孟著、史建云译《中国农民经济：河北和山东的农业发展（1890—1949）》，江苏人民出版社1999年版。

② 见苏崇民《满铁史概述》，《历史研究》1982年第5期；刘永祥《满铁情报调查机构述论》，《辽宁大学学报》1991年第3期；解学诗《从史学博士白鸟库吉到右翼狂人大川周明——满铁的“满鲜”历史地理调查和“满蒙狂”煽动》，《社会科学战线》2003年第3期；郭洪茂《“九一八”事变中的满铁》，《社会科学战线》2005年第5期；王珍仁《满铁——日本侵华扩张的桥头堡、先锋队》，《东北史地》2006年第4期；解学诗《论满铁“综合调查”与日本战争国策》，《社会科学战线》2007年第5期；丁海斌、陈楠《“满铁”档案资料的构成研究》，《兰台世界》2008年第20期；解学诗《满铁研究的现实意义和学术价值》，《中国社会科学院院报》2008年9月11日；李娜《满铁对中国东北的文化侵略》，吉林大学东北亚研究院世界史专业2009年博士学位论文；庞喜海《试论“满铁”的情报工作》，《江南社会学院学报》2009年第3期；徐志民《“满铁”为害中国始末》，《世界知识》2011年第19期；李淑娟《“满铁资料”研究的史料价值与现实意义》，《中国社会科学报》2013年2月20日。

民生贫富、被服粮秣”等。荒尾精于1889年返国，向日本参谋本部提交2.6万字的《受命书》，对中国的朝廷、内政、人物、兵事、欧洲四大国（英、法、德、俄）的对华策略作了详细分析。[①]

汉口乐善堂成员（前中座荒尾精）

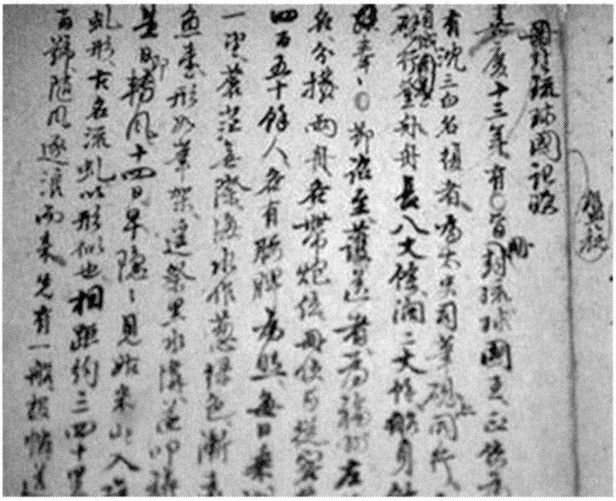

荒尾精呈递日本参谋本部的中国形势报告

1890年，荒尾精与当年在陆军士官学校的同学根津一在上海创设日清贸易研究所，该所招收150名日本学生，研习中国官话（北京话）、了解中国商

① 参见［日］井上雅二著《巨人荒尾精》，佐久良书房1910年版。

事习惯及社会状况。学生修业四年，前三年为学科，最后一年为实地调查与实习。这种方式已开日后东亚同文书院的先声。因运营资金枯竭，日清贸易研究所于 1893 年 8 月停办。荒尾精 1897 年在台湾染鼠疫去世。

上海日清贸易研究所师生合影（三排中座荒尾精，其左根津一）

1898 年，“东亚同文会”在东京成立，会长为亚洲主义者、日本贵族院议长近卫笃麿公爵（号霞山，1863—1904，二战时期日本首相近卫文麿之父）。东亚同文会受到日本政界、军方、新闻界、工商界的支持，势头盛炽。

东亚同文书院及其前身的创始人荒尾精、近卫笃麿、根津一等，皆是日本“兴亚论”的倡导者和力行者。“兴亚论”又称“亚洲主义”，是明治至昭和时期重要的政治及思想流派，在朝野颇能呼风唤雨。“兴亚论”与蔑视亚洲邻国的“脱亚论”貌似相悖（前者反西方，后者亲西方），其实却互为补充，二者共同构成日本向东亚扩张之“大陆政策”的基旨。“兴亚论”以日本的“国权主义”为核心理念，力主以日本为盟主，与中国“合纵”，与朝鲜“合邦”，使日本“指导”下的东亚组成“足恃”的力量，以阻遏欧美势力的东进。“兴亚论”还强调中日“同种同文”，汉字文化、儒家伦理是东亚诸国“亲和”的基础，日、中、朝赖此以“协力分劳”，实现“一体化”，在日本统领下抗衡西方。“兴亚论”的这一套构想，深刻影响了后来建立的东亚同文书院的办学路线，其校名标示“东亚”、昭显“同文”，正暗藏着“兴亚论”玄机。

1899 年，近卫笃麿访华，在南京拜会两江总督刘坤一，鼓吹东亚同文会的亚洲主义宗旨，进而近卫—刘商定东亚同文会在南京设立学校。1900 年 5 月，南京同文书院开办，院长根津一。因义和团事起，1901 年初书院迁往上海，更名为“东亚同文书院”，是日本在中国设立最早、最具规模的大学。首任院长根津一（1860—1927）。学生从日本各府县招考，一届每府县两名，学生享受公费待遇，修业三年，教授汉语以及中国历史、政治、经济、文化等课程，并研习社会调查方法。书院在日本有“幻的名门校”之称，吸引一批家道清贫、学业优异的青年入学。1939 年，东亚同文书院由三年制专科学校升格为四年制大学，更名为“东亚同文书院大学”。

东亚同文书院首任院长根津一

东亚同文书院上海虹桥校舍

东亚同文会历任会长

第一任会长（1898—1904）：近卫笃麿（公爵 贵族院议长）

第二任会长（1904—1907）：青木周藏（子爵 日本外相）

第三任会长（1907—1918）：锅岛直大（侯爵 第 11 代佐贺藩主）

第四任会长（1918—1936）：牧野伸显（伯爵 大久保利通之子，日本政坛元老）

第五任会长（1936—1945）：近卫文麿（公爵 贵族院议长、三次任日本首相）

东亚同文书院（大学）历任院长（校长）

第一任院长（1901—1902）：根津一（汉口乐善堂创始人之一）

第二任院长（1902—1903）：杉浦重刚（众议员、国粹主义者、裕仁天皇的老师）

第三任院长（1903—1923）：根津一

第四任院长（1923—1926）：大津麟平（台湾总督府官僚、岩手县知事、德岛县知事）

第五任院长（1926—1931）：近卫文麿（贵族院议长、东亚同文会副会长）

第六任院长（1931—1940）：大内畅三（众议员、1939 年升格东亚同文书院大学首任校长）

第二任校长（1940—1944）：矢田七太郎（日本驻上海总领事，曾参加 1927 年东方会议）

第三任校长（1944—1945）：本间喜一（末代校长、爱知大学创始人）

东亚同文书院接受日本政府的财政援助，并在行政上接受日本文部省和外务省的管辖和监督。书院院长的任命、系科的置废、学制的变更等事务，大都由政府决定。该书院初设政治科和商务科，课程多与中国有关，以商业和经济为重点。从 1920 年 9 月起，该院设立中华学生部，招收中国学生。同时，东亚同文会开办天津同文书院（后更名为中日书院）和汉口同文书院，两校专门招收中国学生。日本官方 1921 年颁布的“三二八号敕令”规定，该院毕业生的资格与日本国内专门学校相同。

东亚同文书院最具特色的举措，是历届学生作中国社会状况实地踏访，为此，书院设调查部、调查编纂部、支那研究部、东亚研究部，具体组织踏访实施和相关研究的展开。

书院获得清政府及后来的北洋政府允许，并领有中国当局颁发的通行许可证（民国要人孙中山、黎元洪、段祺瑞、汤化龙等皆为东亚同文书院的中国踏查题辞），畅行无阻地到各省区访查，而学生通过长期的汉语及中国文化学习，又接受严格的社会调查训练，在各地活动没有语言障碍和习俗扞格。

东亚同文书院每届学生于高年级的一个学期（3 至 6 个月），数人组成调查队（如晋蒙队、蜀汉队、云南事情调查班、胶济调查班、北满间岛经济调查班、长江流或调查班、南洋班等），乘船坐车，骑马徒步，至中国某地作周密的专题考察。其调查内容涉及各地经济状况、经商习惯、地理形势、民情风俗、多样方言、农村实态、地方行政等，愈往后期，调查愈趋于专业化。

自 1901 年至 1945 年的 40 余年间，46 届近 4922 名东亚同文书院学生，对中国各省区作地毯式立体调查，线路近达 700 多条，调查旅行历时最长的一次，是二期生林出贤次郎 1905 年的新疆考察，共 274 天，跋涉天山北路，直抵中俄边境伊犁。

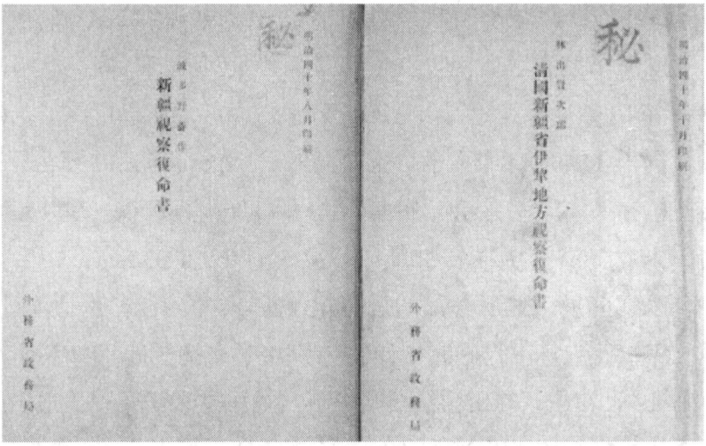

日本外务省印行东亚同文书院学生林出贤次郎、波多野养的
中国新疆调查《复命书》书影

“汉口乐善堂”（1886—1889）—“日清贸易研究所”（1890—1893）—“南京同文书院”（1900）—上海“东亚同文书院”（1901—1939）—上海“东亚同文书院大学”（1939—1945）是日本开展中国调查历时最久、涉及地域最广的

系统。

东亚同文书院初址在上海高昌庙桂墅里，1917 年迁至徐家汇虹桥路。1937 年中日战争全面爆发，虹桥校舍被战火烧毁，书院一度撤至日本长崎，日军占领上海后，书院又返回上海，1938 年 4 月侵占交通大学闵行东川路校舍（交大已于 1937 年内迁），直至 1945 年 8 月日本败降，东亚同文书院大学撤回日本。

爱知大学文学部藤田佳久教授将东亚同文书院的中国旅行调查分为 1901 年至 1905 年的肇始期（此间主要有山东调查和武汉调查），1906 年至 1919 年的扩大期（其标志是日本外务省自 1907 年起给旅行调查提供 3 万日元补助金，旅行调查扩及中国各省区），1920 年至 1930 年的圆熟期（调查专业化、细密化，调查材料整理颇见成效，突出者为 1921 年出齐的 18 卷本《支那省别全志》，马场锹太郎陆续出版《支那经济地理志》、《支那主要商品志》等），1931 年至 1937 年的制约期（“九一八”事变后，中国政府不再支持东亚同文书院的中国调查，其调查活动限制在日军占领区）。

“七七”事变后中日战争全面展开，1937—1945 年的调查活动因战争大受影响，故藤田佳久没有为这一阶段给定名称。而就笔者从文献材料所见及对尚健在的东亚同文书院大学后期校友采访得知，此间的旅行调查时断时续，但一直维持到 1945 年夏，其地域当然限于日军占领区。所以可将这八年称之严重制约期。44 期生（1943 年入学）土门义男于 1998 年 5 月 9 日在爱知大学接受笔者与刘柏林采访时说，他于 1945 年初夏参加旅行调查，线路是上海—青岛—热河—东北。36 期生春名和雄 1999 年 7 月 12 日在东京霞山会馆接受笔者与刘柏林采访时说，他所参加的旅行组于 1939 年到江苏南通作社会调查，住在日军营房，并为日军作临时翻译。40 期生贺来扬子郎、42 期生小崎昌业 1999 年 7 月 12 日在东京霞山会馆接受笔者与刘柏林采访时说，他们所在的两届因战争缘故，旅行调查开展得很不正规。45 期生松山昭治于 1998 年 5 月 9 日在爱知大学接受笔者与刘柏林采访时说，他 1944 年春从日本长崎乘“吉林丸”出航，避过美军潜水艇，从朝鲜半岛西海岸转经山东半岛沿岸，到上海登陆，入东亚同文书院大学就读，只在 1945 年夏初为高年级同学旅行调查出发送行，自己这一届未及作旅行调查，1945 年 12 月从上海返回日本。可见，东亚同文书院大学的旅行调查一直持续到日本败降。

四

东亚同文书院中国踏查类文献，约略分为以下几类。

（一）历届学生的旅行日志及调查报告原本或复写本

东亚同文书院历届学生在旅行踏查后，皆须撰写两种文字充作结业书，一为见闻性旅行日志，称“大旅行记”；二为专题调查报告，称“大旅行报告书”。这两种原件交书院图书馆保存，书院组织职员复写四份，分别呈送东亚同文会、外务省、农林水产省。

东亚同文书院第10期至第29期各届学生的“大旅行记”、“大旅行报告书”（即1935年以前的原本或复写本），皆为16开和纸（美浓罫纸）本，以日文草书写就，共707册，现藏爱知大学丰桥校舍图书馆，笔者与刘柏林教授曾于1998—2001年间多次前往阅览（当然只读到很少一部分）。因存放多年，纸张色变、草书字迹模糊，包括日文水平甚高的刘柏林君和日本学者也极难识读。

东亚同文书院1936—1943年的“大旅行记”、“大旅行报告书”的原本或复写本现藏中国北京的国家图书馆，笔者与刘柏林于1999年曾在时称北京图书馆（今国家图书馆）的专藏室观其大貌。

日本爱知大学丰桥校舍图书馆霞山文库藏《支那调查报告书》

中国的国家图书馆和日本的爱知大学图书馆大体完整保存了东亚同文书院中国调查的原始文本。

（二）从旅行日志选编整理而成的年度旅行记

书院学生个人及班队留下数量颇多的“旅行记”、“旅行志”、“大旅行日记”、“大旅行日志”，多由书院印行。此外，书院自第七期开始，历届多编有旅行记年度选本，时下得见的有如下数十种：

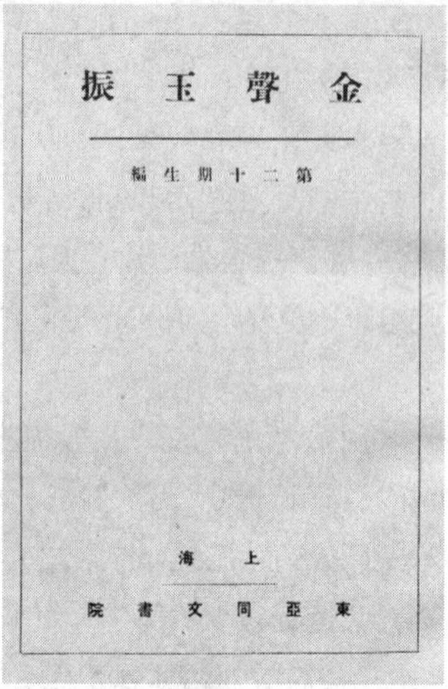

东亚同文书院旅行记书影（一）

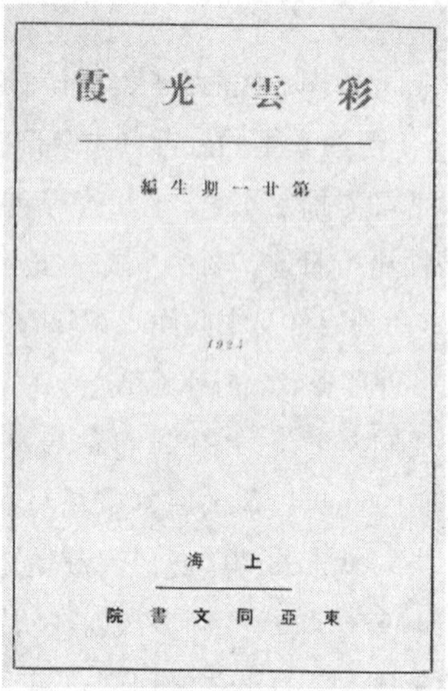

东亚同文书院旅行记书影（二）

《一日一信》（第七期）明治四十三年（1910）上海 东亚同文书院出版

《旅行记念志》（第八期）明治四十四年（1911）上海 东亚同文书院出版

《孤帆双蹄》（第九期）大正元年（1912）上海 东亚同文书院出版

《乐此行》（第十期）大正二年（1913）上海 东亚同文书院出版

《沐雨栉风》（第十一期）大正三年（1914）上海 东亚同文书院出版

《同舟渡江》（第十二期）大正四年（1915）上海 东亚同文书院出版

《暮云晓色》（第十三期）大正五年（1916）上海 东亚同文书院出版

《风餐雨宿》（第十四期）大正六年（1917）上海 东亚同文书院出版

《利涉大川》（第十五期）大正七年（1918）上海 东亚同文书院出版

《虎风龙云》（第十六期）大正八年（1919）上海 东亚同文书院出版

《粤射陇游》（第十八期）大正十年（1921）上海 东亚同文书院出版

《虎穴龙颔》（第十九期）大正十一年（1922）上海 东亚同文书院出版

《金声玉振》（第二十期）大正十二年（1923）上海 东亚同文书院出版

《彩云光霞》（第二十一期）大正十三年（1924）上海 东亚同文书院出版

《乘云骑月》（第二十二期）昭和元年（1926）上海 东亚同文书院出版

《黄尘行》（第二十三期）昭和二年（1927）上海 东亚同文书院出版

《汉华》（第二十四期）昭和三年（1928）上海 东亚同文书院出版

《描线》（第二十五期）昭和四年（1929）上海 东亚同文书院出版

《足迹》（第二十六期）昭和五年（1930）上海 东亚同文书院出版

《东南西北》（第二十七期）昭和六年（1931）上海 东亚同文书院出版

《千山万里》（第二十八期）昭和七年（1932）上海 东亚同文书院出版

《北斗之光》（第二十九期）昭和八年（1933）上海 东亚同文书院出版

《亚洲基础》（第三十期）昭和九年（1934）上海 东亚同文书院出版

《出庐征雁》（第三十一期）昭和十年（1935）上海 东亚同文书院出版

《翔阳谱》（第三十二期）昭和十一年（1936）上海 东亚同文书院出版

《南腔北调》（第三十三期）昭和十二年（1937）上海 东亚同文书院出版

《风啊吹呀吹》（第三十四期）昭和十三年（1938）长崎 东亚同文书院三十四期生旅行志编纂委员会出版

《靖亚行》（第三十五期）昭和十四年（1939）东京 东亚同文会业务部出版

《大旅行纪》（第三十六期）昭和十五年（1940）东京 东亚同文会业务部出版

《大陆遍路》（第三十八期）昭和十七年（1942）上海 东亚同文书院大学出版

《大陆纪行》（第三十九期）昭和十八年（1943）上海 大陆新报社出版

二战以后，上海东亚同文书院校友又续编当年旅行记，如昭和四十五年（1970）出版《续千山万里》，昭和五十五年（1980）出版《续风啊吹呀吹》，昭和五十九年（1984）出版《续靖亚行》。

杨华等译《上海东亚同文书院大旅行记录》中文本（商务印书馆2000年版）书影

近年来，日本方面继续整理出版东亚同文书院材料，如藤田佳久编《东亚同文书院中国调查旅行记录》（第1—3卷，爱知大学刊），谷光隆编《东亚同文书院大运河调查报告书》，沪友会编《东亚同文书院大旅行记录》等。

（三）调查报告专题选本

调查报告是东亚同文书院历届学生旅行踏查留下的主要文本成果。国家图书馆、爱大丰桥校舍图书馆藏有大批调查报告原本和复写本，亦藏有由东亚同文书院调查编纂部整理出版的多种《调查报告书》，下举“圆熟期”数年之例，可见一斑。

冯天瑜、刘柏林、李少军编《东亚同文书院中国调查资料选译》（社会科学文献出版社 2012 年版）书影

《山东省石炭调查》（1927）

《上海附近食料品市场》（1927）

《南洋华侨之现状》（1927）

《北满间岛金融》（1927）

《山东的劳动者》（1927）

《以上海为中心的船舶业》（1927）

《上海的同业团体 附：同乡团体》（1927）

《华南滇越的劳动状况》（1928）

《佛领印度支那东京华侨调查》（1928）（“佛”即法国）

《比律宾教育调查》（1928）（“比律宾”即菲律宾）

《民国十七年四川各军概况及裁兵事情》（1928）

《东三省铁道调查报告》（1928）

《南支那海运调查》（1928）

《阿片调查》（1928）（“阿片”即鸦片）

《广东地方的丝业调查》（1929）

《南支沿岸都市调查》（1929）

《青岛港之调查》（1929）

《满蒙农家经济状况》（1929）

《北京书业调查》（1930）

《羊毛调查》（1930）

《武汉英人企业大势》（1930）

《南满农民生活状况》（1930）

《粤汉铁路沿线经济调查班贸易调查》（1930）

东亚同文书院此类整理出版的调查报告现存数百种。笔者等编《东亚同文书院中国调查资料选译》三卷本可见其若干侧面。

五

东亚同文书院及其前身在大规模开展社会调查的基础上，致力于调查素材的综合整理工作，如1892年根津一利用“汉口乐善堂”、上海“日清贸易研究所”的调查材料，编纂出版《清国通商综览——日清贸易必携》。该书二编三册二千三百余页，分地理、交通、运输、金融、产业、惯习等项，成为当时日本从事对华各项活动的百科辞典，也是今人研究清末社会（特别是经济生活）的系统文献。

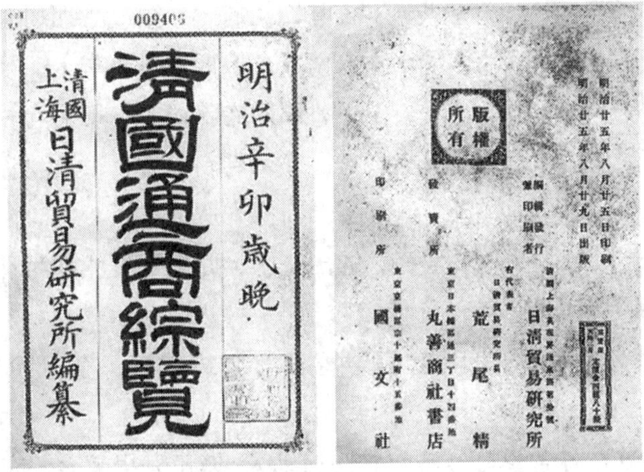

《清国通商综览》书影

1901年以后，东亚同文书院、东亚同文会更组织专家，对书院学生的巨量调查报告作综合研究，编纂——

（一）专题论著，要者有：

《清国商业惯习及金融事情》，东亚同文书院编，东亚同文书院出版（1904）。

《支那经济全书》，东亚同文会编，第1~7辑东亚同文会1907—1908年出版；第8~12辑东亚同文会1908—1909年出版。

《支那省别全志》18卷）东亚同文会1917—1920年在东京编纂出版。第一卷广东省（附香港、澳门）；第二卷广西省；第三卷云南省；第四卷山东省；第五卷四川省；第六卷甘肃省（附新疆省）；第七卷陕西省；第八卷河南省；第九卷湖北省；第十卷湖南省；第十一卷江西省；第十二卷安徽省；第十三卷浙江省；第十四卷福建省；第十五卷江苏省；第十六卷贵州省；第十七卷山西省；第十八卷直隶省。

《支那省别全志》书影国家图书馆出版社2015年5月影出版印

《新修支那省别全志》9卷，东亚同文会1941—1945年在东京编纂出版。第一卷四川省上；第二卷四川省下；第三卷云南省；第四卷贵州省上；第五卷贵州省下；第六卷陕西省；第七卷甘肃省、宁夏省；第八卷新疆省；第九卷青海省、西康省。新修本所涉省区皆为尚未被日本侵占的国统区，此志书显然是为日本攻略大西南、大西北做资料准备。

《以上海为中心的学生运动》，曾根喜久男编著，东亚同文书院出版（1929）。

《扬子江流域各省农村经济与农民运动》，镰田龙男编著，东亚同文书院出版（1929）。

《农村自治》，泽登誉编著，东亚同文书院出版（1930）。

《中国领事裁判论》，东亚同文书院东亚研究部编著（1932）。

《日本殖民政策的台湾实施及影响》，藤次博编著，东亚同文书院出版（1933）。

《支那经济的地理背景》，马场锹太郎著，东亚同文书院支那研究部出版（1938）。

《支那水运论：附满洲国水运》，马场锹太郎著，东亚同文书院支那研究部出版（1938）。

《对支文化工作论》，东亚同文书院支那研究部编著（1939）。

《蒋政权非常时期难民对策立法》，东亚同文书院支那研究部编著（1940）。

《湖北省省政调查》，井上俊一郎编著，东亚同文书院出版（1941）。

（二）研究中国的刊物及语文研究书刊，要者有：

《支那研究》（1~58 号），东亚同文书院支那研究部编。

《沪友学报》，东亚同文书院大学沪友同窗会编。

《华语萃编》1~15 集，东亚同文书院编。

《旅行用语：北京官话》，东亚同文书院编。

《沪语津梁》，御幡雅文，东亚同文书院编。

《华语月刊》，东亚同文书院华语研究会编。

六

对于东亚同文书院中国调查作历史观照，可以获得两重认识。

其一，近代日本进行的中国调查，系“大陆政策”的产物，是为日本侵略中国的战略服务的。在这种调查展开之际，青年鲁迅便指出：“中国者，中国人之中国。可容外族之研究，不容外族之探险；可容外族之赞叹，不容外族之觊觎者也。”[①] 清末湖北留日学生也有类似评议：“彼碧眼儿之入吾室以窥伺吾长短”，包藏祸心。”[②] 而清末、民国间，“觊觎”中国，“入吾室以窥伺吾长短”的不止是“碧眼儿”（欧美人），近邻日本怀着更强烈的独占中国之心，

① 《鲁迅全集》第 8 卷，人民文学出版社 1981 年版，第 4 页。

② 《辛亥革命前十年间时论选集》第一卷上册，三联书店 1977 年版，第 445 页。

开展中国调查，窥探中国内里。这一历史真实，国人不可忘却。

其二，日本的官方与民间，在一个长时段运用近代实证科学方法开展周详细密的中国社会调查，有些是对当时中国官方及民间零散资料的集中与整理，有些是运用社会学的实证调查方法采集第一手材料。经数十年积累，日本人掌握了关于中国经济、政治、社会、文化方面的翔实资讯，留下卷帙浩繁的见闻录、考察报告，以及在此基础上编纂的志书、类书、研究专著等文献，其历史认识价值不容忽视，可为从事晚清、民国政治史、经济史、文化史、社会史研究提供直接或间接的资料；至于其调查方法的精密、系统，也足堪借鉴。

毛泽东1941年在《〈农村调查〉的序言和跋》中，强调社会调查的重要性，并指出：“中国幼稚的资产阶级还没有来得及也永远不可能替我们预备关于社会情况的较完备的甚至起码的材料，如同欧美日本的资产阶级那样，所以我们自己非做搜集材料的工作不可。”[①] 这里对“中国幼稚的资产阶级”来不及作较完备的社会调查的估量，大体符合历史实情，但需要补充说明的是，自晚清以降，一些有识之士已开始重视并躬亲社会调查，如清末的湖北留日学生鉴于“各国人之于其国也，无一事不有调查会，或政府提创之，或人民自组织之”，在1903年成立“湖北调查部”，对在自国、自省开展社会调查有所规划，列举了“政法上之调查”、“教育上之调查”、“经济上之调查”、“实业上之调查”、“军事上之调查”、“历史上之调查”、“地理上之调查”、“民族上之调查”、“出产上之调查”、“交通上之调查”、“外人势力上之调查”诸方面的调查细目。[②] 限于条件，这一计划无法在晚清实现。

民国时期，国民政府的某些部门，如地震局，曾组织力量作专题社会调查，留下一批宝贵材料。某些从西方学习社会学、民族学回归的中国学者，作过高水平的社会调查研究，如陈达的《南洋华侨与闽粤社会》（英文版1939年出版），费孝通的《江村经济》（英文版1938年出版）至今闪耀光辉，被视作社会学范本。20世纪30年代出版的“社会调查丛书”（中华平民教育促进会出版）也不乏佳作，如李景汉的《定县社会概况调查》（1932）便颇有价值。此后，各类调查研究报告续有面世，如费孝通等人的《乡土中国》（1945）、

① 《毛泽东著作选读》下册，人民出版社1998年版，第467页。

② 见《辛亥革命前十年间时论选集》第一卷上册，三联书店1977年版，第443~452页。

许烺光等人的《祖荫之下》（1945）、杨懋春的《中国乡村》（1945）、林耀华的《金鸡展翅——中国家族之社会学研究》（英文版1944年出版）等。

这批在艰困的条件下完成的社会调查论著，达到令国际学术界肃然起敬的水平，足证中国人完全有能力在社会调查研究领域攀登高峰。当然，就整体而言，清末、民国积贫积弱，战乱频仍，国家与民间无力作大规模、长时段、成系统的社会调查。而日本当年以强势国力为依托，以侵霸中国为矢的，对大江南北、黄河上下、白山黑水、西域大漠进行周密的社会调查，其积累的调查材料、研究著述及运用的调查方法，经过批判性辨析，可以为我所用，也理当为我所用。这正是国家图书馆影印出版东亚同文书院中国调查文献的宏旨所在。

2015年6月7日拟于武汉大学历史学院

（《东亚同文书院中国调查篇目总汇》，国家图书馆出版社2016年出版，本文为该书首篇）